MW01631737

Une histoire du rap en France

Karim Hammou

Une histoire du rap en France

Postface de Howard Becker
Postface de l'auteur

La Découverte POCHE

Cet ouvrage a été précédemment publié en 2012 aux Éditions La Découverte dans la collection « Cahiers libres ».

Composé par Facompo, Lisieux
Conception graphique de la couverture : Valérie Gautier
Dépôt légal : mai 2014

Si vous désirez être tenu régulièrement informé de nos parutions, il vous suffit de vous abonner à notre lettre d'information sur notre site **www.editionsladecouverte.fr**.

ISBN 978-2-7071-8198-5

En application des articles L. 122-10 à L. 122-12 du code de la propriété intellectuelle, toute reproduction à usage collectif par photocopie, intégralement ou partiellement, du présent ouvrage est interdite sans autorisation du Centre français d'exploitation du droit de copie (CFC, 20, rue des Grands-Augustins, 75006 Paris). Toute autre forme de reproduction, intégrale ou partielle, est également interdite sans autorisation de l'éditeur.

© Éditions La Découverte, 2012, 2014.
9 *bis*, rue Abel-Hovelacque, 75013 Paris.

Introduction

Amateur de rap depuis le milieu des années 1990, la situation de cet univers au début des années 2000 m'intrigue. Le rap est une activité relativement récente et pourtant elle est désormais le cœur d'un véritable métier. Dans le cadre d'études de sociologie, j'entreprends donc en 2001 une enquête sur la façon dont se déroulent les carrières des rappeurs en France. Pour mieux me faire comprendre ce qu'implique l'engagement dans l'industrie du disque, l'un des rappeurs que je rencontre m'énumère les critères qui font d'un morceau de rap un titre calibré pour le succès : « Au niveau de la durée, le format, c'est le même pour tous : il ne faut pas excéder quatre minutes. Et puis bien sûr trois refrains au minimum, mais ça c'est des formats classiques de radio. C'est une règle. C'est du professionnalisme dans le sens où tu rentres dans le moule du disque. Je sais pas comment te dire, on nous a fait un lavage de cerveau sur le format de la musique, surtout depuis ces dernières années avec l'explosion des radios FM. Donc le format de la musique il est vraiment dans nos têtes. Et si toi tu n'obéis pas à ce format, les gens ont du mal à t'écouter, si tu ne fais que des titres sans refrain par exemple. [...] Pour passer sur Skyrock, tu fais un titre mélancolique, avec des pianos ou des violons. Tu prends un thème qui parle vite fait de rue, même si tu n'as jamais vécu dans la rue, c'est pas grave, tu inventes, tu brodes. C'est comme une fiction, parce que paraît-il on a *le droit* à la fiction. Beaucoup de rappeurs disent ça : "On a le droit à la fiction." Et il y en a plein qui en abusent, qui vont s'inventer des rôles. Et si tu veux passer sur Skyrock, je te conseille de faire ça, d'inventer un personnage, une histoire, dans laquelle tu es le méchant, bien sûr, surtout pas le gentil. Tu es le méchant qui fait du mal à tout le monde, et à la limite tu te repens à la fin : "ouais, c'est pas bien...", après les faits. Voilà, tu as le morceau au format idéal [1]. »

Ce récit a la précision et la cohérence d'un bréviaire, et pourtant il est plus complexe qu'il n'y paraît. Les règles qu'il présente n'ont pas toutes la même généralité. Si le respect d'un format de trois à quatre minutes contraint tous ceux qui veulent réaliser un tube diffusé sur les grandes radios FM, quel que soit le genre musical, l'art de parler de « la rue » est devenu une figure imposée pour les rappeurs français au tournant des années 2000. Ces règles renvoient aussi à différentes temporalités – celle de l'histoire de la radio, qui devient un moyen privilégié de promotion du commerce discographique à partir des années 1960, mais aussi celle de l'histoire récente de la bande FM, qui place Skyrock dans la position de débouché par excellence pour les morceaux de rap visant un large succès commercial à partir de 1998. Quant aux traits narratifs du morceau idéal que ce rappeur dépeint, ils rappellent un tube que Sully Séfil publie en 2001, « J'voulais ». Autrement dit, ce mode d'emploi est composé d'éléments hétérogènes et parfois instables, que seule l'épaisseur du présent tient ensemble.

Plutôt qu'un véritable mode d'emploi, cet extrait déploie un répertoire de ficelles du métier, inégalement durables, qui semble s'imposer à chacun – un ensemble de « conventions [2] ». À partir de discussions comme celles-ci, ma question de départ s'est déplacée. En effet, l'espace social dans lequel les carrières des rappeurs se déploient n'est pas statique [3]. Il s'agissait dès lors de comprendre non plus seulement les carrières des rappeurs au moment précis de l'enquête, mais aussi la façon dont « faire carrière dans le rap » a changé au fil du temps. Comment ce répertoire de ficelles est-il né ? Comment se transforme-t-il ? Autrement dit, comment un « monde [4] » évolue-t-il en même temps que la position des personnes qui le composent se modifie ? Je me suis ainsi engagé dans un questionnement sur l'histoire du rap, fil conducteur d'une thèse de sociologie soutenue en 2009 et sur laquelle ce livre s'appuie considérablement.

Pourquoi écrire une histoire ?

Le choix d'écrire une histoire du rap en France, de la part d'un sociologue, n'est pas une simple option de présentation. Il s'appuie sur la conviction que sociologie et histoire sont « indiscernables dès que l'on considère la forme de présentation de leurs objets dans l'observation ou la trame sémantique de leurs assertions, et de leurs preuves dans leur travail scientifique [5] ». Mais ce choix s'explique aussi par l'idée que le recours à l'histoire est la meilleure façon de renouveler notre compréhension actuelle du rap.

Les travaux en sciences sociales analysant de manière frontale ou latérale le rap en France pèchent souvent par une insuffisante prise en compte de l'instabilité et de la complexité de ce que le mot « rap » désigne. À l'image de l'anthropologie critiquée par Alban Bensa [6], un défaut de nombre d'enquêtes sociologiques consacrées au rap consiste ainsi à uniformiser, réifier et décontextualiser le rap. La position d'un rappeur précis peut alors faire l'objet d'une extrapolation abusive sur l'ensemble de la scène rap, une configuration donnée du rap peut être projetée de façon anachronique sur le passé ou le futur, ou encore des extraits de chansons peuvent être assimilés sans autre forme de procès à l'opinion personnelle de l'artiste qui les interprète. Sur ce dernier point également, le récit ouvrant cette introduction est éclairant. En insistant sur le dilemme moral lié à la part de fiction qu'il est légitime d'incorporer à ses raps, il rappelle les tensions qui existent entre licence esthétique et éthique du dire vrai. Chacune de ces généralisations hâtives néglige l'inscription du rap dans l'histoire, cette trame temporelle que des contraintes, des intentions et des hasards [7] croisent pour tisser le cours imprévisible des activités humaines. Cette occultation n'est pas le monopole des milieux universitaires. Elle marque également la façon dont une définition dominante du rap s'est formée dans la sphère médiatique en 1990-1991. Le regard sociologique a bien souvent reconduit, avec ses outils propres, un regard journalistique surdéterminé par la volonté d'utiliser le rap comme révélateur du « problème des banlieues » [8].

Il est toujours tentant d'écrire l'histoire à partir des jugements de valeur contemporains. On tient alors compte de certaines façons de faire du rap, que l'on considère fidèles à l'« essence » du genre, et on en ignore d'autres, jugées illégitimes. Il s'agit alors de décrire l'origine d'une forme musicale, garante de l'authenticité du genre, et de promouvoir implicitement ou explicitement une certaine définition de ce que le rap doit être. Contrairement à ce type d'histoire « axiologique [9] », ce livre s'intéresse à toutes les pratiques de rap, quelle que soit la légitimité qu'on leur reconnaît rétrospectivement. Suivant la démarche que Howard Becker suggère dans *Les Mondes de l'art* [10], je n'ai pas mené mon enquête à partir d'une définition *a priori* de ce qu'était le rap, avant de chercher les personnes qui produisaient les objets correspondant à cette définition. J'ai plutôt cherché qui définissait des choses comme du rap, avec qui ces personnes interagissaient, avant de remonter plus loin dans les « chaînes de coopération [11] », c'est-à-dire les personnes qui rendent ces activités possibles. Car si le réel est en perpétuel changement, tout n'est pas toujours possible à chacun à chaque instant. La vie sociale est faite de relations entre des personnes poursuivant des fins différentes, et dépendantes les unes des autres au sein d'une division du travail. Elle oppose donc des contraintes qui viennent, en dernière instance, « de tous les autres hommes pour chacun d'entre eux [12] ». Elle ouvre également des possibles dans un jeu de luttes et d'« incitations réciproques [13] » dont les protagonistes disposent de moyens inégaux. Cette démarche m'a conduit à appréhender le rap comme un enjeu de conflits, de collaborations et de négociations multiples, plutôt que comme une forme univoque, atemporelle et homogène.

Ce livre ne prétend pas pour autant présenter toutes ces luttes et négociations. Il propose une histoire du rap parmi d'autres possibles. Il adopte une mise en intrigue qui se concentre sur une question apparemment triviale : comment le rap a-t-il duré en France ? Le sens de cette question s'éclaire lorsqu'on la rapporte au parti pris que Howard Becker présente dans la postface. Saisir la réalité sociale comme un processus fait de changements continus donne les moyens de considérer l'apparente permanence de certaines choses comme une surprise, comme quelque chose qu'il faut comprendre. Mais s'attacher à cette question, c'est en abandonner d'autres, imaginées ou imaginables. Ainsi, l'histoire des amateurs de rap n'est une dimension centrale que dans le deuxième chapitre de cet ouvrage, lorsque ces amateurs sont les principaux acteurs d'une recontextualisation du rap (américain) en France [14]. De même, la dimension proprement communicationnelle engagée dans différentes façons de rapper est peu abordée dans ces pages [15]. Les circulations transnationales dans lesquelles le rap s'inscrit sont elles aussi réduites à la portion congrue : cette histoire suit des chaînes de coopération dans lesquelles l'imaginaire national [16] joue un rôle prépondérant, qu'il s'agisse des pouvoirs publics, des maisons de disques françaises et des filiales des grandes multinationales du disque, des grands réseaux radiophoniques ou des chaînes de télévision généralistes dominant le paysage médiatique du pays dans les années 1980-1990. Le rapport durable que le rap en France entretient avec le rap américain, fait d'inspirations, de sélections et de démarcations artistiques, demeure périphérique et n'apparaît qu'au détour du témoignage de certains artistes. On pourrait en dire autant des liens étroits et complexes qu'entretiennent le rap et la chanson. Et ce ne sont là que les lignes de lecture les plus évidentes. Les histoires du rap en France sont multiples, et restent largement à écrire.

Une enquête guidée par des disques

Le mot « rap », appréhendé jusqu'ici comme s'il allait de soi, a lui aussi une histoire. La simplicité de ce terme masque une dynamique complexe d'influences circulaires entre la catégorie et les pratiques changeantes qu'elle désigne. Dès les années 1940, le mot « rap » est utilisé de façon proche de son sens contemporain [17] pour décrire une pratique d'interprétation ni parlée ni chantée, mais proférée en harmonie avec une rythmique. L'interprétation rappée se développe et s'élabore à New York dans les années 1970, sous l'influence des *sound systems* [a] jamaïcains et de la musique funk [18]. Elle est bientôt popularisée dans le monde entier par des enregistrements discographiques qui présentent de façon croissante le rap comme un genre musical à part entière. Mais cette trajectoire nord-américaine ne prédit pas quelles appropriations vont prévaloir en France.

L'existence d'un genre musical suppose une opération de catégorisation commune de morceaux musicaux. Comme les genres littéraires, les genres musicaux peuvent naître en suivant des logiques d'étiquetage variées [19] : on peut rassembler des morceaux parce qu'ils obéissent aux mêmes règles formelles de composition, parce qu'ils s'inspirent les uns des autres, parce qu'ils se ressemblent en partageant certains thèmes, etc. Cette complexité des logiques de classification se renforce par les divergences qui peuvent advenir entre les acteurs qui participent à ces classifications. Dans le domaine musical, on peut citer les artistes, bien sûr, mais aussi les sociétés d'édition discographique, les promoteurs de concerts, les journalistes et critiques musicaux, les vendeurs, les amateurs, etc. Parce qu'elles servent de guide pour l'action de toutes ces personnes, les classifications génériques informent leurs pratiques (chanter, produire, vendre, évaluer...) et s'inscrivent dans des objets – disques, affiches, articles de presse, rayonnages, etc. À leur tour, ces pratiques et ces objets transforment le genre : ils lui donnent une certaine forme, en soutiennent certains usages. Plus les relations entre ces discours, ces pratiques et ces objets sont étroites, plus un genre musical est stable. Du point de vue sociologique privilégié par cet ouvrage, l'existence d'un genre musical est donc une question empirique, tributaire des dispositifs d'appréciation musicale existant à un moment donné [20].

---

a Systèmes de sonorisation mobiles, les *sound systems* permettent d'organiser des fêtes dans divers lieux. Ils se sont notamment développés à partir des années 1950 en Jamaïque. Par extension, un *sound system* désigne aussi le groupe de DJ organisant une fête de ce type.

Sur le plan de l'enquête, je souhaitais partir d'une définition provisoire du rap suffisamment large pour pouvoir observer les transformations de ce que ce mot veut dire, des pratiques qu'il renseigne et des objets qui le font exister. Le point de départ de ce livre est donc que le rap est une catégorie, dont les débuts en France correspondent aux premiers usages de ce mot de ce côté-ci de l'Atlantique. Mais cette définition provisoire doit aussi être suffisamment précise pour borner l'enquête. Je me suis donc concentré sur les auteurs et interprètes de rap, et j'ai retenu deux critères : la technique d'interprétation et la référence aux précédents américains. Autrement dit, ce que je qualifie de « rap » en France décrit *a minima* des paroles harmonisées sur un rythme, associées à un lien intentionnel – si ténu et indirect soit-il – aux formes musicales popularisées à partir du début des années 1980 par les industries musicales américaines sous le nom de rap [21].

Les documents qui m'ont permis de raconter cette histoire du rap en France sont d'une grande diversité. J'ai commencé par réaliser une enquête ethnographique dans le milieu rap parisien, puis dans le milieu rap marseillais, dont les chapitres 8 et 9 rendent compte. Dans chaque ville, j'ai procédé de la même façon : observer le fonctionnement ordinaire d'un lieu important dans la trajectoire des rappeurs aspirant à la professionnalisation – à Paris, il s'agissait de l'émission rap *Big Up*, diffusée chaque semaine sur une radio locale ; à Marseille, il s'agissait de l'association Sound Musical School B. Vice. J'ai également suivi pendant plusieurs années le parcours d'un rappeur lié à chacun de ces lieux, de ses premiers pas dans le milieu professionnel du rap jusqu'à la réalisation d'un album.

En parallèle, j'ai rassemblé un grand nombre de documents – anciens numéros de magazines spécialisés, témoignages rétrospectifs livrés dans des autobiographies… – et réalisé plus de soixante-dix entretiens avec des rappeurs, des disc-jockeys (DJ), des animateurs radio, des employés de maisons de disques, des journalistes, etc. J'ai également pu consulter divers documents (articles de presse, entretiens…) rassemblés par d'autres chercheurs, lorsque ceux-ci ont bien voulu me communiquer leurs sources [a]. Mon but était de comprendre comment l'organisation ordinaire du rap en France s'était transformée au fil du temps. Mais pour mettre en ordre ce matériau hétéroclite, je cherchais un type de document « étalon », susceptible à la fois de porter la trace d'états antérieurs du rap en France, d'être relativement indépendant des élaborations rétrospectives de la mémoire et d'être étudié de façon systématique.

a Voir les remerciements en fin d'ouvrage.

La démarche déployée par Howard Becker dans *Les Mondes de l'art* m'a permis d'imaginer un matériau d'enquête répondant à cette ambition : les enregistrements discographiques. J'ai travaillé en ethnographe dans les lieux où l'on faisait du rap dans la première moitié des années 2000. J'avais donc sous les yeux une partie des chaînes de coopérations de cette période. Mais comment imaginer la forme de ces coopération dans les années 1990 ? dans les années 1980 ? En inversant le raisonnement de Becker, qui vise à mieux comprendre les œuvres à partir des chaînes de coopération qui leur ont donné naissance, j'ai examiné les œuvres pour y repérer les traces des chaînes de coopération qui les ont rendu possibles. En d'autres termes, j'ai utilisé des disques de rap comme des documents constituant des « moments figés de l'histoire des interactions humaines [22] ».

Cette démarche m'a permis d'élaborer un ensemble d'indices complétant et parfois déstabilisant les souvenirs rapportés par les protagonistes qui ont eu l'occasion de s'exprimer sur tel ou tel aspect de leur histoire. Je me suis attaché à décrire un petit nombre de traits formels de deux corpus discographiques. Le premier rassemble environ 150 disques vinyles (la plupart au format 45-tours) publiés de 1980 à 1989 et mobilisant une interprétation rappée en français. Leur examen est détaillé dans les chapitres 1 et 2. Le second corpus visait à rassembler l'exhaustivité des albums de rap en français publiés sous forme de disque compact et distribués à l'échelle nationale jusqu'en 2004 [a] soit, selon mon recensement, 424 albums qui sont analysés dans les chapitres 4 à 9.

Enfin, j'ai entrepris une recherche spécifique sur les premières définitions du rap en France et en français avancées dans l'espace public médiatique. À l'aide des archives de l'Institut national de l'audiovisuel (INA), j'ai rassemblé et analysé un corpus composé des premières émissions télévisées évoquant ce thème, sur les trois principales chaînes hertziennes. À partir de la fin des années 1980, la télévision enquête sur le rap en France et le présente comme un phénomène nouveau qu'il s'agit d'expliquer. Le chapitre 3 propose donc une « enquête sur l'enquête », et joue un rôle à la fois empirique et critique dans l'ouvrage : il décrit un tournant majeur dans l'histoire du rap en France, mais il est aussi un miroir tendu aux recherches en sciences sociales interrogeant la façon dont elles se sont saisies du rap des années 1990 à nos jours.

---

a L'arrêt du corpus à la date de 2004 correspond à la période étudiée dans le cadre de mon travail de thèse. On trouvera les détails de la constitution du corpus, sujet à certains effets de seuil, dans les annexes du livre publiées sur mon blog : <http://surunsonrap.hypotheses.org>.

Les métamorphoses du rap en France

Ce livre présente, dans son découpage, trois configurations historiques différentes, qui balisent le chemin que le rap s'est frayé en France jusqu'à nos jours.

La première configuration voit s'opposer, au cours des années 1980, deux usages du rap et deux chaînes de coopération en partie distinctes. D'un côté, des interprètes issus des variétés et souvent chanteurs au sens traditionnel du terme s'approprient ponctuellement l'interprétation rappée, dans le cadre des coopérations ordinaires de l'industrie du disque (chap. 1). De l'autre, des amateurs de musiques afro-américaines aux marges de l'industrie du disque se spécialisent peu à peu dans de nouvelles pratiques en suivant attentivement les évolutions du rap américain au cours des années 1980 (chap. 2). L'intérêt des grands médias pour le rap en France, aiguisé par l'acuité d'un certain nombre de problèmes sociaux, contribue à le redéfinir au tournant des années 1990. Il assigne l'écoute comme la pratique du rap à une banlieue imaginaire, lieu de toutes les altérités, et fait du jeune de banlieue le stéréotype par lequel les rappeurs sont compris (chap. 3).

Dès lors, une deuxième configuration émerge progressivement, marquée par l'intervention croissante des grandes maisons de disques dans les chaînes de coopération permettant de réaliser du rap en Fance. L'industrie discographique tente d'exploiter cet intérêt médiatique nouveau pour le rap, mais, face au scepticisme des grands réseaux radio, elle peine à transformer les rappeurs en marchandises profitables (chap. 4). Au contraire, les pouvoirs publics reprennent à leur compte la définition du rap comme « expression des jeunes de banlieue » et en font un levier d'action sur les classes populaires. En s'appropriant et en déplaçant cette définition, des rappeurs introduisent de nouveaux thèmes et de nouvelles façons de faire du rap en France (chap. 5). Les opportunités ouvertes au sein des industries musicales et dans le domaine socioculturel multiplient les initiatives visant à pérenniser le rap en France. C'est ainsi que naît une nouvelle génération de rappeurs, mais qu'apparaissent aussi des dissensions croissantes sur les façons légitimes de rapper (chap. 6). Ces dissensions se résolvent dans la seconde moitié des années 1990, par le biais des techniques d'authentification mutuelles entre rappeurs et du nouvel espace d'exposition radiophonique offert par Skyrock. Les rappeurs que les grandes maisons de disques avaient recrutés pour surmonter les préventions des radios nationales se voient marginalisés et une nouvelle scène rap produite en labels indépendants redéfinit la façon dominante de rapper en France (chap. 7).

La troisième configuration du rap en France voit émerger un monde social du rap français, intégré comme segment au sein des industries musicales, qui connaît une stabilité relative. Au début des années 2000, la façon dominante de faire du rap suppose un travail esthétique et commercial sur « la rue » qui est exploité par le biais d'un marketing de la marge (chap. 8). Cette référence à la rue peut notamment se comprendre comme un symbole honorifique légitimant les normes en vigueur dans le milieu rap *underground* et comme une appropriation à des fins professionnelles de l'assignation du rap aux banlieues (chap. 9). Dans la seconde moitié des années 2000, le rap se banalise dans les industries culturelles et contribue à un renouvellement des formes musicales dominantes. Il est paradoxalement plus contesté que jamais par une frange de la classe politique qui l'érige en menace pour les valeurs nationalistes (épilogue).

Comment le rap a-t-il duré en France ? Par le biais, notamment, d'un « effet de boucle [23] », d'une interaction complexe entre des personnes et la façon dont elles sont catégorisées par d'autres. Les personnes qui se définissent comme étrangères au rap [a] et leur façon de définir ce genre musical ont exercé une influence sur le destin du rap en France qu'on ne peut sous-estimer. C'est en composant avec elles qu'un petit nombre d'amateurs de musiques afro-américaines ont pu promouvoir une nouvelle forme esthétique jusqu'à en faire une composante culturelle majeure de notre société. L'erreur inverse consisterait à négliger les marges de manœuvre que les animateurs du rap en France ont su trouver, parfois en s'affrontant les uns aux autres, parfois en profitant des rivalités entre des acteurs dont ils étaient dépendants. Ces luttes et ces négociations ont donné naissance à un monde du rap qui s'est approprié de manière sélective la définition du rap imposée de l'extérieure, et en a déplacé les termes. Assignés à une position minoritaire dans une interaction asymétrique avec le groupe majoritaire, rappeurs et DJ hip-hop ont ainsi travaillé la place qui leur était prescrite. Ils ont construit en France un espace d'autonomie culturelle relative [24], un lieu propre instillant dans la société dont ils font partie un ensemble de formes esthétiques et de voix nouvelles.

---

a Ou, plus exactement, des personnes qui définissent le rap comme une forme qui leur est étrangère.

I

1981-1991

1

Les débuts du rap en France, d'Annie Cordy à Dee Nasty

> « Adidas gants blancs oh oui t'étais classe / Le roi du smurf c'était toi l'as des as / [...] T'as rangé ton marqueur et tes bombes de peinture / Car le phénomène de mode est passé à toute allure. »
>
> Doc Gyneco, « Classez-moi dans la variét' », 1996.

Un grand nombre de témoignages et de documents attestent de l'existence de pratiques d'interprétation rappée en français au cours des années 1980. Ces raps sont des innovations à la fois par rapport à une interprétation rappée en anglais, popularisée par le biais du disque dès la seconde moitié des années 1970, et par rapport à une interprétation chantée ou parlée en français. On peut reprendre, à titre d'hypothèse, les remarques générales qu'avance le sociologue américain Howard Becker pour décrire les circonstances dans lesquelles de nouvelles techniques, de nouvelles idées ou des nouveaux publics naissent : « Les premiers qui s'y intéressent tâtonnent, cherchent comment en tirer parti et à quelles fins [1]. » Cette idée de tâtonnements nous conduit à ne pas chercher un fil linéaire d'œuvres qui devrait nécessairement conduire à ce que l'on appelle le « rap français » aujourd'hui. Au contraire, il s'agit de retrouver la diversité des utilisations de l'interprétation rappée à l'époque, les possibles qui s'ouvrent alors à la voix. Il s'agit d'imaginer le début des années 1980 comme notre présent et l'horizon des décennies 1990 et 2000 sous les traits brumeux d'un futur encore indéterminé.

Les industries musicales au tournant des années 1980

Les musiques afro-américaines sont une source d'inspiration importante pour les professionnels des industries musicales françaises. Dans la continuité des rythmes jazz dont Charles Trenet s'est inspiré dès le début de sa carrière [2], nombre de chanteurs et de musiciens reprennent les évolutions des musiques populaires américaines, jusqu'à en produire régulièrement des adaptations, qui composent par exemple une partie significative du répertoire de Claude François [3]. Pourtant, l'industrie du disque française entretient un rapport ambivalent à ces musiques américaines. La musique jamaïcaine, présente notamment en Angleterre dès la seconde moitié des années 1960 [4], ne rencontre guère d'écho en France avant la fin des années 1970. De même, peu de disques états-uniens relevant des genres dits de *black music – rhythm and blues* (R&B), soul, funk… – sont distribués en France.

Les industries musicales françaises des années 1960 et 1970 s'appuient en effet sur un système de production discographique hérité du music-hall, dans lequel les paroliers occupent une place de choix. Jusqu'à la fin des années 1970, les firmes françaises dominent le marché. Produire des adaptations est la meilleure façon, pour les paroliers et les producteurs français, de retirer le maximum de bénéfices des productions anglo-saxonnes. Qu'elles s'inspirent des succès américains, ou qu'elles en soient de pures et simples adaptations, les chansons françaises ainsi réalisées modifient les sonorités, redéfinissent les thèmes, transforment les arrangements. Elles intègrent le très vaste domaine de la « chanson de variétés [5] » et, pour le grand public qui en achète les disques, elles ne gardent de leur origine américaine qu'un écho d'ailleurs.

Vincent Sermet estime de surcroît qu'un profond scepticisme existe alors, au sein des maisons de disques, quant à l'intérêt du public pour les musiques soul et funk [6]. La presse spécialisée musicale des années 1960 et 1970 exprime une forme de mise à distance, si ce n'est d'hostilité, à l'égard des genres musicaux associés à la minorité noire des États-Unis. La « ligne de partage des couleurs [7] » distinguant la musique, aux États-Unis, selon qu'elle est faite par des Noirs ou des Blancs se prolonge ainsi en France [8]. Dans ce contexte, le développement des succès du genre disco dans la France de la seconde moitié des années 1970 ouvre une brèche, qui s'explique par plusieurs facteurs. D'abord, bien plus que pour les musiques soul et funk, des producteurs français contribuent à alimenter ce courant musical [a]. Ensuite, le marché du disque français connaît une implantation

---

a On peut citer, tout particulièrement, Marc Cerrone, Patrick Hernandez, Patrick Juvet ou Village People, groupe créé et produit par Jacques Morali et Henri Belolo.

croissante et durable des multinationales anglo-saxonnes du disque [9]. Enfin, la fin des années 1970 voit le développement d'un loisir neuf : la boîte de nuit. Ces évolutions vont contribuer à la popularisation des premières formes d'interprétations rappées en France, qu'elles soient anglophones ou francophones.

Malgré la commercialisation croissante de cassettes audio depuis le début des années 1970, le disque vinyle domine largement le marché de la musique enregistrée, *via* deux formats principaux : le vinyle de 30 cm, offrant vingt à trente minutes d'enregistrement par face et tournant à 33 tours par minute ; et le vinyle de 17 cm, offrant cinq à dix minutes par face et tournant à 45 tours. Plus court et meilleur marché que les 33-tours, les 45-tours représentent un enjeu économique important : près de 20 % du chiffre d'affaires de l'industrie du disque [10], soit autant que l'ensemble des ventes de cassettes audio, et un tiers du chiffre d'affaires généré par la vente des 33-tours. C'est par le biais du 45-tours que le rap fait son entrée en France.

Le destin d'une insulte sur disque

En 1979, la maison de disques Vogue distribue en France le *single* [a] *Rapper's Delight* du groupe Sugarhill Gang. On peut alors rattacher ce morceau au genre disco : il reprend la musique du tube « Good Times » du groupe Chic sorti quelques mois plus tôt. C'est aussi un morceau funk, porté par une ligne de basse entraînante. Mais l'originalité du titre de Sugarhill Gang réside surtout dans la façon dont les interprètes prononcent leurs paroles : ni parlées ni chantées, elles témoignent d'une prosodie nouvelle. En mars de la même année, le 45-tours du groupe devient un succès commercial, tube de discothèques, et popularise en France un style d'interprétation rappée en anglais. Outre *Rapper's Delight*, classé dans les quinze meilleures ventes de 45-tours en mars et avril 1980, *Wordy Rappinghood* de Tom Tom Club entre dans le classement en octobre 1981 [11]. Ce n'est là que la partie la plus visible de productions discographiques américaines ou anglaises qui mettent l'interprétation rappée à l'honneur. S'y ajoutent rapidement des productions du monde francophone. Dès 1981, au moins une dizaine de morceaux rappés en français paraissent au

---

a Enregistrement ne comprenant généralement qu'un ou deux morceaux : 45-tours lorsqu'il est question de disques vinyles, CD deux titres en disque compact. Le titre des disques 45-tours est aussi, le plus souvent, le titre du morceau publié en face A. On peut ainsi indifféremment parler de « Rapper's Delight » – la chanson –, ou de *Rapper's Delight* – le *single* 45-tours.

Canada, en Belgique ou en France. Parmi eux, on trouve le groupe Interview, qui enregistre fin 1981 le 45-tours *Salut...* chez RCA.

Philippe Perthus, né en 1960, d'un père médecin, prend goût à la musique dans les boîtes de nuit parisiennes, qu'il peut fréquenter dès ses seize ans grâce à des sœurs plus âgées qui travaillent dans le milieu de la mode. « On avait accès aux meilleurs clubs de Paris. Je sais qu'à l'époque le meilleur club s'appelait Le Privé, où il y avait des DJ qui mettaient une musique... on avait l'impression d'être à New York. [...] Ce qui m'avait émerveillé, c'était le son [12]. » Ce son particulier qu'il découvre dans les boîtes de nuit huppées de la capitale s'appuie sur un répertoire discographique funk et disco : Earth Wind and Fire, les Jackson Five, War, Chic. Alors qu'il est déjà batteur, il décide d'apprendre à jouer de la guitare. « La guitare classique, ça me prenait la tête, j'ai arrêté de prendre des cours et j'ai commencé à mettre des disques dans mon salon, à prendre ma guitare et à jouer sur les disques. [...] J'ai appris à jouer sur Chic. »

À dix-neuf ans, il monte un premier groupe, qui prend le nom d'Interview – en référence au magazine fondé par Andy Warhol et au mouvement du *pop art*. La formation cherche une chanteuse et c'est l'une des sœurs aînées de Philippe, directrice artistique officieuse du groupe, qui la trouve. Martine Perthus travaille comme styliste chez Claude Montana, où elle côtoie un top-modèle renommé, Wallis Franken, qui aime chanter et accepte de rejoindre le groupe au début des années 1980. « On était très funk, donc ce qu'on faisait c'était très funk et jazz. Parce que Wallis elle était très jazz au départ, elle aurait très bien pu être une grande chanteuse de jazz. Elle avait une voix... tous les standards de jazz, elle les connaissait. »

Philippe Perthus décrit le répertoire du groupe Interview comme « trop pointu » pour intéresser les maisons de disques – à une exception près. « Sur tous les titres, le seul qui s'est dégagé, qui était marrant, c'était "Salut les salauds". » Cette chanson reprend, en français, le phrasé rap que Philippe a notamment découvert avec « Rapper's Delight », chanson composée sur la rythmique de « Good Times » du groupe Chic.

Interview ne s'appuie sur aucun professionnel habitué du milieu du disque. Mais la réputation de Wallis Franken dans le milieu de la mode a sans doute joué en faveur du groupe, leur permettant de convaincre une grande maison de disques de produire *Salut les salauds* en 45-tours à la fin de l'année 1981 – à une condition près. « RCA nous l'a censuré. Ça veut dire que sur la pochette, y a marqué simplement "Interview : *Salut... !*". [...] Ils nous disaient que c'était trop osé. » Après une promotion de quelques mois, le groupe rencontre un producteur belge. « Et lui, quand il a entendu la fin de la chanson, il a dit : "Ce titre, il est vraiment génial, est-ce que vous pouvez pas me le refaire en version vraiment plus club ? Mais vous gardez le "Salut les salauds", vous l'enlevez pas." »

La nouvelle version est enregistrée avec un autre interprète – « dans la version américaine, on a préféré mettre une voix de Black, donc c'est Nicolas, le Black, qui chante » – avant d'être remixée par Bernie Bernthaler, un célèbre DJ animant des soirées à Paris (notamment à L'Élysée-Matignon) et à New York. Mais aucune maison de disques française n'accepte de distribuer le titre, qui fait désormais de l'expression « salut les salauds » son refrain. « Le producteur belge a dit : "C'est pas grave, nous on va le sortir sur un petit label et on va l'envoyer en import aux États-Unis". Donc ce disque-là est sorti sur un petit label belge, qui appartenait à un producteur qui s'appelait [Michel] Nachtergaele […] Il a commencé à marcher dans les boîtes aux États-Unis, et quand il a commencé à marcher, il est revenu en import en France. »

Dans la trajectoire du groupe Interview, les discothèques apparaissent centrales à deux titres. D'abord, elles sont le lieu privilégié dans lequel les créateurs du groupe, Philippe et Martine Perthus, forgent leurs goûts musicaux, et elles forment l'univers de référence à destination duquel ils chercheront à diffuser leur premier disque. Ensuite, le réseau des discothèques se présente comme un circuit de popularisation complémentaire à celui de l'industrie du disque – offrant à la fois un espace de promotion de chansons et un lieu de performance *live* –, mais aussi concurrent, dans la mesure où il suit une logique en partie autonome dans la sélection des groupes et des chansons qu'il privilégie [13]. À mesure que les bals publics, notamment dans les zones urbaines, se raréfient, les boîtes de nuit constituent des lieux de plus en plus importants, où des groupes à la notoriété encore limitée peuvent se produire. La finalité de ces lieux n'est pas de vendre des disques, mais d'attirer et de conserver une clientèle. Dès lors, les DJ sont en position de promouvoir d'autres disques que ceux sur lesquels parient les directeurs artistiques et les producteurs des grandes maisons de disques.

On peut avoir une idée des disques privilégiés par les discothèques à l'aide du *Hit des clubs WRTL*, classement des trente titres qui y sont les plus joués et que l'animateur Bernard Schu diffuse et commente de la fin des années 1970 aux années 1980 sur RTL [14]. Si l'on compare le top 30 des discothèques et les trente premiers titres du Top 50, qui se réfère aux ventes de disques en magasin, la différence est nette. Lors de la première semaine de novembre 1984 [15] par exemple, les deux classements n'ont que treize titres en commun, et une seule des cinq plus grosses ventes de 45-tours se trouve dans le Hit des clubs WRTL. Le classement diffusé sur RTL par Bernard Schu permet de confirmer le rôle des discothèques dans la popularisation du rap en France, qu'il s'agisse de morceaux rappés en anglais ou en français. Du côté des titres anglo-saxons, « Rapper's Delight » entre dans le classement dès la semaine du 16 décembre 1979. Il y restera six mois. Fin janvier 1980, le très disco « Rap O Clap O » de Joe Bataan intègre le classement, suivi de

« Christmas Rappin » et « The Breaks » de Kurtis Blow, puis de « Jam Jam », deuxième *single* de Sugarhill Gang. Tout début 1981, une nouvelle vague de titres rappés en provenance d'Angleterre entre dans le classement : « Magnificent Seven » de The Clash et « Wordy Rappinghood » de Tom Tom Club. À la toute fin de l'année 1981, un premier titre rappé en français devient un succès en discothèque : « Chacun fait (c'qui lui plaît) », interprété par le groupe Chagrin d'amour. Ce morceau va devenir le premier modèle, pour l'industrie du disque, de ce que peut être un tube fondé sur une interprétation rappée en français.

« Chacun fait (c'qui lui plaît) » : un polar musical ?

Chanson écrite par Philippe Bourgoin, qui signe là l'un de ses premiers textes, et composée par Gérard Presgurvic, encore jeune compositeur, « Chacun fait (c'qui lui plaît) » est interprétée par Valli, qui est alors la compagne de Philippe Bourgoin, ainsi que par Grégory Ken. Ce dernier est interprète et guitariste professionnel depuis la fin des années 1960, et enregistre son premier 45-tours dès 1967, avant de participer à un grand nombre de comédies musicales dans les années 1970. La maquette de la chanson, financée par Philippe Bourgoin et Jean-Christophe Guevara, permet au groupe de signer un contrat avec Barclay. L'ingénieur du son Dominique Blanc-Francard assure alors le mixage du morceau. Chagrin d'amour, par le biais de son premier 45-tours, apparaît ainsi comme un groupe alliant de nouveaux entrants dans l'industrie du disque (Philippe Bourgoin, Gérard Presgurvic, Valli) et des « professionnels intégrés [16] » (Grégory Ken, Dominique Blanc-Francard), c'est-à-dire des personnes qui possèdent les savoir-faire traditionnellement mobilisés par l'industrie du disque à cette époque. Le groupe propose un savant dosage de nouveauté (dont l'interprétation rappée) et de techniques habituelles dans l'industrie du disque au tournant des années 1980 : une division du travail poussée entre auteur, compositeur, interprète et arrangeur, un chanteur dont le timbre de voix a fait ses preuves par le passé, un mixage assuré par un professionnel reconnu, des refrains chantés. Dans ce jeu entre innovation et tradition, le choix d'une interprétation rap permettait de concilier le format court des chansons avec une trame narrative plus dense qu'à l'accoutumée.

« Chacun fait (c'qui lui plaît) » est d'abord réalisée comme une chanson traditionnelle. Près de vingt-cinq ans après, Philippe Bourgoin rapporte que « l'écriture de "Chacun fait" s'est faite au fil du temps, disons entre 1977 et 1980… La première version piano/voix était parlée chantée [17] ». Mais une difficulté aboutit à ce que cette première version ne soit jamais achevée : elle excède considérablement la durée habituelle d'une chanson. « Le problème étant qu'il y avait déjà plein de texte à caser. [...] "Chacun fait" était donc une espèce d'ovni inclassable. » Les auteurs et interprètes de Chagrin d'amour se saisissent d'un procédé qu'ils découvrent au début des années 1980 pour normaliser l'œuvre. Ce procédé consiste à substituer une interprétation rappée au parler-chanter. « Grandmaster Flash [a] était passé par là et faire un rap devenait légitime, évident. Cette maquette était interprétée par Gérard Presgurvic et Yves Martin était déjà aux chœurs. [...] Puis bien sûr nous avons enregistré avec Valli et Grégory. Nous avons choisi une interprétation "rap blanc" (voir "The Magnificent Seven" des Clash), certes moins groovy, mais qui soutenait mieux le texte. »

La façon dont Philippe Bourgoin rapporte l'histoire de la création de « Chacun fait (c'qui lui plaît) » est caractéristique de ce que Howard Becker décrit comme des glissements qui ne demandent pas de transformation profonde des façons de faire habituelles dans un monde de l'art [18]. L'interprétation rappée, dans « Chacun fait (c'qui lui plaît) », apparaît comme une option professionnellement satisfaisante, rendue disponible par une innovation relevée au États-Unis quelques mois plus tôt. Elle résout avantageusement la tension entre l'exigence conventionnelle de maintenir la durée de l'œuvre dans un format habituel pour une chanson – trois à quatre minutes – et la volonté de développer une histoire détaillée au travers d'une grande quantité de paroles. Fin 1981, le 45-tours de Chagrin d'amour est publié. La chanson est diffusée sur France Inter et Radio 7, mais surtout sur la station NRJ, jeune radio libre qui émet alors depuis l'été. En janvier 1982, le titre entre dans les quinze 45-tours les plus vendus du mois, et occupe le haut du classement entre février et avril.

Sur les plateaux de télévision où le groupe assure sa promotion, l'originalité de l'interprétation est régulièrement relevée. Valli explique ainsi que le rap, « c'est parler en rythme sur une bande de musique qui est donnée par les disco-jockeys dans les boîtes [19] ». Mais, à l'époque, ce qui distingue surtout le morceau, aux yeux de ses auteurs comme des journalistes, réside dans le thème de la chanson et son traitement. L'interprète masculin, dans un dialogue dont on ne sait s'il s'agit d'un interrogatoire ou d'une déposition, reconstitue heure par heure l'aube d'une nuit trop alcoolisée. Son errance l'a conduit dans un Paris peuplé de policiers, de vendeurs ambulants, de joueurs de cartes et de prostituées. Philippe Bourgoin, qui était encore étudiant en cinéma deux ans avant la sortie du disque, réalise avec « Chacun fait (c'qui lui plaît) » une sorte de polar musical. Le morceau sort d'ailleurs accompagné

---

a Grandmaster Flash a publié son premier disque, *Superrappin*, en 1979 aux États-Unis. Le disque n'est pas distribué en France, mais Philippe Bourgoin est alors étudiant à la New York University.

d'un clip filmé en « 35 millimètres noir et blanc, comme si c'était un court-métrage normal, qui est passé d'ailleurs devant un film normal », précise Grégory Ken, avant que le journaliste qui l'interviewe explicite : « C'est une série noire [20]. » Dans la rétrospective des nouvelles figures de la chanson française que le journaliste Philippe Labro propose en 1983, Chagrin d'amour n'est pas classé dans un hypothétique genre rap, mais dans la tendance des « chansons films, c'est-à-dire qu'en quelques minutes une sorte de super court-métrage vous est proposé en musique [21] ».

Le 45-tours *Chacun fait (c'qui lui plaît)* se vend à plus de trois millions d'exemplaires. Ce succès contribue à ce que les maisons de disques multiplient la production et la distribution d'œuvres rappées en français, avec la chanson de Chagrin d'amour pour référence. De 1979 à 1981, on compte moins d'une douzaine de titres mobilisant une interprétation rappée en français. En 1982, il en existe plus d'une trentaine [a]. Entre pastiche, clin d'œil et imitation, plusieurs chansons reprennent l'association d'une interprétation rappée à une rythmique disco-funk, des refrains chantés, un jeu d'alternance entre interprète homme et interprète femme, interprétation en anglais et en français, ou bien tous ces ingrédients à la fois. Plusieurs chansons mobilisent en outre des motifs connotant l'univers du roman noir : inspecteurs de police, détectives privés, jeux d'argent et alcool dessinent une atmosphère interlope qui croise souvent le thème de la séduction, dans la droite ligne de la formule qui a contribué au succès de « Chacun fait (c'qui lui plaît) ».

L'influence du succès de Chagrin d'amour dans l'industrie du disque transparaît dans le témoignage de Michel Maillard. Après un premier disque autoproduit en 1979 dans un style plutôt rock, Michel Maillard signe chez RCA au printemps 1981, par l'intermédiaire du directeur artistique Bob Socquet. Ce dernier bénéficie bientôt d'une promotion et c'est un nouveau directeur artistique qui s'occupe du chanteur. « Il me dit : "Tes chansons là… j'en veux pas. Fais-moi d'autres chansons." Il venait de recevoir un disque d'Idris Cheba qui s'appelait *Le Misunderstanding* [b]. […] Le mec me dit : "– Tu devrais faire du rap. – Ben moi j'en fais, du rap. Je t'ai pas attendu pour faire du rap. J'ai un rap qui s'appelle "Pouce ! Pousse", c'est l'histoire existentielle d'un mec qui veut gravir les échelons de la société… – Ouais, oh… je sais pas… amène-moi le texte." Alors je lui amène le texte, et entre-temps y avait Chagrin d'amour qui commençait à monter. Et il me

a Par exemple : Savoir faire, « Frimeur (et savoir faire) » ; Ligne directe, « Histoire simple (tu peux danser) » ; Stéphane, « Stars sur la platine »…

b Le *single* rappé « Le Misunderstanding » d'Idris Cheba sera publié en 1982 par RCA avec une pochette ornée d'un macaron qui proclame : « Le premier rap US en français et en égyptien. »

dit : "– Ça, tu vois, ça va cartonner. Faut vraiment qu'on fasse un rap rapidement. Faudrait que tu changes les paroles... Bon, l'histoire de l'escalier c'est pas mal, mais fais-moi l'histoire d'un mec bourré qui monte l'escalier pour rejoindre sa nana. – Tu veux que je fasse du Chagrin d'amour. Tu te fous de ma gueule..." [22]. »

Les multiples tentatives d'exploiter le succès commercial de « Chacun fait (c'qui lui plaît) » en s'inscrivant dans son prolongement rencontreront des succès inégaux – seuls les 45-tours d'Élégance, Idris Cheba et Bandoléro [a] obtiennent un large succès commercial. Mais cette dynamique amorce un processus de catégorisation du rap en France. À la référence au rap présente dans les titres des morceaux de Joe Bataan, Sugarhill Gang ou Tom Tom Club s'ajoutent désormais une série de disques dont plusieurs s'appuient sur la même étiquette – jusqu'à faire figurer le mot « rap » dans le titre ou sur la pochette du 45-tours. La formule française qui commence à faire autorité dans les maisons de disques dominant le marché français est résumée dans les colonnes du journal *Le Matin*, en 1982 : « C'est la fête du "rap" à Paris. Ce nouveau genre musical importé des États-Unis par le groupe français Chagrin d'amour pulvérise les records d'audience. Un rythme funk et des paroles rigolotes plus scandées que chantées, et le tour est joué [23]. »

Dès la fin de l'année 1983, toutefois, la formule se complexifie. Les sonorités électroniques que « Wordy Rappinhood » de Tom Tom Club privilégie en 1981 se multiplient dans les productions anglo-saxonnes des années 1982-1983. Dans « Planet Rock » d'Afrika Bambaataa, « Buffalo Gals » de Malcolm McLaren ou « Rock it » de Herbie Hancock, synthétiseurs et boîtes à rythmes composent la structure musicale de morceaux dans lesquels l'interprétation rappée est fréquemment modifiée à l'aide du vocoder [b]. Plusieurs 45-tours français tentent de faire recette avec des disques similaires. Ces productions électro-funk sont souvent rappées, mais le type d'interprétation est alors moins objet d'attention que les formes de danse associées à ces musiques : les termes « *smurf* [c] », « *break dance* [d] », et « hip-hop » viennent décrire de nouvelles danses que popularise l'émission *H.I.P. H.O.P.*, animée par Sidney et diffusée les dimanches sur TF1 à partir du début de l'année 1984.

---

a Auxquels il faut ajouter le rap en allemand de Falco, « Der Kommissar » (1982) et dont une adaptation en français verra le jour qui fait explicitement référence à Chagrin d'amour (Matthew Gonder, « Clair, commissaire », 1982).

b Appareil transformant le son de la voix pour lui donner une tonalité synthétique.

c Aussi appelé *popping*, ce style de danse debout joue sur la contraction et le relâchement de parties du corps en rythme.

d Style de danse acrobatique dont de nombreuses figures s'effectuent au sol.

Sidney et l'émission H.I.P. H.O.P. *: l'ambivalence d'un « phénomène »*

Patrick Duteil, *alias* Sidney, naît en 1955. Il apprend à jouer de la batterie, du saxophone, de la basse, et participe dès l'adolescence à des orchestres de *rhythm & blues*. Collectionneur de vinyles, il est recruté dans une boîte de nuit parisienne et gagne sa vie à partir de 1974 comme DJ, diffusant en particulier du funk. À la fin des années 1970, les premières productions discographiques rappées se multiplient aux États-Unis : « On se disait : "Tiens, c'est un nouveau style, c'est marrant." On savait que c'était du rap, mais sans plus. C'était un style de funk comme il y a d'autres styles de funk. [...] La *break dance*, le hip-hop sont arrivés après [24]. » Fin 1981, Sidney rejoint l'équipe de Radio 7, radio du service public destinée à un public jeune sur laquelle il anime une émission de funk intitulée *Rapper Dapper Snapper*, en référence au titre d'un disque du pianiste funk Edwin Birdsong publié en 1980. Deux ans plus tard, en 1982, c'est un morceau d'Afrika Bambaataa qui retient l'attention de Sidney : « Planet Rock ». Laurence Touitou, jeune diplômée d'architecture qui revient alors d'un voyage à New York, appelle l'animateur de *Rapper Dapper Snapper* et explique : « Vous êtes en train de mettre toute la musique qui à est à la mode à New York. [...] Il y a vraiment une culture, un mouvement, ça s'appelle le hip-hop [25]. » Peu de temps après, avec Laurence Touitou et la directrice des programmes de Radio 7, Marie-France Brière, Sidney imagine un concept d'émission télévisée consacré au hip-hop, et tous les trois soumettent ce projet à la direction de TF1, qui est alors une chaîne publique. « Dans cette réunion, les mecs se disent que Marie-France Brière est malade. En plus, une émission présentée par un Noir, fallait pas y penser. Alors Marie-France Brière fait : "Écoutez, vous m'avez nommée comme directrice artistique des variétés, c'est ma première émission. Soit cette émission se fait, soit je rends les clefs du bureau." Elle a joué poker, il fallait. Ils ont abdiqué [26]. »

À partir de janvier 1984, Sidney anime la première émission télévisée consacrée au hip-hop [27]. Dans ce programme hebdomadaire d'une dizaine de minutes centré sur la danse, aucun artiste ne semble chanter une chanson rappée en français. Toutefois, Sidney lui-même présente régulièrement les rubriques de l'émission, les différents invités, etc., en adaptant en français une interprétation inspirée des artistes de rap américain de l'époque. Ces interprétations sont faites *a cappella*, rimées à l'occasion mais pas systématiquement. Gangster Beat, qui coanime certaines émissions, propose une interprétation proche, mais en anglais. Ces raps impriment un style à la présentation de Sidney et à l'atmosphère de l'émission, sans être mis en évidence en tant que tel. Si la continuité entre les premières chansons de rap américain et l'interprétation de Sidney est évidente rétrospectivement, Sidney n'assigne pas à cette époque une finalité artistique à ses raps. On est plutôt dans la tradition du *talk-over*[28], c'est-à-dire d'une pratique d'animation et d'interpellation des participants lors d'un rassemblement festif, puisque les raps de Sidney ponctuent fréquemment les défis de danse qu'il organise dans son émission.

La seule occasion au cours de laquelle un rap en français est interprété en musique et de façon systématiquement rimée est le générique de l'émission[29]. Le rap y a pour fonction principale de présenter des protagonistes de l'émission. Photographes, danseurs, graffiti-artistes, ils se définissent tous autrement que comme des rappeurs ou des chanteurs : « Dans la photographie je m'appelle Sophie / le dimanche à la boum c'est Afrika Loukoum » ; « dans la vie courante mon nom c'est Franck / pour tous les Zulus / je suis le breaker fou » ; « je m'appelle Sylviane / je breake comme une liane » ; « moi je fais des graffitis comme Fab 5 Freddy / [...] tout le monde me connaît je m'appelle Mister C. »

L'émission *H.I.P. H.O.P.* ne propose donc pas une définition du rap qui rompt avec celle qui accompagne la première vague de titres disco-funk. En revanche, elle en transforme implicitement la signification pour de nombreux amateurs en l'inscrivant dans le cadre plus vaste d'une culture hip-hop composée de plusieurs disciplines artistiques. L'émission présente aussi l'existence de la Zulu Nation, organisation internationale de promotion de la culture hip-hop[a].

Le statut précis que *H.I.P. H.O.P.* accorde à la culture hip-hop est toutefois ambivalent. L'émission oscille entre la description d'un mouvement artistique pluridisciplinaire, cohérent et durable, et celle d'une mode exotique. Sidney invite nombre de figures centrales de la culture hip-hop américaine de l'époque. Il présente avec pédagogie non seulement des techniques de danse hip-hop, mais aussi le scratch[b], le graffiti, ou des aspects vestimentaires. Ainsi, l'émission du 17 mars 1984 consacre une séquence à la façon d'attacher ses chaussures. Sidney commence ainsi ses explications : « Je tiens avant tout à vous signaler que le hip-hop n'est pas une mode, le hip-hop est un phénomène. Donc attention aux

a Fondée en 1973 par un ancien membre de gang reconverti dans la musique, Afrika Bambaataa, la Zulu Nation prône « la recherche de moyens positifs pour survivre dans la société ». Elle joue un rôle important au cours des années 1970 et au début des années 1980 dans l'association des différentes pratiques artistiques (*break dance*, smurf, DJing, rap, graffiti...) au sein d'un même mouvement, la culture hip-hop.

b Technique consistant à agir à la main sur la rotation d'un disque vinyle. En avançant ou en reculant à différentes vitesses le disque, le DJ produit des sons qui transforment les platines vinyles en instrument de musique à part entière.

manipulateurs. […] Surtout restez bien ce que vous êtes, votre propre personnalité, avec votre propre style, et surtout votre imagination, pour vous habiller par exemple sur le plan de la fringue. »

La suite de la séquence fait pourtant peu appel à l'imagination, tant les conseils de Sidney sur la façon de lacer ses baskets sont précis : « Tu peux prendre soit des lacets très larges, ou alors un élastique, un élastique d'une largeur d'au moins un centimètre […]. Alors ce laçage, il est croisé vers le haut par le dessus de la basket, et toujours vers la gauche. Ok ? Toujours vers la gauche, et par le dessus de la basket, ça veut dire que tu rentres par dedans. […] Mais toujours très parallèle, et tu sors la languette, ou si tu veux tu ne la sors pas. Comme tu veux. Tu équipes aussi le bas de ton pantalon avec des pinces à vélo, avec des élastiques, avec ce que tu peux, ce que tu trouves, ce que tu penses, pour te donner un look bien personnel. C'est ça le *wildstyle*, c'est ça le hip-hop, le hip-hop c'est pas une mode, il faut bien se dire ça. »

L'ambivalence du programme est renforcée par les séquences humoristiques, voire l'autodérision, qui rythment l'émission. Une brève incursion dans la presse de l'époque, afin de mieux évaluer l'impact de l'émission, confirme à la fois l'absence de mise en avant d'une pratique du rap en français et l'exotisation de la culture hip-hop naissante. Dans *Télérama* comme dans *Télé 7 Jours* [30], lorsque la présence de l'émission dans la grille des programmes fait l'objet d'un commentaire, c'est avant tout la danse qui est au cœur de l'attention : « Sydney [*sic*] nous fera danser sur les derniers tubes [31] » ; « le professeur Hip Hop apprend à sa classe les nouvelles danses à la mode [32] ». La légèreté des commentaires de presse, notamment ceux de *Télérama*, n'est pas sans rappeler le ton que l'animateur Sidney imprime lui-même à son émission. Mais, à l'inverse de Sidney, ce ton ne connote pas uniquement une proposition de communion dans l'atmosphère de bonne humeur de l'émission. Elle permet aussi de marquer son étonnement, notamment vis-à-vis d'un vocabulaire présenté comme ésotérique : « Rap, smurf, break, scratch, crac, schtroumph, huuue ! Pour l'instant, ce sont les adolescents qui dansent, mais bientôt ça sera vous [33] !… » Certains commentaires de *Télérama* pointent également vers une autre source de surprise : Sidney est noir (et c'est le premier animateur noir à la télévision française). Les premières notices ne mentionnent pas explicitement la couleur de peau de l'animateur, mais la connotent malgré tout. Ainsi, le 15 janvier 1984, *Télérama* relève la présence d'« un souffle tropical sur TF1 [34] ». *Télé 7 Jours* est plus direct, et indique simplement : « Musicien animateur de Radio 7, disc-jockey, Sidney est d'origine antillaise [35]. »

Sophie Bramly, photographe à l'époque de l'émission et impliquée dans le projet, rapporte ainsi l'une des conséquences de la diffusion de

H.I.P. H.O.P., lors de l'année 1984 : « Tout à coup, c'était une espèce de monstre de foire que tout le monde montrait, genre "un Noir à la télé..." [36]. » Cette formulation décrit un double mouvement d'intérêt et d'étrangeté qui transparaît dans les lignes de *Télérama*. Intérêt puisque *Télérama* commente cette émission, qui ne passe donc pas inaperçue dans la grille des programmes [a] ; étrangeté puisqu'au vocabulaire présenté comme bizarre s'ajoute l'évocation de ce « souffle » venu d'ailleurs. Il n'est pas jusqu'à la description de la danse, activité principale mise en scène dans l'émission, qui ne traduise un sentiment d'étrangeté. Curiosité et incongruité s'associent, dans les colonnes de *Télérama*, sur le mode de l'humour. « Il est plus que temps de faire vérifier vos lombaires et de remuscler tout ça. Sous peu, ce sera à vous de relever le défi de ces adolescents souples comme des lianes [37] ! » ; « Un bon rebouteux après, y'a rien de tel [38] ! »

La façon dont *Télérama* commente l'émission *H.I.P. H.O.P.* et les danses qu'elle met en scène rappelle les nombreux commentaires qu'a suscités, au début du XXe siècle, l'introduction du *cake-walk* sur les scènes du music-hall [39]. Le *cake-walk*, danse américaine introduite en France comme spectacle musicalo-chorégraphique, donne l'occasion à l'imagerie coloniale, alors en pleine élaboration, de se développer. En effet, le *cake-walk* et d'autres danses après lui sont assignés à une origine spécifiquement noire, dans la droite ligne des industries du divertissement américaines qui définissent ces formes de danses comme « nègres » [40]. À partir de cette réception du *cake-walk* s'élabore la prise du rythme (afro-)américain, qui met notamment en valeur « un procédé rythmique de syncopation sautillante et un style chorégraphique de fantaisie improvisée [41] ». Olivier Roueff montre que cette prise est cruciale dans la trajectoire esthétique du jazz en France. On est tenté d'avancer qu'elle demeure centrale dans les premières perceptions des danses hip-hop au début des années 1980. Le spectacle offert par l'association d'un rythme rap aux chorégraphies hip-hop s'accompagne de stéréotypes empruntés à l'imagerie coloniale – mise en dérision du corps primitif, métaphores des « lianes » ou du « souffle tropical » qui, au-delà des commentaires sur *H.I.P. H.O.P.* dans la presse hebdomadaire, se retrouvent dans certaines productions discographiques de l'époque.

L'audience de l'émission de Sidney est considérable. *H.I.P. H.O.P.* popularise de nouvelles formes de danse et des sonorités nouvelles que l'on peut

---

a *Télé 7 Jours* commente beaucoup plus rarement la présence de l'émission dans la grille des programmes de TF1, manifestant un moindre intérêt (ou un format qui se prête moins au commentaire) que *Télérama*.

qualifier, dans la continuité du « Planet Rock » d'Afrika Bambaataa, d'électro-funk. À partir de 1984, une production abondante de 45-tours voit le jour, qui adapte en France l'électro-funk et adopte souvent une interprétation rappée. Comme lors de la vague de 45-tours disco-funk, des pastiches et des parodies plus ou moins explicites paraissent. « Je scratch » ou « Scratch au standard », produits en 1983 par Jean-Pierre Massiera, reprennent largement le « Buffalo Gals » de Malcolm McLaren. En 1984, l'humoriste Thierry Le Luron publie *Le Smurf politic*, tandis que les détournements publicitaires se multiplient : les marques de vêtements Pantashop, K-way ou Kickers réalisent par exemple des spots musicaux qui reprennent les sonorités électro-funk et l'interprétation rappée.

La vague de 45-tours disco-funk rappés en français s'engouffre dans la brèche ouverte par le tube de Chagrin d'amour, et celle de disques électro-funk s'inscrit dans le sillage de la popularité de l'émission *H.I.P. H.O.P.* Ces deux tendances restent toutefois étrangères l'une à l'autre. Ce ne sont pas les mêmes artistes ni les mêmes producteurs qui s'y investissent. Si, aux États-Unis notamment, l'électro-funk apparaît comme une évolution du funk-rap, en France, l'industrie du disque importe ponctuellement les sonorités de ces formes sans retenir la dynamique esthétique qui participe à leur développement. Les producteurs de 45-tours opèrent ainsi des coups ponctuels qui ne visent pas la pérennisation et l'exploitation commerciale d'un genre musical à part entière. De la même façon, la majorité des interprètes perçoivent la prosodie rap comme une forme originale, mais dont les possibilités sont limitées, sur le plan professionnel ou esthétique. En juin 1982, Grégory Ken, l'interprète de « Chacun fait (c'qui lui plaît) », est interviewé par l'animateur de *Midi 2* :

« – Vous en préparez d'autres [morceaux] dans le même style ?

– [G. Ken] Eh bien on prépare, comme tous les chanteurs, un autre disque.

– [Le présentateur] Toujours du rap ?

– [G. Ken] Non... peut-être pas, on va essayer d'ouvrir un petit peu ça. On va essayer de trouver... de faire un album, ce qui nous permettrait d'avoir un peu plus de chansons, pour pouvoir faire de la scène, le truc normal des chanteurs [42]. »

Quant à Michel Maillard, rétrospectivement, il explique : « J'ai jamais été spécialisé, je me suis pas dit : "Tiens, maintenant faut que je regarde ce qu'il y dans le rap..." J'ai pas été plus que ça dans le... "Pouce ! Pousse", pour moi il sonne trop Chagrin d'amour, mais comme je disais aux gens... Les gens étaient pas habitués au rap. Donc un rap ne peut que ressembler à un rap. Y a pas trente-six façons de scander les mots [43]. »

Du rap dans la « variét' »

De 1979, date des premiers enregistrements que j'ai pu retrouver [a], jusqu'à l'aube des années 1990, plus d'une centaine de disques comprennent des paroles rappées en français, au détour d'un couplet, le temps d'un refrain, ou tout au long d'une chanson. Ce matériau, jamais étudié, offre une source précieuse pour comprendre l'introduction en France de l'interprétation rappée et l'innovation que représente son usage en langue française. Il est en effet un document historique que l'on peut toujours ausculter trente ans après sa production. Mais c'est un document qui appelle la critique : le disque se prête à la conservation, mais aussi à la sélection. La brève liste que l'on retient habituellement repose en fait sur un choix drastique parmi les disques mobilisant une interprétation rappée en français qui sont alors publiés. Elle privilégie des disques qui ont rencontré un succès commercial important, ou ceux qui constituent des précédents légitimes aux yeux des protagonistes du rap en France dans les années 1990. Pour comprendre l'appropriation en France de l'interprétation rappée, c'est l'ensemble des œuvres de l'époque dont il faut tenir compte, de façon à saisir à la fois les possibilités existant à l'époque et le jeu de leurs rivalités mutuelles, du cœur de l'industrie du disque jusqu'à ses marges, d'Annie Cordy qui est alors une vedette consacrée jusqu'au jeune DJ inconnu qui adopte à cette époque le pseudonyme de Dee Nasty.

Quand Annie Cordy smurfe (et rappe)

L'examen des disques de rap publiés dans les années 1980 permet de relever systématiquement quelques informations : format discographique, producteur, distributeur, interprète, auteur(s), compositeur(s). Les œuvres comprenant du rap en français qui paraissent de 1980 à 1985 sont le plus souvent produites par de petits producteurs indépendants. Ceux-ci peuvent s'appuyer, à l'époque, sur plus d'une centaine de studios d'enregistrement qui permettent de réaliser un disque de qualité professionnelle, en France, ainsi que sur de nombreux autres studios dans les pays voisins. Ce sont toutefois de grandes firmes qui en assurent généralement la distribution. 87 % des enregistrements comprenant du rap en français sont distribués par l'une des maisons de disques de l'oligopole dominant alors le marché [44].

---

a Avec l'aide, tout particulièrement, de DJ Daybreak et de l'ensemble des amateurs participant en 2010-2011 au forum <http://daybreak.positifforum.com>, que je tiens à remercier ici.

Dans 90 % des cas, les disques étudiés sont des 45-tours. Le privilège accordé à ce format témoigne d'appropriations de l'interprétation rappée visant avant tout à obtenir des succès commerciaux ponctuels, à profiter « des opportunités du moment, qui dépendent peu des succès passés et n'engagent pas à des succès futurs [45] ». Dans cette course au succès populaire, entreprises françaises (Carrère, Vogue, Discodis AZ, Barclay [a]) et multinationales (Polygram [b], EMI, CBS, Wea, RCA) font à peu près jeu égal, assurant respectivement la distribution de 41 % et 46 % des disques produits. Cette répartition est comparable à celle qui prévaut, à l'époque, pour l'ensemble du marché des 45-tours. De même en ce qui concerne l'importance des petits producteurs : hautement incertain, le marché du 45-tours est plus ouverts aux *outsiders*, puisqu'il repose sur un produit moins coûteux à réaliser que les 33-tours et susceptible, en cas de succès, de ventes plus massives.

L'innovation que représente le rap en français s'introduit donc sur le marché du disque par le biais de la chanson populaire à succès, désignée à l'époque dans son éclectisme même par le qualificatif de « variétés ». À la veille des années 1980, les variétés (de langue française ou de langue anglaise) représentent 80 % du chiffre d'affaires de l'industrie française du disque, le disque de musique classique ne représente que 10 % du marché et le jazz moins de 4 %. Du côté des producteurs et des distributeurs, la répartition des rôles dans la réalisation d'œuvres rappées en français correspond à l'organisation habituelle du travail dans le milieu du disque de variétés du début des années 1980. On peut en dire autant des artistes, qu'ils soient interprètes, auteurs ou compositeurs. Les premières chansons à faire advenir sur disque une interprétation rappée émanent souvent de personnes inscrites de longue date dans le milieu des variétés. En guise d'illustration, on peut examiner le titre rappé « Et je smurfe », publié en 1984 en face B du 45-tours d'Annie Cordy intitulé *Choubidou*.

Née en 1928, Annie Cordy est une interprète de chansons de variétés depuis près de vingt ans lorsque sort le disque *Choubidou*. Après des débuts dans le music-hall, la chanteuse réalise un grand nombre d'enregistrements pour les compagnies EMI et CBS. Au début des années 1980, elle réalise toujours des titres populaires comme « Tata Yoyo », publié en 1981 et vendu à 650 000 exemplaires. Ces succès font d'Annie Cordy, au moment

a Barclay est vendu à la fin de l'année 1979 à Polygram. Carrère sera racheté par Warner en 1991, Vogue ferme en 1987 et son catalogue est racheté en 1992 par BMG (né de l'acquisition par le groupe Bertelsman de RCA en 1986). Sonopresse, mentionné dans le travail d'Antoine Hennion, est racheté par EMI en 1977.

b Né en 1972 de la fusion de Phonogram et Polydor.

où *Choubidou* est publié, l'archétype de la grande vedette stable [46]. Ce 45-tours est produit et distribué par la firme CBS, grande maison de disques américaine. La référence au smurf dans le titre de la chanson en face B renvoie à une danse que popularise, depuis le début de l'année 1984, l'émission *H.I.P. H.O.P.* Par cette chanson, Annie Cordy associe son nom à l'une des formes musicales les plus récentes.

Annie Cordy est l'éditrice de cet enregistrement, par le biais de sa société Corany Music et, en tant que telle, elle a sans doute joué un rôle de premier plan dans la formation de l'équipe qui écrit et compose la chanson. La vedette s'est entourée de professionnels aguerris du disque de variétés. Jean Schmitt, né en 1935, est parolier depuis les années 1950. Il travaille régulièrement avec la maison de disques Barclay à partir des années 1960, écrit pour Dalida, Claude François et surtout Sheila. Au début des années 1980, il travaille sur plusieurs 45-tours avec Annie Cordy et est l'auteur des paroles de « Et je smurfe ». Le compositeur du morceau est Tony Rallo, chef d'orchestre dans le milieu de la chanson dès la fin des années 1960, avant de devenir un compositeur très actif dans les années 1970, composant notamment pour Dalida ou Daniel Guichard. Il travaille avec Annie Cordy depuis 1981 et assure l'arrangement du morceau avec Paul Piot, un collaborateur de la chanteuse depuis le milieu des années 1970. Dans les crédits de « Et je smurfe », on trouve également la mention de Pierre Carrel, qui assure la réalisation artistique du morceau. Après avoir été l'interprète de quelques chansons au début des années 1960, Pierre Carrel devient directeur artistique chez CBS, mais est aussi auteur, compositeur et arrangeur (notamment pour Julio Iglesias).

Le cas de la chanson « Et je smurfe » n'est pas isolé. Nombre d'enregistrements intégrant une interprétation rappée en français dans la première moitié des années 1980 sont ainsi le fait de professionnels intégrés, situés au cœur de l'industrie du disque de variétés française. À ces professionnels de longue date se joignent de nouveaux venus, qui proposent le plus souvent des œuvres similaires : refrains chantés (plutôt que rappés) dans 70 % des cas, thèmes de la danse, de l'amour ou de la séduction omniprésents (45 % des titres) et, sur le plan musical, une formule qui privilégie dans 90 % des chansons les sonorités disco-funk et électro-funk.

Au début des années 1980, le rap apparaît le plus souvent comme une innovation mineure de l'industrie des variétés. Il est mobilisé tôt pour des paroles en français et en même temps transforme peu les chaînes de coopération antérieures des professionnels du disque. C'est vrai des grandes firmes du disque, mais aussi de la majorité des producteurs indépendants : la plupart d'entre eux réalisent un ou deux enregistrements mobilisant l'interprétation rappée, dans le cadre d'une activité de production discographique diversifiée. C'est vrai enfin des auteurs et des interprètes, qui ne privilégient ce style d'interprétation que le temps d'une chanson, y compris lorsqu'ils ont l'opportunité d'enregistrer plusieurs disques. Autrement dit, les usages dominants du rap en France dans la première moitié des années 1980 se présentent, du côté des artistes, comme des appropriations ponctuelles plutôt que durables. Les producteurs, quant à eux, ne s'inscrivent pas dans la constitution d'un catalogue d'œuvres destinées à une exploitation durable.

Annie Cordy et son équipe, fidèles en cela à la tradition des variétés, opèrent par décontextualisation et recombinaison d'éléments hétéroclites empruntés ailleurs, sur le plan musical tout autant que sur le plan des paroles. À la musique électro-funk s'ajoutent des onomatopées connotant un exotisme primitif (« houba houba ») et l'incursion ponctuelle d'une mélodie évoquant les westerns spaghetti. Le thème général de la chanson – la danse – est l'occasion d'évoquer tout à la fois les relations entre les générations (Annie Cordy et ses neveux fans de smurf), un contexte où discothèques et walkmans se diffusent et divers succès récents de la culture populaire (du film *Flashdance* au groupe de musique Break Machine). Sur un ton humoristique, les paroles sont également truffées de formules toutes faites ou de détournements de dictons populaires des plus divers : l'opposition « bœuf/œuf » structure le refrain, Annie Cordy chante « je smurf tout comme une English / of course of course because my taylor is rich », avant de parodier Boris Vian en chantant que « la vie est une tartine de smurf / dont on prend chaque jour un petit bout ». Suivant l'analyse qu'Antoine Hennion propose du milieu des variétés à la fin des années 1970 [47], on peut suggérer que le style rap vient apporter un parfum d'air du temps, un signe d'actualité dans des œuvres qui doivent par ailleurs demeurer familières à un public aussi large que possible. Dans la chanson d'Annie Cordy, le contexte musical et culturel qui donne sens à l'émergence du smurf dans les années 1970-1980 est périphérique : il n'en reste que les aspects superficiels les plus à la mode, auxquels viennent se greffer des éléments divers, « inventions inattendues, marginales [48] » participant à l'hétérogénéité de l'œuvre.

Phil Barney, itinéraire d'un touche-à-tout

Si l'histoire musicale et culturelle dans laquelle s'inscrit le rap ne transparaît que par bribes décontextualisées dans les œuvres de variétés, elle passionne certains aspirants à la professionnalisation dans les industries musicales. Parmi eux, on trouve nombre de personnes que l'interprétation rap va séduire. C'était déjà le cas de Philippe Perthus, leader du groupe Interview : « La première fois que j'ai entendu "Rapper's Delight" [...] ou les Grandmaster Flash... tous les groupes qui faisaient du vrai rap festif, j'ai dit : "C'est génial, cette musique." Le son américain, il est génial. Et comme nous, au niveau musical derrière, au niveau rythmique, on était très funk, on s'est dit : "Ben pourquoi pas essayer de faire du rap [49]." » C'est également le cas de Phil Barney, dont la trajectoire illustre l'influence grandissante de ces musiciens aux marges de l'industrie des variétés.

Phil Barney naît en 1957 à Bône (Annaba) en Algérie d'une mère institutrice et d'un père commerçant. Dix ans plus tard, sa famille quitte ce pays et s'installe en banlieue parisienne, à Bonneuil-sur-Marne. Après des cours de solfège, Phil Barney apprend la guitare et les percussions. Il assiste en février 1973 au concert de James Brown au Palais des sports de Saint-Ouen, un événement qu'il présente volontiers comme déclencheur de son goût pour la musique funk. Au milieu des années 1970, il participe à diverses formations musicales amateurs. « Je jouais dans un orchestre créole à la Maison des jeunes [de Bonneuil]. J'étais DJ... parce que je m'occupais d'un moto-club. En même temps, je jouais de la batterie avec un groupe de jazz-rock fusion. Moi, j'ai toujours été très éclectique. J'écoutais à la fois Marvin Gaye, Cameo, mais en même temps j'étais branché Toto, Deep Purple, toute cette tendance rock très mélodique [50]. »

À la fin des années 1970, Phil Barney profite des opportunités d'emploi offertes par les disquaires indépendants aux aspirants à la professionnalisation dans les industries musicales. À une époque où ces magasins assurent encore près de 25 % des ventes de disques [a], il devient vendeur dans l'un d'entre eux, Mini Club de nuit, spécialisé dans l'import de vinyles américains à destination des boîtes de nuit. Le magasin « travaillait pour 150 clubs en France par correspondance, et c'est moi qui faisais les commandes de disques », explique Phil Barney. « J'étais très branché musique new-yorkaise, Funkadelic, Parliament, George Clinton, toute cette mouvance-là, après y a eu plein de groupes, parce que chaque ville avait son son [...], et au milieu de ça est arrivé Sugarhill. Je me suis dit : "Voilà. Ça c'est top, et je suis sûr que ça va cartonner." Et j'ai commencé à en diffuser aux clubs en leur envoyant ce truc-là, et beaucoup de gens ont fonctionné tout de suite. »

Proche de l'humoriste Jean-Yves Lafesse qui l'introduit dans l'équipe de la radio libre Carbone 14, Phil Barney anime une émission à partir de décembre 1981. « Je suis arrivé à la radio, on m'a demandé : "Qu'est-ce que tu veux faire ?" [...] Moi j'étais branché musique black, et la période

---

a Ils n'assurent plus que 5 % des ventes en 1994, sous l'effet de la concurrence des multispécialistes (Fnac, Virgin), qui passent au cours de la même période de 7 % à 30 % des ventes.

1979-1982, pour moi, c'est la quintessence de la vraie funk. » Son activité de DJ animateur pour Carbone 14 et son travail de vendeur d'import chez Mini Club de nuit se soutiennent mutuellement : « Les DJ écoutaient mon émission, ils arrivaient au magasin, ils avaient déjà leur liste. Donc le magasin me donnait ce que je voulais, et pour la radio j'étais le roi de la planète, j'avais les disques avant tout le monde, et des trucs introuvables, avant Champs Disques, qui était la référence des disques import. » Sur Carbone 14, Phil Barney contribue à populariser la musique funk, mais aussi le rap, *via* la diffusion de disques américains. Phil Barney prêche aussi par l'exemple. Il rappe lui-même le générique de son émission, reprenant la base instrumentale de « Salut les salauds » du groupe Interview. Ce qui, dans cette chanson, dérangeait les grandes maisons de disques est précisément ce qui séduit Phil Barney et l'équipe de Carbone 14 : « L'intro était super longue... [...] Eux, ça leur faisait de la pub, moi c'était parfait, je baissais le son, "Salut les salauds...". À Carbone, on les traitait de tout, on faisait ce qu'on voulait, c'était carrément l'irrespect total. [...] On voulait surtout pas dire : "Il est quatre heures moins le quart, il fait beau, tout va bien." Tu vois, ce que faisait NRJ, et ce que font toutes les radios aujourd'hui. »

Bientôt, Phil Barney anime également des soirées dans la discothèque parisienne La Scala : « C'était le mercredi soir, je faisais des soirées [de musique] black. Je faisais un mix pendant deux fois une heure. » Son activité sur Carbone 14 attire l'attention d'un producteur indépendant, Léo Carrier. « Il avait un groupe qui s'appelait New Paradise. C'était un groupe de trois filles. Humainement j'aimais bien, musicalement ça n'avait rien de black, c'était plutôt le côté sexy, jolies filles... [...] Et donc il m'a dit : "On est nominé pour les Discos d'or", à l'époque c'était au Casino de Paris, et il m'avait dit : "Voilà, je voudrais en introduction de ce *medley*, je voudrais que tu fasses un rap", donc j'ai rappé. [...] C'était pas ma musique, pour moi c'était une façon de plus de faire des chœurs en studio, et d'accéder à l'enregistrement. Quel que soit l'endroit, on m'aurait dit de chanter avec Marcel Amont [a], j'y serais allé. [...] Pour moi, c'était un puzzle, dès que je me rapprochais de la musique, et dès que je pouvais faire de la musique black, c'était mon truc. »

Le cas de Phil Barney illustre de façon emblématique les chaînes de coopération qui, en se déployant à la périphérie de l'industrie du disque de variétés, font exister d'autres formes musicales que celles privilégiées par les professionnels du disque les plus intégrés. Phil Barney contribue en

---

a Chanteur à succès dans les années 1960 et 1970.

premier lieu à transformer les routines des industries musicales par sa participation en tant que DJ au mouvement des radios libres.

Au lendemain de la Seconde Guerre mondiale, radios et télévisions sont nationalisées et deviennent monopole d'État. La seule alternative à la radio publique est, jusqu'au milieu des années 1970, les radios diffusant depuis l'étranger, appelées de ce fait les « périphériques »[a]. Les radios privées apparaissent d'abord de façon illégale, à partir de la seconde moitié des années 1970[51]. L'élection de François Mitterrand, en mai 1981, contribue à la multiplication des émetteurs : son programme prévoyait en effet la fin du monopole de l'État sur les ondes. Le 29 juillet 1982, la loi sur la communication audiovisuelle déclare dans son article premier que « la communication audiovisuelle est libre », mettant fin au monopole théorique de l'État. De 1981 à 1984, les radios associatives se multiplient et offrent des espaces de liberté sans précédent, notamment pour la diffusion de programmes musicaux. Les collectionneurs de disques amateurs de musiques peu diffusées sont les premiers à en bénéficier : on voit à cette époque se multiplier les émissions spécialisées diffusant de la musique funk, à l'image de celles qu'anime Phil Barney. Les radios libres se révèlent un important vecteur de diffusion de musiques nouvelles, mais aussi d'expérimentations techniques et sonores. Parmi ces techniques figure l'interprétation rappée, utilisée pour animer des émissions et personnaliser *jingles* et génériques. Plus difficiles à retrouver que les disques, ces formes de raps sont avérées à l'époque sur Carbone 14, mais aussi sur RDH, Radio Show[52] ou Radio 7.

Mais, dans la trajectoire de Phil Barney, ce n'est pas par le disque que s'exprime ce goût pour de nouvelles formes musicales. En privilégiant une participation en tant que personnel de renfort dans la réalisation de différents 45-tours dans les années 1982-1984, Phil Barney est tributaire des façons de faire ordinaires de l'industrie des variétés. Duos d'interprètes homme/femme[b], alternance de raps en anglais et en français[c], musique disco-funk, référence à l'univers du polar[d], format 45-tours, division des

a Il s'agit principalement de Radio Sud et Radio Andorre, de Radio Monte-Carlo (RMC), de Radio Luxembourg (qui devient RTL en 1966) et d'Europe 1, qui émet depuis la Sarre, région allemande occupée par la France de 1945 à 1957.

b Dans « Saint-Tropez », générique du film du même nom, titre écrit et produit par Léo Carrier, distribué par Vogue, publié au format 45-tours en 1983, interprété par Phil Funk (Phil Barney) et Tiffany (l'une des chanteuses de New Paradise).

c Si « Saint-Tropez » est interprété en français, Phil Barney rappe en anglais sur le morceau « Sophistication » des New Paradise publié en 1983.

d Phil Barney écrit les paroles d'un rap publié en 1984, « Polar », interprété par Bernard Guyvan et distribué par Carrère.

tâches entre auteur, compositeur et interprète : les œuvres auxquelles participe Phil Barney ressemblent en tous points aux autres œuvres caractéristiques de l'industrie du disque. L'examen de l'une des œuvres les plus atypiques publiées à cette époque permet de préciser, par contraste, la logique dominant l'appropriation de l'interprétation rappée dans l'industrie du disque. Publié en 1984, le disque *Paname City Rappin'* de Dee Nasty est industrialisé en dehors des réseaux conventionnels de l'industrie du disque de variétés. Il ne s'agit pas d'un 45-tours, mais d'un 33-tours. Autoproduit sous le nom du label Funkzilla, le disque a pour auteur, compositeur et interprète la même personne : Dee Nasty.

Dee Nasty, de la radio au disque

Né en 1960, Daniel Bigeault *alias* Dee Nasty découvre la musique funk *via* d'autres amateurs de la ville où il grandit, Bagneux. Il apprend à jouer de la guitare, quitte le domicile familial à seize ans et commence à travailler comme ouvrier, puis coursier dans une agence de voyage. « J'ai gagné plus de sous, du coup je me suis acheté plein de disques. J'achetais des imports, du funk. C'était cher, tout mon fric y passait. Mon rêve, c'était d'aller aux États-Unis [53]. » Il se rend à San Francisco l'année de ses dix-huit ans et multiplie les voyages dans les années qui suivent pour acheter de nouveaux disques.

En France, il poursuit son travail de coursier et commence à animer une émission sur la radio pirate Radio Arc-en-Ciel, « une émission qui s'appelait *Funkabilly*. Je passais du rap américain [54] ». De collectionneur de disques, il devient alors DJ : « Quand j'ai fait Arc-en-Ciel, du coup j'ai été sollicité pour faire des petites apparitions dans les soirées antillaises, parce qu'il y avait toujours un petit passage funk et hip-hop, à l'époque, et c'est comme ça que j'ai commencé à prendre goût à jouer. » Il rencontre bientôt Bad Benny, lui-même amateur de funk et animateur sur RDH. « C'est une radio qui était à Rosny-sous-Bois. Donc RDH ça voulait dire Radio des handicapés, et Bad Benny [...] avait une grosse émission de funk [55]. » À partir de 1982, Daniel adopte le pseudonyme de Dee Nasty et participe également à l'émission de Bad Benny. « Donc il m'invite sur cette radio, et on essaie d'expliquer aux gens comment scratcher, qu'il fallait mettre une feutrine dessous, des choses qu'on avait découvertes tout seuls. »

L'implication dans le mouvement des radios pirates, puis des radios libres contribue au développement du goût de Dee Nasty pour le DJing [a].

---

a L'art de manier les platines (mix, scratch, etc.), autrement dit l'art d'être un DJ.

Elle est aussi à la source de sa pratique du rap. « On connaissait absolument personne qui rappait en français, ou qui avait essayé de rapper en français, à part Phil Barney, dans son générique de Carbone 14. [...] Donc, forts de ça, nous on s'est dit : "On va faire des adaptations." [...] Par exemple, y avait Grandmaster Flash et Melle Mel qui avaient sorti "New York New York big city of dreams / and everything in New York ain't always what it seems". Et nous on a fait "Paname Paname grande ville de rêve / mais tout à Paris n'est pas ce qu'il paraît". Et puis après on a commencé à écrire vraiment. Donc de l'adaptation on est passés à la création. » L'ambition de réaliser un disque naît alors.

Le processus par lequel Dee Nasty découvre et s'approprie le rap transparaît dans le 33-tours *Paname City Rappin'*, qu'il publie en 1984. Le refrain du morceau éponyme de l'album est une reprise en français du morceau « New York New York » de Grandmaster Flash & The Furious Five, paru l'année précédente. Toutefois, Dee Nasty s'inscrit en marge de l'industrie du disque de variétés, ce qui rend la réalisation de l'album *Paname City Rappin'* particulièrement difficile. Les obstacles se jouent à deux niveaux : la production de l'œuvre et sa reproduction. Dee Nasty parvient malgré tout à industrialiser sa création sans l'appui des chaînes de coopération conventionnelles de l'industrie du disque.

Un ami DJ de Dee Nasty possède un magnétophone seize pistes sur lequel la maquette pourra être enregistrée. Il faut encore trouver les moyens de presser le disque et Dee Nasty s'endette à l'époque de près de 25 000 francs (environ 3 800 euros). L'étape la plus difficile reste à venir : il s'agit de la distribution. « Le disque est sorti en juin [1984], il n'y avait plus l'émission de Sidney [arrêtée pendant l'été 1984], les maisons de disques me disaient que c'était fini. J'ai fait du porte-à-porte avec mon disque, mais personne ne m'a aidé et personne ne l'a joué [56]. »

Il ne reste plus à Dee Nasty qu'à vendre son disque de la main à la main. « Y a eu la Fête de la musique, c'était au Trocadéro, en 1984. Je venais d'enregistrer mon album et j'étais parti là-bas avec un poste à cassettes, avec des disques sous le bras, pour faire écouter aux gens et essayer de le vendre [57]. » D'autres sont vendus lors de concerts, ou à l'étranger : « J'ai même été en placer dans les boutiques à Londres. Finalement, à Londres, j'en ai vendu une centaine. Eux, ils kiffaient surtout le côté électro-funk [...]. Et puis, après, j'ai fait un deal avec le magasin Crocodisques, ils en vendaient une trentaine par an. » L'album *Paname City Rappin'* achoppe ainsi sur l'étape de la distribution et ne connaît qu'une commercialisation confidentielle. En 1997, Dee Nasty n'avait toujours pas écoulé les 1 000 exemplaires de son premier pressage.

S'il n'est pas un professionnel intégré de l'industrie du disque, Dee Nasty est un connaisseur de musiques rap et funk américaines, guitariste, animateur radio et DJ. Il apparaît de ce fait moins coupé de l'industrie du disque qu'évoluant à sa marge, au sein des radios libres qui émergent alors. Sa trajectoire est comparable, sous ce rapport, à celle de Phil Barney, avec qui il entretient des relations à cette époque. Mais, à l'inverse de Phil Barney qui tente d'« accéder à l'enregistrement quel que soit l'endroit », Dee Nasty ne peut pas ou ne souhaite pas utiliser les chaînes de coopération de l'industrie du disque de variétés. Il lui faut imaginer d'autres réseaux – qui se révèlent suffisants pour parvenir à la production d'un vinyle atypique, mais trop précaires pour assurer sa commercialisation à grande échelle.

Paname City Rappin' est une œuvre aussi originale qu'elle a été difficile à réaliser. Le disque comprend sept titres, dont trois comportent des passages rappés en français et deux des passages rappés en anglais. Un morceau est purement instrumental, et le dernier, très bref (moins d'une minute), est composé de courtes séquences sonores destinées à la pratique du scratch [a]. Des trois titres rappés en français, l'un comprend un refrain chanté (« Délirer un peu »), le deuxième un refrain rappé (« Paname City Rappin' ») et le troisième un refrain purement instrumental (« Métro scratch »). Musicalement, les titres privilégient les sonorités funk et électro – explicitement indiquées sur la pochette du disque, qui intitule sa face A « Funk » et sa face B « Smurf ». Dee Nasty fait ainsi le lien entre les formes musicales qui apparaissaient, dans les œuvres de l'industrie des variétés, comme deux modes successives et distinctes, et explicite ce lien pour ses auditeurs. Les morceaux publiés dans *Paname City Rappin'* délaissent le thème de l'amour pour évoquer l'atmosphère de la vie parisienne, la désespérance sociale ou la passion de la musique, du graffiti et de la danse. La pochette, dans les illustrations comme le style graphique, multiplie les références au hip-hop, mouvement culturel associant rap, DJing, *break dance* et graffiti.

Les nombreuses différences entre l'œuvre de Dee Nasty et la majorité des chansons qui intègrent alors du rap en français témoignent des clivages qui structurent l'appropriation du rap dans les industries musicales françaises. D'Annie Cordy à Dee Nasty, les chaînes de coopération qui ont rendu ces enregistrements possibles permettent de distinguer des professionnels intégrés de l'industrie du disque de variétés et des discophiles amateurs de musique funk évoluant à ses marges. Collectionneurs de disques rares en France, ces derniers deviennent souvent DJ, portés par les

---

a Il s'intitule d'ailleurs « Sound for good scratcher only ».

transformations des industries musicales au tournant des années 1980, des radios aux boîtes de nuit. Ils valorisent une conception exigeante de la musique, peu compatible avec le fonctionnement ordinaire du milieu des variétés, prompt à s'inspirer d'un nouveau « truc » musical, mais sceptique quant à toute forme d'autonomisation stylistique [58]. Au début des années 1980, ces amateurs de funk sont les seuls capables de recontextualiser à partir de leurs sources d'inspiration américaines ce que l'industrie des variétés exploite comme des modes ponctuelles, et surtout de les lier entre elles, de renouer les fils culturels qui conduisent de « Rapper's Delight » (Sugarhill Gang) à « Rock it » (Herbie Hancock).

D'un bout à l'autre de cet espace des appropriations du rap en France, on repère peu de points communs. On peut cependant en relever deux. Le premier renvoie à la façon dont cette nouvelle activité qu'est le rap s'inscrit dans la division du travail préexistante dans les industries musicales. Pour les professionnels intégrés des variétés, le rap se présente comme une façon de parler en rythme qui enrichit un éventail de possibilités d'interprétation dans lequel le chant a la part belle, et la conserve. Pour les artistes évoluant à la marge de l'industrie du disque de variétés, le rap est une forme d'interprétation qui vient s'ajouter à d'autres activités – animation en radio, DJing, etc. – sans conduire à l'abandon de ces dernières. Pour les uns comme pour les autres, le rap n'est pas la seule pratique artistique privilégiée, ni même la principale. Il est une activité qui vient rejoindre un faisceau de tâches [59] plus vaste, sans pour autant en devenir le cœur. Annie Cordy rappe, mais elle reste une chanteuse de variétés. Sidney rappe sur le plateau de *H.I.P. H.O.P.*, mais il est d'abord animateur de l'émission. Dee Nasty rappe sur son album, mais il demeure avant tout DJ. Aucun des trois ne se définit d'ailleurs, à cette époque, comme rappeur. Autrement dit, au début des années 1980, il existe des disques de rap en français, mais pas de disques de rappeurs en France. Le second point commun réside dans l'omniprésence du thème de la danse, associé à des sonorités funk ou électro. Le rap s'introduit ainsi en France en lien étroit avec les lieux de danse, et les amateurs de musique qui s'y rassemblent.

Il s'agit donc de changer de focale : étudier non plus seulement les appropriations du rap par des professionnels de la musique – DJ, auteurs, interprètes... – mais aussi celles relevant d'amateurs. C'est parmi ces amateurs que se recrutent les premiers spécialistes de l'interprétation rappée, les premiers « rappeurs ».

2

Une nouvelle spécialité artistique : être rappeur

« Yo Monster T / Monte le casque dans mes oreilles / Voilà tu m'as envoyé le volume / Ok y a pas de problème / Juste le temps d'allumer une petite cigarette / Et de poser mon frites merguez ok / Et j'aimerais dire qu'il ne faut pas cartonner les studios / Car ça devient un vrai cauchemar c'est trop / Ok yeah / Toi chez toi prépare ta petite cassette / Car ce soir beaucoup de MC [a] dans les studios c'est chaud / Mais j'aimerais te dire qu'à la rentrée tout ça va changer / Car / Il faudra un carton d'invitation pour entrer ok. »

2 Bal 2 Neg, « Old School Sh*t », 1997.

Comment expliquer l'émergence d'interprètes qui font du rap en français leur spécialité ? Il faut pour cela considérer le disque sous un nouvel angle : non plus comme un enregistrement musical que l'on produit, mais comme un support de mélomanie [1]. Dans la France de la fin des années 1970, le rap représente une innovation esthétique qui est surtout accessible à deux catégories de personnes : les professionnels de l'industrie du disque, habitués depuis les années 1960 à adapter en français des chansons américaines, et les amateurs de musique funk. Cette musique est à l'époque difficile à trouver en France, et certains de ses amateurs témoignent d'une passion pour le disque comme objet de collection qui est à l'origine d'une nouvelle vocation : DJ. Ils jouent ainsi un rôle

a Maître de cérémonie. Généralement utilisé comme synonyme de rappeur, la notion de MC trouve son origine dans le contexte des *sound systems*, où un DJ joue la musique tandis qu'un maître de cérémonie anime la fête.

prépondérant dans la diffusion et l'appropriation de l'interprétation rappée en France.

L'innovation que constitue le rap est donc portée, au cours des années 1980, par des amateurs ayant développé un goût pointu pour des formes musicales peu accessibles en France, et qui ont appris à satisfaire ce goût en contournant les obstacles que le fonctionnement habituel des industries musicales leur oppose. Parmi eux, certains deviennent des DJ qui feront advenir un son hip-hop local, tandis que de nouveaux interprètes font advenir une interprétation rappée. Ces derniers sont le plus souvent en même temps auteurs, et se définissent comme rappeurs. Une partie de ces amateurs atypiques, devenus à leur tour artistes, rencontrent le monde de l'art local organisé autour du label Celluloïd, du magazine *Actuel* et de Radio Nova. Ils forment progressivement une nouvelle scène artistique parisienne, dont la visibilité, à la fin des années 1980, est notamment assurée par l'émission *Le Deenastyle* sur Radio Nova.

Des amateurs de musiques atypiques

Jusqu'à la fin des années 1970, les maisons de disques françaises s'intéressent peu à la musique afro-américaine. Cette situation contribue à l'audience restreinte que connaît la musique funk jusqu'au début des années 1980. Or le rap américain se développe dans le prolongement du genre funk. Avoir accès à cette musique suppose d'entreprendre une laborieuse recherche de disques rares. C'est parmi les amateurs qui tentent de surmonter la faible distribution de la musique funk en France que l'on trouve les premiers amateurs de rap, à l'image de Sidney. Quelques amateurs découvrent à la fin des années 1970 l'existence du *breakbeat* [a] et du rap sans l'entremise directe du disque.

Foisonnement musical

Dee Nasty, en 1978, voyage à San Francisco : « Un jour, j'ai vu ces mecs qui faisaient la manche : un type jouait de la batterie et les *breakers* défilaient. C'était hyper impressionnant. [...] Ça n'étonnait que moi et je ne savais pas que c'était lié à la musique rap [2]. » Mais le disque reste central

a Un *break* est une séquence instrumentale dans laquelle seule la partie rythmique du morceau est jouée. Le *breakbeat* est un rythme construit à partir d'un *break* mis en boucle, à partir d'une manipulation des platines par un DJ ou à l'aide d'un *sampler*.

dans sa trajectoire : c'est lui qui l'a poussé à se rendre régulièrement aux États-Unis, et c'est lui qui lui permet d'approfondir sa connaissance de ces musiques : « Comme j'étais passionné de musique noire, afro-américaine, j'allais régulièrement à Boston pour acheter des disques, parce qu'en France c'était relativement la misère. Tous les six mois, hop je partais. Boston c'était plus pratique [que San Francisco], parce que l'aéroport est vachement plus près de la ville, du coup j'arrivais le matin et je repartais le soir. Et je faisais que les magasins de disques. Parce qu'ici c'était tellement cher... Et puis je ramenais des trucs pour les copains, des jeans... Ça me coûtait, mais en fait ça s'équilibrait. En plus, entre acheter un import en France, c'était 80 francs [environ 12 euros], là-bas un disque neuf c'était trois dollars. Alors les mêmes en solde, des trucs à un dollar... Et puis comme je restais pas, j'avais pas de frais d'hôtel, je bouffais juste un Mc Do vite fait, le prix de l'avion ça allait [3]. »

Ces amateurs de musique funk ne se contentent pas de collectionner les disques pour eux-mêmes. Ils sont au premier plan des transformations importantes que connaissent au tournant des années 1980 les façons de découvrir et d'apprécier la musique, liées à l'avènement des radios libres, des vidéoclips, et au développement des boîtes de nuit. La fin du monopole d'État sur la communication radiophonique suscite un développement sans précédent des radios associatives. Les collectionneurs de disques investissent rapidement ce nouveau moyen de valoriser et partager leurs goûts musicaux.

Philippe Subrini (né en 1956) découvre ainsi le funk et le rap par l'entremise des *marines* américains débarqués au port de Marseille. Passionné de musique afro-américaine, c'est aussi par le biais des disques qu'il cultive son goût. Au début des années 1980, il possède une collection de près de 3 000 vinyles [4]. Dès 1982, à Arles, il initie une émission sur une radio libre dans laquelle il diffuse du rap, puis, l'année suivante, s'installant à Marseille, il rejoint l'équipe de Radio Star. Il y anime l'émission *Prélude*, « émission informative et musicale consacrée à l'actualité funk et hip-hop (musicale et journalistique) [5] ».

La multiplication des radios locales et des programmes musicaux transforme d'autant plus les pratiques des auditeurs qu'elle se combine à la popularisation de l'écoute privative (*via*, notamment, le baladeur) et de l'enregistrement audio domestique. Le nombre de cassettes vierges vendues passe de 14 millions en 1974 à 42 millions d'unités en 1984 – soit plus que les 33-tours vendus cette année-là. Pour un coût modique, il devient possible d'enregistrer, et donc d'écouter et réécouter la programmation de radios dont la diversité musicale excède l'offre discographique aisément accessible.

Une évolution similaire s'amorce dans le domaine audiovisuel. L'enregistrement vidéo se démocratise au tournant des années 1980 avec la commercialisation du magnétoscope VHS. Profitant du lancement en 1981 de MTV, première chaîne musicale par satellite, les vidéoclips deviennent un moyen promotionnel incontournable pour l'industrie du disque. Enfin, au tournant des années 1980, les discothèques occupent une place considérable dans les loisirs des Français [6]. Non prises en compte dans les enquêtes sur les pratiques culturelles des Français de 1973 et 1981, les sorties en discothèque apparaissent dès leur mention dans les statistiques du ministère de la Culture comme une activité de masse : d'après l'enquête de 1988, 55 % des Français de quinze ans et plus étaient allés au moins une fois dans leur vie en discothèque, et 26 % d'entre eux étaient sortis en discothèque dans les douze mois précédant l'enquête. Le chiffre atteint 41 % pour les Parisiens et 34 % pour les « banlieusards » [7]. Comme Sidney, Dee Nasty ou Phil Barney, les DJ bénéficient directement de ce développement, en proposant leurs services dans les boîtes de nuit ou dans l'animation de soirées.

Ce nouveau rapport aux musiques populaires affecte cependant la France de façon inégale. Le développement du rap en France en porte les marques. Qu'elle suive les canaux de distribution discographiques, l'aire de diffusion de la télévision ou bien de la presse musicale, la popularisation du rap est un phénomène national. Mais ses appropriations sont plus localisées, dépendantes à la fois de l'organisation particulière des lieux de danse, du développement de radios libres qui n'émettent que sur un périmètre restreint, et des milieux musiciens amateurs locaux. On peut relever deux lignes de clivages géographiques majeures. La première oppose une France urbaine à une France rurale, moins touchée par la diversification de l'offre musicale que permet la multiplication des radios libres dans les zones urbaines. La seconde oppose les villes de province à l'agglomération parisienne, qui voit se développer dès la première moitié des années 1980 un milieu d'amateurs de hip-hop relativement structuré. À Marseille, par exemple, la découverte et la culture d'un goût pour le rap sont tout d'abord freinées par les difficultés d'accès aux nouveautés discographiques américaines, puis fortement dépendantes du développement récent des radios libres. La trajectoire de deux amateurs de rap en témoigne.

Aimer le rap au début des années 1980, à Marseille...

J.-C. [8] et Philippe [9] sont nés Marseille en 1968. Fils d'un père kinésithérapeute et d'une mère assistante de puériculture, J.-C. grandit dans le quartier de Mazargues. Philippe grandit à Plan-de-Cuques, commune limitrophe de Marseille. Son père est informaticien à la Sécurité sociale, sa mère secrétaire. À l'adolescence, tous deux vivront avec leurs mères respectives, suite au divorce de leurs parents.

Lecteur assidu de la presse magazine, J.-C. y trouve sa première source d'informations musicales. « J'adorais lire les critiques dans la presse musicale, tous les disques. *Actuel*, tant que c'était lisible, j'ai lu. Après, c'est devenu trop déconnecté de ma vie marseillaise, c'était trop la branchitude parisienne. *Rock & Folk*, *Best*, ça allait, mais c'était une galère de trouver *Libération* à Marseille. Un ado en province n'avait pas énormément accès à la musique. J'ai beaucoup lu sur des choses que je n'ai pu découvrir que bien plus tard. » La télévision constitue également une source d'informations musicales : « Lorsque c'était la Fête de la musique, je ne sortais pas : je regardais la télévision, parce qu'il y avait de la musique toute la journée à l'écran. » Pour J.-C., l'arrivée des radios libres constitue « une respiration énorme. J'écoutais jusque tard le soir, un casque sur les oreilles. Radio Soleil, Radio Galère... » Progressivement, sa curiosité pour la musique se concentre sur les musiques afro-américaines, puis le rap. « Je me souviens de vacances où je partais avec des cassettes que j'avais enregistrées à la radio, avec "Rapper's Delight", "Magic's Wand" de Whodini, et puis, après, Grandmaster Flash, "The Message", pour moi c'était ça le rap. Chagrin d'amour, c'était du faux rap artificiel. J'ai eu du mal à accepter qu'on puisse faire du rap en français. C'était sur Radio Star, le samedi soir, une émission électro-funk. Ils racontaient plein de choses en radio : Fab 5 Freddy, les graffeurs, le fait qu'ils font des trucs avec Andy Warhol. Les mecs du ghetto qui transforment l'énergie négative en énergie positive, je trouvais ça génial. [...] À seize ans, c'était devenu une attitude. »

De 1980 à 1984, Philippe a une trajectoire d'amateur comparable. Ses parents et son parrain, batteur dans un groupe de musique amateur, font de l'écoute de la musique un loisir central durant son enfance. Pour ses douze ans, un ami lui offre un disque de Sugarhill Gang, *Jam Jam*. « Ce fut la gifle musicale de ma vie. Ce morceau m'a retourné le cerveau [...]. À partir de 1981, je suis devenu un auditeur assidu de l'émission de rap *Startin Black* animée par Philippe Subrini sur Radio Star [...]. Le jour fatidique, je me postais devant la chaîne et j'enregistrais. À ce moment-là, je n'imaginais pas un instant rapper, j'étais dans la position du fan, avide de découvrir une culture musicale mais sans aucune ambition artistique [10]. » Une partie de la famille de Philippe vit aux États-Unis. Des visites en France de ces parents, Philippe hérite une fascination pour ce pays. « J'étais à ce point obnubilé par l'Amérique qu'à l'âge de douze ans je fis promettre à tante Gérarde de m'emmener à New York quand j'en aurais seize [11]. »

Philippe et J.-C. ont seize ans en 1984, année où l'émission télévisée *H.I.P. H.O.P.* popularise des danses comme le smurf et la *break dance*, tout en alimentant un effet de mode considérable. J.-C. est passionné de rap et de danse hip-hop. « Dans l'émission de Radio Star, ils faisaient de la pub pour le magasin Dan Import, et j'essayais de convaincre ma mère d'y aller pour acheter les 45-tours. Je me suis acheté les gants blancs, survêt et baskets à Belsunce [un quartier de Marseille], un teddy, une casquette *eighties*. J'avais le costume Zulu, mais on n'était pas beaucoup. J'ai écrit à la Zulu Nation pour adhérer, et j'ai reçu le manifeste. [...] La résidence où j'habitais, ça ne les intéressait pas du tout. Sauf un peu la danse, la *break dance*. C'était la *middle class* marseillaise, personne n'écoute ça. J'enregistrais sur magnétoscope *H.I.P. H.O.P.*, les clips de Michael Jackson et je répétais les pas de danse comme je pouvais. »

C'est cette même année 1984 que Philippe écrit son premier texte de rap. « Un texte fun, léger, pour charrier mon ami Omar et les copains de La Castellane après un match de foot [...]. Le rap m'est venu d'une frustration, d'une urgence et d'un impératif : me faire une place dans le mouvement hip-hop. [...] À l'époque, la *break dance* faisait office de discipline reine ; pour briller, il fallait savoir danser [...]. Dans ce domaine, j'étais hors compétition : je suis un piètre danseur [...]. Je continuais donc à écouter du rap, mais je sévissais *via* le tag et le graff [12]. » Au collège, Philippe « [voulait] montrer [sa] différence, et ça marchait, même si les premières réactions avaient été moqueuses : "Ouah le rappeur !" En ce temps-là, porter une casquette n'était pas commun [13] ». Au cours de l'été 1984, point culminant de l'effet de mode lié au smurf, Philippe quitte Marseille pour passer un mois chez sa tante aux États-Unis.

La fin de l'année 1984 est un tournant pour Philippe comme pour J.-C. De retour de son voyage aux États-Unis, le premier s'investit plus que jamais dans sa passion pour le rap. Il parvient à se rapprocher de l'animateur radio qui popularise le genre à Marseille depuis le début des années 1980 : « Un jour, alors que Philippe Subrini animait une spéciale sur New York, je me suis décidé à passer un coup de fil au standard de Radio Sprint [a] pour partager mon expérience. [...] "Voilà, je m'appelle Philippe Fragione, je suis un fan de rap, je fais du graff, j'étais à New York cet été..." Ils m'ont pris à l'antenne en direct et j'ai raconté mon séjour. Dans la foulée, Philippe [Subrini] m'a invité à assister aux émissions. J'ai sympathisé avec lui [14]. » J.-C., au contraire, rompt avec sa passion. « Au moment d'entrer au lycée, j'ai changé complètement de look. Et là, je me suis rendu compte

a Après avoir officié sur Radio Star, Philippe Subrini devient animateur sur Radio Sprint en 1985.

que j'avais plus que des survêts et des baskets. Je continuais à écouter beaucoup de rap, mais je n'étais plus du tout concerné par le mode de vie hip-hop. »

Clips, magazines, explications diffusées par la radio ou la télévision, voyage à New-York fournissent ainsi tout un ensemble d'expériences et d'informations qui contribuent à contextualiser ces enregistrements les uns par rapport aux autres, à les associer à un ensemble d'éléments extra-musicaux, bref, à amorcer une culture du goût pour ces chansons. Si Philippe et J.-C. s'engagent tous les deux dans une culture de leur goût pour ce qu'ils apprennent à identifier peu à peu comme un genre musical neuf, seul le premier maintient durablement une pratique du hip-hop, puis du rap. L'un des éléments décisifs qui contribuent à différencier la trajectoire de ces deux amateurs est le fait que Philippe s'inscrit peu à peu dans un réseau de relations partageant sa passion, réseau qui va progressivement lui offrir l'opportunité de produire une musique rap locale. La figure centrale qui contribue à infléchir la trajectoire de Philippe, qui adopte bientôt le pseudonyme d'Akhenaton, est tout d'abord celle du DJ Philippe Subrini, qu'il rejoint à l'antenne de Radio Star. C'est par ce biais qu'il rencontrera bientôt Éric Mazel, futur DJ Khéops au sein du groupe IAM.

... à Lyon, ou à Lausanne

À Lyon ou Lausanne, les premiers amateurs qui rappent sur disque ou sur scène connaissent un parcours comparable. Amateur de funk lyonnais qui prendra le nom de scène de Shams Dinn, Mohamed Ben Bouchta commence à rapper dans une discothèque qu'il fréquente : « Je vivais pour les boîtes de nuit. La danse, les filles... C'est dans une boîte un peu sympa que j'ai commencé à parler sur de la musique [15]. » Quelques mois plus tard, il rencontre Djamel Dif, ancien batteur du groupe de rock Carte de séjour, qui a improvisé un studio d'enregistrement dans l'appartement d'une amie, composé d'« une table de mixage, un magnéto quatre pistes, un synthétiseur et des baffles [16] ». En 1983, Mohamed et Djamel élaborent une première maquette. Marc Casimiro de San Leandro, quant à lui, collectionne déjà les disques de soul ou de funk lorsqu'il découvre « Rapper's Delight » et se met à guetter les nouveautés hip-hop. Il les diffusera bientôt dans la région lyonnaise par le biais des ondes de Radio Bellevue [17].

À la même période, à Lausanne, en Suisse, Carlos Leal, futur fondateur du groupe de rap Sens Unik, est amateur de musique funk. Né en 1969 de parents ouvriers, la danse devient l'une de ses passions et il commence à pratiquer la *break dance* autour de 1982. Il s'engage progressivement dans la pratique du rap dans les boîtes de nuit qu'il fréquente, avant de rencontrer un DJ qui lui permet de réaliser une œuvre de rap local. « J'étais très jeune, j'étais un des plus jeunes quand on allait en boîte et je faisais des concours. J'étais assez doué et ils me laissaient entrer dans la boîte uniquement parce qu'ils savaient que je savais bien danser, mais j'avais pas l'âge. Déjà les premiers pas de danse, quelques petits trucs acrobatiques, et déjà dans les clips de funk de l'époque, c'était pas encore du rap, on avait déjà des bribes de ce qui allait représenter la *break dance*. Donc forcément quand tu danses et que ça te plaît, qu'il y a un truc nouveau qui se passe [18]... »

Carlos se souvient en particulier de *Party Train*, un clip du groupe de funk Gap Band, présentant des séquences de *break dance* et de *popping* réalisé en 1983. Il fréquente alors une boîte de nuit de la banlieue de Lausanne, L'Altro Mondo. « Et bon, rapidement, les premières bribes de la culture hip-hop à travers des clips, et le film *Flash Dance*. *Flash Dance*, ça a été ma première claque pour la *break dance*. D'ailleurs c'est vraiment une scène cinématographiquement inoubliable, c'est un plan presque à ras du sol, c'est en longue focale, donc tout ce qui est derrière c'est flou, c'est un plan fixe, et tu as les Rock Steady Crew, plus quelques membres de New York City Breakers [...]. Et là, des putains de pas de *break*, déjà des super styles. Crazy Legs qui fait des sortes de *freezes* [a]... Moi, j'étais tout seul dans cette salle de ciné, c'était un après-midi, j'ai pris ma baffe. C'est pas possible, ça je veux le faire. » À la fin des années 1980, il commence à s'essayer à l'interprétation rappée, d'abord en anglais : « Un moment, en boîte, s'il y avait un truc qui balançait, et ben moi je rappais par-dessus. Et puis après je me suis dit : "Mais... tiens, je suis d'origine espagnole, je vais essayer de faire du rap en espagnol." »

Ces premiers raps lui attirent une forme de prestige local, qui vient accroître celui qu'il possédait déjà en tant que danseur et l'incite à persévérer. Il rencontre alors un autre danseur, qui est également DJ : Just One. « Il avait trois ou quatre ans de plus que moi. Il était DJ de funk d'abord, et après c'était un des premiers à passer tous les trucs qui mélangeaient le funk et le rap. Et il a eu la possibilité d'être programmateur dans une émission sur une radio culte suisse, Radio Couleur 3. »

La position de Just One à Radio Couleur 3 lui donne accès aux studios de la radio. Le DJ propose alors à Carlos d'enregistrer des raps, sous la forme de *jingles* pour son émission. « Alors je te parle de trucs... c'était des bandes Revox, et on les coupait au ciseau et au scotch. Just One me dit : "Tu sais ce que tu fais ? Tu viens un samedi soir après l'émission", donc une heure du

a Figures de *break dance* consistant à s'immobiliser dans une position acrobatique.

matin, je crois, "tu écris un truc et on le pose". Il avait déjà des vinyles sur lesquels il y avait des instrus [morceaux instrumentaux], et donc on a commencé comme ça, je crois qu'on a enregistré quatre ou cinq pastilles d'une minute. [...] On pouvait pas faire trop long non plus. En plus moi j'écrivais des petits bouts, mais on n'avait pas la conception de construire un morceau, couplet/refrain, couplet/refrain, l'idée elle était pas là. Et au milieu des émissions de funk, dans lesquelles Just One pouvait tout d'un coup mixer une demi-heure, eh bien, bam, il a balancé les premières bribes de rap français en Suisse. » La notoriété que ces pastilles d'une minute confèrent à Carlos lui permet d'assurer la première partie du concert du groupe de rap américain Public Enemy, venu se produire à Lausanne en 1990.

Les cas de Carlos Leal et de Mohamed Ben Bouchta illustrent la façon dont la centralité du DJ (ou d'un musicien familier des nouvelles techniques sonores) se présente, reformulée du point de vue de l'interprète de rap. Les radios locales, les boîtes de nuit et les soirées constituent dès le début des années 1980 des foyers de diffusion d'une musique rap élaborée aux États-Unis. Mais pour s'approprier cette musique, il faut plus qu'adopter l'interprétation rappée : il faut pouvoir produire localement ce son neuf qui mêle sonorités funk et électro. Dans ce processus, le rôle de ceux que l'on pourrait qualifier de « bricoleurs de sons » – au premier rang desquels on trouve notamment des DJ – se révèle décisif.

Les DJ, ou l'art du son hip-hop

Depuis les années 1970, de nombreux DJ ne se cantonnent plus à un rôle de sélectionneur de disques. Ils deviennent de plus en plus souvent des spécialistes de la transition entre morceaux : choisir le bon titre extrait du bon répertoire, ralentir la vitesse d'une chanson pour qu'elle s'adapte au tempo de la précédente ou de la suivante, etc. Un certain nombre d'expérimentations et d'innovations techniques conduisent à élargir encore, à la fin des années 1970, le faisceau de tâches des DJ. De spécialistes du mix, ils tendent de plus en plus à devenir de véritables compositeurs en temps réel de musique. Sélectionnant des extraits toujours plus courts, cherchant à s'adapter à la situation où ils réalisent leur performance, les DJ new-yorkais inventent le *breakbeat*, emblématique du travail de composition qui caractérise de plus en plus le DJing [19]. Aux États-Unis et bientôt en France, les DJ sont au cœur d'une grappe d'innovations musicales reposant sur la recomposition d'extraits sonores préexistants et l'usage croissant de l'électronique musicale.

Discophile, sélectionneur de chansons, expert dans leur transition en direct, compositeur, le DJ devient également instrumentiste, en détournant l'usage de ses platines pour réaliser des *breakbeats* et des scratchs. Ce large faisceau de tâches place les DJ, au cours des années 1970 et 1980, au cœur des innovations musicales. Certains instrumentistes, à l'image d'Imhotep à Marseille, ne sont pas DJ ni collectionneurs de vinyles, mais se passionnent pour les nouvelles techniques de productions sonores. La rencontre entre Imhotep et le groupe IAM, par le biais du groupe Massilia Sound System, se produit, en 1988, autour de cet enjeu : « Ils avaient besoin d'un musicien qui disposait personnellement d'un *sampler* [a] [...] pour pouvoir produire de la musique rap technologiquement plus sophistiquée. Cette machine coûtait à l'époque plus de 15 000 francs [un peu moins de 2 300 euros] et j'étais le seul à l'avoir [20]. »

DJ, mais aussi ingénieurs du son, instrumentistes... apprennent à se servir des tables de mixage multipistes, des platines et des premiers *samplers* et boîtes à rythmes numériques qui permettent de produire les nouvelles formes musicales qu'ils ont appris à apprécier sur les disques de funk et de rap anglo-saxons. Certains les possèdent personnellement, d'autres profitent d'un accès privilégié aux lieux où celles-ci se trouvent – radios, studios d'enregistrement, discothèques... – et aux connaissances qui permettent d'en tirer profit. Hommes-orchestres, connaisseurs des dernières innovations techniques et instrumentales du funk américain, acteurs souvent suffisamment éloignés de l'industrie du disque de variétés pour se montrer relativement libres à l'égard de certaines de ses conventions, les bricoleurs de sons forment le creuset qui permet le développement durable de formes de rap locales au cours des années 1980.

Parmi ces bricoleurs de sons, certains privilégient de façon croissante, et parfois exclusive, les nouveaux principes esthétiques qu'ils perçoivent dans les œuvres américaines qui se multiplient dans les années 1980. Pivot de cette esthétique, le goût du *breakbeat* s'approfondit avec le développement des *samplers*. Initialement destiné à élargir la palette sonore des synthétiseurs, le *sampler* numérique est mobilisé par les premiers DJ hip-hop comme un moyen de rationaliser la technique de composition d'un *breakbeat* inventée à l'aide des platines [21]. Plutôt que de sampler des sons joués ou des bruits enregistrés, les DJ hip-hop vont conserver les disques vinyles comme matière première. L'avènement des *samplers* ne signe donc pas la fin de la passion pour la recherche de disques rares, leur collection, la culture encyclopédique du vinyle et des différentes textures sonores qui y

a Instrument permettant de prélever un échantillon (« *sample* ») sonore pour l'insérer automatiquement dans une nouvelle séquence musicale.

sont gravées. Il élève ces pratiques au rang de principes éthiques. En même temps, la nouvelle technologie que représente le *sampling* numérique permet de multiplier les boucles jouées en même temps, au-delà de la seule section rythmique, et accroît les possibilités de les manipuler en les redécoupant. En investissant dans une nouvelle technologie de production sonore [a], les DJ hip-hop donnent naissance à un art musical neuf, que l'on peut résumer comme un art du « son hip-hop ».

La trajectoire artistique des premiers rappeurs dans les années 1980 passe idéalement par la médiation de tels DJ, ou d'un autre bricoleur de sons qui remplit un rôle comparable : offrir un accès au son hip-hop. En retour, les rappeurs permettent à ces compositeurs d'achever des œuvres souvent conçues dans le cadre de l'esthétique hip-hop comme destinées à une performance vocale [22]. Les rappeurs se distinguent ainsi des premiers interprètes de rap en France du début des années 1980, qu'ils soient chanteurs de variétés, animateurs radio ou DJ. Comme Sidney sur Radio 7 ou dans diverses soirées, Mohamed Ben Bouchta, Philippe Fragione ou Carlos Leal commencent à rapper en discothèque ou à la radio. Mais à la différence de leurs prédécesseurs, souvent plus âgés, ces nouveaux interprètes font bientôt du rap leur spécialité. Ils sont d'ailleurs les premiers à revendiquer l'appellation de « rappeurs », et à l'associer explicitement et exclusivement à la performance d'interprétation vocale [b].

Pour comprendre ce processus qui voit l'émergence d'une nouvelle spécialité au sein des industries musicales, il est intéressant de revenir sur la typologie proposée par Howard Becker pour distinguer différents modes d'engagement dans les mondes de l'art. Becker souligne l'existence de personnes qui contribuent à la réalisation d'œuvres tout à fait conventionnelles, s'insérant dans des chaînes de coopération habituelles d'un monde de l'art et satisfaisant la plupart des anticipations de leurs partenaires de coopération : des « professionnels intégrés ». Mais, comme le montre Becker, il existe toujours des « francs-tireurs », qui « apportent des innovations que le monde de l'art ne peut accepter parce qu'elles sortent du cadre de sa production habituelle [23] ». Le franc-tireur transgresse certaines façons

a La composition musicale à l'aide de *samplers*, et plus généralement par le biais des techniques numériques de la musique assistée par ordinateur (MAO), est souvent appelée production, et le compositeur décrit comme un producteur, d'où une confusion possible avec le producteur de disques au sens traditionnel, c'est-à-dire celui qui paie pour l'enregistrement et la fabrication d'un disque.

b Le qualificatif de rappeur désignait souvent, dans la première moitié des années 1980, les danseurs de *break dance*, de smurf, ou simplement toute personne s'habillant à leur manière, mise à la mode par l'émission *H.I.P. H.O.P.* : baskets, casquette, survêtement, K-way... voir plus haut les témoignages de J.-C. et Philippe.

de faire et affronte souvent l'hostilité des professionnels intégrés. Cependant, il n'enfreint qu'une partie des conventions en vigueur : sa socialisation doit beaucoup au fonctionnement habituel du monde de l'art. Tel n'est pas le cas de deux autres types de personnes : l'artiste populaire et l'artiste naïf. L'artiste populaire, explique Becker, s'inscrit « dans les pratiques courantes de tous les membres d'une communauté [24] ». Il ne se considère pas vraiment comme un artiste. Ses activités ne font pas l'objet de discours esthétiques et relèvent plutôt de pratiques d'artisanat ou de sociabilité. L'artiste naïf, enfin, développe un sens esthétique dans son activité, mais il déploie cette activité à l'écart de toute chaîne de coopération instituée. Il échappe ainsi « aux contraintes de coopération qui pèsent sur les participants aux mondes de l'art. Il est libre de méconnaître les classifications habituelles, libre de faire des choses qui ne correspondent à aucun genre répertorié [25] ».

Qu'en est-il de l'innovation que constitue, dans les années 1980, l'interprétation rappée en France ? On a vu que son développement ne peut être mis au crédit de professionnels intégrés de l'industrie du disque. Si certains interprètes l'adoptent ponctuellement, cette appropriation est éphémère. Elle est plutôt le fait de personnels de renfort des industries musicales devenant des bricoleurs de sons, qu'ils soient issus des magasins de disques, des radios, des studios d'enregistrement ou des boîtes de nuit. Le développement du rap est aussi le fait d'interprètes atypiques, qui n'appartiennent pas à l'industrie du disque telle qu'elle existe (ils ne sont donc pas des professionnels intégrés), n'ont pas de formation de musicien (ils ne correspondent donc pas au profil habituel des francs-tireurs), mais inscrivent explicitement leur démarche dans un horizon artistique (et se distinguent donc de la figure de l'artiste populaire tel que le décrit Becker). De plus, loin de méconnaître les classifications musicales habituelles à la manière des artistes naïfs, ils sont très attentifs à certaines évolutions des musiques populaires anglo-saxonnes. Rappeurs et DJ sont en fait partie prenante des industries musicales, avant même que leur pratique artistique soit constituée : ils y occupent la place d'amateurs [26]. La trajectoire des (futurs) artistes de rap et de DJing est celle de francs-tireurs de l'écoute musicale, élaborant progressivement un goût au risque de rompre avec les chaînes de coopération conventionnelles (ils trouvent difficilement les œuvres qui satisfont leur goût) et développant une pratique artistique au contact des disques qui répondent à leur goût franc-tireur, à la manière des rockeurs que décrit le sociologue Stith Bennett [27]. Ils deviennent ainsi les porteurs de nouvelles conventions esthétiques et tentent de trouver les appuis pour les stabiliser.

Pour les DJ et les rappeurs, la pratique de l'interprétation rappée, du scratch, des *breakbeats* et du *sample* ne correspond pas d'abord à des innovations techniques permettant d'interpréter un grand nombre de paroles dans un temps conventionnellement fixé à moins de cinq minutes. Il ne s'agit pas non plus d'un « truc » incorporé ponctuellement dans des œuvres destinées en premier lieu au marché du disque de variétés. Il s'agit plutôt d'une innovation esthétique susceptible de reproduire (et si possible d'amplifier), avec les ressources propres à la France de l'époque, les émotions portées par une musique appréciée mais localement rare. Rappeurs et bricoleurs de sons apparaissent ainsi comme des francs-tireurs du goût, à l'origine de la création d'œuvres musicales reposant sur une division du travail nouvelle (DJ/rappeur), et s'inscrivant, en France, dans la filiation de ce qu'ils identifient comme un nouveau genre musical : le rap.

L'émergence d'une scène rap parisienne

La plupart des témoignages sur le développement du rap en France soulignent l'importance du nouveau média que représentaient les radios libres et, dans une moindre mesure, les émissions et clips télévisés. Leur développement, à partir de la seconde moitié des années 1970, favorise la diffusion de nouveaux genres musicaux – le disco, en premier lieu, mais aussi, plus largement, une palette croissante de musiques populaires américaines, parmi lesquelles la soul ou le funk. Les boîtes de nuit constituent aussi, jusqu'au début des années 1980, des lieux de découverte musicale [a] qui contribuent à désenclaver les musiques afro-américaines, tenues en marge de l'industrie du disque de variétés. Nombre d'amateurs et de DJ de l'époque indiquent cependant que les sorties en boîtes de nuit constituent alors un loisir fortement ségrégué.

Des boîtes de nuit pour les « refusés »

Dee Nasty porte rétrospectivement un regard très critique sur les discothèques : « C'était bon pour jouer Chagrin d'amour, pas pour jouer "Planet Rock". Le seul truc qui est passé en discothèque, c'est Herbie Hancock, "Rock it". Donc [le rap] c'est plutôt un truc qui s'est fait par les radios

---

a Voir le témoignage de Philippe Perthus au chapitre 1. Ce rôle décline à partir de 1983, à mesure que les plus fortes ventes de disques, relayées par le Top 50 et les grands réseaux radio, deviennent l'étalon de l'actualité musicale. Voir Vincent Sermet, *Les Musiques soul et funk*, *op. cit.*, p. 316.

libres et le partage des cassettes. Après, les soirées comme [celles animées par DJ] Chabin à La Grange aux Belles, au Bataclan, au Phil One [salles de danse et discothèques parisiennes], souvent des après-midi pour que les jeunes puissent y venir. Parce que les discothèques tu vois… faut avoir dix-huit ans, faut être bien sapé, faut pas être basané… enfin tu vois comment c'était à l'époque [28]. » Le développement des discothèques, s'il contribue à la diffusion croissante des musiques afro-américaines en France, ne neutralise pas pour autant les rapports sociaux qui configurent les industries musicales. Il participe plutôt de leur recomposition, associant une moindre marginalisation des productions des artistes noirs à une ségrégation persistante des publics selon leurs moyens économiques et selon leur couleur de peau. Phil Barney souligne ainsi que la discothèque parisienne La Scala, où il mixe vers 1983, « ne laissait pas entrer les Noirs, alors que la musique qui était là c'était que *black* [29] ».

Le journaliste Daniel Garcia a consacré un ouvrage à la discothèque Le Palace, l'une des boîtes de nuit les plus en vogue à Paris de 1978 à 1982. Il offre un panorama de l'ensemble des discothèques alors à la mode et de leurs relations de concurrence. Deux anecdotes se révèlent éloquentes quant à la place que les minorités racisées peuvent alors trouver dans cet univers. La première se déroule au Chalet du lac, discothèque située à proximité de Paris, porte de Vincennes. En 1976, un conflit entre un client noir et un videur tourne à la bataille générale, et se solde par la mort d'une personne et la fermeture administrative de la discothèque. Celle-ci rouvre quelques mois plus tard. François Baudot, alors proche de la famille Moulhac, propriétaire du lieu, rapporte le témoignage suivant : « Après la mésaventure qui avait failli leur coûter cher, les parents [Moulhac] avaient décidé que Le Chalet n'accueillerait plus de Noirs. Or je trouvais que c'était précisément la clientèle qui devenait intéressante. J'ai convaincu Jean-Michel [le fils de la famille Moulhac, alors âgé de vingt-quatre ans] de penser une boîte pour tous les refusés [30]. » Cette « boîte pour les refusés » verra le jour un an plus tard, en décembre 1977, à Montreuil : il s'agit de La Main bleue, dont l'ouverture aux groupes racisés est suffisamment atypique pour marquer l'identité du lieu dès ses débuts.

Trois ans plus tard, en 1980, une autre anecdote témoigne de la persistance de la ségrégation raciste des clients des discothèques. Le Palace, discothèque dont les heures de gloire sont désormais derrière elle, cherche à renouveler sa clientèle. « Fabrice [Émaer, directeur du Palace] imagine alors d'ouvrir, le jeudi, “la discothèque la plus célèbre du monde à un public qui n'avait jamais été reçu à Paris”, c'est-à-dire la clientèle black (le mensonge n'en était qu'un demi, La Main bleue, sise en banlieue, pouvant échapper à la définition de boîte parisienne…) [31]. » Ces soirées, intitulées « Jungle

Fever », illustrent la façon dont les minorités racisées sont alors tenues en marge des boîtes de nuit les plus connues. À côté de l'ouverture de lieux spécifiquement destinés aux groupes racisés, des temps spécifiques leur sont aménagés au sein de certaines discothèques à la mode, principalement parisiennes, telles que Le Palace [32], La Scala, ou encore L'Opéra Night [33].

Ces témoignages révèlent l'ampleur des discriminations qui prévalent dans le milieu des boîtes de nuit, et ce non seulement en région parisienne, mais aussi dans le reste de la France [34]. Ces discriminations traduisent une gestion raciste [a] de la clientèle complexe, susceptible d'inflexions, et dans la plupart des cas non systématique. D'abord, parce qu'une bonne partie des vedettes du moment, associées au disco, ou des disc-jockeys les plus populaires sont noirs. Ensuite, parce qu'un petit nombre d'amateurs racisés parviennent parfois, voire régulièrement, à franchir les portes des discothèques, y compris les plus sélectives, à la faveur de leur style vestimentaire, de leurs qualités de danseur, et souvent de leur jeunesse et de leur beauté. « Aux Bains [Douches], il y avait des Blacks, mais c'était des *Blacks fashion*. Ils faisaient attention, ils faisaient entrer que les grands, beaux [35]. » Enfin, parce qu'au cours des années 1970, la population racisée croît, et devient une clientèle potentielle attractive en Île-de-France. La région parisienne rassemble de 65 % à 75 % des migrants d'Afrique subsaharienne et des départements d'outre-mer, soit plus de 200 000 personnes en très grande majorité noires [36], auxquelles s'ajoutent les quelque 400 000 ressortissants de pays du Maghreb et leurs enfants [37].

L'un des leviers de cette gestion de la clientèle, avec le travail de sélection à l'entrée des boîtes de nuit, réside dans le choix des musiques diffusées. RLP, animateur radio et DJ au milieu des années 1980, souligne le lien étroit qui pouvait se nouer entre le choix de la programmation musicale et la sélection sociale des clients des discothèques : « Moi, au Palace, on me disait au bout d'un mois de passer de la *New Wave*, parce qu'il y avait trente Blacks qui voulaient rentrer, et donc les patrons du Palace me disaient de me calmer parce qu'ils ne voulaient pas de cette clientèle-là [38]. »

---

a Au sein d'une sélection sociale plus large : « Le Palace distinguait, ainsi, quatre catégories de clientèle », d'après le témoignage de François Baudot (cité dans Daniel Garcia, *Les Années Palace, op. cit.*, p. 120). Le « grand genre », composé de personnalités prestigieuses ; le « bon genre », meilleur payeur que le « grand genre », mais moins prescripteur ; le « petit genre », qui paie lui aussi et suit les tendances. La dernière catégorie, la plus ambivalente, est « le mauvais genre : variée, diverse, cosmopolite. C'est le souci, mais aussi l'atout du lieu ». Un autre témoin interrogé par Daniel Garcia précise : « Quand on était pauvre et moche, on n'allait pas au Palace. À dix heures, on était couché ! » (*Ibid.*)

Dès lors, un processus de reproduction des frontières raciales [39] se met en place. La diffusion des musiques afro-américaines, plus appréciées au sein des groupes racisés [a], tend à être prioritairement canalisée vers des lieux acceptant ces groupes, qu'ils aménagent un temps spécifique, qu'ils soient spécifiquement destinés à capter cette clientèle moins désirable mais néanmoins solvable, ou qu'ils naissent de l'auto-organisation d'amateurs cherchant des alternatives à des lieux de fêtes qui les excluent ou marginalisent leurs goûts musicaux. En retour, ces lieux se caractérisent par une surreprésentation des groupes racisés, facilitant leur appropriation des musiques afro-américaines. Approfondir collectivement son goût pour le rap suppose ainsi de trouver les lieux spécifiques conditionnés par la discrimination raciste (soirées « black », boîte de nuit acceptant les publics minoritaires), ou construits en réponse à cette discrimination (notamment les après-midi et soirées hors des discothèques).

Les discothèques parisiennes à la mode comme Le Palace, Les Bains Douches ou Le Colony diffusent des titres de rap à partir de 1979, mais de façon sporadique. De la fin des années 1970 au début des années 1980, quelques boîtes de nuit acceptent les publics racisés, proposant une programmation orientée funk qui intègre les premiers titres de rap. La Main bleue est la plus importante par la taille (1 500 m^2), des clubs comme L'Émeraude (où Sidney est DJ de 1976 à 1982), Le Rayon vert ou plus tard Le Tango et La Casita pouvant accueillir moins de mille personnes. Leur présence en Île-de-France est à la mesure de l'importance relative des minorités noire et arabe dans la région. Autrement dit, une alternative régulière et durable aux barrières racistes imposées à certains publics n'existe qu'en région parisienne. Elle se double bientôt de l'émergence, propre à l'Île-de-France, d'un milieu d'interconnaissance plus spécifiquement fédéré autour du genre rap. Ce milieu prend notamment forme autour de fêtes animées par DJ Chabin ou Dee Nasty, lors d'après-midis, tout au long des années 1980.

Des lieux de danse alternatifs

Une sélection spécifiquement rap émerge à Paris dans le cadre des fêtes au Bataclan, boulevard Voltaire à Paris. Organisées par Stéphane Mouangué, gérant de la discothèque La Cinquième Dimension, ces après-midi sont animés par DJ Chabin dès 1982. DJ Chabin (né en 1963) propose une sélection caractéristique des boîtes de nuits africaines et antillaises

a Ce constat commun reste pourtant peu étayé. Vincent Sermet est l'un des rares à produire des éléments d'analyse. Voir Vincent SERMET, *Les Musiques soul et funk*, *op. cit.*, p. 370 et suiv.

parisiennes de l'époque : funk, soul, zouk et reggae, auquel il adjoint bientôt un bref *set*[a] de rap américain : « On mettait des trucs genre Grandmaster Flash, tout ce qui était production Sugarhill et Tommy Boy, mais pas beaucoup, pour faire entre le funk et la soul, dix minutes[40]. » Quelques-uns des premiers amateurs de rap, gravitant autour de Sidney et de son émission sur Radio 7, *Rapper Dapper Snapper*, fréquentent déjà le lieu. En avril 1983, DJ Chabin revient d'un voyage à New York avec plusieurs nouveautés rap, tandis que l'un de ses amis apporte de Belgique un disque de Warp 9, un groupe électro-rap. « Les gens accrochaient, mais le public était toujours funk. En août 1983, Le Bataclan est resté ouvert, et il y a "Rock it" qui est sorti. Un nouveau public commençait à se ramener disant qu'il y avait une discothèque avec du bon son que l'on n'entend nulle part, c'était le samedi après-midi. [...] Et la sortie d'Herbie Hancock, "Rock it", ça a été le déclic[41]. »

À la rentrée 1983, Le Bataclan déménage du boulevard Voltaire pour s'installer dans la salle municipale *La Grange aux Belles*, dans le 10e arrondissement. La fête se déroule de 14 heures à 19 h 30 tous les dimanches et l'entrée coûte vingt francs (environ 3 euros). La série rap s'étoffe, pour atteindre près de trente-cinq minutes, durant lesquelles des défis entre danseurs de *break dance* ou de smurf s'organisent. DJ Chabin raconte : « En janvier 1984, c'était un anniversaire du Bataclan, on a fêté ça un dimanche après-midi et après pendant six mois c'est devenu samedi et dimanche après-midi. Il y avait Gary Gangster Beat qui rappait, Domi Rapper T, Jhonygo, Destroy Man, Lionel D. Sidney dansait plutôt [...]. Quand il y avait le rap, je laissais certains mecs faire parce que j'étais plus funk, jazz-rock. J'ai laissé passer Dee Nasty, Franck[42]. » Le Bataclan devient ainsi l'endroit où l'on peut entendre non seulement du rap américain, mais aussi les premiers rappeurs français.

De façon plus épisodique de 1984 à 1986, DJ Chabin et Dee Nasty animent également des soirées dans la discothèque Le Phil One, située à la Défense : « Le jeudi et le dimanche, c'était typique et en même temps branché, c'était hip-hop et soul-jazz. Le show s'appelait le "Grandmaster One", et il y avait des gens qui passaient comme dans le film *Black Mic-Mac*[b][43]. » La clientèle est plus âgée, mais les habitués du Bataclan s'y

a Terme musical décrivant une série de plusieurs morceaux.

b *Black Mic-Mac* est un film comique réalisé en 1986 par Thomas Gilou. C'est l'un des premiers films à populariser dans les médias l'existence d'un Paris africain et antillais, et notamment les lieux de danse où se déroulent des concours de mode entre « sapeurs » (c'est-à-dire ceux qui investissent dans la « sape », l'habillement), sur des rythmes de musiques funk ou « typiques », c'est-à-dire antillaises.

retrouvent également. Portés par le bouche à oreille et la popularité du smurf l'année où Sidney anime à la télévision *H.I.P. H.O.P.*, les après-midi au Bataclan font salle comble : de 1 500 à 3 000 personnes se pressent à chacune des fêtes, qui se poursuivent jusqu'en 1985. « Ils sont revenus sur des musiques plus classiques : jazz, funk, soul, rock. Sinon la boîte fermait. Pour les patrons, c'étaient les rappeurs, enfin la clientèle du rap, qui foutaient le bordel. [...] À ce moment, Le Bataclan est devenu une discothèque. Il fallait que le monde vienne, faire du commercial [44]. »

En 1986, les amateurs de rap d'Île-de-France se retrouvent dans un autre lieu, aménagé à partir du mois d'août par Dee Nasty sur un terrain vague près du métro La Chapelle. Passée la mode du smurf, le mouvement hip-hop redevient confidentiel – et la fréquentation du terrain vague est sans commune mesure avec celle du Bataclan. « Avec un copain, on décide d'organiser des *free jams* [a]. Mon pote apporte des enceintes, je trouve un loueur de groupes électrogènes, ça coûtait 130 balles [un peu moins de 20 euros] pour la journée, du coup j'amène avec le scooter les platines, les disques et j'installe tout ça dans le terrain vague. La première, c'était un samedi après-midi et les gens étaient au courant par Radio 7, c'était soit Sidney qui annonçait, soit RLP, et c'était deux francs [environ 0,30 euro] l'entrée pour juste payer le groupe électrogène. Au début, c'était juste entre nous, les habitués du terrain, il y avait des graffitis, des *breakers* qui s'entraînaient et puis de samedi en samedi, ça arrive, ça arrive. [...] Il y avait 200 à 300 personnes dans le terrain et les flics commencent à se poser des questions [45]. » Après une dizaine de *free jams* organisées d'août à novembre 1986, le froid les oblige à cesser. Lorsque Dee Nasty tente, au printemps, d'en organiser de nouvelles, la police l'interdit formellement. Un nouveau lieu devient le point de rendez-vous des amateurs de rap : les soirées Chez Roger Boîte Funk, boulevard de Strasbourg, animées à nouveau par Dee Nasty à partir de 1987.

Ces lieux de rassemblement concernent principalement des jeunes – leurs animateurs ont presque tous moins de trente ans et les participants fréquemment dix à quinze ans de moins – et sont très majoritairement masculins. Au cours des années 1980, les pratiques musicales instrumentales, notamment celles qui sont liées aux genres musicaux alternatifs, sont le plus souvent masculines [46]. La discophilie, si étroitement liée à l'émergence de la pratique du DJing, est une pratique particulièrement dominée par les hommes [47]. Si les femmes sont habituellement

---

a Fête musicale comportant une dimension informelle ou improvisée qui se déroule souvent en plein air (une *jam session* ou « bœuf », en jazz, est une séance d'improvisation ouverte à de nouveaux musiciens).

nombreuses dans les pratiques de danse et de chant, elles le sont pourtant peu dans les lieux de danse où émerge une sélection spécifiquement rap. Leur liberté de mouvement est en effet moindre [48], tout particulièrement lorsqu'il s'agit de rejoindre ces lieux à la réputation parfois mauvaise dans lesquels les bagarres sont fréquentes. La majorité des femmes qui parviennent à fréquenter ces fêtes, mais aussi à s'y faire un nom, pratiquent la danse, et parfois le rap. Parmi ces dernières, on peut citer les Ladies' Night, Les Mice44 [49], ou encore Saliha, née en 1970, dont l'expérience témoigne de l'atmosphère qui pouvait régner dans un lieu comme Le Globo : « Au début, j'étais spectatrice [...]. On avait constaté qu'il n'y avait pas de filles, j'ai commencé à écrire un texte avec Roger [membre du groupe de rap New Generation MC] sur le mouvement rap. Un mec devait rapper avec moi, mais au moment de monter sur scène il s'est désisté, parce qu'au temps [du Globo] c'était assez sauvage, assez rebelle. Si tu montais sur scène et que tu n'assurais pas, on te balançait des chaises, on t'insultait... [...] Je devais faire un défi contre une fille, le public donnait son avis, et par rapport aux cris, à l'ambiance, si la foule était avec toi, c'est toi qui gagnais le défi. [...] J'ai gagné, je me suis dit : "Je vais continuer." Si je m'étais fait jeter, je pense que j'aurais arrêté [50]. » Cette atmosphère compétitive, qui s'ajoute à l'importance accordée à la technique de l'interprétation offre un cadre qui est aux antipodes des conceptions du chant comme moment de partage « entre soi » ou moyen de dévoilement intime, majoritaires dans les pratiques plus féminisées de la chanson de variétés [51] ou le jazz vocal [52].

D'autres points de rendez-vous existent, au premier rang desquels le studio de Radio 7, où Sidney anime l'émission *Rapper Dapper Snapper* dans la première moitié des années 1980. Mais les lieux de danse comme Le Bataclan, le terrain vague de La Chapelle ou Chez Roger Boîte Funk sont plus accessibles, rassemblent un public plus vaste et permettent un brassage entre des inconnus amateurs de funk, de smurf ou de rap et les premières personnalités qui se distinguent dans ces deux dernières disciplines, par leur notoriété médiatique et/ou leur talent. Plus que la radio ou la télévision, ces après-midi et ces soirées permettent une immersion directe dans un ensemble de pratiques artistiques étroitement liées – danses, graffiti, DJing, rap – rassemblées sous la dénomination de culture hip-hop. Des concours de danse s'y déroulent habituellement, mais aussi parfois des concours de rap ou de DJing, qui permettent à tous les participants de s'informer et d'apprécier les derniers développements de l'appropriation en France de ces techniques de corps nord-américaines. Ce milieu nourrit des rivalités esthétiques, aiguisées par la forte visibilité que quelques-uns obtiennent par le biais de l'émission *H.I.P. H.O.P.*, illustrant un processus local d'émulation qui semble spécifique à la région parisienne.

Quelle langue pour le rap en France ?

L'un des premiers enjeux de la compétition entre interprètes de rap prend forme dès 1983 autour de la langue d'interprétation. Si certains rappent occasionnellement ou régulièrement en espagnol ou en arabe, la ligne de fracture se situe surtout entre les tenants du rap en anglais et ceux qui cherchent à s'approprier l'interprétation rappée en langue française. Les premiers, proches de Sidney, bénéficient à partir de 1984 de l'aura de l'émission *H.I.P. H.O.P.*, qu'ils coaniment parfois. Il s'agit notamment de Domi Rapper T, Mystic Man et Gary Gangster Beat, qui forment en 1983 le groupe Genius Force.

Né en Guadeloupe en 1967 d'une mère agent hospitalier, Gary grandit dans les quartiers populaires de Paris. Il fréquente la boîte de nuit L'Émeraude dès ses treize ans et sympathise avec Sidney. Il commence à rapper dans l'émission *Rapper Dapper Snapper* : « J'ai fait plein de trucs de rap, c'était souvent les mêmes paroles qui revenaient. C'était genre "I'm get to beat", "the master man", "the master peace", "I can make you right from left to right / I can make you move from day to night". Des trucs très simples, des phrases qui voulaient un peu rien dire. [...] Sur Radio 7, je prenais des disques de rap qui existaient déjà, je prenais des phrases et je les mettais ensemble. Comme ça, j'avais un rap qui était plus ou moins prêt. J'intégrais un peu ce qu'ils disaient eux à des trucs qui me collaient à moi. [...] J'écoutais déjà des trucs de rap parce qu'il y avait tout le label de Sugarhill, il y avait plein de groupes. Grandmaster Flash and the Furious Five, Funky Four Plus One, Treacherous Three, dont Kool Moe Dee faisait partie, le premier groupe de femmes qui rappaient, The Crash Crew... Ils s'en foutaient de mettre les paroles, donc il fallait attraper ça à l'oreille [53]. »

D'autres cherchent à rapper en français. C'est le cas notamment de Dee Nasty, qui interprète à l'antenne de l'émission *Le Bad Benny Show*, sur la station RDH, une adaptation du titre « New York New York » [a]. Au début de l'été 1984, Dee Nasty fait la connaissance de Lionel D, un auditeur de l'émission *Le Bad Benny Show* : « Il avait une maturité que nous on n'avait pas encore. Il rappait super bien en anglais et en français. C'était poétique, revendicatif et super bien construit. Avec Benny, on est tombés sur le cul, on lui a dit : "Viens à Rosny-sous-Bois dans l'émission", et après Lionel était tout le temps avec nous dans l'émission. Après, on a connu un autre gars qui s'appelait Richie, futur membre du groupe Nec + Ultra [54]. »

L'opposition entre rap en français et rap en anglais ne recouvre pas un arbitrage *a priori* entre deux langues. Tous ces premiers rappeurs sont en

---

a Voir chapitre 1.

effet attentifs aux développements du rap américain, aux nouvelles techniques d'interprétation proposées par les groupes anglo-saxons qui émergent au cours des années 1980[55], et la majorité d'entre eux a pratiqué le rap en anglais et en français. Le choix de la langue d'interprétation cristallise plutôt une tension entre la fidélité aux modèles américains, jusqu'à reproduire les expressions idiomatiques popularisées sur les enregistrements anglophones du genre, et le souhait d'interpréter des paroles originales. Ceux qui privilégient la seconde option tendent à se spécialiser dans la ou les langues maternelles qu'ils maîtrisent le mieux – au premier rang desquelles le français. Peu à peu, ce sont deux conceptions du rap qui s'affrontent, comme s'en souvient Dee Nasty : « Sidney faisait que du rap en yaourt. Du rap américain, avec Domi Rapper T et Gary Gangster Beat qui officiaient toutes les semaines et nous, ça nous énervait. Parce qu'ils rappaient en américain, mais mal. Bon, à l'époque, les gens voulaient écouter des copies de rap américain. Le rap français... il y avait des gens qui adoraient, et puis d'autres qui disaient : "Oh c'est ridicule, arrêtez ça..." Donc il a fallu combattre. [...] Au Phil One, on a organisé un clash[a]. Destroy Man et Jhonygo, je les découvre à ce moment-là. J'entendais parler de deux lascars qui faisaient du rap bien rugueux, un peu à la Run DMC de l'époque. Et bon, le clash démarre, et t'as Gangster Beat et Domi Rapper T qui commencent à faire une reprise en français mal foutue [du groupe] Cold Crush Brother piqué sur la BO [bande originale] de *Wild Style*[b], et Destroy Man et Jhonygo qui les enchaînent en français, et qui en plus se foutent de leur gueule en rimes, en improvisation, et là tu as tout le public qui est : "Ah !" Et ça monte... Pour moi, c'est ce jour-là la victoire du rap français sur le rap américain, parce que... eux ils ont réussi à capter le public avec eux[56]. »

Jhonygo, né vers 1964, forme déjà un groupe de rock informel avec Destroy Man lorsqu'il découvre le rap dans une discothèque parisienne vers 1982. Le rap les séduit tous les deux par son côté « rock, dur, comme Chuck Berry[57] ». Jhonygo s'y consacre dès lors, privilégiant le français dans la continuité de son goût antérieur pour l'écriture. Avec Lionel D, il est l'une des figures qui popularisent la pratique du rap en français au cours des après-midi au Bataclan. La pratique de défis entre rappeurs, sur le modèle

---

a Affrontement par rimes interposées.

b Ce film de Charlie Ahearn, réalisé en 1982, raconte l'histoire d'un graffeur qui évolue dans le quartier du Bronx, à New York. Fiction, le film décrit toutefois les débuts de la culture hip-hop avec une certaine fidélité et fait intervenir comme personnages ou figurants de nombreuses personnalités artistiques du hip-hop new-yorkais (graffeurs, danseurs, rappeurs, DJ...), à commencer par le héros du film, Lee Quiñones, célèbre graffeur.

de ceux entre danseurs, renforce l'intérêt du choix de l'interprétation en français. Si les rivalités dans la danse se mettent en scène dans un langage fait de performances corporelles, le défi entre rappeurs passe non seulement par la technique d'interprétation, mais aussi par la capacité à moquer son adversaire. De ce point de vue, l'interprétation en français donne un avantage certain face à un public francophone. Mais le choix d'une interprétation en français s'opère aussi dans une dynamique d'approfondissement de la pratique du rap valorisant originalité et qualité des paroles, comme l'explique Dee Nasty : « Un jour, on est allés clasher Sidney dans son émission *Rapper Dapper Snapper*. Rap français contre rap [amé]ricain. C'était absolument bon esprit. Sidney essayait de poser deux, trois trucs en français, comme dans son disque *H.I.P. H.O.P.* Mais là, nous, c'était des textes construits, poétiques et revendicatifs. Enfin voilà, ça n'avait rien à voir avec deux, trois phrases balancées : "bouge ton corps sur la musique / écoute la radio". On voulait être au niveau de ce qu'on entendait des Américains [58]. »

À l'issue de débats et de concurrences multiples, le développement d'une version française du rap privilégie majoritairement l'interprétation en français. L'attention prêtée au rap américain et à ses évolutions, la volonté de réaliser des œuvres originales et des « textes construits », l'inscription de la pratique dans un jeu de performances, voire de défis soumis à l'évaluation du public forment la matrice du rap comme spécialité artistique. En cela, Lionel D, Richie ou Jhonygo se distinguent d'une part des interprètes de variétés empruntant ponctuellement la forme rappée et d'autre part des amateurs de rap pratiquant à la fois la danse, parfois le DJing, et le rap comme forme d'animation. Ils s'approprient le rap comme une technique de voix autonome et jettent les bases d'une spécialisation neuve dans les musiques populaires françaises : rappeur. L'émergence d'une nouvelle spécialité artistique prend une tournure particulière en région parisienne, dans la première moitié des années 1980. Certains amateurs de Lyon, Lausanne ou Marseille connaissent une trajectoire comparable à celle de Lionel D ou Jhonygo, mais ils restent localement isolés avant la fin des années 1980 ou s'inscrivent dans un réseau qui n'est pas spécifiquement lié au hip-hop. Le soutien et le jeu de rivalités du milieu du rap leur font défaut, ce qui les maintient dans une position de francs-tireurs vis-à-vis des chaînes de coopération artistiques dans lesquelles ils s'inscrivent. En région parisienne, au contraire, l'interprétation rappée et ses techniques s'inscrivent peu à peu dans des enjeux locaux qui amorcent une forme d'autonomie par rapport aux productions anglo-saxonnes [59].

Le rap, underground *et branché avec* Actuel *et Radio Nova ?*

Le milieu parisien du rap parvient de surcroît, à partir du milieu des années 1980, à rallier certains acteurs des industries musicales, au premier rang desquels ceux qui animent à la fois le magazine *Actuel*, la radio locale Radio Nova et le label de disques Celluloïd. *Actuel* est à cette époque l'un des mensuels culturels les plus diffusés. Créé une dizaine d'années plus tôt sous la forme d'un fanzine musical, *Actuel* est peu après racheté par Jean-François Bizot, journaliste et héritier d'une riche famille d'industriels. Inspiré par l'ébullition critique de la fin des années 1960, Bizot et son équipe de journalistes popularisent les contre-cultures américaines, sous leurs formes politiques et culturelles [60], et consacrent le vocable d'« *underground* » pour qualifier ces avant-gardes [61]. Au début des années 1980, *Actuel* est l'un des titres phares de la presse magazine française, commercialisé à plus de 300 000 exemplaires [62]. En 1981, Jean-François Bizot crée Radio Nova dans les locaux du label de musique Celluloïd. Ce dernier est dirigé par Jean Karakos, entrepreneur dans les industries musicales que Jean-François Bizot connaît bien, puisque c'est auprès de lui qu'il a acquis *Actuel*. Les liens entre le magazine, la station de radio et le label sont donc étroits, et leurs orientations culturelles convergentes : il n'est pas rare qu'une nouveauté musicale publiée par Celluloïd soit diffusée à l'antenne de Radio Nova et présentée dans les colonnes d'*Actuel*.

Les chaînes de coopération qui se déploient autour du magazine *Actuel*, du label Celluloïd et de Radio Nova promeuvent durant les années 1980 de nouvelles formes musicales et se tournent vers des horizons aussi variés que le funk, l'afrobeat, le raï, le ragga. Elles assurent la promotion de ce que Radio Nova appelle alors la « sono mondiale ». Ces médias, lorsqu'on les compare aux chaînes de coopération que mobilisent les grandes firmes du disque, ont une audience assez restreinte. Ils font figure de « monde de l'art local, dont le cercle de coopération ne dépasse pas le cadre des échanges d'une petite communauté [63] », mais servent aussi d'interface, entreprises d'avant-garde introduisant des innovations susceptibles d'être incorporées au cœur de l'industrie du disque. Ce monde de l'art local va représenter un appui décisif pour le milieu du rap francilien dans la seconde moitié des années 1980.

En 1980, Jean Karakos est à New York et, par l'intermédiaire du producteur de musique Bernard Zekri, il découvre un mouvement hip-hop en pleine effervescence autour des DJ Afrika Bambaataa et Grandmixer DST. Le label Celluloïd produit alors plusieurs enregistrements de rap et contribue à populariser l'électro rap à partir de 1982-1983 en publiant *Change the Beat* de Fab 5 Freddy ou des disques du DJ Grandmixer DST, qui popularisera bientôt le scratch sur le 45-tours *Rock It* de Herbie Hancock. Ces disques trouvent une place à l'antenne de Radio Nova et *Actuel* relaie ces nouvelles tendances musicales dans ses colonnes. Bernard Zekri devient lui-même journaliste occasionnel pour le magazine à partir de 1985 et écrit plusieurs articles sur le milieu du rap francilien. Le label Celluloïd abandonne progressivement la production d'œuvres de rap américain, et le cœur du lien entre les francs-tireurs du goût et ce monde de l'art local se déporte, par l'intermédiaire du magazine *Actuel*, vers Radio Nova. En 1985, Bernard Zekri entreprend la réalisation d'un reportage sur le rap pour le magazine *Actuel*, évoquant le rap aux États-Unis mais aussi les premiers rappeurs et DJ de rap français. À cette occasion, il rencontre le rappeur Lionel D et Dee Nasty. Ce dernier raconte : « Après cet article est venue l'idée à Nova de me donner une émission. Du coup, je faisais du studio tous les soirs, payé par Nova, 4 000 francs [environ 600 euros] par mois [64]. » Dans le même temps, Jacques Massadian, membre d'*Actuel* notamment en charge de l'événementiel et de la publicité du magazine, s'associe à des amateurs de funk parisien [a] pour organiser des soirées mêlant funk et rap. Massadian se tourne lui aussi vers Dee Nasty pour assurer la programmation musicale de ces soirées. Le milieu du rap parisien est ainsi étroitement lié aux chaînes de coopération qui se déploient autour de Radio Nova et du magazine *Actuel*, pivots de l'introduction de nouvelles formes culturelles depuis le début des années 1980, mais aussi de leur commercialisation. L'originalité et la centralité de Radio Nova et du magazine *Actuel* se manifestent dans leur capacité à capter des initiatives artistiques isolées. Ces médias sont le cœur d'un monde de l'art local qui devient un point de convergence pour plusieurs artistes mobilisant une interprétation rappée en français, au-delà du milieu du rap parisien.

Bernard Guégan, musicien et formateur dans un institut de formation professionnelle à Rouen, crée en 1983 le groupe Ettika avec trois jeunes femmes d'origine algérienne qui tentent de sortir du chômage *via* un stage d'insertion : « En 1984, quand on s'est rencontrés, le rap commençait vraiment à exploser. J'étais heureux de pouvoir être en contact avec de jeunes Arabes à ce moment-là car pour moi la situation est vraiment comparable à celle des Noirs américains. J'ai parlé à Affila, Djamila et Samira et je leur ai proposé de faire quelque chose avec leur musique populaire traditionnelle et le rap. Au début, ça leur paraissait un peu saugrenu. Après avoir écouté une bonne quantité de disques de rap, l'idée leur a semblé excellente [65]. » Ettika trouve sa première manifestation hors du centre de formation à

a Ils se feront connaître au début des années 1990 comme groupe de musique sous le nom de Malka Family.

l'occasion d'un concours de rap à Rouen. Pour l'occasion, le groupe réalise une maquette sur cassette à l'aide de l'enregistreur huit pistes d'un ami. « Valli, du groupe Chagrin d'amour [...] est dans le jury. Elle est accrochée par leur son artisanal mais audacieux. [...] Quelques semaines plus tard [Philippe Bourgoin] leur permet d'enregistrer une maquette dans un grand studio parisien vingt-quatre pistes [66]. » Deux titres voient le jour, l'un en français, l'autre en arabe. Les maisons de disques ignorent le groupe qui se voit opposer l'argument « c'est arabe, ça ne sera jamais grand public ». En mai 1984, Ettika décide d'autoproduire un 45-tours tiré à 1 000 exemplaires. « Le magazine *Actuel* a un coup de cœur pour le disque et le passe constamment sur sa radio locale parisienne, Nova. Dans la foulée, ils font leur entrée chez Celluloïd, la maison de distribution d'*Actuel* [67]. » Mené par Bernard Guéguan, le groupe Ettika rencontre un certain succès.

Le rappeur lyonnais Shams Dinn rencontre un soutien comparable. Sur le disque *Hedi Bled Noum*, qu'il réalise avec l'aide du label Hamedi Records, il associe paroles interprétées en français et en arabe. Le label Hamedi Records s'appuie traditionnellement sur le « réseau beur : Radio Beur, Radio Trait d'Union... Jess [*alias* Djamel Dif, directeur du label] a passé une convention de coproduction avec Radio-Soleil Goutte d'Or, la radio libre pionnière de l'immigration arabe [68] ». Mais une fois le disque *Hedi Bled Noum* publié en mars 1987, ce sont d'autres chaînes de coopération qui vont soutenir Shams Dinn : « Les gens flashaient sur mon disque. Surtout *Actuel*. J'ai commencé à chanter dans les boîtes. Les soirées organisées par Radio Nova. Je suis tout le temps incrusté là-bas. Ils s'inquiètent quand ils ne me voient pas [69]. » Radio Nova devient ainsi un pôle de ralliement pour des artistes et des amateurs développant des pratiques atypiques, en même temps qu'elle représente un facteur de diffusion d'innovations musicales.

Au cœur du milieu rap parisien, Le Deenastyle

Dee Nasty est alors l'un des pivots du milieu du rap parisien. Dans les différentes soirées qu'il anime gravite un petit nombre d'artistes amateurs. Le témoignage de Jean-Marc Denizault, à l'époque simple amateur de rap, permet de mieux saisir le fonctionnement de ce milieu parisien de francs-tireurs du goût.

Né en 1973 dans une famille d'employés, Jean-Marc Denizault découvre le rap en 1982. « J'ai toujours aimé la musique. J'écoutais des trucs soul, funk, mais comme ça. Et un pote m'a dit : "Y a un truc mortel, qui est dévié du funk, c'est du funk parlé, faudrait que tu écoutes ça, ça s'appelle du smurf." Il m'avait pas dit du rap à l'époque. Là c'était un peu les débuts de l'électro, et j'ai accroché direct [70]. » Il écoute bientôt les émissions de Dee Nasty sur RDH puis Radio 7, découvre Lionel D et les premiers rappeurs français. À partir de 1985, il acquiert les premiers disques de rap en français. *Paname City Rappin'* d'abord, puis le premier 45-tours de Destroy Man et Jhonygo, *On l'balance*. « C'était surtout le fait de soutenir, parce que c'était les seuls qui rappaient en français. Mais vraiment ce qui me touchait, c'était le rap américain. J'écoutais que ça. »

Dans le milieu des amateurs de hip-hop parisien de la seconde moitié des années 1980, il rencontre bientôt des gens proches des figures centrales du mouvement. Certaines sont réputées par le rap ou la danse, mais d'autres aussi pour leur pratique du graffiti, du tag, ou leur style vestimentaire. Jean-Marc se souvient des clivages qui marquent le milieu : « Il y avait le côté Zulu et le côté B. Boy [a]. Y avait une distinction à l'époque. [...] Zulu, c'était le mec qui suit les préceptes de Bambaataa, qui suit Queen Candy, Dee Nasty, Jaheed, Jumbo Jet à Toulouse [b]. Candy prenait la tête plus aux petits, elle osait peut-être pas voir les [groupes de tagueurs comme] TCG, les Pow, tout ça, pour nous dire : "Faut pas taguer, c'est pas bien, Bambaataa il a dit que... gnia gnia gnia... faut pas se droguer, faut pas s'insulter..." Et nous, c'était le côté B. Boy, on en n'a rien à faire des préceptes. On est un peu des vandales, on aime le rap grossier. »

Parmi les figures du milieu du rap parisien, Jean-Marc cite de nombreux groupes de graffeurs et de tagueurs de la première génération, actifs de 1984 au début des années 1990 [71]. « Je traînais un peu avec Méo à l'époque, qui les connaissait aussi, et pour moi c'était les grands. Colt, TCG... Crime Time Kingz... Tous ces mecs-là, c'était respect. » Membre du collectif de tagueurs TCG, Sheek fait aussi partie du groupe de rap Nec + Ultra, aux côtés de Richie. Le groupe sort un 45-tours en 1989, *Je rap'*, dont se souvient Jean-Marc : « J'avais été déjà les voir plusieurs fois en concert [...]. Ils étaient respectés quand ils étaient sur scène. Parce que Sheek était le meilleur beatboxer [c] français, point à la ligne. [...] Donc quand le disque est sorti, j'ai acheté les yeux fermés. Et en fait, c'est un produit marketing. [...] Vraiment très déçu. » Cette déception, partagée par le

---

a Le terme B. Boy peut renvoyer à plusieurs significations. La plus répandue est *break boy* (danseur de *break dance*) et, par extension, membre du mouvement hip-hop. Un autre sens peut en être *bad boy*. L'opposition Zulu/B. Boy mobilise les connotations attachées à ce second sens.

b « Rois » et « Reines » de la Zulu Nation en France, ils sont les porte-parole officiels et les relais d'Afrika Bambaataa en France pendant les années 1980.

c Abbréviation de *human beatboxer*. Le *human beatboxing* consiste en une imitation vocale d'instruments de musique, notamment des sons de boîtes à rythmes, de percussions et de scratchs.

milieu à l'époque, illustre l'exigence musicale d'amateurs aux goûts aiguisés par l'écoute des productions américaines ou britanniques.

Aux côtés de Nec + Ultra, Lionel D, Jhonygo ou Destroy Man, d'autres noms se distinguent par le rap en France. Mais, pour Jean-Marc, c'est toujours le rap anglo-saxon qui fait référence : « Iron, Shooz et Joël, j'aimais beaucoup. La mode, à l'époque, c'était l'egotrip, la dénonciation, des saynètes avec des meufs, des histoires très [proches de celles du rappeur anglais] Slick Rick. Les Little aussi. Très, très bon groupe. Pareil, avec une attitude, avec un sérieux dans la musique, dans les compos, avec une vraie culture rap derrière. Même si à l'époque je ramenais tout au rap américain, moi, de toute façon. [Le groupe français] Assassin, c'était du Ultramagnetic MCs [groupe américain]. Les mêmes rimes métaphysiques, le même côté scientifique dans le rap qu'a ramené Kool Keith. Et eux étaient à fond là-dedans, et NTM c'était pareil. Tu sentais les grosses influences, mais ça faisait plaisir. Et les mecs avaient vraiment un niveau au-dessus, c'est clair. Après j'ai su pourquoi. L'autre se payait des voyages à New York, donc les mecs étaient à la pointe de ce qui se faisait. Toi pauvre petit gars qui écoutais ça, tu étais au courant des nouveautés par Dee Nasty, par les soirées, ou par les grands qui chopaient quelques trucs à la Fnac Import. Les mecs étaient à la pointe des nouveautés. Avoir six mois d'avance en rap, à l'époque, c'était énorme. C'était une musique qui allait super vite [72]. »

À la fin de l'année 1988, Dee Nasty commence une nouvelle émission sur Radio Nova : *Le Deenastyle*. Il invite le rappeur Lionel D à l'animer avec lui. Pendant la première heure d'émission, il diffuse des nouveautés de rap et au cours de la deuxième heure des rappeurs participent à des *freestyles* [a] à l'antenne. Nombre d'invités sont des proches de l'un ou l'autre des deux animateurs. Mais l'équipe ouvre également l'antenne à de nouveaux groupes, rencontrés à l'occasion d'un concert, d'une fête, ou venus spontanément à Radio Nova pour accéder à l'émission [73]. *Le Deenastyle* devient ainsi un espace de découverte de rappeurs et entre rappeurs, un lieu de comparaison des styles d'interprétations rappées et des rivalités entre rappeurs plus large que les soirées du Phil One, les après-midi au Bataclan, ou les premières scènes auxquelles participent les groupes de l'époque.

On peut décrire ce phénomène comme la naissance d'une scène musicale locale [74], la scène du *Deenastyle*. Cette scène ne rassemble pas tous les rappeurs franciliens de l'époque, mais une partie d'entre eux, qui ont la chance de bénéficier de l'exposition médiatique de l'émission. Les

---

a Littéralement traduisible par « style libre », un *freestyle* désigne le plus souvent un rap en direct sur des séquences instrumentales qui ne sont pas définies à l'avance, et plus rarement une performance dont les paroles sont improvisées.

premiers succès d'estime naissent, et avec eux les premières hiérarchies, issues de la danse, du graff et, de plus en plus souvent, du rap. Au sein du milieu hip-hop parisien, les amateurs trouvent les moyens de cultiver leur goût et, pour plusieurs d'entre eux, de passer de l'écoute à la pratique. C'est ainsi que Jean-Marc devient bientôt à son tour bricoleur de sons, DJ et producteur sous le pseudonyme de JM Dee. « J'avais beau écouter des morceaux de rap où ils utilisaient le mot *sample*, ce terme était inconnu à mon répertoire jusqu'en 1989. Je faisais pas le rapprochement. Même maintenant, ça me paraît énorme de me dire : "Mais tu t'en rendais pas compte, que d'un truc à un autre c'était le même *sample*..." Je faisais pas attention à ça. Et y a Romain, du magasin USA Music, qui est un collectionneur assez connu, qui m'a fait connaître les *Ultimate Breaks and Beats* [a]. Il m'a dit : "Ça vient de là, le rap vient de là, les morceaux originaux ils viennent de là", il m'a fait écouter le "Funky Drummer" de James Brown, et ça m'a... Après 1982, la deuxième claque ça a été ça, vraiment. Je travaillais déjà à ce moment-là. Y avait vingt-trois volumes à l'époque. Je lui ai pris deux volumes, direct. J'avais un [blouson] trois-quarts Ewing, on n'en avait pas beaucoup en France, je l'ai revendu deux mille balles [environ 300 euros] et je me suis chopé tous les autres volumes des *Ultimate*. Je rerentrais dans l'univers de la soul [75]. »

L'audience de l'émission *Le Deenastyle* et la notoriété de la scène locale qu'elle fédère dépassent rapidement l'aire parisienne : enregistrés sur cassette, les *freestyles* interprétés dans *Le Deenastyle* circulent à travers toute la France, d'initié à initié. Plusieurs témoignages, tels ceux d'Abd Al Malik [76] ou des Marseillais du groupe B. Vice [77], prouvent que leur circulation a permis assez tôt de faire connaître l'émission et les artistes qui s'y produisaient au-delà de la zone d'émission francilienne de Radio Nova. Mais en entrant en relation avec les grands médias, l'audience de la scène du *Deenastyle* va changer d'échelle dès 1990.

---

a Série de vinyles publiés à partir de 1985 aux États-Unis et qui compilent les morceaux de soul et de funk les plus samplés par les DJ américains.

3

Rap et banlieue : le thème imposé

« Tu m'fais un truc légèrement en contre-plongée, ok ? Que ça soit un poil rock. "Le groupe M ta N"… non… "Leader du mouvement rap en France, le"… "Nous sommes venus sur place sur leur territoire pour interroger les membres du groupe NTM". »

NTM, « Authentik », 1991.

Dans la seconde moitié des années 1980, le rap en France dispose d'une visibilité réduite, assurée principalement par la publicité que Radio Nova accorde à la scène du *Deenastyle*. Hors de l'Île-de-France, zone d'émission de Radio Nova, cette visibilité est plus limitée encore. Elle repose principalement sur des émissions spécialisées diffusées sur des radios locales – Radio Galère ou Radio Grenouille à Marseille, Radio Blackbox à Bordeaux, Zap FM à Lyon… La rédaction d'*Actuel* ne consacre qu'une poignée d'articles au genre et les autres titres de la presse nationale ou les chaînes de télévision hertzienne ne font pas mention des rappeurs avant la fin de l'année 1987. Ce n'est qu'à partir de 1990 que la presse et surtout la télévision évoquent de façon significative l'existence du rap en France.

Cette nouvelle médiatisation nationale rompt, par sa portée et son intensité, avec les circuits plus confidentiels qui soutiennent alors les scènes hip-hop locales existant dans différentes villes. Mais elle infléchit également les définitions antérieures du rap en France. Elle efface la définition du rap comme simple façon de parler en rythme sur de la musique funk, telle qu'elle avait pu naître au sein de l'industrie du disque de variétés. Elle occulte la prise du rythme afro-américain qui s'était déployée à l'occasion de la diffusion de *H.I.P. H.O.P.* sur TF1. Elle marginalise l'auto-définition des francs-tireurs du goût adeptes d'une esthétique hip-hop. À la place de ces conceptions, la médiatisation qui intervient à partir de 1990 privilégie une définition nouvelle, qui fait du rap un symptôme de problèmes publics. Mais, surtout, elle promeut une perception exotique du rap qui situe les amateurs de cette musique comme ceux qui la pratiquent hors de l'univers commun [1].

Quand le rap devient symptôme de problèmes publics

À partir de la fin de l'année 1987, le rap retrouve les chemins d'une visibilité nationale, et ce par le biais de la télévision. Une poignée d'émissions illustre à cette date une curiosité pour ce qui est alors présenté comme une nouvelle pratique artistique. Ces émissions prennent forment dans l'orbe du monde de l'art local organisé autour d'*Actuel* et de Radio Nova, ou s'appuient sur certaines de ses figures pour présenter le genre. En novembre 1987, *Permission de minuit* présente ainsi un reportage introduit et commenté par Ariel Wizman, ancien journaliste au magazine *Actuel*. Il est question de découvrir « la dernière culture populaire à avoir émergé. Culture populaire au sens où c'est une expression totale, avec une peinture, une façon de s'habiller, une musique, une façon de parler [2] ». Dans *Décibels spécial zoulous* [3], l'expert amené à commenter ce « mouvement » est Martin Meissonnier, producteur d'une série de maxis [a] publiés en 1987 par le label Nova Scratch, où l'on retrouve notamment Afrika Bambaataa et Dee Nasty. Ces émissions présentent le rap comme un nouveau style musical inscrit dans la culture hip-hop et en expliquent les caractéristiques esthétiques : composition d'un *breakbeat*, création de scratchs, écriture, interprétation... Dee Nasty explique par exemple : « En ce moment, ce qui est vraiment fort, c'est de mélanger le rap et la soul, et reprendre tous les trucs de James Brown qui en fait en 1973 donnaient déjà le battement rap, enfin le battement funk [4]. »

---

a Format discographique dérivé du support maxi 45-tours, disque de 30 cm alors que les 45-tours ordinaires sont des disques de 17 cm. Le maxi 45-tours offre une durée d'enregistrement plus longue que les 45-tours ordinaires, mais plus brève que les 33-tours. Il permet ainsi de distribuer un titre avec plusieurs remix, ou un nombre important d'inédits. Par extension, le maxi désigne un enregistrement (vinyle ou disque compact) incluant généralement de quatre à six morceaux.

Sous les tags, le travail précaire

À partir de 1989, un profond changement apparaît dans la manière dont le rap est abordé à la télévision. Il est lié à la constitution progressive du tag en problème public, et à l'enrôlement du rap (et des rappeurs) pour expliquer ce problème. Le tag n'est pas un phénomène qui surgit subitement dans le paysage français à la fin des années 1980 [5]. Il apparaît jusqu'en 1988 comme une pratique qui ne mérite pas d'attention particulière. Un article du *Monde* en mars 1987 décrit par exemple la personne qui réalise des graffitis dans les rames comme un simple « usager indélicat » qui « lutte, à sa manière, contre la modernisation ou l'anonymat [6] ». Quelques acteurs élèvent bien les graffitis au rang de problème social [7], à l'image du *Figaro* qui, le 2 septembre 1985, présente Paris comme « tatoué » par une « succession de figures hideuses, monstrueuses, incohérentes, exécutées à la bombe [8] ». Mais l'indignation du journal n'est pas relayée par la télévision ou le reste de la presse, et demeure peu reconnue dans ces arènes de discussion publique. La situation change au cours de l'année 1989. Les pages du journal *Le Monde* de l'époque permettent de retracer la genèse du « problème du tag » dans les médias [9].

Dans les années qui précèdent l'émergence du tag comme événement à part entière, le métro parisien suscite l'attention des médias. Durant l'année 1987, les articles se multiplient sur le thème du « métro crado [10] », puis, en mai 1988, la question de la propreté dévie sur celle de la délinquance dans le métro [11]. Au début de l'année 1989 commence à émerger, sous l'impulsion de la RATP, une question spécifique du tag [12], encore appelé « graffiti ».

En février 1989, la CFDT appelle les salariés de la société chargée du nettoyage du métro, la Comatec, à une grève de deux jours pour obtenir un salaire minimum net de 5 500 francs [un peu plus de 800 euros] par mois et l'embauche définitive d'employés en situation de travail précaire. La RATP argumente que « le volant temporaire de main-d'œuvre correspond au nettoyage des graffitis dont le caractère exceptionnel ne permet pas de prévoir le maintien [13] ». Le conflit devient plus vif, les ordures s'accumulent dans les couloirs du métro, donnant l'occasion de relier directement la problématique nouvelle du tag à son aînée, celle de la saleté du métro.

Dans un article du 7 mars 1989, le mot « tag » apparaît pour la première fois, défini comme des « graffitis personnalisés à la façon d'une signature qui maculent les rames, les panneaux de faïence et les couloirs [14] ». Le 10 mars 1989, le conflit entre la RATP et les employés de la Comatec se résout, mais la question des graffitis et du coût de leur nettoyage reste d'actualité. Deux mois plus tard, le tag est traité comme une information à part entière : un article du *Monde* répercute en effet un communiqué de presse de la RATP et titre : « 35 millions de dégâts en 1989. La RATP aux prises avec les "tags" [15]. »

La création d'un vocabulaire *ad hoc* pour désigner les graffitis dans le métro conduit à isoler le tag de pratiques qui tendaient jusque-là à être pensées ensemble – notamment les pratiques artistiques et politiques du graffiti. La singularisation du tag est une étape dans la construction de cette pratique en problème public, ce qui restait difficile lorsque le mot « graffiti » était utilisé pour désigner à la fois des dégradations des parties communes de logements collectifs, des actes de vandalisme d'extrême droite, des slogans politiques dans la tradition de mai 1968, des performances de pochoiristes et des expositions de graffiti-artistes américains tels que Jean-Michel Basquiat [16]. Le communiqué de presse de la RATP s'inscrit dans le cadre d'un plan plus vaste défendu par le nouveau président de la régie, Christian Blanc, qui vise une « reconquête du territoire » du métro en trois ans [17]. Ce cadrage rencontre un succès certain : le communiqué est en effet bientôt repris dans deux émissions télévisées de grand reportage, à une heure de grande écoute : *Les 90 rugissants*, sur TF1, et *Envoyé spécial*, sur Antenne 2 [18]. Ces émissions ne se contentent pas d'aborder la question du tag. Elles lui associent étroitement la pratique du rap et amorcent un mouvement de médiatisation du rap qui va s'intensifier à partir de l'automne 1990.

L'association du tag et du rap semble s'être faite sous l'influence des acteurs rencontrés par les différents journalistes, parfois à la faveur d'une confusion entre tags et graffitis. Pour un grand nombre de rappeurs, graffeurs et danseurs de l'époque, il est clair que le rap, le graff et différents styles de danse hip-hop appartiennent à une même mouvance culturelle. Le tag, associé à l'illégalité, est quant à lui plus contesté. Tandis que certains le considèrent comme partie intégrante du hip-hop, d'autres le rejettent au nom de la respectabilité de ce même mouvement [19]. En outre, pour les journalistes, établir le contact avec des rappeurs ou des rappeurs-tagueurs était vraisemblablement plus aisé qu'avec de purs tagueurs (du fait de l'illégalité de la pratique). Les rappeurs (et dans une moindre mesure les graffeurs) apparaissent ainsi non seulement comme les intermédiaires privilégiés pour accéder à des tagueurs, mais plus encore comme les porte-parole de ces derniers.

Zoulous, casseurs et émeutiers : une même explication ?

En même temps qu'elles relaient un problème public récemment constitué, les émissions *Les 90 rugissants* et *Envoyé spécial* en proposent une première interprétation, qui préfigure celle qui dominera le traitement du rap dans les mois qui suivent. L'existence du rap et du tag s'explique dans ces deux reportages par une même cause : la « galère ». Le mot est utilisé à la fois par Christine Bravo pour introduire le reportage des *90 rugissants* et par Agnès Poirier qui a réalisé le reportage pour *Envoyé spécial*. Dans ces deux émissions, le tag et le rap sont présentés comme les pis-aller d'un mal-être, « le seul moyen qu'ils ont trouvé pour faire parler d'eux », résume Agnès Poirier. La lumière qui éclaire la pratique du rap en français, ici, est oblique. Ce n'est pas le rap en tant que tel qui intéresse les journalistes, mais le rap en tant qu'il explique le tag, et plus largement le mal-être de certaines catégories de la population. Contrairement aux émissions antérieures, ce n'est plus une expérience esthétique qui est directement en jeu dans *Envoyé spécial* et *Les 90 rugissants* [a] : le rap devient un symptôme de problèmes publics.

À partir du printemps 1990, le rap fait l'objet d'une médiatisation accrue, en étant abordé soit comme nouveau genre musical, soit comme symptôme de problèmes publics. Sur le versant musical, on voit ainsi émerger des rappeurs signés en maison de disques et l'on assiste à la sortie de nouveaux albums de rap en français, notamment la compilation *Rapattitude* fin mai 1990. Ce disque met en avant plusieurs artistes de rap, parmi lesquels Suprême NTM, Saliha, Assassin, mais aussi le chanteur raggamuffin Tonton David dont la chanson « Peuples du monde » contribue au succès commercial de la compilation. À partir de juin 1990, le groupe Benny B, auteur du titre « Vous êtes fous ! » qui rencontrera un grand succès durant l'été, est invité sur différents plateaux. Moins médiatisé, Lionel D réalise et diffuse à cette époque le premier album de rap en français, bientôt suivi des albums de Suprême NTM, Benny B, IAM ou Saliha. Sur la même période, d'autres événements alimentent la définition du rap comme symptôme de problèmes publics. Il s'agit notamment de la mise en question du « phénomène des bandes », lors de l'été 1990, puis d'émeutes urbaines et de troubles lors de manifestations de lycéens.

En août 1990, deux meurtres attribués à des affrontements entre « bandes » mettent ces dernières au cœur de l'attention collective. Les membres de ces bandes sont qualifiés de « zoulous » dans la presse quotidienne d'information, contribuant à une confusion avec le terme « Zulu », qui désigne un membre de la Zulu Nation. L'origine de la confusion entre les deux termes s'inscrit dans le temps long de l'imaginaire colonial

a Mais rien n'interdit à des téléspectateurs de vivre une telle expérience face à ces reportages. L'analyse livrée ici se cantonne aux programmes, et ne préjuge pas des réceptions effectives de ces émissions.

français. Le Zoulou y est l'une des figures particulièrement investies dès la fin du XIXe siècle, comme en témoigne l'affiche que dessine Jules Chéret à l'occasion de l'exhibition en 1878 d'une « troupe de Zoulous » aux Folies-Bergère. Elle présente les Zoulous en « guerriers au corps convulsé [...], un rictus effrayant sur le visage [20] ». La confusion trouve également sa source dans la forte médiatisation de la question de l'apartheid en Afrique du Sud, et dans les conflits qui opposent diverses factions zouloues, l'un des principaux peuples du pays. Enfin, dans le milieu parisien des amateurs de hip-hop, quelques bandes de jeunes s'approprient le terme zoulou [21], non sans susciter des conflits avec les membres de la Zulu Nation qui tentent d'en conserver le monopole.

Dans les médias français de la fin des années 1980, le terme zoulou connaît une trajectoire singulière. Il est popularisé en mars 1989 par un numéro de l'émission *52 sur la Une*, sur TF1, intitulé « La haine », évoquant les violences des « bandes de skinheads ou de zoulous ». Ce reportage suscite la réprobation du *Monde*, qui s'offusque, le 5 mars 1989, de la confusion et du sensationnalisme qui le caractérisent. Pourtant, un an plus tard, le quotidien ne décrit plus les membres des bandes que par le vocable « zoulous », connotant de la sorte la couleur de peau des concernés [22].

À l'automne, de nouveaux faits de violence s'inscrivent à l'agenda médiatique. Le 6 octobre 1990, un jeune homme, Thomas Claudio, est renversé à moto par une voiture de police qui cherchait à l'arrêter. Son décès déclenche des émeutes à Vaulx-en-Velin. Dans les jours qui suivent, des affrontements opposent certains habitants à la police, et un centre commercial est pillé et incendié [23]. Un mois plus tard, des violences comparables se déroulent à Argenteuil. Le 18 novembre, alors que les médias avaient relayé l'éventualité d'une bataille rangée entre groupes de quartiers rivaux, l'un des deux protagonistes n'est pas présent. La police et les journalistes le sont en revanche en nombre, et subissent les assauts d'une centaine d'habitants du quartier du Val d'Argent. Un centre commercial à proximité des échauffourées est saccagé. Au court de ce même automne, des manifestations lycéennes s'organisent autour du mot d'ordre « Des profs, des moyens et la sécurité dans les établissements scolaires ». Elles sont accompagnées de vols dans des commerces mis à sac, de voitures brûlées et d'affrontements avec la police. Les journaux télévisés décrivent la présence de « casseurs d'origine étrangère venus de banlieues [24] ».

Les commentaires journalistiques de l'époque rapprochent ces trois ensemble d'événements en un « paquet interprétatif » commun [25], qui est le principal objet des commentaires sur l'actualité nationale de l'époque, loin devant l'autre enjeu du moment qu'est le débat autour de la loi instaurant la Contribution sociale généralisée (CSG). Le cadrage privilégié pour interpréter ces événements met en avant, tout en le renouvelant, le thème de la « crise des banlieues » [26]. C'est donc un mouvement de couverture médiatique exceptionnel qui entraîne dans son sillage l'évocation du rap en France, indépendamment de son actualité propre. Au début de l'année 1991, la médiatisation d'une « crise des banlieues » diminue. Dès le printemps, cependant, ce thème redevient central, à l'occasion de nouvelles émeutes à Sartrouville fin mars 1991, puis à Mantes-la-Jolie en mai. Le rap est alors à nouveau invité à comparaître pour élucider l'incertitude menaçante associée aux périphéries des grandes villes.

Les définitions du rap comme genre musical et comme symptôme de problèmes publics ne demeurent pas indifférentes l'une à l'autre, cloisonnées dans des programmes de types différents. Au contraire, à compter de la rentrée 1990, ces deux dimensions sont fréquemment associées. Les journaux télévisés accordent par exemple une relative attention au caractère artistique des pratiques de rap francophone, tandis que les émissions de variétés interrogent les rappeurs invités sur les problèmes publics associés au rap. Dans ce contexte, qui forme la matrice de la médiatisation nationale du rap en France, problèmes publics et expérience esthétique se mêlent. Cette hybridation, repérable aussi dans la presse nationale d'information [27], est au cœur de la banalisation du rap dans les médias nationaux.

Une nouvelle tâche assignée aux rappeurs : porter l'altérité

Pour comprendre ce qui se joue dans cette nouvelle médiatisation du rap, il faut rappeler que toute communication ne peut espérer aboutir que si les deux partenaires (l'émetteur et le récepteur) partagent un ensemble de références, de telle façon que ce que l'un exprime depuis son point de vue puisse être compris depuis le point de vue de l'autre. Toute communication repose ainsi sur le postulat d'un monde commun, d'une totalité sociale distincte des interlocuteurs. Loin d'être donné *a priori*, ce monde commun se construit dans le processus même de l'échange symbolique. Une communication est en effet composée à la fois d'un message et d'un ensemble d'informations sur ce message, que l'on peut appeler « métamessage » [28]. Ce métamessage passe par des mots, mais aussi par le ton, le corps, le contexte dans lequel les mots sont prononcés, etc. Il indique le monde commun que le locuteur suggère à son partenaire, et la relation qu'il propose de nouer avec lui. La télévision, qui est un système de communication à distance, ne fait pas exception. Mais parce que leurs programmes s'adressent à un public absent, journalistes et animateurs mettent en scène une relation avec un public imaginé [29]. Ils ne peuvent pas savoir quelle est la réception réelle de leurs messages. Sur TF1 et Antenne 2 notamment, chaînes généralistes de diffusion nationale (et de service publique pour la seconde), ce téléspectateur a les traits implicites que les professionnels prêtent aux « Français ». Le monde commun à la chaîne et à son public imaginé renvoie donc à un imaginaire national [30]. La façon dont se déroulent les émissions télévisées renseigne également sur la place accordée aux différents sujets traités, et par exemple au rap. Au-delà d'une définition factuelle comme un nouveau style de musique ou comme le symptôme de problèmes publics, la médiatisation du rap en 1990 propose aux téléspectateurs une certaine relation au rap, elle en programme la réception [31].

Musique de soi, musiques des autres

Cette relation s'exprime moins par le contenu des propos tenus par les animateurs et les journalistes que par le contexte dans lequel ils les tiennent, et la façon de les tenir. Par exemple, dans le cas de *Décibels spécial zoulous*, sur FR3, Martin Meissonnier note que « tous les gens qu'on retrouve dans l'émission, enfin la plupart, on les retrouve souvent chez nous [sur Radio Nova] », soulignant ainsi la continuité entre cette scène et lui-même, qui intervient dans l'émission en qualité d'expert. L'animateur, quant à lui, souligne en fin d'émission : « Vous l'avez compris, ce mouvement existe, on en reparlera ici et dans les chaumières. » Le monde commun formé par l'émission et son public imaginé inclut les artistes dont il est question. De la même façon, à partir de 1990, une émission hebdomadaire sur M6, *Rapline*, présente le rap à un public imaginé comme potentiellement amateur du genre.

L'émission *Rapline* naît en juin 1990. Elle est proposée à la direction de M6 par un jeune journaliste qui a déjà réalisé quelques reportages pour la chaîne : Olivier Cachin, par ailleurs rédacteur en chef d'un hebdomadaire musical gratuit, *L'Affiche*. « M6 était une petite chaîne à l'époque. Arrive l'été : "Tiens, qu'est-ce qu'on peut faire comme émission d'été ?" Moi, avec les deux ou trois personnes avec qui je bossais, je dis : "Y a un truc qui se passe autour du rap..." Ils avaient des programmations thématiques de clips le vendredi où ils passaient pêle-mêle tout ce qu'il pouvait y avoir, ce qui s'appelait *Boulevard des clips* à l'époque. Il y avait Easy E, les premiers clips de Public Enemy, ils passaient ça sans présentation, et puis bon, ils avaient des audiences qui étaient bonnes. [...] Et moi j'étais là, je proposais une espèce de petit plus, j'avais dit : "Voilà, il faut qu'on tourne des clips avec les trucs français qui se font, il faudrait qu'on sous-titre les clips américains pour qu'on sache de quoi ils parlent [32]." »

Le projet est d'autant mieux reçu qu'il coûte peu cher. « C'était des tournages en interne. À l'époque, le plateau de M6 était dans les locaux de la radio RTL c'était un tout petit plateau avec un fond bleu dans un coin, deux caméras… Donc faire une émission, ça voulait dire mettre des clips bout à bout, et faire des plateaux genre : "Salut, ça va bien les djeunes ? On va voir tel clip." Pour eux, la télé, c'était ça. » La scène rap parisienne réalise à la même époque ses premiers disques et Olivier Cachin a l'idée de réaliser des vidéoclips pour ces jeunes groupes. M6 approuve. « C'est qu'à l'époque, comme maintenant, il y a des histoires de quotas. En gros, les chaînes ont des obligations par rapport au CSA et doivent faire un certain nombre d'heures de production française. Donc ils étaient là : "Ah, ben tiens, bonne idée, ils tournent des clips, paf, c'est de la production française, c'est de la production originale donc ça rentre dans nos… donc c'est bon pour nous." » Les premiers clips sont réalisés pour Tonton David, Lionel D ou encore NTM.

Le succès de l'émission est significatif, relativement aux moyens investis. Dans le contexte de médiatisation croissante du rap, *Rapline* attire elle-même l'attention des autres médias et assure une certaine promotion à la chaîne. « De fait, à la fin de l'été, M6 se retrouve avec un bon petit dossier de presse sur l'émission, elle se dit : "Tiens, ça marche bien, c'est cool, bon ben allez, on refait une saison : septembre-décembre." » L'émission, d'une durée d'une heure, sera maintenue pendant trois ans et demi. L'audience qu'elle draine reste cependant négligeable du point de vue de la chaîne. « À l'époque où *Rapline* démarre sur M6, trente secondes de pub, ça coûtait genre 5 000 balles. […] L'émission est toujours restée diffusée à des heures cataclysmiques, au milieu de la nuit. Le slogan, c'était : "samedi soir… tard." Maintenant, quand il y a encore des gens qui m'en parlent : "Ouais, mais *Rapline* était vachement regardé, tu te rends pas compte…" Je dis : "Non, c'est toi qui te rends pas compte." En termes de télé, tu regardes les audiences, le plus gros qu'on ait fait, c'est 1 %. »

Le seizième numéro de l'émission, à l'automne 1990, est entièrement consacré au « rap hexagonal ». L'animateur justifie explicitement la présence du groupe NTM, invité de l'émission, par la sortie imminente de son premier maxi. Il illustre la singularité majeure de ce programme : viser un public imaginé comme amateur de rap ou susceptible d'apprécier la découverte de cette forme musicale. De fait, pour les amateurs de rap en France, c'est la seule émission sur une chaîne hertzienne qui permet de découvrir nombre d'artistes américains et français. Pour les rappeurs et toasteurs francophones, c'est un soutien majeur. Les artistes peu connus y trouvent un accès inespéré à une visibilité télévisuelle et profitent du tournage d'une vidéo musicale aux frais de l'équipe de l'émission. De nombreux groupes, dont certains n'ont pas encore sorti d'album, réalisent ainsi leur premier clip. Les artistes plus connus et disposant d'autres accès aux grands médias trouvent dans *Rapline* un espace où le rap est reconnu comme une forme esthétique légitime, et où ils peuvent parfois présenter de façon approfondie leurs goûts et leurs choix artistiques et professionnels.

Cette façon d'appréhender le rap à la télévision est une exception sur la période 1990-1991. Lors des émissions déjà évoquées, *Les 90 rugissants* et *Envoyé spécial*, les animateurs qui introduisent le sujet tout comme les journalistes ayant réalisé les reportages se placent en extériorité par rapport au rap : « Indéchiffrables, illisibles, insupportables pour beaucoup, ça n'est pour eux que la première étape, la seule partie visible d'un mouvement plus vaste. Les enfants du métro et de la banlieue veulent prendre leur revanche. Ils ont grandi ensemble, loin des écoles d'art, parfois des écoles tout court [33]. » Pour la speakerine qui introduit *Les 90 rugissants*, l'extériorité du rap suppose même un déplacement géographique, auquel le téléspectateur est convié depuis son salon : « Transport aux portes de Paris où rappeurs et tagueurs font rage », tandis que l'animatrice Christine Bravo introduit ainsi le reportage : « Ils sont nés dans les banlieues, ils auraient pu très mal tourner [...], et non, ils ont décidé d'exister. Alors ils taguent, ils rappent, ils smurfent, ils graffitent. » Ici, la succession des « ils » contribue à placer le rap et les rappeurs à distance. Ceux-ci sont assignés à une forme d'altérité, qui se trouve en quelque sorte exhibée aux yeux des téléspectateurs par la mise en scène de ces programmes télévisés. Cette façon de rendre les rappeurs « autres » ne préjuge pas du jugement, positif ou négatif, porté sur le rap. Ces deux reportages ne condamnent pas la pratique du rap (ni celle du tag), et en proposent plutôt une explication. Mais ils campent le genre rap hors du monde commun à l'animateur ou au journaliste et à son public imaginé.

On retrouve ce ton d'extériorité dans la majorité des émissions diffusées par TF1 et Antenne 2 à partir de 1990, éclipsant l'approche que quelques émissions, en 1987-1988, avaient pu adopter. Dans de nombreux reportages, notamment sur TF1, les pratiques de rap en français sont évoquées pour des motifs autres que l'actualité musicale des rappeurs. Le rap y apparaît comme un phénomène nouveau auquel « toutes les banlieues [se] mettent ». Comme l'indique cet extrait, si le rap n'est pas intéressant par son actualité propre, c'est que ces reportages ne s'adressent jamais à des téléspectateurs pensés comme pouvant potentiellement en être amateurs. Le rap, c'est « leur musique », celle « des bandes qui existent depuis plusieurs années ». Lorsque le rap « sort de sa marginalité », c'est parce qu'« on le remarque dans la rue, on l'entend à la radio », comme malgré soi. Il « a envahi les banlieues », mais aussi certaines villes, lorsque l'Autre s'y est aussi immiscé : « creuset de l'immigration, Marseille connaît l'émergence du rap. » Quoi qu'il en soit, « la culture orale du rap banlieue » ne concerne de toute façon pas au premier chef la chaîne de télévision et son public : les rappeurs « expriment [...] toutes sortes de problèmes liés à leur environnement » plutôt qu'à *notre* société. Le dispositif des reportages renforce ce ton. La mise en présence du journaliste et des rappeurs se fait avec la plus grande distance possible. Le journaliste n'intervient qu'en voix *off*, le plus souvent pour commenter les images, tandis que les questions qu'il pose pour recueillir la parole des rappeurs sont fréquemment coupées au montage. Les rappeurs parlent à la caméra, répondent à la caméra, la voix du journaliste est celle de la caméra. Les rappeurs interrogés sont filmés dans un cadre urbain plutôt que sur scène ou en studio, éloignant l'opportunité d'une interprétation esthétique de leurs activités. Dans tous les cas, l'univers de la chaîne et celui du rap sont cloisonnés. Parler du rap, c'est exposer les « choses des Autres [34] » et adopter pour cela une forme d'« exotisme anthropologique [35] » consistant à décrire une pratique en termes homogénéisants et stéréotypés, tout en la campant fermement dans sa supposée étrangeté.

Entre médiation et dérision

À côté de cette approche du rap comme musique « des Autres », on trouve également des programmes qui se distinguent par une forme de volontarisme vis-à-vis du rap (et, au travers de lui, des banlieues). Dans ces émissions, le cloisonnement est moins strict entre le rap et l'univers commun à la chaîne et à son public imaginé. S'ils restent mis à distance, les rappeurs sont souvent présentés comme des jeunes qui, « avec leurs mots, si loin de ceux des adultes », cherchent à « ne plus se sentir incompris [36] ». Journalistes et animateurs, notamment sur Antenne 2, formulent et relaient ce qu'ils identifient comme une demande à l'égard de la société, à l'image du reportage d'*Envoyé spécial* déjà évoqué. Dès lors, le journaliste ou l'animateur dessine une relation à trois dans laquelle la chaîne est investie d'un rôle de médiation [a] entre jeunes et adultes. Sur Antenne 2, le programme de variétés *Une fois par jour* et le programme *Giga* semblent se répondre sur ce terrain [37].

---

a Au sens de la médiation sociale, ce champ du travail social visant à résoudre les conflits et renforcer ou rétablir les liens de sociabilité entre personnes habitant un même lieu.

L'émission *Giga*, destinée à un public jeune, propose de juin 1990 à juillet 1991 sept courts reportages traitant directement ou indirectement du rap en France. Ces reportages manifestent deux objectifs : moraliser le rap en France et, à travers lui, la jeunesse ; porter un regard positif sur la jeunesse, notamment au travers du rap en français. La démarche de moralisation se traduit notamment dans un reportage consacré à Lionel D, dans lequel l'artiste explique que « c'est pas parce que je viens d'un ghetto que je vais arriver excité... "la vie m'agresse alors j'agresse". Non, moi je suis plutôt cool de nature [a] ». Le présentateur de *Giga* précise que « rap rime avec anti-galère » et le journaliste chargé du reportage choisit de conclure son sujet par les mots d'un membre d'un groupe de rap : « Il y a plusieurs groupes qui sont tous Noirs, et qui rejettent aussi un peu les Blancs. Mais nous, les TPS, c'est pas du tout ça. » Après un reportage élogieux sur l'ouverture de l'université Paris-VIII aux pratiques du hip-hop, le présentateur de *Giga* clôt le sujet sur ces mots : « Une initiative originale certes, mais qui risque de sombrer très vite [...] suite à une stupide bagarre entre rappeurs et graffeurs agités. Dommage, non ? » À ce travail de moralisation s'ajoute une opération de valorisation de la jeunesse, notamment au travers du rap. L'animateur, en voix *off*, loue une « giga association » par laquelle les « jeunes se bougent [...] contre l'ennui », qualifie *Rapattitude* de « giga compilation [...] composée des meilleurs morceaux rap *made in France* » et ajoute quelques semaines plus tard : « Le rap français est en train d'acquérir ses lettres de noblesse. »

Sur le plateau d'*Une fois par jour*, l'animateur Claude Sérillon prolonge ce double traitement du rap. Il travaille à la reconnaissance du rap en initiant à cette musique ceux qui ne la connaissent pas et engage les rappeurs à faire bonne figure. À l'inverse de *Giga*, cette reconnaissance n'est pas ostentatoire. La volonté de reconnaissance passe par des explications et une initiation, indiquant qu'il s'agit moins de convaincre un public jeune que l'on reconnaît le rap, que d'amener un public plus âgé à ne pas rejeter cette musique. Claude Sérillon invite notamment Suprême NTM, Tonton David, Lionel D et Sidney. Lorsque Sidney est sur le plateau, Claude Sérillon explicite sa démarche : « Souvent, nous avons eu l'occasion de vous le montrer au cours d'*Une fois par jour*, il y a des rappeurs, des

a Dans la mesure où l'artiste n'est pas présent en plateau et où la dynamique des échanges n'est donc pas observable, je considère que les propos d'un artiste renseignent au moins autant sur l'orientation que la production imprime au programme que sur l'opinion de l'artiste lui-même. En effet, par le jeu des questions coupées au montage, de la sélection des paroles, etc., la production dispose d'un grand nombre de moyens d'obtenir les propos par lesquels elle souhaite illustrer son programme.

musiciens qui apportent des musiques qui viennent un petit peu de tous les pays. [...] Pour [Sidney], le rap, c'est pas symbolique de violence, de combats, c'est aussi et avant tout de la musique. » L'animateur incite également rappeurs et tagueurs à se justifier de griefs dont l'émission légitime l'expression en les relayant [a]. Il n'en demeure pas moins que Claude Sérillon maintient une certaine distance entre le rap et la communauté implicite qu'il forme avec son public imaginé. Cette distance se manifeste notamment par le biais de l'humour : l'animateur commente par exemple l'interprétation rappée en soulignant : « c'est de la tchatche... On fait le même métier alors ! », tout en riant à ce rapprochement, ce qui est une manière d'en relativiser la pertinence, en relevant l'incongruité qu'il y a à imaginer les mots du rappeur dans la bouche d'un animateur comme lui. Ou encore, il fait expliciter cette distance par un autre invité, en l'occurrence Bernard Pivot [b], immédiatement après une séquence où il était question de rap :

« – Claude Sérillon : Bernard Pivot [...], un rappeur vous savez ce que c'est ?

– Bernard Pivot : Ah ben, écoutez, on vient de l'entendre.

– CS : Est-ce que vous savez ce qu'est un keuf ?

– BP : Euh... "keuf" ? Non.

– CS : Alors, est-ce que ces mots risquent de se retrouver demain dans la dictée [de Pivot] ?

– BP : Aucune chance.

– CS [sourire] : Aucune chance...

– BP : Aucune chance. »

D'autres programmes, sur Antenne 2, FR3 ou TF1, traitent le rap par la dérision de façon plus directe. Cette dimension de la médiatisation télévisuelle du rap apparaît particulièrement de mars à juin 1991, lorsque les performances parodiques d'humoristes ou d'animateurs sont plus nombreuses sur les plateaux de télévision que les performances sérieuses de rappeurs [38]. Une série d'émissions jeunesse présentée par Éric Galliano permet de comprendre ce qu'il y a de distrayant, au début des années 1990, à rire du rap [39]. Dans une première émission, le 9 janvier 1991, l'animateur, filmé en gros plan, improvise un rap à la scansion caricaturale pour

a Sur la violence, comme avec Sidney, mais aussi sur les rapports avec la police, les tags, etc. Voir notamment la séquence « Bande de jeunes » dans l'émission *Une fois par jour* du 23 novembre 1990.

b Alors animateur de l'émission *Bouillon de culture*, sur Antenne 2, Bernard Pivot est aussi la figure de proue d'un concours national d'orthographe télévisé qui porte son nom : « Les dictées de Pivot ».

rappeler ce qu'il considère comme des clichés du genre : « OK mec j'te r'connais / tu rappes je sais c'est un enfer / dans ta banlieue c'est toi l'meilleur / personne ne dit le contraire. » Après une courte introduction, trois jeunes d'environ dix à quatorze ans font une brève démonstration de *human beatboxing*. Le montage alterne les plans rapprochés sur les différents *beatboxers* et les plans américains cadrant l'animateur au premier plan devant les trois interprètes. Tandis que ces derniers semblent exécuter leur performance avec sérieux, Éric Galliano mime divers gestes outrés, parodie d'un corps prêté aux praticiens de rap et de *beatbox*. Tantôt il agite les bras, tantôt, jambes arquées, ses mains semblent s'abattre sur quelque tam-tam imaginaire, tandis que son visage contracté est penché sur le côté, yeux écarquillés. Dans les émissions ultérieures qui prolongent le concept, les performances d'adolescents venus faire du *beatbox* ou du rap sont ponctuées de dessins en *insert* représentant une tête d'homme aux oreilles souffrantes, un gorille armé d'un micro, un individu à casquette verte, baskets bleues et à l'air peu amène, etc. Ces images, associées au corps bouffon de l'animateur, donnent du relief à des signes présents dans les autres émissions [40]. On peut notamment relever la récurrence de l'animalisation du rappeur en singe, le mime de mouvements grotesques évoquant une forme de danse primitive, l'importance des vêtements comme métonymie de la figure du jeune de banlieue, la diction, et plus largement la face que déforment impropriétés lexicales et grimaces vindicatives. L'étude de telles émissions qui ne mettent pas l'enquête sur le rap au cœur de leur dispositif indique la persistance, sous la définition du rap comme symptôme de problèmes publics, de son appréhension au travers de l'exotisme prêté aux musiques afro-américaines en France.

Le malentendu de la responsabilité minoritaire

Enquête sur la musique « des Autres », volontarisme pédagogique et mise en dérision coexistent ainsi à la télévision, dans des proportions qui varient selon les programmes et les périodes. Mais ces démarches ont au moins un trait commun : elles mettent le rap à distance, et limitent *a priori* son écoute et sa pratique à une catégorie prédéfinie de la population. Autrement dit, elles font du rap une pratique minoritaire.

Le rap défini par le groupe majoritaire

Trois problématiques dominent l'appréhension médiatique du rap : celle de la nationalité du rap en France, celle de son caractère esthétique, et enfin celle de son éventuelle violence.

La première problématique peut se résumer dans la formule « le rap est-il d'ici ou d'ailleurs ? ». Elle se révèle parfois dans le discours des journalistes et animateurs d'émission : on s'interroge sur l'origine du genre rap, sa compatibilité avec la tradition française de la chanson (l'ailleurs posé ici est américain), sur le lieu où l'on trouve praticiens et amateurs (l'ailleurs est alors la banlieue), ou encore sur l'origine nationale des rappeurs (l'ailleurs est l'univers de l'immigration). La référence américaine était omniprésente dans l'enquête esthétique des années 1987-1988, qui rattachait le genre rap au genre plus large des musiques afro-américaines [41]. À partir de 1990, à l'exception de l'émission *Rapline*, l'Amérique joue un rôle différent dans la médiatisation du rap. Elle fait figure de repoussoir, et la rhétorique de l'américanisation de la société française fait intervenir de façon croissante la référence au ghetto nord-américain pour penser les banlieues françaises [42]. Le rap apparaît ainsi comme une pratique étrangère, allogène, mais dont l'altérité renvoie à des sources multiples et parfois contradictoires.

La question « le rappeur est-il un artiste ? » résume la deuxième problématique. Dans la mesure où la condition d'artiste est liée à la reconnaissance d'un talent particulier [43], cette problématique suppose une évaluation esthétique du genre rap et renvoie au degré de sérieux avec lequel on peut traiter du rap lorsqu'il n'est pas médiatisé en lien à des problèmes publics. Savoir si le rap participe ou non de l'univers artistique, c'est notamment définir si le rappeur peut prétendre à cette part d'universel qui, dans nos sociétés, revient à l'artiste. Qu'elle se résolve dans la description du genre rap comme effet de mode, ou qu'elle en fasse un langage codé, cette problématique conduit à définir ce genre comme une forme culturelle (ce point ne fait pas débat) qui est moins qu'universelle (« particulière », « éphémère », « codée » et, souvent, « juvénile »).

La dernière problématique peut se résumer dans la proposition « le rap est-il source de désordres ? ». L'évocation fréquente du rap en lien avec le tag comme vandalisme, avec les banlieues comme lieux d'émeutes urbaines ou de déprédations contribue à sa saillance, mais ne l'explique pas totalement. Le maillon logique qui lie le rap à divers désordres réside dans la figure du rappeur, présentée comme une incarnation particulièrement loquace du « jeune de banlieue », auquel on prête la responsabilité des divers troubles sociaux précédemment évoqués. L'analogie entre rappeur et jeune de banlieue suscite des débats autour de la nocivité du genre (le rap est-il violent ?) ou de son caractère bénéfique (le rap permet-il de canaliser la violence ?). Cette dimension, présente dès 1989, s'accentue avec les émeutes de Vaulx-en-Velin ou d'Argenteuil et les manifestations lycéennes de l'automne 1990. Le rap et les rappeurs sont alors invités à comparaître de façon croissante sur la scène télévisuelle, et ce à la fois comme témoins (« peuvent-ils expliquer la violence des jeunes / des banlieues ? »), et comme accusés (« sont-ils eux-mêmes violents ou facteurs de violences ? »).

L'un des stéréotypes transversaux à ces problématiques est celui qui associe le rap en France aux banlieues. Comme on le voit dans les nombreux extraits d'émissions cités, le terme « banlieue » véhicule bien plus qu'une information géographique anodine. Il sédimente, à travers deux siècles d'appropriations et d'usages variés, une réalité juridique puis administrative (liée à la singularité de l'histoire de Paris), un objet des sciences sociales croisant le thème de la classe ouvrière et celui de la gestion capitaliste de l'espace urbain, des représentations collectives et médiatiques nées au début des années 1980, mais qui héritent du spectre des classes dangereuses comme du désenchantement des grands ensembles, et enfin un champ d'application de politiques publiques émergeant dans les années 1970. Dans le contexte de la fin du XXe siècle, le terme est devenu l'euphémisme qui permet de circonscrire et d'évoquer publiquement diverses peurs sociales [44]. La définition du genre rap à la télévision en 1990-1991 [45] permet de préciser ces peurs sociales : elles prennent pour objet une classe d'âge (la jeunesse), une classe sociale (ouvrière) et une classe de « race » (non blanche). La figure emblématique du jeune de banlieue les condense en un même masque, que les rappeurs se voient imposer au début des années 1990.

Dans la plupart des émissions étudiées, le rap n'est pas explicitement défini comme « jeune », « populaire » et « non blanc ». Il est parfois défini par l'un ou l'autre de ces attributs, mais le plus souvent c'est le recours au terme de « banlieue » ou à ses symboles qui prévaut. La référence à la banlieue est au cœur d'un « système de conversion et de glissement entre des registres hétérogènes [46] » permettant l'évocation euphémisée d'enjeux de classe ou de race. Pour autant, déduire de chaque évocation de la banlieue sur les plateaux télévisés que se joue une opération d'assignation de classe (« populaire »), de race (« non blanche ») et d'âge (« jeune ») serait une surinterprétation. Mais, qu'ils soient implicitement saisis par une altérité d'âge, de classe, de race, ou par l'amalgame de l'un ou l'autre de ces attributs, les rappeurs entrent dans une même relation avec l'univers de référence commun aux animateurs, aux journalistes et à leur public imaginé : ils sont posés comme particuliers face à un général [47], autrement dit, ils connaissent une condition minoritaire.

Au cours de l'année 1990, les problématiques du rap comme genre allogène, comme genre artistique et comme genre subversif s'interpénètrent pour produire une définition dominante du genre rap. Le rap en France est assigné à un lieu symbolique, les « banlieues », et une analogie entre rappeur et jeune de banlieue émerge avec elle. Le rap consiste de ce fait plus en un langage codé qu'en une forme musicale ou chansonnière [48], et la référence au rythme syncopé et aux improvisations chorégraphiques y devient secondaire, sans disparaître pour autant. De façon synthétique, cette médiatisation définit le rap en France comme un *genre allogène de paroles juvéniles codées et rythmées posant problème*. Elle met au premier plan le triple stigmate de la jeunesse, de l'extranéité et du populaire, confinant le rap au statut de pratique minoritaire [a]. La plupart des documents médiatiques de l'époque, qu'ils proviennent de la presse ou de la télévision, laissent peu d'espace à la conception que les rappeurs se font de leur pratique, à l'exception de *Rapline*. Diffusée à une heure tardive sur une chaîne dont l'audience est réduite (M6), cette émission n'est pas en mesure de remettre en cause l'assignation dominante du rap au statut de pratique minoritaire. Les rappeurs doivent donc composer avec cette définition dominante.

Négocier un vocabulaire commun

Pour saisir de quelle façon cette négociation s'est jouée, les émissions télévisées dans lesquelles des rappeurs sont présents en plateau constituent des documents précieux. La sélection des invités, le montage et le dispositif de telles émissions restent à la discrétion de la chaîne. Mais, par leur présence *in situ*, les artistes ont une marge de manœuvre plus importante pour affirmer leur point de vue et leurs désaccords que lorsque leur image et leurs propos sont purement et simplement rapportés [49]. La présence de rappeurs en plateau peut ainsi se décrire comme une situation révélatrice des relations entre les professionnels de la télévision et ces artistes. Pour les premiers comme pour les seconds, elle est une situation critique.

Lorsqu'ils sont présents en plateau, les rappeurs occupent une position minoritaire qui risque de compromettre leurs intérêts. En effet, leur engagement dans les médias généralistes n'est pas le fruit du hasard. Intégrés

---

a La notion de minorité est utilisée ici non pas pour connoter une différence de nombre, mais au sens étymologique d'état inférieur, d'« être moins ». Voir Colette Guillaumin, *L'Idéologie raciste*, *op. cit.*, p. 119.

pour la plupart à l'industrie de la musique en qualité d'auteurs-interprètes ou aspirant à le devenir, les rappeurs cherchent à assurer leur promotion et celle de leurs œuvres. Autrement dit, ils revendiquent une vocation artistique. Or la reconnaissance du rap comme pratique esthétique est fragilisée par sa particularisation comme genre spécifique aux jeunes de banlieue. Sans subir de contestation frontale, l'aspiration des rappeurs à être reconnus comme artistes fait l'objet de relativisations, sous forme d'interventions ironiques (« Comment vous faites pour chanter ? Vous parlez c'est ça [50] ? » glisse l'animatrice du *Club Dorothée* au groupe Benny B) ou de léger décalage de vocabulaire. C'est ainsi que sur le plateau de *Ciel, mon mardi !* [51] Lionel D ne peut obtenir l'autodéfinition qu'il souhaite privilégier, confronté à un animateur pour qui rappeur et artiste sont des termes hétérogènes, sinon contradictoires :

« – Lionel D : Bonsoir.

– Christophe Dechavanne : Bonsoir Lionel D. Vous êtes rappeur...

– LD : Ouais. Enfin je préfère dire artiste, m'enfin bon.

– CD : Artiste-rappeur alors ?

– LD : Non, juste artiste.

– CD : Donc juste artiste. Mais vous êtes rappeur quand même ?

– LD [avec un sourire ironique] : Euh... Ouais, un petit peu, un petit peu. »

De leur côté, animateurs et journalistes doivent négocier une relation de communication avec les rappeurs en plateau – et, comme dans toute communication, cette relation suppose un monde commun qui risque d'interférer avec la relation qu'ils programment avec leur public imaginé. En effet, comment concilier le monde commun de l'animateur et de son public, hors duquel le rap est campé, avec le monde commun ponctuellement convoqué par la discussion en plateau entre l'animateur et un rappeur ? La solution que privilégient nombre d'animateurs et de journalistes consiste à proposer au rappeur d'endosser le rôle d'intermédiaire entre le public imaginé de la chaîne et l'univers ésotérique auquel il appartiendrait. Autrement dit, le rappeur se voit investi sur le plateau d'une fonction de représentation exotique – mais lorsqu'ils sont présents en plateau, la plupart des rappeurs s'y dérobent. C'est par exemple le cas dans l'émission *Ciel, mon mardi !* [52], lorsque l'animateur demande au groupe IAM de définir le pratique du rap. Christophe Dechavanne avance une alternative dont les deux termes laissent la dimension esthétique du rap hors champ : « Est-ce que c'est pour défouler, ou est-ce que c'est pour passer un message, le rap ? » Akhenaton, le chanteur du groupe, répond en explicitant l'inadéquation de la forme de la question, avant de resituer la pratique du rap dans l'horizon musical qui fait sens pour lui : « Déjà, j'aime pas le mot message, mais [...] le rap c'est des musiques, c'est donc plusieurs bases échantillonnées. [...] Donc, partant de là, on va pas se cantonner à faire des chansons de révolte sous prétexte que c'est une musique de révolte. Il peut y avoir de tout dans le rap, c'est plusieurs musiques à la fois. » De la même façon, sur le plateau de *Mille Bravos*, JoeyStarr et Kool Shen, qui forment le groupe NTM, tentent de déjouer la définition particularisante du rap avancée par l'animatrice Christine Bravo, et qui explique leur présence dans une émission destinée à « savoir s'il y a une culture banlieue, comment elle s'exprime [53] » :

« – Christine Bravo : Mais qui ? Qui est avec vous ? Qui sont les jeunes qui vont... qui sont des fans de rap, maintenant... ?

– JoeyStarr : C'est adressé à n'importe qui. Seulement y en a qui ont des bouchons dans l'oreille.

– C. Bravo : Ça s'adresse à n'importe qui ? C'est pas seulement... C'est pas seulement à une jeunesse défavorisée, c'est vraiment... à tous, tous les jeunes ?

– Kool Shen : Mais bien sûr ! »

Rappeurs et animateurs ont des intérêts divergents. Pour autant, ils ont aussi intérêt à ce que l'échange en plateau se déroule suffisamment bien pour ne pas compromettre l'émission – elle offre un espace de promotion aux uns, et la justification du salaire des autres. Ils doivent donc trouver un terrain d'entente minimal, qui soutiendra leurs interactions [54]. Ce terrain d'entente ne sera ni esthétique ni exotique. Il prend forme sur le thème de la banlieue, et peut se décrire comme un mandat [55] de responsabilité minoritaire – entériné à la faveur d'un malentendu tacite.

L'utilité des rappeurs pour nombre de professionnels de la télévision réside dans la production d'un spectacle. On prête en effet au rappeur les ressources émotionnelles associées à la figure du jeune de banlieue. Dans les reportages, les rappeurs sont présentés de façon à dramatiser les problèmes sociaux ; dans les émissions parodiques, ils sont caricaturés pour mettre en dérision le cliché du jeune de banlieue ; dans les émissions de débats ou de variétés, les rappeurs sont invités pour expliquer et illustrer les déviances prêtées aux banlieues. Autrement dit, dans toutes ces situations, ils répondent *des* (jeunes de) banlieues : ils en sont représentatifs et peuvent en être tenus comptables.

Confrontés souvent explicitement à cette assignation, les rappeurs présents en plateau utilisent généralement à leur tour la référence à la banlieue, mais à des fins différentes. Tout d'abord, cette référence apparaît comme un moyen de désamorcer l'altérité prêtée au rap. Ainsi, sur le plateau de *Ciel, mon mardi !* [56], Lionel D finit par répondre aux multiples relativisations du caractère artistique du rap en convoquant la banlieue : « C'est une question que les médias acceptent de reconnaître qu'il y a une musique, je veux dire un art qui est dans toutes les banlieues, qui fait triper tous les jeunes. » Sur ce même plateau, Sear, proche de NTM et créateur d'un fanzine consacré au rap, *Get Busy*, fait référence aux banlieues pour contester les définitions médiatiques dominantes du rap : « On a collé une image clownesque [au hip-hop]. C'est-à-dire qu'on a pris ça pour n'importe quoi, après on a dit : "C'est mort", et maintenant on dit : "Oh, ça réapparaît avec le rap..." Mais rien du tout ! Pendant huit ans, ça a toujours existé dans les banlieues. »

La banlieue évoquée par Sear et Lionel D n'est pas l'espace étranger cristallisant diverses peurs sociales. Elle est une référence alternative qui permet de contester la prétention de l'animateur à représenter le réel. Sear et Lionel D jouent sur les faiblesses du discours majoritaire en suivant un raisonnement qui a la forme suivante : si les banlieues vous sont étrangères, vous ne pouvez prétendre parler pour elles ; or nous, qui ne les considérons pas comme étrangères, nous savons que le rap y est bel et bien un art ; donc vous n'êtes pas en position de discréditer notre prétention esthétique. Autrement dit, la banlieue est un lieu rhétorique depuis lequel certains rappeurs remettent en cause le monde commun programmé par les animateurs, un monde commun duquel le rap est exclu [a].

Un autre usage de la banlieue par les rappeurs présents sur les plateaux télévisés les conduit à s'élever contre les affirmations qu'ils jugent illégitimes. C'est le cas notamment lors de l'émission *Mille Bravos* déjà évoquée. Est également invité sur le plateau Serge Martinez, à l'époque propriétaire du journal d'extrême droite *Minute* et membre du Front national. Celui-ci se livre à un long réquisitoire contre la « génération socialiste » en général et la jeunesse en banlieue en particulier, les décrivant comme « des révoltés parce que des inadaptés ». Lorsque Christine Bravo se tourne alors vers NTM et demande au groupe « qui sont les rappeurs en banlieue ? », Kool Shen répond en contestant à la fois l'assimilation implicite entre rappeurs et jeunes de banlieue, et l'idée que la révolte viendrait d'une inadaptation plutôt que de difficultés réelles : « Déjà faut pas confondre. Tu veux parler des jeunes de banlieue, tu dis "les rappeurs". Les rappeurs, c'est ceux qui prennent un micro. Et comme il dit [JoeyStarr], tout va bien pour nous, mais c'est peut-être parce qu'on a un micro dans les

---

a Cette mise en doute du monde commun sur lequel repose la communication est une composante ordinaire de la compétence communicationnelle. Elle peut ouvrir sur un travail d'explicitation qui est ici éludé par les rapports de pouvoirs asymétriques dans lesquels rappeurs et animateurs sont engagés. Voir Louis Quéré, *Des miroirs équivoques*, *op. cit.*, p. 34 et p. 79.

mains. Mais tout le monde a pas la chance d'avoir un micro dans les mains. » Dans cette intervention comme dans d'autres sur les plateaux télévisés, les rappeurs tendent à contester les représentations dominantes de la banlieue véhiculées par les animateurs, les journalistes ou d'autres invités. Ce faisant, ils endossent une forme de responsabilité minoritaire : ils répondent *pour* les (jeunes de) banlieues, et affirment que celles-ci sont différentes de ce que les autres participants avancent.

À l'intersection de ces deux sens de la notion de responsabilité, animateurs et rappeurs négocient un relatif terrain d'entente dans leurs interactions sur les plateaux de télévision. Ce terrain d'entente a la forme d'un malentendu [57]. Les rappeurs endossent un mandat de responsabilité minoritaire afin d'imposer une définition du rap qui est aussi une redéfinition d'eux-mêmes et de leur statut dans l'espace médiatique. Ce mandat les conduit à répondre à des affirmations sur les banlieues qu'ils jugent contestables, et ce depuis le lieu rhétorique des banlieues. Du côté des animateurs, en revanche, le mandat de responsabilité minoritaire fait des rappeurs une cible vers laquelle adresser des questions sur la banlieue. Il permet également de présenter les rappeurs comme une figure analogique à celle du jeune de banlieue, et de la mettre en scène dans les programmes télévisés. Pour le groupe minoritaire, les rappeurs répondent pour et grâce aux banlieues. Pour le groupe majoritaire, les rappeurs répondent des banlieues.

II

1991-1998

4

Comment transformer les rappeurs en marchandise

« Chico, c'est ton premier *single*, alors dis-toi que tout dépend de toi, tout repose sur toi. Je te fais confiance. [...] Arrêtez tout ! C'est une cata totale ! Les radios n'en voudront pas ! »

KDD, « Chico », 1996.

Après les deux vagues de 45-tours inspirés par le succès de Chagrin d'amour, puis par la popularité de l'émission *H.I.P. H.O.P.*, peu de nouveaux enregistrements rappés en français voient le jour. Les quelques exceptions sont le fait de producteurs indépendants et mobilisent de façon croissante des spécialistes de l'interprétation rappée. Le début des années 1990 marque un tournant majeur dans les relations entre maisons de disques et francs-tireurs du goût, adeptes d'une esthétique hip-hop. Trois facteurs se conjuguent alors : tout d'abord la visibilité locale de la scène du *Deenastyle*, soutenue en 1990 par la publication d'une compilation, *Rapattitude* ; ensuite les ventes spectaculaires du morceau « Vous êtes fous ! » de Benny B, tube de l'été 1990 ; enfin, et surtout, une visibilité publique et une promotion commerciale croissantes du rap, à la faveur de sa médiatisation en 1990-1991. Les grandes maisons de disques contrôlant le marché, les « majors », investissent alors dans le rap francophone, cherchant à capter l'intérêt d'un public qui s'était largement constitué indépendamment de leur propre travail promotionnel. Dans le contexte d'un marché du disque réorganisé autour du format long et d'un nouveau support matériel, le disque compact, cet investissement prend la forme d'un pari et aboutit à la réalisation des premiers albums de rappeurs en France. L'exploitation commerciale de ces œuvres se révèle pourtant malaisée. En effet, il n'y a pas de consensus sur ce qu'il s'agit de vendre. L'exposition médiatique du rap à la faveur de divers problèmes sociaux contribue de surcroît à exclure ce genre des créneaux musicaux des principales radios. La moindre médiatisation du rap, dès 1993, prive dès lors les majors d'un espace promotionnel capital et les incite à clore le bref « temps du pari » sur l'exploitation commerciale du rap en France.

Mettre de l'eau dans son vin

Peu de disques de rap francophone sont publiés dans la seconde moitié des années 1980. À l'essoufflement de l'effet de mode autour de l'émission *H.I.P. H.O.P.* s'ajoute une crise profonde de l'industrie du disque, qui voit le marché du vinyle chuter, tandis que les ventes de disques compacts ne progressent que lentement.

Comme dans la période précédente, une poignée de titres rappés sont entièrement ou partiellement réalisés par des professionnels intégrés des variétés. Le rap y a parfois la portion congrue, comme dans le tube « La vie la nuit » du groupe Début de soirée, publié en 1987, dont seul un couplet est rappé. Cette chanson est interprétée par deux nouveaux venus dans l'industrie du disque, Sacha Goëller, directeur d'antenne de la station locale de NRJ à Marseille, et William Picard, DJ dans une boîte de nuit d'Aix-en-Provence, tandis que Claude Mainguy et Guy Mattéoni, auteurs et compositeurs de plusieurs chansons de variétés des années 1970 aux années 1980, en composent la musique. Mais la véritable nouveauté, à partir de 1987, est la parution de disques interprétés par des spécialistes de l'interprétation rappée.

Les rappeurs parisiens face aux majors

En 1987, Jhonygo et Destroy Man enregistrent un maxi, *Égoïste / On l'balance*, et Shams Dinn un 45-tours, *Hedi Bled Noum*. En 1989, le groupe Nec + Ultra publie la chanson « Je rap' », le groupe Rapsonic le morceau « Mets la dose », et, en 1990, Benny B le titre « Vous êtes fous ! ». Malgré l'effervescence qui anime les groupes de francs-tireurs du goût dont ces rappeurs sont issus, aucune maison de disques établie ne s'intéresse directement à eux à cette époque. La scène rap parisienne, pourtant adossée au monde de l'art local de Radio Nova, ne fait pas exception. Le label indépendant originellement lié à *Actuel* et Radio Nova, Celluloïd, se détourne du rap dès 1985 pour privilégier la musique africaine [1]. Les quelques enregistrements qui voient le jour sont le fait de producteurs indépendants.

Dans le cas de Jhonygo et Destroy Man, ce producteur indépendant est Francis Kertekian, qui, bien que persuadé de la valeur du groupe, peine à convaincre d'éventuels partenaires : « Je me suis baladé un an avec eux et je voyais bien que les maisons de disques, quand je leur parlais de rap, pour elles, c'était Chagrin d'amour [2]. » Kertekian parvient finalement à produire les œuvres de Jhonygo et Destroy Man grâce au soutien d'un proche qui travaille pour le label Barclay, Philippe Constantin. Les deux rappeurs signent alors un contrat d'enregistrement exclusif chez Barclay, label de Polygram. De même, le rapprochement entre le groupe Nec + Ultra et Polydor, un autre label de Polygram, passe par l'entremise de deux producteurs indépendants, Paul Boussard et Paul Banes. Lorsque vient le temps de la réalisation des premiers enregistrements, Nec + Ultra se résout à accepter un morceau de commande, comme le reconnaît Sheek, membre du groupe : « Le titre "Je rap'" était censé préparer le public au rap, sujet qu'il ne connaissait pas [3]. »

Pour ces deux groupes cependant, la coopération avec Polygram suscite de nombreux conflits. L'enregistrement du 45-tours *Égoïste / On l'balance* se heurte à un conflit esthétique entre, d'un côté, Jhonygo et Destroy Man et, de l'autre, l'équipe choisie par Barclay pour assurer la réalisation et le mix des morceaux. Francis Kertekian raconte : « On les a mis dans les mains de ceux qu'on appelait les grands ingénieurs français de l'époque, mais c'étaient des caves, ils n'ont jamais rien compris. Un vrai choc culturel. Des et Jhony étaient intransigeants. [...] Ils n'avaient pas envie qu'on leur donne des leçons, pour eux, les autres étaient des petits Blancs à la con qui ne comprenaient rien, ce qui n'était pas faux, mais il n'y a pas eu non plus de leur part une ouverture d'esprit [4]. » L'insatisfaction de Nec + Ultra quant à l'aboutissement de leurs propres séances studio est tout aussi grande : « Le maxi 45 qu'on a fait, on ne voulait pas le faire comme ça. [...] Au niveau musical, ils ont donné des sons pourris par-dessus une base jazzy, ils ont fait des modifications sur les voix, ça n'avait rien à voir avec nous [5]. »

L'étape de la promotion exacerbe les tensions. D'après Francis Kertekian, Jhonygo et Destroy Man refusent le jeu de la promotion, ou ne viennent pas aux rendez-vous fixés. Destroy Man estime de son côté que le groupe subit les humiliations d'une équipe méprisante. Les relations se dégradent au point que Philippe Constantin organise une réunion pour tenter de résoudre le conflit. Jhonygo raconte : « Destroy l'a ramené devant Barclay. Il l'a ramené grave. Moi j'étais en Suisse. Quand on m'a dit ce que Destroy avait dit, genre : "Ici, il y a 80 % de bouffons, moi j'ai pas envie de rapper", j'ai dit : "Grave, le mec, grave." Il y avait tous les gens de la promotion dans la salle. Barclay a dit : "C'est fini [6]." » Les relations entre Nec + Ultra et Polydor connaissent un destin similaire. Le 45-tours *Je rap'*, publié en 1989, reste confidentiel. Quelques mois plus tard, Polydor tente de relancer sa promotion en en réalisant un remix. Sheek se souvient : « Philippe Ascoli [Polydor], notre directeur artistique nouvellement attitré [...] nous dit qu'"ils" (ils ? qui ? je sais toujours pas) ont décidé de lancer le rap en France... qu'ils/on vont/va faire entrer "Je rap'" dans les dix premières places du Top 50... Seulement, nous n'voulions pas ressortir "Je rap'"... Nous avions continué à travailler sur le style, les textes... et nous avions fait des enjambées de géant ne serait-ce que par rapport à l'ensemble des groupes de rap français... Ascoli nous a demandé de juste retoucher la musique pour la "réactualiser"... Nous, nous voulions faire nos nouveaux titres... tels quels... Il a fini par nous faire entendre que, dans tous les cas, il mettrait des "covers" [pantins] pour rapper à notre place en télé... C'est dire s'il tenait à notre morceau... Dès lors, nous nous sommes montrés très menaçants (on dira vis-à-vis de son intégrité physique) et il a fini par bien vouloir nous lâcher [7]. » Dans le cas de Nec + Ultra comme de Jhonygo et Destroy Man, la situation se solde par une rupture de contrat.

Si Sheek et Destroy Man insistent sur le manque de respect dont ils ont été victimes, Kertekian ou Jhonygo soulignent quant à eux le manque de bonne volonté des artistes. Mais la question de la coopération entre grandes maisons de disques et rappeurs ne peut pas être considérée uniquement sous l'angle moral. Comme le note Francis Kertekian pour le cas de Jhonygo et Destroy Man, « tout le monde se plaignait, tout le monde flippait en ayant oublié que les Sex Pistols pissaient sur les bureaux des secrétaires [8] ». Ces plaintes s'expliquent moins par un « oubli » que par un rapport de forces déterminant à quel prix les acteurs sont prêts à jouer le jeu de la coopération [9]. Le rapport de forces entre, d'un côté, Nec + Ultra, Jhonygo et Destroy Man, et, de l'autre, les personnels des maisons de disques n'a pas permis de trouver un compromis de coopération satisfaisant. Au cœur de ce compromis se trouvent l'enjeu de la forme esthétique de l'œuvre réalisée en commun et les modalités de sa commercialisation. Le cas d'un autre groupe qui réalise à la même époque un 45-tours avec des producteurs indépendants permet d'expliciter les formes potentielles d'un tel compromis.

Benny B, ou comment faire du faux avec du vrai

Né en 1968 dans une famille ouvrière, Abdel-Hamid Gharbaoui évolue depuis le milieu des années 1980 comme danseur et rappeur dans le milieu hip-hop bruxellois sous le pseudonyme de Benny B. À l'automne 1989, il participe à un casting organisé dans une radio locale par un producteur indépendant, Olivier Verhaege [10]. Ce dernier cherche à l'époque à mélanger interprétation rappée et musique *dance*, sur le modèle de Technotronic, un groupe produit en Belgique qui rencontre en 1989 un succès international avec « Pump up the jam ». Olivier Verhaege rapporte : « On a pris Benny [B] essentiellement pour une raison phonétique. Tous les autres avaient trop d'accent bruxellois ou d'autres défauts. Sa façon de rapper sonnait le mieux [11]. » Benny B et Daddy K, son DJ, travaillent alors à la réalisation d'un morceau produit par Vie privée, label créé en 1989 par Olivier Verhaege et qui n'a à cette époque qu'un seul 45-tours à son actif.

La collaboration est malaisée. Le producteur veut tout d'abord imposer des paroles à Benny B, qui refuse et propose un morceau formé d'une longue séquence rappée sans refrain, suivie d'une séquence de scratchs de Daddy K. Olivier Verhaege s'y oppose. Benny B raconte : « Il m'a expliqué qu'il fallait des refrains, qu'il y avait un monde commercial et que si je voulais percer, il fallait que je mette de l'eau dans mon vin, des trucs comme ça. [...] Je pouvais choisir en face B les versions que je voulais, que ce soit hip-hop ou pas, mais en face A, il voulait du "commercial", point [12]. » Au sein de la séquence scratchée, une phrase retient l'attention d'Olivier Verhaege, comme le rapporte Daddy K : « Quand le producteur a entendu la partie avec "mais vous êtes fous", il s'est écrié : "C'est ça qu'il faut mettre [...]." Il voulait la placer tout au long du morceau. Nous, on répondait : Non, c'est déconner, tu nous vois tout le temps répéter "mais vous êtes fous oh oui !" ? Il a insisté, on s'est adaptés, on a pris l'habitude, on s'est dit : "C'est pas con, ce refrain, ça fait respirer le morceau, ça lui donne une couleur [13]." » Les négociations se poursuivent cependant et portent notamment sur la longueur – trop importante pour le producteur – des paroles interprétées par Benny B. L'équipe abandonne également la musique originale du titre, plutôt funk, et privilégie une version directement inspirée de Technotronic. Le titre « Vous êtes fous ! » est né.

Malgré les démarches de l'équipe, le disque ne trouve pas de distributeur, notamment parce que Benny B est d'origine marocaine d'après Olivier Verhaege. Un 45-tours sort finalement, distribué par le label Vie privée. Comme l'explique Olivier Verhaege, « ça a pris un peu de temps pour démarrer. Ça a commencé un peu à tourner en boîte, ce qui prouve bien l'importance du son, ce n'était pas du rap au sens strict, d'ailleurs ses copains ont sorti également un disque de "vrai rap" à ce moment-là [a], et ils

a Il s'agit de *Stop the Violence*, album de rap publié en 1990, interprété en français ne l'ont pas vendu [14] ». Le label obtient alors le soutien de la division *dance* de la major CBS et distribue le disque en France, où « Vous êtes fous ! » rencontre un succès croissant à partir de l'été 1990 et d'un passage dans l'émission *Le monde est à vous* de Jacques Martin sur Antenne 2. Benny B et Daddy K assurent une promotion massive de leur 45-tours, passant de plateaux télé en shows promotionnels en discothèque.

Le cas de Benny B permet de préciser à la fois les modalités de coopération auxquelles tiennent les francs-tireurs du goût et les attentes des producteurs indépendants ou des maisons de disques les plus orientées vers un marché grand public. À l'inverse de ce qui se passe pour la chanson de variétés, ne pas séparer écriture et interprétation constitue un enjeu majeur pour les spécialistes du rap.

Le contenu même des paroles semble soulever peu de problèmes, à l'inverse de leur structure : les producteurs de Benny B insistent pour que le morceau se plie à une forme chansonnière traditionnelle, faite d'alternance de couplets et de refrain, et obtiennent que les textes rappés soient raccourcis. Pour Benny B, cette forme chansonnière ne va pas de soi, mais ne constitue pas pour autant un enjeu esthétique de premier plan. De fait, le 45-tours de Destroy Man et Jhonygo comme celui de Nec + Ultra présentent cette même structure alternant couplets et refrain. L'esthétique musicale est en revanche un enjeu plus crucial, aux yeux des trois groupes étudiés.

Les premiers motifs de conflit entre Destroy Man, Jhonygo et l'équipe de Barclay résident dans les options d'enregistrement, fondées sur des références musicales que les rappeurs récusent. Dans le cas de Benny B, les conflits musicaux se soldent par un compromis fait de versions différentes. Le groupe concède un contrôle presque complet des producteurs sur la version de « Vous êtes fous ! » publiée en face A, tandis qu'ils obtiennent une latitude plus grande sur la face B, qui verra l'enregistrement d'une « version hip-hop » du morceau. De façon comparable, le maxi *Je rap'* des Nec + Ultra est composé d'une succession de versions. La mobilisation d'un son hip-hop constitue ainsi, dans la seconde moitié des années 1980, le principal sujet de divergence entre francs-tireurs du goût et professionnels de l'industrie du disque. Sur ce plan, le rapport de forces est alors défavorable aux premiers. La médiatisation massive du rap francophone à partir de 1990 va infléchir cette situation.

---

par le collectif Brussels rap convention et qui ne sera distribué qu'en Belgique par le label Indisc indépendant.

Le pari des majors sur la scène du *Deenastyle*

À partir de 1990, huit ans après le succès de Chagrin d'amour et de ses homologues, de nouveaux succès de rap en français naissent, tandis que la visibilité des rappeurs est de plus en plus significative sur les chaînes de télévision. Les maisons de disques prêtent alors une attention neuve au rap, notamment les plus grandes d'entre elles – Polygram, EMI, Sony, BMG et Warner. Mais si la médiatisation du rap aboutit à une définition cohérente du genre dès 1991, convertir des œuvres de rap en produits culturels profitables reste une opération incertaine pour les majors. L'exploitation commerciale du genre prend ainsi la forme d'un pari.

Créer des stars du rap francophone

La réalisation de la compilation *Rapattitude* en 1990 se déroule dans des conditions difficiles qui rappellent les coopérations entre Jhonygo, Destroy Man et Nec + Ultra avec leur maison de disques. Benny Malapa, qui participe alors à la réalisation du documentaire *Paris Black Night*, Madj et Christian Milia, animateurs de l'émission *Fusion Dissidente* sur Radio Beur, deviennent producteurs indépendants : « L'idée, c'était de promotionner tout un mouvement [15]. » Ils entrent en relation avec Emmanuel de Buretel, directeur du label Delabel au sein de la maison de disques Virgin France, à qui ils proposent la réalisation d'une compilation de rap français. Les conflits de coopération sont nombreux [16]. Mais *Rapattitude* rencontre malgré tout un succès significatif – porté par la popularité de la chanson « Peuples du monde », de Tonton David. En outre, dès l'été 1990, le groupe Benny B réalise un tube avec le morceau « Vous êtes fous ! ». Les grandes maisons de disques se montrent dès lors plus sensibles – ou moins rétives – aux arguments des premiers producteurs indépendants et directeurs artistiques qui, comme Francis Kertekian, prêtaient attention à la scène rap parisienne.

Pour comprendre les relations qui se nouent alors entre spécialistes de l'interprétation rappée et l'industrie du disque, il faut rappeler l'une des logiques centrales dans le fonctionnement des maisons de disques. Ces dernières cherchent à créer des stars de l'enregistrement, source la plus sûre de profits durables. En effet, le fonctionnement de l'industrie du disque permet des économies d'échelle importantes. Le premier exemplaire d'un disque représente un investissement important, mais il peut être ensuite reproduit à faible coût. Pour les producteurs, la vente massive d'un seul disque produit en un grand nombre d'exemplaires est beaucoup plus profitable que la vente de moins d'exemplaires d'œuvres discographiques plus variées. Suivant cette logique, un système structuré par trois pôles émerge à partir du milieu du XXe siècle : des maisons de disques, dont les plus importantes, capables d'assurer une promotion massive pour les œuvres qu'elles produisent, forment un oligopole dominant le marché (les majors) ; des médias, qui assurent une large diffusion des enregistrements musicaux, au premier rang desquels les radios ; et des stars de l'enregistrement, capables de convaincre plusieurs centaines de milliers de personnes d'acheter leurs disques [17].

Comme la plupart des autres industries culturelles, le marché du disque se caractérise toutefois par une très forte incertitude quant aux préférences des consommateurs. Les maisons de disques évoluent ainsi dans un environnement économique turbulent [18] : malgré l'existence de quelques stars durables, les producteurs et directeurs artistiques ne savent que rarement à l'avance quelles œuvres rencontreront un large succès commercial, ou quels artistes deviendront eux-mêmes des stars de l'enregistrement [19]. Une des stratégies pour s'adapter à ce problème consiste à mener une politique systématique de surproduction, c'est-à-dire à produire un grand nombre de disques à bas prix dont chacun a une faible chance de devenir très profitable. Dès lors, comme l'explique un professionnel de ce secteur, il devient possible de « balancer la sauce sur le mur et attendre de voir ce qui reste collé [20] ». Passée cette étape de surproduction, les maisons de disques n'investissent réellement que sur une partie des albums enregistrés et opèrent un tri entre la masse des enregistrements qu'elles délaissent rapidement et le petit nombre de disques sur lesquels est concentrée la promotion. Les artistes qui souhaitent intégrer l'industrie du disque doivent donc franchir deux étapes : accéder à l'enregistrement pour faire partie de l'important contingent de nouveautés discographiques mises sur le marché chaque année et convaincre l'industrie du disque que cet enregistrement a un avenir commercial.

Ce travail de conviction ne peut se faire, dans la seconde moitié des années 1980, qu'au prix de concessions importantes pour obtenir le relais promotionnel des radios et des discothèques, vecteurs essentiels pour la diffusion des produits musicaux. Or la visibilité publique, et notamment télévisuelle, du rap au début des années 1990 joue un rôle alternatif à celui de ces médias : elle offre un outil de promotion massif des disques commercialisés par les maisons de disques. La médiatisation que connaît le rap au début des années 1990 contribue ainsi à un investissement en forme de pari de la part des majors.

D'après le *Dictionnaire de l'Académie française*, la notion de pari « se dit particulièrement, au jeu, de la somme, indépendante de l'enjeu ordinaire, que des personnes parient entre elles et dont le sort est décidé par celui de la partie [21]. » Son usage métaphorique, à propos de la stratégie développée par l'industrie du disque, permet d'insister sur deux aspects nouveaux en 1990. Il est porté par une double dynamique de compétition entre maisons de disques, d'un côté, et entre artistes, de l'autre. La somme investie dans le pari, ensuite, est indépendante de l'enjeu de l'opération sur laquelle porte le pari : en réalisant un disque, il s'agit d'obtenir sous forme de retours monétaires l'ensemble des dividendes d'une notoriété constituée en bonne partie indépendamment du travail promotionnel des maisons de disques. Il n'est plus question de « préparer le public » ou de « mettre de l'eau dans son vin », mais de tirer profit de l'intérêt public croissant pour un genre rap dont la visibilité s'est construite dans une large mesure indépendamment de l'industrie du disque. Une dynamique de concurrence monopolistique entre producteurs, et en premier lieu entre majors, naît ainsi, pour trouver la star du rap susceptible de répondre à ce qui apparaît comme une curiosité neuve aux contours incertains.

Mais, pour les producteurs, cette curiosité n'est pas facile à interpréter. Quel équilibre doivent-ils privilégier entre les conventions habituelles du commerce discographique et les singularités du genre rap francophone qui émerge ? Et à quel public exactement faut-il vendre ce dernier ? S'il est question de trouver un produit adapté plutôt que d'adapter un produit, le travail des équipes marketing n'est pas inutile, ni évident pour autant. L'intérêt collectif pour des pratiques de rap en français n'est simple à interpréter ni pour les artistes qui créent l'œuvre, ni pour les directeurs artistiques qui supervisent la production, ni pour les chefs de produits qui coordonnent la promotion. De ce point de vue, les règles du jeu sur lequel porte le pari restent particulièrement opaques et la démarche commune des maisons de disques se concrétise sous des formes variées. En témoignent les conflits d'image qui opposent artistes et maisons de disques à l'époque – et parfois les employés d'une même maison de disques entre eux.

Comment vendre Lionel D… et ne pas vendre NTM ?

Figure de proue de la scène du *Deenastyle* depuis 1988, Lionel D est le premier à réaliser et publier un album de rap en français dès 1990, sur le label Squatt de la major CBS. Les musiques de l'album sont réalisées par Dee Nasty et l'ensemble de la maquette s'élabore dans le studio de Radio Nova sans que la major n'intervienne directement. Lionel D signe un contrat d'enregistrement exclusif, Dee Nasty préfère que ses compositions soient rémunérées au titre de réalisateur pour ne pas être engagé envers la maison de disques.

Celle-ci finance la réalisation d'un album, mais les différents protagonistes peinent à définir une orientation commune pour la promotion de l'artiste. Les managers, l'équipe marketing et le chef de produits ne cherchent pas à vendre le même Lionel D. L'équipe promotionnelle concentre ainsi tout d'abord son travail sur le *single* « Y a pas de problème ». Dee Nasty explique : « On avait fait une maquette à Radio Nova et j'avais samplé Lionel pour faire : "Y a p' – Y a p' – Y a pas de problème." Et tout d'un coup, la maison de disques, dit : "Ah, c'est ça le *single*, parce que "Y a pas de problème", les gens disent ça au moins une fois par jour [22]." »

Dans un premier temps, la chanson « Y a pas de problème » est promotionnée tous azimuts. Dee Nasty raconte : « La maison de disques met le paquet sur "Y a pas de problème". On a fait de la promo, on se retrouve dans le parc Astérix habillés en gladiateurs, à scratcher dans le sable, des trucs... Les mecs du rap ne s'y retrouvaient pas. Il y avait un décalage avec l'émission *Deenastyle*, ils ont été trop déçus. » Outre la gêne éprouvée par le DJ de Lionel D, le succès n'est pas au rendez-vous. Le manager et le chef de produits de CBS incitent alors de plus en plus Lionel D à privilégier une image plus rebelle : « J'étais invité de partout : Drucker, Foucault... Mes managers ne voulaient pas que je fasse ces télés, style "il ne faut pas se compromettre sur des plateaux de variétés" [23]. » Ce changement de stratégie s'accompagne de demandes insistantes pour que Lionel D adopte une panoplie plus facilement identifiable, se souvient Dee Nasty : « Le chef de produits de la maison de disques voulait que Lionel mette des fausses lunettes avec une casquette à la visière de trente centimètres. Il l'a fait venir au bureau : "Tu vois, je t'ai trouvé ça !" Il voulait le looker *rapper* [24]. »

La maison de disques publie alors un nouveau single, « Pour toi le Beur ». La France vient alors de s'engager dans le conflit militaire contre l'Irak, comme s'en souviennent Lionel D – « "Pour toi le Beur" n'a été vu que sur M6, la seule chaîne ayant résisté à la parano anti-Arabes pendant la guerre du Golfe [25] » – et Dee Nasty : « Toutes les antennes de France commencent à le jouer, et toutes reçoivent des lettres de menaces pour retirer le morceau de la programmation. Les disquaires pareil, "sinon on vous crame le magasin". Du coup, le disque retiré de la vente, plus de promo, tout le truc se casse la gueule [26]. »

Dans un premier temps, le rap de Lionel D est commercialisé comme un produit grand public et bon enfant susceptible de plaire aux plus jeunes sans inquiéter leurs parents, ce qui n'est pas sans rappeler l'expérience de Benny B. Puis, l'avis du chef de produits prévaut et infléchit la stratégie de la maison de disques. Les souvenirs des protagonistes permettent d'imaginer quelques-unes des sources d'inspiration que celui-ci privilégie. Outre la « casquette à la visière de trente centimètres » évoquée par Dee Nasty,

Lionel D mentionne certains des accessoires dont on a souhaité l'affubler : le réveil, référence directe à Public Enemy, la grosse chaîne, qui renvoie plus indistinctement à divers groupes de rap américains, les baskets ou encore la « ceinture avec le nom » (aussi appelée *nameplate*) sont des accessoires partagés par un certain nombre de rappeurs américains ou français depuis le milieu des années 1980. Le rap de Lionel D est alors commercialisé comme une version francisée d'un genre rap américain contestataire. Mais ce modèle n'est pas le seul sur lequel s'appuie la maison de disques. Celle-ci tente aussi de rattacher Lionel D à la figure du jeune de banlieue. La promotion de ses disques passe alors par de multiples références à l'imagerie des banlieues, pour en faire un produit relevant d'un genre rap comme langage codé posant problème. « Pour le clip, on voulait m'obliger à le tourner à Vitry dans mon quartier, chose que j'ai refusée. Je ne voulais pas débarquer dans ma cité avec des caméras. Et puis de toute manière, à l'époque, dans ma cité, le rap on s'en tapait. C'est un peu sur ces griefs qu'on m'a rendu mon contrat. Je ne collais pas à l'image qu'on espérait avoir des rappeurs : je n'avais pas eu de problème avec la justice, pas eu de problème de drogue, pas de grosses baskets, pas de casquette. Je suis désolé, mais avec une casquette sur la tête je ressemble à Bourvil, je ne me plais pas [27]. »

Entre la tentative de commercialisation « grand public » de Lionel D, son inscription dans les codes vestimentaires du rap américain et son indexation aux symboles de la banlieue, la maison de disques associe plusieurs tactiques : recettes du succès de chansons populaires antérieures, expérience des réussites commerciales sur le marché américain et des succès d'estime sur le marché français de groupes comme Run DMC ou Public Enemy, opportunités d'attention collective et de promotion liées aux problèmes publics auxquels le rap est associé, etc. Mais ces tactiques n'aboutissent pas à construire une image cohérente et la coopération, malaisée, est en outre fragilisée par l'échec commercial de l'album.

Au-delà de ces hésitations, l'enjeu pour les maisons de disques tient à ce que soit commercialisé sous le nom de rap un produit original, surprenant. Dans une dynamique économique hautement concurrentielle, il s'agit d'éviter que l'artiste, trop banal, ne passe inaperçu auprès des consommateurs, mais aussi de vendre le rap comme quelque chose de nouveau, et de mettre ostensiblement en forme cette nouveauté. C'est sans doute cette quête d'un produit original qui convainc Epic, label de CBS, de signer le groupe NTM en 1990. Au contraire de Lionel D, NTM se distingue déjà par une image forte, que le nom du groupe porte comme un emblème. Les relations houleuses entre Epic et NTM permettent de mieux comprendre la logique du pari des majors.

Comme Lionel D, NTM bénéficie d'une grande liberté dans la réalisation de son album. Cette liberté va s'étendre – non sans hésitations, là aussi – à la gestion de l'image du groupe. Pour la pochette du premier maxi, *Le Monde de demain*, le groupe s'adresse au graffeur Mode 2 pour dessiner un logo qui figurera au recto du disque et obtient une photographie de Jean-Baptiste Mondino pour le verso [28]. Plus largement, l'autonomie du groupe se traduit dans la façon de conduire la promotion de ses œuvres, qu'il s'agisse de refuser de passer à une « sale émission [29] », d'entrer dans le Top 50 avec leur premier maxi ou d'interpréter leur chanson en play-back. « On va continuer à refuser non seulement les 20 h 30 mais toutes les émissions bien lourdes. Même Epic ne nous les propose plus depuis longtemps [30] », explique JoeyStarr à l'époque.

Les relations relativement bonnes qu'entretiennent NTM et sa maison de disques se dégradent pourtant bientôt. CBS Records connaît en janvier 1991 une réorganisation interne, marquée par l'émergence de la marque Sony Music Entertainment. À cette occasion, les nouveaux responsables de la major remettent en cause l'opportunité pour le groupe de s'appeler « Nique ta mère ». Pendant quelques semaines, les communiqués de la maison de disques suggèrent une nouvelle définition de l'acronyme NTM : « le Nord transmet le message [31] ». Le nom du groupe cristallise des conflits d'image éloquents sur les relations entre artistes de rap et maisons de disques. La tolérance des personnels de renfort de CBS et l'opposition de la nouvelle équipe de Sony Music témoignent de la diversité des stratégies de commercialisation du rap en français privilégiées par les maisons de disques. Mais ce changement fortuit de politique à l'égard du groupe NTM offre l'occasion d'un rapport de forces lui-même digne d'attention.

Alors que les conflits des maisons de disques avec Jhonygo et Destroy Man ou Nec + Ultra avaient suscité l'exigence d'excuses officielles en préalable à toute discussion ou la menace de faire appel à des *covers*, le groupe NTM parvient à imposer son point de vue et à conserver son nom. La pochette de l'album *Authentik*, publié en mai 1991, en témoigne : on n'y trouve aucune trace du « Nord transmet le message ». Cette capacité à imposer son point de vue ainsi que la liberté accordée au groupe dans la réalisation de son album illustrent un rapport de forces neuf entre artistes et personnels de renfort.

Des DJ et des MC dans l'industrie du disque

Portée par la médiatisation télévisuelle du rap, la majorité de la scène qui gravite à l'époque autour du *Deenastyle* tente de profiter du pari des majors sur ce genre. Cette scène va ainsi être mise en avant par l'intermédiaire de la compilation *Rapattitude*, des réseaux du monde de l'art local organisé autour de Radio Nova, et va profiter de la présence en région parisienne des principales maisons de disques. La perspective de faire du rap un métier devient pour la première fois un horizon réaliste, matérialisé par les premières avances financières [32].

On peut procéder, pour l'ensemble de ces albums, au travail amorcé sur les diverses œuvres mobilisant une interprétation rappée en français de 1980 à 1989. Ces disques vont être ainsi analysés comme des « moments figés de l'histoire des interactions humaines [33] », dont les propriétés (durée, nombre de morceaux, refrains...) représentent autant de traces des chaînes de coopération qui ont permis leur réalisation. Si la quantité d'œuvres à prendre en compte interdit un examen minutieux de chaque chanson, au cas par cas, elle autorise en revanche la mise en place d'une grille d'analyse quantitative permettant des comparaisons systématiques sur un petit nombre de traits de ces œuvres.

L'analyse de quelques-unes de leurs propriétés formelles témoigne de l'inscription de ces œuvres dans les chaînes de coopération de l'industrie du disque. Les albums, comme les morceaux qu'ils rassemblent, présentent des propriétés assez conventionnelles. La majorité des titres se caractérise par une durée qui correspond aux formats habituels de l'industrie du disque. La production d'albums de rap en français est à la fois faible et largement contrôlée par les majors. Ces dernières produisent la majorité des œuvres des artistes non parisiens et plus des trois quarts des œuvres de la scène du *Deenastyle*. Plus de 90 % des titres rappés possèdent une structure alternant couplets et refrains, forme traditionnelle de la chanson. Sur la période 1990-1993, le corpus témoigne donc de la nette intégration des artistes de rap à l'industrie du disque. Les francs-tireurs du goût deviennent peu à peu des professionnels intégrés et leurs albums s'inscrivent dans les réseaux conventionnels de production et de distribution stabilisés par l'industrie du disque.

Pourtant, on peut relever des différences notables avec les œuvres produites par des interprètes de variétés dans la première moitié des années 1980, ainsi qu'avec les morceaux réalisés par des francs-tireurs du goût dans la seconde moitié de ces mêmes années. Contrairement aux premiers, les raps publiés sur ces albums sont le fait d'auteurs-interprètes. Contrairement aux seconds, sur le plan musical, une majorité de morceaux s'appuient sur un son hip-hop. Et si la structure chansonnière couplets/refrain s'impose, la forme la plus fréquente de refrain est singulière. On peut distinguer six types de refrains dans ces chansons : refrain chanté, refrain rappé complet (au moins deux vers rimés), refrain titre (un monostiche rappé), refrain « recomposé » (c'est-à-dire formé à l'aide d'extraits de paroles samplés et parfois scratchés), refrain instrumental (aucune parole), absence de refrain. Dans la première moitié des années 1980, les interprètes de variétés privilégiaient largement le refrain chanté [a]. Or, de 1990 à 1993, les refrains chantés sont relativement rares dans l'ensemble des albums de rap étudiés (8,3 %). Les refrains rappés versifiés – une forme que l'on trouvait dans quelques chansons produites de 1982 à 1989 – ne sont pas fréquents non plus. Si la scène du *Deenastyle* mobilise ce type de refrains plus souvent que les artistes non parisiens, le refrain rappé versifié reste minoritaire : à peine 18 % des chansons de rap. Une majorité de refrains sont des refrains titre (40 % environ) et on relève une proportion notable de refrains recomposés (presque 14 %) et de refrains instrumentaux (7 %).

La forte présence au début des années 1990 de chansons de rap en français dont le refrain est composé d'une unique phrase est d'autant plus surprenante que c'est là une forme atypique. Dans la chanson française des années 1960 aux années 1980, des refrains aussi brefs n'apparaissent régulièrement que dans la continuité directe du couplet [34]. Au contraire, dans le rap français du début des années 1990, les refrains sont en général nettement séparés des couplets et peuvent se situer aussi bien avant qu'après les couplets. Maria Spyropoulou Leclanche propose une explication formelle de cette tendance massive à ce que les refrains les plus courts soient intégrés aux couplets : « Le vers unique, en tant que vers, n'est pas une structure, ou n'est qu'une ébauche de structure, car il ne peut se définir que par rapport à lui-même. Il semble naturel que cette organisation minimale, le vers refrain, doive se greffer sur un ensemble, le couplet, hiérarchiquement supérieur puisque déjà structuré en plusieurs vers [35]. » Ce n'est pourtant pas le cas de la majorité des refrains titres des raps publiés sur album au début des années 1990. Est-ce à dire qu'ils restent incomplets, ébauches de structures inachevées ? Je propose plutôt une hypothèse alternative. Un morceau de rap n'est pas un texte ou un poème, mais une unité esthétique dans laquelle paroles et musique sont intimement liées [36]. Les refrains peuvent donc trouver ailleurs que dans les couplets l'ensemble hiérarchiquement supérieur qui leur donne sens : dans l'instrumentation de la chanson.

La présence de ces refrains titres s'éclaire ainsi lorsqu'on la rapproche du rôle des DJ dans la création d'une chanson de rap. En fait, le refrain titre, dans le rap du début des années 1990, est le plus souvent un temps musical

---

a Voir chapitre 1.

au cours duquel le rappeur s'efface, ne prononçant que quelques mots, au profit de l'instrumental ou des performances scratchées de son DJ. Il ne s'agirait donc pas (ou pas seulement), comme dans la chanson poétique des années 1960, d'une façon de se démarquer des variétés en se rapprochant d'une forme comparable à la poésie [37], mais plutôt d'une forme où la complémentarité DJ/rappeur apparaît comme à l'envers : alors que dans les couplets la musique est au second plan pour servir l'intérprétation, elle repasse au premier plan dans les refrains. La plupart des groupes de rap de l'époque comprennent effectivement un ou plusieurs DJ au sein même de leur formation, ou font ponctuellement appel à un DJ évoluant en solo. Le DJ occupe une telle centralité dans les chaînes de coopération permettant la réalisation d'œuvres de rap qu'il peut prétendre à une véritable autorité sur les albums. C'est ainsi qu'à l'époque, sur les albums de rap, un petit nombre de titres ne comprennent aucune interprétation rappée : un DJ réalise l'œuvre.

Howard Becker souligne que la plupart des participants des mondes de l'art distinguent certaines activités qui témoignent d'un talent particulier – ceux qui les exercent sont des artistes –, tandis que d'autres activités, au contraire, sont perçues comme le reflet de qualités moins rares et moins estimables. Suivant cette opposition, les participants aux mondes de l'art « relèguent ceux qui exercent ces activités au rang de personnel de renfort (pour employer le vocabulaire militaire) et réservent le titre d'artiste à ceux qui pratiquent les activités cardinales [38] ». De ce point de vue, on peut souligner que le DJ, dans les œuvres de rap en français qui sont réalisées au début des années 1990, ne produit pas un simple travail de renfort, mais participe à la création d'un morceau de rap au titre d'artiste à part entière.

Les refrains titres témoignent d'un partage du temps musical entre DJ et rappeur. De même, les refrains recomposés sont généralement produits par l'association de différentes séquences vocales extraites de disques et associées par un DJ à des effets de scratchs. Le refrain est aussi un temps où le DJ fait la démonstration de son art du *sampling*, à une époque où, sous l'influence notamment du groupe américain Public Enemy, les compositeurs de musique rap utilisent volontiers un grand nombre de *samples* différents. En ce sens, le refrain instrumental est redevable du même type d'analyse que le refrain titre, dont il radicalise le principe. Si le rappeur, dans le refrain titre, passe au second plan pour projeter le travail du DJ sur le devant de la scène sonore, dans le refrain instrumental, il disparaît purement et simplement, laissant l'attention de l'auditeur entièrement disponible pour la performance instrumentale. Le rôle prééminent du DJ dans ces trois formes de refrain justifie qu'on les fonde en une seule catégorie, qu'on appellera « refrain DJ ». Dans les œuvres publiées de 1990 à 1993, plus de 60 % des chansons de rap présentent un refrain DJ. Cette tendance est plus marquée pour la scène du *Deenastyle* que pour les artistes non parisiens, mais ces derniers intègrent malgré tout un refrain DJ dans plus de 50 % de leurs chansons.

L'expression « MC » est utilisée aux États-Unis dès le début des années 1980 comme synonyme du terme rappeur pour le désigner commme *mike controller* (contrôleur du micro) ou *master of ceremonies* (maître de cérémonie) [39]. On retrouve l'expression MC dans nombre de noms de scènes d'artistes de rap de cette époque. Si l'on accepte de réserver le terme « MC » à cette figure particulière de rappeur dont l'existence n'est pensable qu'en rapport à celle du DJ, le premier assurant la dimension vocale de l'œuvre lorsque le second prend en charge sa partie instrumentale, on peut dire qu'un rap, de 1990 à 1993, est l'œuvre d'un couple DJ/MC instaurant un dialogue musical.

Ces premières années sont l'occasion d'un pari sur le rap français. Dans ce contexte, les maisons de disques n'ont pas nécessairement cherché à imposer leur définition du genre rap francophone aux artistes qu'elles commercialisaient et les stratégies privilégiées par les directions artistiques ont oscillé entre deux extrêmes. À un pôle, on trouve l'élaboration d'œuvres presque totalement contrôlées par la major, sur la base des conventions les plus susceptibles de faire un tube, dans la continuité de « Vous êtes fous ! » de Benny B. Contacté par téléphone en septembre 2011, un ingénieur du son qui enregistrait au début des années 1990 un disque de rap m'explique ainsi : « Le producteur est allé vendre ce disque [au label X de la major Y] qui n'en avait rien à faire. Je crois qu'il voulait juste son groupe de rap, comme les autres. J'ai l'impression que mes collègues et [le label X] voulaient avoir un Benny B. Ça se sent dans les options de mix, les batteries sont pas assez en avant, la basse est pas assez épaisse, y a trop d'instrumentation. » À l'autre pôle, on observe des situations d'autonomie artistique importante, que des artistes comme NTM ont rapidement mises en avant comme gage de leur authenticité. Le choix risqué du label qui produit NTM a évidemment un coût, au-delà des réactions du public : nombre de personnels de renfort rechignent ou refusent de travailler avec un groupe qui fait d'une insulte son emblème [40]. Ce coût peut être compensé par la possibilité de répondre, avant les autres maisons de disques, à une curiosité neuve pour un genre musical émergeant – autrement dit, de remporter la mise du pari. Mais la politique des grands réseaux radiophoniques au début des années 1990 va clore ce temps du pari.

Le rap français, une simple mode ?

Le pari des majors en 1990 reposait sur une conjoncture particulière, dans laquelle le rap était d'autant plus médiatisé qu'une actualité politique et sociale lui était associée. L'absence de coopération des réseaux de radiodiffusion musicaux rend malaisée la mise en place d'une dynamique de *star-system* autour du genre rap. Dans le même temps, les opportunités de concerts restent rares. Les grandes scènes où des artistes de rap en français ont pu se produire depuis le début des années 1990 dépendent souvent d'autres artistes et de l'attribution de leurs premières parties. À partir de 1992, la télévision accorde une attention moindre au rap en français et à ses praticiens. Et les rappeurs se heurtent au problème de la faiblesse des moyens de promotion dont ils disposent.

Une musique « pas assez mélodique » pour les radios

Au début des années 1980, lorsque l'État met fin à son monopole légal sur la communication audiovisuelle [a], les radios locales privées sont interdites de toute forme de publicité au profit d'un fonctionnement associatif financé par les subventions publiques, et leur zone d'émission est réglementée. En pratique, en marge de la loi (ou en contradiction avec elle), les premiers réseaux radiophoniques émergent qui couvrent rapidement un bassin de population plus large que ce que la loi de 1982 autorise, et des formes de publicité clandestines se développent.

Créée à cette époque, la Nouvelle Radio Jeune (NRJ) constitue dès 1984 « un réseau de diffusion en province sous le couvert de franchiser des radios locales censées demeurer indépendantes [41] », et vise à devenir une radio commerciale financée par les annonceurs. Le réseau NRJ associe un premier réseau national d'antennes de diffusion, opte pour la transgression des contraintes légales en matière de puissance d'émission radiophonique et diffuse de la publicité sur ses ondes. Le format de la radio privilégie un flux musical continu, composé des succès du moment, régulièrement répétés [42]. Il s'agit d'une programmation inspirée des formats radiophoniques américains dits « Top-40 » et « Contemporary Hit Radio (CHR) », nés dans les années 1950 [43]. Le format Top-40 consiste à diffuser les (quarante) titres les plus vendus parmi les nouveautés du moment, tandis que le format CHR combine des titres de soft rock et de chansons de variétés [44].

---

a Voir le point « Des amateurs de musique atypique » au chapitre 2.

En 1986, la droite entérine au Parlement la transformation des nombreuses radios libres en radios commerciales. La publicité est autorisée, l'existence de réseaux radiophoniques est reconnue, donnant le coup d'envoi à une concurrence ouverte intensifiée entre les grands réseaux pour la captation des antennes locales de radiodiffusion. En 1994, quatre grands groupes contrôlent l'essentiel des réseaux radiophoniques commerciaux. Trois d'entre eux disposent d'un réseau « jeune » de musique continue au format Top-40 : le groupe CLT avec Fun Radio, le groupe Hachette avec Skyrock et enfin le groupe NRJ avec la station éponyme. Ces radios diffusent principalement des nouveautés et sont à ce titre les plus susceptibles, parmi les grands réseaux, de diffuser du rap en français. Pourtant, NRJ, Fun Radio et Skyrock semblent s'être montrées fermement opposées à la diffusion de rap – en anglais ou en français – sur leur antenne, dès la fin des années 1980.

Évoquant la rupture, intervenue en 1988, entre le label Barclay et le groupe formé par Jhonygo et Destroy Man dont il est le producteur, Francis Kertekian avance un motif qui s'ajoute aux conflits entre les artistes et la maison de disques : « Il y avait un autre facteur important. La cassette d'"Égoïste" [premier enregistrement du groupe] avait tourné dans les radios, NRJ avait déjà une suprématie très forte et, pour eux, il était hors de question de jouer du rap [45]. » Rapsonic rapporte une situation comparable quant à l'accueil par les grands réseaux radiophoniques de leur chanson « Mets la dose », publiée en 1989 : « NRJ, Sky[rock] et Fun [Radio] jurent que jamais ils ne passeront du rap, encore moins du rap français sur leurs ondes [46]. »

La programmation de ces grands réseaux de radio « jeune » a pour principe, selon le mot du directeur général de NRJ en 1986, de ne pas diffuser de musique « marginale » : « Quand un chanteur ou un groupe entre dans son programme, en général, c'est que même s'il était marginal à une certaine époque, il ne l'est plus. D'ailleurs, on ne passe pas de musique spécialisée, comme le rock ou la *new wave* [47]. » La référence au rock et à la *new wave* indique un positionnement stratégique orienté par des découpages génériques caractéristiques du paysage radiophonique américain. Les formats musicaux *new wave* (longtemps absents des ondes radio et popularisés par la chaîne musicale MTV) et AOR (*album-oriented-rock*) s'y opposent au format MOR (*middle-of-the-road*) dont s'inspire l'identité musicale de NRJ et de ses concurrents. Mais le format MOR s'oppose également, aux États-Unis, au format « urban », le seul à diffuser régulièrement des genres musicaux afro-américains, dont le rap. De même, en France, le rap n'entre pas dans la programmation de NRJ, Fun Radio ou Skyrock qui privilégient le soft rock et la chanson. Rémy Jounin, animateur ayant travaillé sur

Europe 2 (groupe Hachette) à la fin des années 1980, puis sur Chérie FM, radio appartenant au groupe NRJ à partir de 1993, présente la façon dont cette exclusion était officieusement justifiée : « C'est à peu près à cette période-là [début des années 1990] que j'ai entendu Max Guazzini [directeur général de NRJ] dire : "Nous ne passerons pas de rap parce que nous aimons les choses mélodiques. Et pour nous, à NRJ, le rap n'est pas mélodique, donc nous on n'en passera pas." [...] En même temps, c'était la radio des supermarchés, c'était vraiment... C'était important pour eux que quand tu rentres dans un magasin, tu entendes les *jingles* NRJ [48]. »

À ces arguments mi-esthétiques mi-commerciaux, tels que le caractère non mélodique du rap, s'ajoute une perception négative du genre. Ce qui constituait, pour la télévision, une bonne raison de médiatiser les pratiques de rap en français constitue, pour les grands réseaux radio, une bonne raison de ne pas en diffuser. Rémy Jounin résume cette perception négative, dont il considère rétrospectivement qu'elle était partagée par ses pairs comme par lui-même : « En plus, les mecs, ils ont mauvaise presse, c'est des voyous, ils présentent mal, ils foutent leur merde... Vraiment, c'est l'image qu'on en a, on n'y comprend rien. Et j'y comprends toujours rien d'ailleurs. [...] J'ai jamais eu un disque de rap dans les mains, donc qu'est-ce que j'entendais quand je zappais ? Ce côté : "on se prend au sérieux, on donne des leçons, ne nous en donnez pas mais on en donne quand même". Évidemment une caricature, mais on se la prend dans la gueule très fort. [...] Globalement, c'est une incompréhension absolue. Y a un mur [49]. » Cet extrait d'entretien indique que se joue, pour le rap en français, un rejet qui puise au-delà d'une hypothétique incompatibilité de format musical. Le rapprochement entre rap en français et chanson à texte l'illustre, qui conduit Rémy Jounin à préciser ce qu'il y a alors d'incompréhensible à ses yeux dans le rap en français :

« – Y a un format radio commercial. Ce qui est rédhibitoire, c'est en gros tout ce que vont récupérer les radios associatives, c'est la chanson à texte, c'est... [...] Si j'ai juste un pauvre mec avec une voix nasillarde qui chante avec une guitare sèche, je peux pas diffuser, c'est dégueulasse. [...] Souvent, la chanson à texte c'est fatigant parce que souvent on a privilégié justement le texte au détriment de la facilité de la production. La facilité que donnera à un auditeur une production bien enveloppée.

– *C'était un peu rédhibitoire aussi sur le rap, ce côté chanson à texte ? C'était interprété comme ça en 1990, ou c'était même pas ça qui...*

– Si, y avait un peu de ça aussi. Mais y avait surtout que les textes nous parlaient pas. Y a un truc essentiel, quand même, que moi j'ai découvert que vingt ans plus tard, c'est que les radios sont faites par les bourgeois, donc pour les bourgeois. Même quand ils font des radios jeune, ils les font pour leurs gosses. [...] Même si on dit ici ou là que certaines grosses stars de l'époque sont des gosses de riches, dans le rap, n'empêche que globalement c'est un discours de banlieue. Il est incompréhensible. »

Ce témoignage reflète une définition du genre rap comparable à celle que forge la télévision au début des années 1990. Le genre rap paraît saisi par le biais de l'analogie entre rappeur et jeune de banlieue, et considéré de ce fait comme une pratique minoritaire. Un rapprochement entre le témoignage de Rémy Jounin et deux reportages de l'émission *Là-bas si j'y suis* diffusés sur la radio France Inter en 1990 et 1991 permet d'affermir l'hypothèse d'une définition du genre rap francophone alors convergente entre les professionnels de la radio et ceux de la télévision. Créée en 1989 et diffusée tous les jours sur France Inter de 17 heures à 18 heures, *Là-bas si j'y suis* est présentée par l'animateur Daniel Mermet. Elle diffuse le plus souvent des enquêtes sur des sujets de société, dont le choix et le traitement traduisent l'engagement politique à gauche de l'animateur et producteur du programme. Parce qu'elle n'est pas une émission purement musicale, *Là-bas si j'y suis* est susceptible d'expliciter à l'antenne la définition du genre rap qui pour elle fait référence.

Lorsque l'émission Là-bas si j'y suis *s'intéresse au rap*

Lorsque Daniel Mermet présente le rap dans plusieurs émissions diffusées en 1990 et 1991, son appréhension du genre converge avec celle que Rémy Jounin prête aux responsables des radios commerciales du début des années 1990 – à ceci près que le signe de (dé)valorisation est, dans son cas, inversé : « Le rap est en train de nous arriver dans les oreilles, dans toutes nos petites TSF, et ça vient des zones, des cités, de tous ceux qui en ont marre de faire partie de la patrie des défavorisés, et ça vient des banlieues, ça vient de cette immense banlieue à laquelle ressemble de plus en plus notre Hexagone. [...] Une poésie actuelle, toute nouvelle, une poésie rapide, immédiate, éphémère, généreuse, évidemment surtout d'abord contestatrice, c'est ça. Poètes et journalistes, on croit rêver, ces kikis-là sont en train d'inventer la radio [50]. »

L'émission du 19 mars 1991 conduit l'équipe de *Là-bas si j'y suis* dans la cité des Francs-Moisins, à Saint-Denis. La description sonore rappelle les images des reportages télévisés. Les Francs-Moisins sont « un lieu où il n'y a pas lieu d'espérer » commente Daniel Mermet, qui décrit son exploration du quartier : « En se baladant, on rencontre une autre bande. Et là, tout d'un coup, [...] s'engage le vrai débat. Une prise de tête entre les baisseurs de bras, les fatigués, et les autres. » Le lyrisme du reportage se construit sur un jeu oscillant entre répétition et détournement des amalgames déjà observés à la télévision. Dans l'émission du lendemain, l'animateur commente : « La guérilla des tribus suburbaines est en marche. Pour l'instant avec des mots, des mots qui boxent, c'est le rap. Le rap des cités, le rap dans chaque cage d'escalier, le rap décrié par les papys Rock Again, le rap guetté par les vautours du top 50 et les niaiseux de chez Dorothée. Le rap, c'est ça qu'on va voir avec nos oreilles aujourd'hui les kikis, mais sur le terrain, dans les cités, les técis de Saint-Denis, 93, à Francs-Moisins, et à Marseille aussi, quartiers nord. Deux groupes : Clan Aktuel à Saint-Denis, capitale du rap, et à l'autre bout, IAM, I.A.M. à Marseille. »

La mise en valeur d'un vocabulaire donné pour ésotérique renforce l'exotisation du lieu : « Beur, bande, mob, keuf, caisse, meuf, rad, voilà où c'que j'suis aujourd'hui, voilà où c'que j'vous emmène les kikis, une heure, complètement rappée. Rap en banlieue. Aujourd'hui, dans la douce France, mais loin d'Auteuil, loin de Passy, on se tire à Saint-Denis. Pas Saint-Denis de la Réunion, mais Saint-Denis, Seine-Saint-Denis, où ça pètera demain, comme aux Minguettes, Vaulx-en-Velin. Saint-Denis, c'est pas le Bronx, c'est pas Soweto. En France, on n'a pas de ghetto, mais on a des cités. Cité galère, cité dortoir, cité sujet société, cité pour débat gauche/droite à l'Assemblée, cité pour reportage magazine télé avec le dealer, la pute, le beauf, et le camé dans la cage d'escalier. Et les larmes de crocodile. Nous on va là-bas sur le terrain, bétonné. De tout ce délire, cette mosaïque, est née une fleur sauvage et spontanée : le rap, que les requins du show-biz sont en train de récupérer. [...] Là, on se balade sur le terrain. Sur le terrain [51] ! »

La description de Daniel Mermet présente une définition du genre rap francophone convergente avec celle que l'on décèle dans les émissions télévisées à la même époque. Si la figure du jeune de banlieue n'est pas directement mentionnée, l'assignation du genre rap aux banlieues est omniprésente, les pratiques de rap apparaissent comme des symptômes de problèmes publics, et l'on trouve la référence aux thèmes des bandes délinquantes, de la mode – « Est-ce que c'est une mode ? Est-ce que le showbiz va récupérer tout ça ? Est-ce que c'est un phénomène de société ? C'est tout ça [52]. »

Si l'on suit ce faisceau d'indices, on peut avancer qu'au début des années 1990 la plupart des professionnels de la radio choisissent de coopérer avec des rappeurs et leurs œuvres en s'orientant à partir d'une définition du genre rap comparable à celle que l'on a identifiée à la télévision. Or le fait que le rap, au début des années 1990, soit considéré comme un symptôme de problèmes publics n'est pas une qualité pour les radios commerciales. Une station comme NRJ privilégie, comme l'explique Rémy Jounin, une programmation « pas dérangeant[e]. Du chantant, de l'agréable à écouter, du facile... qui puisse être porté par un discours positif, fédérateur. Y a des mots comme ça qui sont essentiels. Positif, fédérateur. [...]. NRJ, c'était ça [53] ». Cette description rétrospective converge avec le témoignage du dirigeant de NRJ à l'époque. Dans un entretien qu'il accorde en 1986, Max Guazzini explique ainsi : « Notre seul parti, c'est la musique. Nous nous adressons à tout le monde. Je me souviens d'un responsable politique qui me disait que nos informations étaient politiquement incolores, inodores et sans saveur. C'est ce que nous recherchons [54]. » Le genre rap francophone ne trouve pas, à ce titre, de place dans la programmation de NRJ ou de ses concurrents directs. Cette situation compromet le projet des majors, qui espéraient créer des stars de l'enregistrement : la dynamique ne peut s'engager aisément sans le soutien des radios dont l'audience est la plus grande. Elle est un facteur décisif pour comprendre la fin du « temps du pari » ouvert en 1990.

La fin du « temps du pari » pour les majors

Le cas du groupe NTM est révélateur de ce changement de situation. Si leur premier album, en 1991, n'avait pas suscité un grand intérêt auprès des radios, ce handicap avait été contourné par une promotion télévisuelle importante. La médiatisation de ce groupe à la réputation sulfureuse et aux paroles perçues comme particulièrement contestataires s'était révélée possible en 1990 et 1991, car l'actualité du moment mettait au premier plan le « problème des banlieues », auquel le genre rap francophone était associé. En l'absence d'une telle actualité, l'hostilité des grands réseaux radio devient un frein majeur à la promotion du groupe NTM, qui en 1993 publie son deuxième album, *J'appuie sur la gâchette*. L'illustration figurant en couverture du *single* éponyme – un pistolet – renforce le rejet des chansons du groupe par les programmateurs radio. L'organisation de concerts se révèle également problématique : « Après le deuxième [album], pas un concert pendant deux ans », résume Kool Shen [55]. Les témoignages publiés en 1996 dans un livre consacré au groupe IAM sont convergents. En 1993, lorsque sort le deuxième album du groupe, *Ombre est lumière*, aucun grand réseau radio ne souhaite en diffuser un titre. Comme NTM, IAM affronte un nouveau contexte dans lequel l'attention publique pour le rap est moindre, les opportunités de concerts sont peu nombreuses [56], le désintérêt des grands réseaux radio est explicite.

Le groupe Ministère Ämer est l'un des rares groupes de rap qui réalise un premier album produit et distribué par un label indépendant dès 1992. L'un de ses membres, Kenzy, souligne le faible investissement promotionnel assuré par ce label : « La maison de disques, tu vois, elle se prenait pas trop la tête. Elle sortait l'album au mois de janvier, elle savait qu'au mois de mars elle avait récupéré son argent. Mais ils poussaient pas tant que ça, donc pas besoin de faire de clip, pas besoin de faire de tournée, pas besoin de payer un attaché de presse, parce que personne à cette époque-là ne voulait recevoir du rap. Même pas que Ministère Ämer, recevoir des rappeurs, parce que pour eux c'était des propos soit infantiles, soit incohérents, soit qui n'avaient pas lieu d'être. On comprenait pas la rage de ces jeunes. [...] "Pourquoi vous gueulez ? On est en France, c'est pas l'Afrique du Sud." C'était un peu ça le propos à l'époque [57]. »

Ces propos décrivent la manière de rentabiliser la production et la promotion d'œuvres à moindre coût avec des ventes réduites. Ils illustrent par contraste les difficultés spécifiques que rencontrent les majors, tant qu'elles restent dans une logique de *star-system*. En concentrant les moyens investis sur un artiste en vue d'en faire une star de l'enregistrement, elles multiplient le coût de production et de promotion de ses œuvres, et élèvent d'autant leur seuil de rentabilité. Elles sont dès lors dépendantes, pour obtenir les profits escomptés, de relais médiatiques et de ventes de disques dont l'ampleur est à la hauteur des investissements consentis. Or, de 1990 à 1992, seul un petit nombre d'albums de rap en français génère des ventes de disques importantes. Après le large succès de Benny B en 1990-1991, la chanson « Bouge de là » de MC Solaar, publiée en décembre 1990, devient un tube au cours de l'été 1991, tandis que paraît son album *Qui sème le vent récolte le tempo*, suivi de nouveaux *singles* vendus eux aussi à de nombreux exemplaires. Mais, à l'exception de ces deux groupes, les succès commerciaux sont limités. Les ventes des albums d'IAM ou de NTM restent relativement modestes et les autres artistes qui publient alors un premier album en major vendent peu.

Pour les majors, le « temps du pari » s'achève et la façon dont elles produisent désormais les œuvres des artistes de rap porte la marque du rôle déterminant des radios. Malgré les difficultés rencontrées pour organiser une tournée, IAM et Delabel tentent de promouvoir le nouvel album du groupe, *Ombre est lumière*, qui sort en 1993. Après quelques hésitations, et devant le scepticisme des radios, ils réalisent un remix du titre « Je danse le mia », présent sur l'album. Ce choix doit beaucoup à l'équipe de Delabel. Deux ans après la sortie de « Je danse le mia » (et son succès commercial, à partir de février 1994), la directrice de Delabel, Laurence Touitou, rapporte : « Le titre avait un potentiel formidable [...]. Déjà au niveau des paroles : ce système basé sur le souvenir des années de jeunesse, de ces soirées où on sort pour se faire remarquer. Le funk, la danse, c'est capital. Et puis, il y avait le gimmick : le mia, qu'est-ce que c'est ? Ça nous a offert un axe promotionnel : mettre en avant cette culture de Marseille [58]. »

Le manager d'IAM, Frankie Mallet, précise : « C'est le seul moment où ils ont mis la pression. Luca l'Italien [Luca Minchillo, directeur artistique du groupe au sein de Delabel] a dit à Chill : "Il faut que tou nous fasses oune méchant remisqué." Il pensait que la version de l'album était trop sèche et qu'elle passerait pas en radio [59]. » L'idée ne fait pas l'unanimité au sein d'IAM, mais le choix du *sample* de « Give me the night » de George Benson rapproche le groupe du consensus, à deux membres près : « Pascal [Perez, *alias* Imhotep] était réservé et François [Mendy, *alias* Kephren] contre [60]. » Si le manager du groupe et l'équipe de Delabel ont à cœur de minimiser les dissensions et de mettre en valeur les arguments esthétiques d'un choix initié pour des motifs commerciaux, leur récit laisse transparaître les difficultés de la négociation avec et au sein du groupe. L'équipe qui travaille l'album d'IAM lutte, en même temps, sur un autre front : celui des dirigeants d'EMI qui ont acquis, en 1992, la maison de disques Virgin. De ce point de vue, les concessions faites par IAM sur le choix du *single* peuvent se lire comme la contrepartie de concessions obtenues par l'équipe de Delabel auprès de sa direction pour satisfaire certaines attentes du groupe : réaliser un double album, obtenir un budget conséquent pour l'enregistrer et le faire mixer aux États-Unis par des ingénieurs du son reconnus, presser des vinyles « avec le grammage américain [61] », etc.

Pour les artistes qui n'ont pas rencontré un succès commercial minimal avec leur premier album, la fin du temps du pari met crûment en évidence la précarité de leur position. Ils sont soumis au calendrier des majors dans lequel ils représentent désormais un enjeu secondaire, découvrent que la plupart des frais engagés leur sont en partie facturés par le biais de déductions sur leur part des recettes, ou subissent les aléas des réorganisations internes et des priorités changeantes de leurs responsables. EJM, signé chez BMG, explique ainsi : « Un rappeur qui arrive dans une maison de disques, s'il a pas une équipe solide derrière, il ne fait rien de concret. [...] Tu te fais carroter, quand tu vas quelque part, que le mec t'invite : "Mange, assieds-toi", en fait tu manges pas forcément sur son argent, mais tu manges sur le tien. Plein de petites erreurs comme ça. [...] Et puis il y a des bouleversements dans les maisons de disques, ce qui fait que moi j'ai été signé par un mec qui m'a suivi jusqu'à un certain point, après il a été viré ou remplacé par une autre personne, celle-ci connaît pas ce que tu fais, t'es pas sa signature, elle en a rien à foutre de ta vie. En fait c'est ce qui s'est passé pour moi, j'étais pas une priorité. Il y a des gens qui sont arrivés après, dont je ne citerai pas le nom, dans la même période où moi je sortais, ils ont sorti un album et sont devenus disque d'or. Donc, dans ce cas, tu te casses, quoi [62]. »

DJ Dee Nasty rapporte une expérience similaire à l'occasion de la sortie du *Deenastyle*, son deuxième album chez Polydor, label de la major

Polygram : « Quand le *Deenastyle* s'est fait, je l'ai commencé y avait même pas de directeur chez Polydor, plus personne ne me connaissait. Quand j'arrivais là-bas, on me prenait pour un coursier. Du coup, j'ai pris une manageuse, qui est allée leur dire : "Il y a une clause comme quoi un deuxième album doit se faire, vous avez raté la date butoir pour envoyer une lettre recommandée comme quoi vous voulez pas le faire, donc vous êtes obligés de le faire." Une nouvelle direction arrive chez Polydor, ils disent : "Bon ben d'accord", super gentils, donc j'ai les moyens que je veux [...]. Nickel. L'album sort, ils sont tous virés. Une nouvelle direction arrive : "Qu'est-ce qu'on fait avec ce disque ?" Il a fallu que j'attende la sortie de [l'album de MC] Solaar [en 1994] pour le sortir. Donc l'album, maquetté en 1992, enregistré en 1993, sorti en 1994, promotionné en 1995. Donc ils sortent quand même l'album, et ils se disent : "Bon, qu'est-ce qu'il y a comme morceau dans cet album qu'on peut pousser ? Ah, 'À nos amis, à nos amis', on va pousser celui-là." Alors qu'on ne l'a pas fait comme un *single*. Ils se disent : "On va mettre celui-là. Mais les radios trouvent qu'il y a un peu trop de basses. Alors faut faire un remix, pour qu'il y ait moins de basses. [...] Et puis faut le raccourcir aussi. Faut que ça soit format radio, 3'45." Donc on a quand même sorti un maxi avec la version longue, la version courte pour les radios. Et après ça, plus rien. Le directeur artistique, lui, signe [un nouvel artiste] Ricco, "Rub a dub style" [son *single* à succès en 1995], et il met Ricco en priorité [63]. »

Dans d'autres cas, la major met purement et simplement un terme à la collaboration au terme du premier album. Sony Music rend ainsi son contrat à Lionel D en 1992. Saliha connaît deux ruptures de contrat successives : avec Virgin tout d'abord, qui avait publié son premier album en 1991 (et en avait exploité des *singles* l'année suivante), puis avec le label Epic (Sony Music) en 1995, après la publication d'un nouveau disque. Le premier album de Jhonygo est publié en 1993 par Sony, qui, dès l'année suivante, lui annonce qu'il ne fera pas de nouvel album [64].

Comme on le voit au travers de ces expériences, le nouveau contexte n'agit pas mécaniquement sur les conditions de travail des artistes signés en major. Comme au cours du « temps du pari », l'expérience spécifique de chaque artiste dépend de la politique générale de sa maison de disques, de l'engagement et de la stabilité de l'équipe (direction artistique, direction marketing...) qui prend en charge sa carrière – ou décide purement et simplement de l'abandonner. Mais la transformation progressive des modalités de coopération initiées dans le temps du pari conduit les rappeurs à découvrir, lorsqu'ils ne le savaient pas déjà, la précarité de leur situation face aux majors. La fin du temps du pari constitue, pour tous les artistes engagés dans des coopérations avec les majors, un moment décisif de réévaluation de leur position au sein de l'industrie du disque. Les majors s'y révèlent comme les partenaires d'une relation inégale et le contrat d'enregistrement exclusif qui lie un artiste à une maison de disques devient le symbole d'une coopération dans laquelle les rappeurs ne peuvent opérer que des coups ponctuels, « "saisir au vol" des possibilités de profit [65] » dont ils ne contrôlent ni l'avènement ni la temporalité. Les rappeurs évoluant en majors, au début des années 1990, n'ont « pour lieu que celui de l'autre [66] ».

5

Le rap comme levier d'action sur les classes populaires

« – [Voix 1] C'est un milieu d'enculés, la dernière fois... attends... on était dans une maison de disques, et tout. On va voir une me-da, on lui ramène du son et tout, notre son, elle me fait l'écoute, elle nous dit : "Ouais, attendez, j'suis déjà bien gentille de vous recevoir, si je veux je vous fais sortir." Ouallah elle me parlait comme ça, et tout. [...] Elle disait : "Ouais, Idéal, le groupe il est mort"... [...]
– [Voix 2] Comment ça ? Vas-y viens on descend là-bas, on la kidnappe on la met dans la cave de la cité y pas d'problème.
– [Voix 1] Mais non, ça se passe pas comme ça... »

Idéal J, « Ghettolude II : histoire vraie », 1996.

Au début des années 1990, les majors ne sont pas les seuls acteurs qui accordent un intérêt nouveau au rap. Secteur public et secteur privé à but non lucratif interviennent dans les chaînes de coopération qui permettent de réaliser du rap en France dès les débuts de celui-ci. Mais l'attention médiatique que suscite le rap en 1990-1991 et la diffusion d'une définition du rap en France comme genre musical associé au problème des banlieues vont favoriser le développement d'interventions publiques spécifiques. Le nouveau gouvernement socialiste issu de la réélection de François Mitterrand à la présidence de la République en 1988 se saisit ainsi du hip-hop comme d'un levier pour agir sur la jeunesse. Les initiatives locales mobilisent le rap pour promouvoir la prévention de la délinquance, l'intégration, la citoyenneté ou la mixité sociale, notamment dans les quartiers de la politique de la ville. Parallèlement, une politique plus vaste de redéfinition des illégalismes populaires contribue à une délocalisation des pratiques liées au hip-hop à la périphérie des grandes villes, et renforce l'association entre rap, délinquance et banlieue déjà perceptible dans la définition médiatique du genre.

La mise en politiques publiques du rap

Les pouvoirs publics contribuent à définir les modalités pratiques d'exercice du rap dès les débuts de cette pratique. Les motifs de l'intervention publique sont multiples. Ils relèvent par exemple des politiques publiques en faveur de la professionnalisation dans les métiers des arts et du spectacle, tiraillées entre démocratisation culturelle, démocratie culturelle et soutien à l'économie de la culture [1]. Sur leur versant social, les politiques publiques se saisissent du rap en vertu de sa capacité supposée à lutter contre l'exclusion, les inégalités sociales ou culturelles. Elles peuvent encore s'afficher comme action en faveur de la jeunesse et de l'éducation populaire, ou de la vie associative [2]. Les politiques publiques peuvent enfin relever de logiques locales de prestige municipal, d'attractivité et de développement économique. L'action publique se joue ainsi à plusieurs échelles, du local au national, la logique de décentralisation ayant marqué de longue date le terrain de l'action sociale et culturelle [3].

Le rap comme art, comme métier, comme loisir

Le rap entre dans le périmètre de dispositifs de soutien aux performances artistiques, aux activités de loisir ou aux pratiques aspirant à la professionnalisation. Sous ce rapport, les pratiques de rap en France ont rencontré des modalités de soutien public en partie similaires à celles que l'ensemble des « musiques amplifiées » obtiennent depuis les années 1980. Une dizaine de groupes de rap ont ainsi bénéficié dans les années 1990 d'aides du Fonds d'action et d'initiative rock (FAIR), association loi 1901 créée en 1989 à l'initiative du ministère de la Culture. Outre une subvention de l'ordre de 50 000 francs (7 500 euros) [4], le FAIR offre des avantages matériels tels que des stages au Studio des variétés [5]. À l'échelle locale, les financements de l'État, des collectivités territoriales ou des fondations privées ont pour première conséquence d'offrir à certains artistes amateurs des salles de répétition, des occasions de concerts, voire parfois un équipement musical ou des opportunités d'enregistrement. Un collectif de rappeurs, rassemblé sous le nom de Mouvement authentique, se retrouve par exemple en 1990 dans une salle prêtée par la mairie de Châtillon, dans les Hauts-de-Seine. À Marseille, des rappeurs amateurs investissent une animation littéraire. Ce dernier cas est exemplaire, car il illustre la façon dont un dispositif d'intervention sociale est mobilisé à des fins que ses organisateurs n'avaient pas anticipées.

Le centre international de poésie de Marseille (cipM), situé dans le quartier du Panier, organise au cours de l'été 1991 un atelier d'écriture ouvert aux adolescents du quartier. Ce projet s'inscrit dans le programme « Saison en banlieue », action d'envergure nationale initiée par le ministère de la Culture dans la lignée des stratégies préventives mises en place au début des années 1980 pour lutter contre la délinquance [6]. À l'issue de l'atelier, un recueil est publié sous le titre *Une saison au Panier*, rassemblant les écrits de sept personnes avec, en « maître d'œuvre », l'écrivain Jean-Pierre Depétris. Ce recueil permet de saisir la façon dont de jeunes rappeurs amateurs ont trouvé dans le dispositif un appui pour leur pratique. Ce fascicule d'une quarantaine de pages est divisé en trois parties. La première s'intitule « Voix », la dernière « Dits et tus ». Entre les deux se trouve une partie intitulée « Lyrics » (anglicisme utilisé dans le milieu du rap en France dès le début des années 1990 pour décrire les paroles d'une chanson rap). Si les textes publiés dans la première et la dernière partie sont généralement brefs, rarement rimés, et font la part belle à des exercices de style aux consignes assez identifiables, la partie centrale comporte au contraire deux textes plus longs, systématiquement rimés, et qui sont signés sous pseudonyme : Christophe Carmona dit « Vikings » et Mohamed Ali dit « Menzo » [a]. L'un des textes de Menzo fait référence à la pratique du tag, celui de Vikings s'achève sur ces mots : « La nation a été construite / Par les rappeurs. »

Il semble que la présence d'au moins deux rappeurs amateurs parmi les participants ait infléchi les formes prises par l'atelier d'écriture. Menzo et Vikings participent à l'initiation du cipM sans oublier une passion constituée indépendamment de celui-ci, et mettent l'atelier au service de leur passion. L'opération est renouvelée l'année suivante, toujours sous l'égide du programme « Saison en banlieue », sous une forme qui confirme cette interprétation. L'atelier du cipM se conclut en effet par la publication d'un nouveau fascicule, dont le titre, *Une saison au Panier II. Spécial Rap*, indique que, cette fois, un dialogue explicite autour du rap s'est noué entre les jeunes amateurs et l'écrivain Jean-Pierre Depétris. Il s'agit d'un recueil de chansons de rap, accompagné de photos du groupe BWZ et d'un

---

a Mohamed Ali conservera ce pseudonyme de Menzo tout au long de sa carrière, et C. Carmona deviendra Le Rat Luciano. À partir de 1994, ils forment avec d'autres artistes le groupe Fonky Family, dont le premier album sort en 1998.

« entretien » sur le rap entre Christophe Carmona, ex-Vikings devenu Don'Carmon, le rappeur Deven K et Jean-Pierre Depétris.

Ce deuxième recueil s'ouvre sur une présentation des participants, où Mohamed Ali et Christophe Carmona apparaissent désormais comme « deux adolescents des BWZ qui drainent autour d'eux un groupe de jeunes dans leur pratique du rap [7] ». Dans son texte d'ouverture, intitulé « En guise de mode d'emploi », Jean-Pierre Depétris expose : « Dans cette histoire, il y a moi, sollicité pour faire un atelier d'écriture au Panier, les Black'nd White Zulus, qui rêvent de prendre la parole, et la jeunesse de leur quartier, à qui ils rêvent de la faire prendre. De quoi tenter une complicité. Les BWZ, des jeunes gens qui ont participé à l'atelier l'an dernier, et se sont accrochés, accrochés au rap. [...] Ont-ils vraiment besoin de moi pour écrire ? Ils disent oui ; oui, je leur suis utile. Tout dépend de ce que l'on entend par écrire [8]. » Les BWZ semblent avoir transformé le dispositif de l'atelier au point d'en devenir les quasi-coanimateurs.

La première partie du livret s'ouvre cette fois sous le titre « Lyrics », et comporte trente-trois pages de paroles de chansons du groupe BWZ. Entre les lignes des paroles, on devine d'autres influences que celles de Depétris. Le refrain de l'une des chansons reprend des paroles du morceau « The real B side » d'Akhenaton, publié sur la cassette promotionnelle *Concept* en 1989, un autre refrain s'inspire du titre « Le monde de demain » de NTM, tandis que la fin de l'un des textes publiés dans le recueil du cipM reprend la forme de la chanson « Hold-up mental » publiée sur le premier album d'IAM en 1991. Après cette longue première partie, la rubrique « Mots » est réduite à cinq pages, dans lesquelles on retrouve des créations poétiques comparables à celles qui composaient la majeure partie du livret de 1991.

La coopération entre le cipM, Jean-Pierre Depétris et les BWZ ne s'arrêtera pas à ces deux ateliers. Un nouveau projet est initié lors de l'été 1993 et progressivement le groupe BWZ s'installe dans les locaux du cipM pour y répéter. D'après l'enquête de Béatrice Sberna, « la présence des jeunes rappeurs fait partie d'un contrat moral passé avec la Fondation de France en échange d'un financement octroyé au cipM [9] ». Contacté par téléphone, le service de presse de la Fondation de France confirme que cette dernière a bien attribué, le 23 août 1993, au titre de son programme « culture », une subvention de 100 000 francs (environ 15 000 euros) au cipM pour un projet de création d'un CD avec livret. Jusqu'à la fin de l'année 1995, date de la publication du disque en question, le Centre de poésie constituera le lieu de répétition et de ralliement pour les membres de BWZ et leur entourage.

La reconnaissance ostentatoire du ministre de la Culture

Ces interventions publiques de « droit commun » ne sont pas les seules à prendre les pratiques de rap pour objet. D'autres sont justifiées au moins en partie par les propriétés spécifiques que divers acteurs publics attribuent au genre rap. De ce point de vue, la reconnaissance ostentatoire que le ministre de la Culture, Jack Lang, accorde en 1990 au hip-hop constitue une date charnière. À l'automne 1990, *VSD* relaie sur sa couverture les propos du ministre, dans le cadre d'un dossier consacré à la « Génération Rap » : « Cette culture, moi j'y crois [10]. » Dans les pages du magazine, Jack Lang pose avec les membres de l'association IZB, organisateurs de concerts de rap. À la même époque, il accorde une interview à l'émission *Rapline* dans laquelle il affirme que le rap « est un mouvement qui [l]'intéresse personnellement [11] ». L'intervention du ministre constitue une prise de position explicite dans les débats qui se nouent alors autour des pratiques du tag, du graffiti et du rap. Elle contribue en outre à alimenter leur médiatisation *via* diverses initiatives mettant en avant les disciplines du hip-hop et menées dans les mois qui suivent.

À l'échelle locale, l'association bordelaise Musiques de nuit s'associe au conseil général de la Gironde pour organiser l'opération « Rap dans les cités ». Des ateliers de musique et de danse sont alors mis en place, sous la forme de résidences, avec des groupes de rap – NTM, puis IAM –, qui réalisent également des concerts dans des centres sociaux de l'agglomération bordelaise [12]. À l'échelle nationale cette fois, de l'été 1991 au début de l'année 1992, la direction des Musées de France organise plusieurs expositions de tags et de graffitis. Le sociologue Vincent Dubois décrit en détail le projet et ses conséquences médiatiques. Il souligne l'alternative que promeut le ministère : « Permettre aux graffitis d'accéder à la "dignité artistique", c'est alors "faire œuvre sociale", au sens noble du terme, alors que leur refuser cette reconnaissance, c'est avaliser l'ostracisme dont sont victimes les populations des banlieues [13]. »

En 1991 et 1992, les ministères de la Ville et de la Culture initient également une opération intitulée « Quartiers Lumière ». Cette opération nationale « a pour vocation de faire découvrir et de mettre en lumière les projets artistiques et culturels émanant des banlieues dites "sensibles" de grands ensembles urbains [14] ». Hélène Mathieu, déléguée au développement et aux formations du ministère de l'Éducation nationale et de la Culture, et Jean-Marie Delarue, délégué interministériel à la ville et au développement social urbain, présentent l'opération « Quartiers Lumière » en ces termes : « Toutes ces aventures ont en commun d'opposer les valeurs et les dynamiques de la participation active à la consommation solitaire, de l'acquisition de repères collectifs et de l'intelligence de l'autre à la déshérence culturelle et aux replis identitaires, des solidarités à l'exclusion, de la communication sociale à la relégation. » L'exemplarité des actions culturelles initiées dans le cadre de « Quartiers Lumière » réside dans leur capacité à répondre à des maux qui dépassent des questions strictement artistiques. Les quatre cents projets menés sont loin d'être tous liés aux disciplines du hip-hop, mais ces dernières en constituent cependant l'emblème. Ainsi, le dossier de presse du ministère de la Culture présentant l'opération propose une sélection de quatre « grands rendez-vous » se déroulant à Marseille, Lyon, Lille et Saint-Denis, qui mettent en valeur des disciplines du hip-hop [15]. En Rhône-Alpes notamment, un grand nombre d'actions impliquent des compagnies de danse hip-hop et des rappeurs.

Dans les émissions télévisées qui relaient l'initiative, le rap et la danse hip-hop sont également mis en vedette. Les chaînes publiques consacrent plusieurs émissions à l'opération. L'une d'entre elles s'ouvre sur un reportage consacré à « neuf jeunes issus de cette cité et d'autres cités de Nanterre [qui se] retrouvent chaque mercredi pour répéter. Leurs thèmes : les quartiers qui bougent. Leur moyen : le rap. Pas de salle à cette heure-là ? Qu'importe. Un bout de trottoir, et hip-hop [16] ! ». Sur le plateau de l'émission *Rencontres*, Hélène Mathieu résume l'importance du hip-hop pour l'opération « Quartiers Lumière » : « C'est le seul mouvement jeune créatif qu'on ait en ce moment. Alors on peut le répudier, on peut le réprimer, ça n'avancera pas beaucoup. [...] Tous ces jeunes... raps, tags, graffs... avec tout l'aspect bande, et le signe caractéristique d'appartenance à la bande. Maintenant je crois que c'est très différent de ce qui se passe aux États-Unis [...]. Ils sont Blacks mais en fait ils s'entendent très bien avec les Blancs, ils ont des Blancs parmi eux, et ici c'est surtout un mouvement qui a été beur au départ. Donc y a pas ce... y a moins ce sectarisme, en tout cas pas de sectarisme ethnique [17]. » L'intérêt de la déléguée au développement et aux formations du ministère de l'Éducation nationale et de la Culture s'appuie ainsi sur certains traits que l'on avait relevés dans la définition télévisuelle du genre rap. La mention des composantes juvénile et allogène du genre rap francophone est particulièrement présente dans la communication de l'opération, que ce soit sous la forme de l'affirmation ou de la dénégation. La définition gouvernementale du rap converge ainsi avec le travail d'enquête initié par la télévision. Elle adopte en outre le style volontariste que l'on avait notamment relevé dans les programmes d'Antenne 2, chaîne de service public.

Dans ces opérations, les fonctionnaires du ministère de la Culture font du hip-hop un emblème parce que ce dernier associe, à leurs yeux, non seulement les stigmates de la jeunesse, mais aussi ceux de l'immigration, de la pauvreté et de l'habitat dégradé. La mise en scène d'une action gouvernementale en direction du hip-hop autorise dès lors une communication politique à deux niveaux. La statistique publique, au début des années 1990, contribue à une analyse des phénomènes de ségrégation urbaine en termes de « cumul des handicaps [18] ». En affichant leur soutien au hip-hop, les pouvoirs publics s'inscrivent dans la continuité de ce modèle et affirment la prise en charge politique de cet agglomérat de stigmates en tant que tel. Ensuite, cette mise en scène constitue une forme de valorisation qui aspire à être perçue comme reconnaissance par ceux qui sont associés à l'un, l'autre ou l'ensemble de ces stigmates. Les effets de cette valorisation reposent en partie sur l'influence que le ministère de la Culture exerce sur les autres échelons de décision politique [19]. L'initiative ministérielle donne des garanties fortes quant à la légitimité d'une intervention publique en faveur du hip-hop en général et du rap en particulier. Elle contribue en même temps à prescrire les formes de ce soutien.

La première caractéristique des formes de soutien prescrites par l'intervention gouvernementale réside dans la saisie du hip-hop comme d'un tout. Ce choix rejoint la position d'un grand nombre de rappeurs, qui défendent publiquement la cohérence d'une culture hip-hop composée de plusieurs disciplines artistiques et relaient cette position dans leurs choix esthétiques. La référence à la « culture hip-hop » de la part du ministère de la Culture ou de la Délégation interministérielle à la ville (DIV) valide ainsi une catégorie forgée par certains des acteurs directement concernés. Mais, en même temps, cette référence s'appuie sur les mêmes glissements opérés par les observateurs et commentateurs extérieurs (décrits précédemment dans le cas de la télévision) entre tag, graff, rap, et plus largement jeunesse, banlieue et immigration. La notion de « culture hip-hop » fonctionne en partie comme un euphémisme pour signifier une reconnaissance orientée spécifiquement vers la catégorie d'action publique que constituent les jeunes des quartiers sensibles issus de l'immigration [20]. Ce faisant, elle reconduit l'analogie entre rappeur et jeune de banlieue forgée notamment sur les plateaux télévisés.

Par ailleurs, si la reconnaissance accordée par Jack Lang légitime un soutien public au rap, sa forme discrédite paradoxalement l'intervention de son propre ministère. Jouant sur l'ambiguïté du terme « culture », à l'image du cadrage exotique qui marque nombre d'émissions télévisées de l'époque, l'intervention du ministre fragilise la prétention du rap à constituer une forme artistique à vocation universelle (de la Culture, au sens axiologique que l'action de Malraux au ministère des Affaires culturelles a institutionnalisé). Elle renforce en parallèle la légitimité de l'intégration du rap aux programmes fondés sur la discrimination positive territoriale qu'approfondit alors la DIV (une culture, au sens anthropologique du terme). Le Jack Lang qui soutient la culture hip-hop n'est pas d'abord le responsable d'un « ministère des artistes [21] ». Son administration recevra d'ailleurs au mieux avec scepticisme les déclarations de principe du ministre [22]. Il s'agit plutôt de la personnalité intronisée par François Mitterrand comme symbole de l'alternance politique [23] et porte-voix (avant de devenir, en mai 1991, porte-parole officiel) d'un gouvernement qui inscrit la politique de la ville comme priorité nationale depuis la campagne présidentielle de 1988 [24]. De fait, l'intervention du ministre de la Culture consiste à promouvoir une géographie implicite du soutien au hip-hop calquée sur la géographie des quartiers prioritaires de la politique de la ville.

La reconnaissance ministérielle accordée alors à la culture hip-hop n'a pas interdit les prises de position adverses. Elle a contribué à fortement polariser les débats autour de cette pratique de 1990 à 1992 [25]. Pour un certain nombre de commentateurs plus ou moins critiques [26], le hip-hop en général et le rap en particulier deviennent l'un des symboles de l'action du ministre et, au-delà, du président Mitterrand. Jack Lang se voit ainsi gratifié du sobriquet de « Jack le Rappeur [27] », tandis que le dessinateur Plantu résume cette dynamique, en même temps qu'il y participe, par ses caricatures du « Président hip-hop [28] » publiées à l'époque à la une du *Monde*. Plantu y campe un François Mitterrand démagogue portant baskets, casquette à l'envers, bombes de peinture et *ghetto blaster* [a] diffusant une musique que l'on suppose être du rap.

Les usages locaux du rap : prévention, intégration, insertion

Si visibles qu'aient pu être l'action ministérielle et les débats qu'elle a suscités, la plupart des actions concrètes ont été impulsées par des acteurs locaux [29]. La majorité d'entre eux, au début des années 1990, relaient les caractéristiques que Jack Lang a imprimées à son soutien au hip-hop en général et au rap en particulier. Les acteurs locaux du soutien public au rap se recrutent majoritairement dans les milieux de l'éducation spécialisée et de l'animation, plus rarement dans les directions régionales des affaires culturelles (Drac) et les services culturels municipaux [30]. Ils s'appuient sur des crédits de l'action sociale et, lorsqu'ils bénéficient de soutiens des services culturels, c'est fréquemment au titre de la politique transversale « de la ville », c'est-à-dire d'une action publique ciblant des territoires peu à peu construits comme quartiers sensibles [31]. Les centres

---

a Lecteur de cassettes audio volumineux mais portable, qui se caractérise par une puissance sonore importante.

sociaux, les centres d'animation et les maisons des jeunes et de la culture (MJC) constituent des lieux de soutien bien plus réguliers que les maisons de la culture. Le Fonds d'action sociale pour les travailleurs immigrés et leurs familles (FAS) [a], la Caisse des dépôts, les offices HLM interviennent également dans de nombreuses configurations. En cela, les acteurs locaux tendent à redoubler le privilège accordé par le ministère Lang à la valorisation du rap comme expression culturelle d'un groupe particulier plutôt que comme forme artistique relevant du patrimoine commun, radicalisant une tendance de l'action publique perceptible pour l'ensemble des musiques amplifiées.

Pour autant, les usages publics locaux du rap ne forment pas un tout uniforme. Les objectifs, les priorités et les moyens varient en fonction des programmes et des acteurs. La prévention de la délinquance ne prescrit pas les mêmes formes d'intervention que l'aide à l'insertion, et toutes les deux se distinguent des campagnes prônant l'ouverture culturelle [32], le métissage, l'interculturalité [33], ou plus récemment la citoyenneté [34]. En parallèle, et jusque dans les dispositifs se présentant avant tout comme à finalités « sociales », les finalités professionnelles et artistiques n'ont pas été absentes, quand bien mêmes elles étaient portées par des acteurs contraints de négocier avec des financeurs ne partageant pas leurs objectifs. L'organisation de l'action publique, à la fois décentralisée et reposant largement sur un secteur privé non marchand subventionné, renforce ces variations : les associations socioculturelles ne sont pas de simples courroies de transmission de la volonté de leurs financeurs publics – lorsque celle-ci s'affirme clairement.

On peut décrire les grands traits de l'intervention publique locale prenant le rap pour objet en s'appuyant sur les deux figures du tissu associatif qui marquent le plus, au début des années 1990, cette intervention de leur empreinte : l'animateur socioculturel et l'éducateur de rue. L'animation est issue du mouvement associatif de l'éducation populaire, cherchant à œuvrer à ce que chacun ait accès à la culture. Elle trouve un premier soutien étatique lors de l'arrivée au pouvoir du Front populaire en 1936. L'éducation populaire renforce son influence dans les années 1950 lorsque l'accès aux loisirs devient une préoccupation croissante au sein de la société française [35]. L'éducation spécialisée est quant à elle héritière des clubs de prévention qui se multiplient à partir des années 1940. Elle vise la

a Devenu en 2001 le Fonds d'action et de soutien à l'intégration et à la lutte contre les discriminations (Fasild), puis en 2006 l'Agence nationale pour la cohésion sociale et l'égalité des chances (Acsé).

prévention de la délinquance et l'aide à ce qu'elle appelle alors l'« enfance inadaptée »[36].

L'animation socioculturelle et l'éducation spécialisée se caractérisent par des cultures de métier distinctes. Dans l'animation socioculturelle, la cohérence de l'activité menée tend à primer et l'action des animateurs est fréquemment associée à un équipement socioculturel (MJC, maison de quartier, foyers socioéducatifs...). Ce faisant, les animateurs sont susceptibles de conditionner la participation des publics à des contreparties en termes de comportement, de bonne volonté, etc. Ainsi, la déléguée générale adjointe du Comité de gestion des équipements socioculturels (Cogesc), dans l'agglomération bordelaise, présente le hip-hop comme un moyen de « [mettre] en place des deals : "j'accepte de te prêter une salle, mais toi, tu fais un peu le médiateur dans le quartier, le grand frère"[37] ». Au contraire, l'éducation spécialisée s'est forgée sur le principe d'une action préventive sans contrepartie de la part des usagers. En outre, les éducateurs privilégient la non-institutionnalisation des actions mises en place : les activités ne sont que le support, parfois le prétexte, de l'action préventive. Ce qui prime, c'est la continuité de la relation personnelle de l'éducateur à l'individu ou au groupe objet de prévention. L'animation socioculturelle et l'éducation spécialisée privilégient ainsi un équilibre différent entre population ciblée par l'action sociale et activité proposée à cette population. Ces cultures de métier permettent de baliser la diversité d'initiatives utilisant la pratique du rap dans le travail social durant les années 1990 : d'un côté la démarche traditionnelle de l'éducation de rue, privilégiant l'instrumentalisation du rapport à la pratique ; de l'autre, la démarche traditionnelle de l'animation socioculturelle, contrôlant ou transformant le rapport à la pratique.

Salarié d'une importante association de prévention de la région Provence-Alpes-Côte d'Azur depuis 1973, Jacques travaille à la fin des années 1980 dans le secteur du centre-ville de Marseille, dans le quartier populaire de Noailles. Il découvre alors un groupe de jeunes mi-amateurs de hip-hop, mi-danseurs/rappeurs amateurs se réunissant dans la rue après l'école, de 17 heures à 19 heures. « Le mouvement rap m'a été présenté par un des jeunes qu'on suivait, et qui tout d'un coup m'a dit : "Mais tu sais, au Vieux Port, y a un rassemblement tous les soirs de jeunes. [...] C'est un mouvement qui est intéressant, parce qu'il y a une morale." Et la morale, c'était : pas de vol, pas de violence et pas de drogues. Il a présenté les choses comme ça. [...] De temps en temps, y avait Chill [Akhenaton, du groupe IAM[38]] et ses collègues qui passaient. C'était le grand frère, c'était celui qui était le plus informé, c'était celui qui était le plus reconnu. [...] Il venait porter la bonne parole. [...] Parce que le fameux contrat du rap... oui, c'est un contrat, mais on donnait des coups de canif dedans. C'était pas de drogue, pas de vol, bon... C'est la différence entre la théorie et la pratique. C'était quand même presque tous des jeunes qui étaient dans des situations qu'on pourrait qualifier de compliquées. [...] Donc mon boulot ça a été de commencer à essayer d'apprivoiser [39]. »

La démarche de Jacques illustre la logique traditionnelle des éducateurs de rue, dont il partage les grands principes [40] : « Nos rapports avec les jeunes, c'est bien de leur dire : "si tu as besoin de moi, je suis là", on fonctionne sur anonymat et libre adhésion. » Son travail de familiarisation avec le groupe, peu directif, deviendra une ressource pour les autorités municipales lorsque l'occupation du Vieux Port suscitera l'hostilité des riverains, et notamment de la Régie des transports marseillais et de l'Office du tourisme. Jacques cherche alors des lieux où les jeunes puissent se retrouver. « Des petits groupes comme ça qui venaient demander une salle dans une maison de quartier, ils n'avaient pas beaucoup de [poids]... Donc il a fallu rencontrer des directeurs, des sous-directeurs, etc., et notamment, ça a été la maison de quartier [voisine], avec Gérard, qui nous a accueillis de façon merveilleuse. Faut dire que c'est un ami perso... ça aide beaucoup ! »

L'accompagnement du groupe se poursuit quelques années, de 1991 à 1994. « Ce qu'on voulait surtout, c'était laisser faire, mais il fallait qu'en pointillé il y ait le cadre légal, c'était le plus important. Donc c'était expliquer par exemple la déclaration en préfecture, le président, le trésorier, le B.A.-BA. Les statuts, ça a été un point important, parce que même s'il existe des statuts types qu'on peut fournir avec les papiers de l'association, leur faire dire : "Elle sert à quoi votre association ? Qu'est-ce que vous voulez faire ? Qu'est-ce que vous voulez dire ?" [...] Ça a été un peu dur à faire émerger. Le modèle, c'était les États-Unis, et ce qu'ils voyaient c'était surtout l'organisation de concerts, des choses de ce genre. [...] L'illusion groupale, alors là c'était quelque chose de fabuleux. [...] Dans leur truc, c'était : "On est le grand mouvement rap, tous unis sous une même bannière, on monte à l'assaut, on va être innovants, on va leur démontrer qu'on est des gens bien..." Y avait tout ça en filigrane. [...] Je crois qu'ils étaient quand même tous d'accord sur un point : c'était demander des subventions ! Mais le deuxième temps, c'était pour quoi faire. Je pense qu'ils avaient déjà un deuxième point d'accord qui était pour faire des concerts, faire des manifestations, ça c'était très fédérateur. Le troisième... ceux qui étaient un peu plus pragmatiques, c'était quand même aussi rassembler, être un mouvement, être une force. [...] Dans énormément de discussions, ils reprenaient comme un leitmotiv : "culture rap". Les discussions tournaient souvent autour des moyens de diffuser cette culture rap. » Dans les années qui suivent, l'association X.L. voit le jour. Elle réalise un journal (qui ne fera paraître qu'un seul numéro). Avec l'aide du Développement social urbain (DSU), plusieurs concerts sont organisés à Marseille, notamment au Théâtre du Moulin le 26 novembre 1993 et à l'Espace Julien le 2 décembre 1994.

Dans le cas de la prévention de la délinquance, le soutien accordé au rap est pour ainsi dire incident. Il repose sur l'importance que cette pratique prend dans un groupe identifié comme à risques par l'éducateur, et dépend de l'opportunité d'instrumentaliser cette passion pour accrocher le groupe. Incident, le soutien est d'autant plus libre (et précaire). Le respect de la seule légalité et la qualité des relations avec leur public étant prioritaires, les éducateurs spécialisés n'ont que peu intérêt à prescrire fermement les formes d'usage du rap, à orienter les amateurs vers la professionnalisation, ou encore à dévaloriser une forme esthétique au profit d'une autre. L'animation socioculturelle repose quant à elle sur un certain nombre de conditions, variables suivant les dispositifs. Il peut s'agir du respect des horaires et du sérieux de l'engagement, de la docilité à l'égard de diverses activités non directement liées à la pratique du rap, de la réussite scolaire, d'une orientation professionnelle dans la pratique artistique, etc. Au scepticisme tolérant que Jacques manifeste à l'égard du mouvement hip-hop – cette « illusion groupale » selon sa formule – répond l'optimisme exigeant des animateurs qui voient dans le hip-hop l'« héritier de l'éducation populaire [41] ». Si la première posture ne semble pas porter une reconnaissance importante, la seconde tend à imposer plus strictement les formes que la pratique du rap doit prendre.

L'animation socioculturelle et l'éducation spécialisée ont cependant connu une convergence progressive depuis les années 1960. La focalisation croissante du débat public autour du thème de l'immigration et des banlieues, dans les années 1970-1980, mais aussi l'existence de financements et de dispositifs communs associés à la politique de la ville alimentent cette évolution. Plutôt qu'à des objectifs distincts, chaque initiative se rapporte à un ensemble de motivations éducatives et préventives, dans lequel l'histoire particulière de l'institution et la trajectoire personnelle du travailleur social engagé comptent beaucoup.

Quelles que soient les différences qui tendent à marquer l'action des éducateurs de rue, d'un côté, et des animateurs, de l'autre, leur soutien à des pratiques de rap au début des années 1990 se caractérise par une forte territorialisation dans les quartiers prioritaires de la politique de la ville. La plupart des initiatives d'envergure mentionnées jusqu'ici ou évoquées dans d'autres recherches [42] confirment cette hypothèse, cohérente avec le caractère central des financements de la politique de la ville dans le soutien au hip-hop.

L'appropriation du rap par une jeunesse masculine précarisée

La prise en charge du rap par les pouvoirs publics au début des années 1990 se renforce bientôt d'un mouvement plus large de redéfinition des illégalismes populaires qui influence indirectement les pratiques du hip-hop. Ces dispositifs politiques, l'assignation médiatique du rap aux banlieues et la précarité croissante de la classe ouvrière interagissent. Bientôt, une frange de la jeunesse masculine des quartiers populaires s'engage dans le rap en y investissant des expériences sociales renouvelant ses formes et ses thèmes.

À qui appartiennent les espaces publics urbains ?

Les pratiques liées au hip-hop qui naissent dans les années 1980 s'affichent dans les espaces publics urbains des grandes agglomérations. Si le tag s'inscrit d'emblée dans l'espace public urbain, la présence de la danse hip-hop s'impose notamment par l'absence de lieux de répétition dédiés. Ses amateurs vont progressivement investir des espaces de circulation anonymes qui répondent à deux exigences minimales : se retrouver et pouvoir danser. Ce sont ainsi des places, des parvis, mais aussi des centres commerciaux, des stations de métro et des halls de gare qui sont investis par des groupes réunis autour de la danse et de la musique. À Marseille, le Centre Bourse, centre commercial du centre-ville, est investi par un groupe de danse, les Marseille City Breakers. Kephren, un membre d'IAM qui faisait partie du groupe de danseurs, explique : « Il y avait des miroirs et de l'électricité. Dès que les magasins fermaient, on débarquait. Au début, on s'est un peu accrochés avec les vigiles, mais comme on cassait rien, ils ont été souples [43]. » Dans la banlieue de Bordeaux, des jeunes répètent au centre commercial Saige à Pessac, ou au centre commercial Génicart à Lormont. Leurs membres formeront la compagnie de danse Rêvolution et le groupe de musique Tribal Jam [44]. À Lyon, le quartier nouvellement construit de La Part-Dieu, où l'on trouve une gare et un centre commercial, devient un lieu de rassemblement, comme en témoigne le rappeur Shams Dinn : « Les gamins emmènent leurs cassettes [...]. Là y a plein de cités qui se retrouvent et on voit qui est le meilleur. Moi c'est parmi ces gamins que j'ai recruté mes trois danseurs [45]. » À Paris, en 1983, la place du Trocadéro voit se réunir les premiers *breakers* parisiens. Des danseurs américains de passage à Paris s'y produisent ponctuellement.

Ces rassemblements, comme les lieux de danse où l'appropriation du rap en France s'élabore dans les années 1980, s'inscrivent dans des pratiques de sociabilité juvénile dont certaines transgressent les normes sociales ou les lois en vigueur. C'est évidemment le cas du tag dans les espaces publics. Mais les fêtes liées au rap, comme la plupart des rassemblements adolescents, s'accompagnent de bagarres, de vandalisme [46], et plus largement de tensions liées à l'organisation en « bande » [47] de certains participants. Ces formes de déviances ne sont pas nouvelles et les travaux sont nombreux qui mentionnent la tolérance sociale dont ont longtemps bénéficié certaines pratiques déviantes d'adolescents en Angleterre comme en France [48]. C'était le cas, par exemple, du tag et du graffiti au milieu des années 1980 [49], ou de certains délits mineurs comme les pratiques de vol dans les magasins, lorsqu'elles ne s'accompagnent pas de violences [50]. Or le tournant des années 1990 se caractérise par un tournant répressif des politiques publiques vis-à-vis des tags, de la petite délinquance et des bandes adolescentes [51].

Comment interpréter de tels changements ? Dans son analyse de l'opposition entre illégalismes et délinquance, Michel Foucault suggère que le système pénal ne sert pas prioritairement à supprimer les infractions – il y échoue d'ailleurs de longue date –, mais plutôt « à les distinguer, à les distribuer, à les utiliser [52] ». Dans l'ensemble des activités qui sont juridiquement définies comme des infractions, certaines sont réprimées, d'autres aménagées, d'autres encore tolérées. De là une opposition non plus juridique, mais stratégique : celle qui oppose la masse des illégalismes à une partie d'entre eux, isolée et contrôlée au moyen de la pénalité. L'enjeu de la transformation du système pénal qui s'opère au tournant des années 1990 réside notamment dans l'occupation physique et symbolique de l'espace public urbain, et dans la visibilité nouvelle qu'y prennent de jeunes racisés, comme l'illustre Jacques pour le cas du Vieux-Port, à Marseille : « Il n'y avait pas de mouvement violent, pas de trucs... De temps en temps y en avait un qui esquissait un mouvement de danse. Ils étaient tous rassemblés, et puis c'est tout, il se passait pas grand-chose. [...] Mais de voir soixante Noirs et Arabes assis comme ça sur les rampes [de l'escalier du métro], se réfugier dans la galerie [qui mène à l'Office du tourisme en face de la station] en cas de pluie, il y avait les petites mémés qui sortaient du métro en tenant leur sac comme ça, avec un air soupçonneux, ça posait problème. Et l'Office du tourisme, au bout d'un an, a posé une réponse radicale : on refait. Maintenant, l'Office du tourisme, y a plus cette galerie. Ça a été la première réponse. [...] Une fois de loin, parce que j'étais en train d'arriver, j'ai assisté à un mec qui gueule : "Ouais, foutez le camp !" Un galonné quelconque de la RTM [Régie des transports marseillais]. Alors les jeunes se sont levés mollement, sont allés se mettre plus loin, le mec est redescendu, et les jeunes se sont réinstallés. Je ne vois pas en plus pourquoi il leur interdisait ça. Une chose que je leur ai fait remarquer tout de suite, c'est de laisser la libre circulation, faites attention à ce que les gens puissent [passer]... et vous aurez moins d'ennuis. [...] Et puis il a bien fallu au bout d'un moment trouver des réponses, parce que la municipalité commençait à s'exciter [53]. »

La redistribution des illégalismes populaires au tournant des années 1990

Comme on le voit, la présence de jeunes racisés dans les espaces publics urbains n'engage pas seulement la plus ou moins grande tolérance des pouvoirs publics vis-à-vis de certains actes dont le caractère illégal serait évident *a priori*. La définition même de ces comportements comme infraction juridique potentielle est un enjeu négocié [54]. Ces « soixante Noirs et Arabes assis comme ça sur les rampes » forment-ils un groupe exerçant son droit de réunion ou de libre circulation, ou plutôt un attroupement illégal « susceptible de troubler l'ordre public [55] » ? La façon de qualifier ce type de situation est négociée entre divers acteurs aux marges de manœuvre inégales – mairie, travailleurs sociaux, responsables du métro, Office du tourisme, passants... et jeunes concernés – pour lesquels la dimension raciale de la situation est centrale.

Dans le cas parisien, la constitution de la visibilité de la jeunesse racisée en problème d'ordre public a été exacerbée. La dynamique de formation de rassemblements dans les espaces publics urbains y est en effet renforcée par plusieurs facteurs. L'agglomération parisienne, tout d'abord, intégrée par le réseau de transports en commun de la RATP et de la SNCF, rassemble une population d'environ dix millions d'habitants, contre un million pour les agglomérations lyonnaise ou marseillaise. Deuxième facteur, le mouvement hip-hop est plus ancien et mieux implanté à Paris que dans les autres villes de France, multipliant les occasions de rassemblements. Enfin, il existe au cours des années 1980 à Paris des bandes orientées vers l'affrontement réciproque et polarisées par une opposition idéologique entre extrême droite/xénophobes, d'un côté, et extrême gauche/antiracistes, de l'autre. Au début des années 1980 se développent dans Paris des groupes de skinheads d'extrême droite commettant des agressions racistes. En réaction, des groupes de « chasseurs de skins » apparaissent, dont l'objectif affiché est de les expulser par la force de divers quartiers de Paris. Au début des années 1980, un groupe revendique son affiliation aux Black Panthers américaines et s'engage dans la lutte directe. Il est rejoint par d'autres groupes, dont certains, comme les Ducky Boys (créés en 1984) ou les Red Warriors (officiellement fondés en 1986), sont d'inspiration communiste ou anarchiste [56]. Certains rappeurs en font partie, ou en sont proches : Destroy Man, Jhonygo [57] ou EJM [58] notamment.

La trajectoire de Lamence Madzou, chef de l'une des bandes les plus importantes de la fin des années 1980, permet d'éclairer la façon dont ces différentes dimensions s'articulent. Lamence Madzou naît au Congo-Brazzaville en 1972 et arrive en France lorsqu'il a cinq ans. Sa famille s'installe à Corbeil, dans l'Essonne. Il découvre la culture hip-hop vers 1984-1985 et fréquente les boîtes de nuit qui diffusent du funk et du rap : Le Globo et Le Bataclan à Paris, Le Midnight à la Défense, Le Galion d'Or à Aulnay, etc. « On venait de partout, en petites bandes, mais on se côtoyait sans soucis. [...] Ce qui prédominait, c'était le graff, le tag et la danse. De temps en temps un mec ou deux s'embrouillaient : rien de méchant. Cela se réglait en tête à tête [59]. » Proche de bandes « anti-skins » dont l'un de ses amis est membre, Lamence s'éloigne bientôt du hip-hop à mesure qu'il s'investit dans une sociabilité déviante de bande.

Lamence Madzou participe d'une dynamique plus vaste, dont le sociologue Marwan Mohammed souligne l'originalité. Les jeunes Noirs connaissent alors une situation spécifique « dans les grandes cités d'habitat social en France. Ils sont concentrés dans la région parisienne et leur nombre est faible au sein des cités dans lesquelles ils occupent une position minoritaire. Ce qui a poussé une partie d'entre eux à s'allier [60] », et ce au-delà des appartenances locales, jusqu'à former des bandes dont la taille est inédite en région parisienne. Discriminations racistes, diffusion de la culture hip-hop en France, réaction collective aux violences de groupes d'extrême droite et sociabilités juvéniles – délinquantes ou non – forment ainsi la trame de l'émergence d'une « identité noire, ou plutôt colorée, c'est-à-dire "non blanche" [61] ». Aiguillonnée par le développement à la fin des années 1980 des thèmes de l'afrocentrisme et du nationalisme noir dans le rap américain [62], l'expérience commune du racisme contribue à une prise de conscience raciale, dont nombre de chansons de rap témoignent alors [63].

Lamence Madzou s'investit dans le monde des bandes jusqu'à prendre la tête de l'une d'entre elles. L'un de ses modèles est la bande plus ancienne des Requins Vicieux, notamment composée d'anciens danseurs de hip-hop, et dont l'engagement dans la délinquance est important dans la seconde moitié des années 1980. Son témoignage illustre les tensions qui peuvent alors exister entre les valeurs dominant le milieu rap parisien et le monde des bandes : « *Exit* les Achipé achopé [« H.I.P. H.O.P. »] et leurs mitos [mythomanes] de rappeurs, les contorsionnistes de danseurs, nous méprisions cela. Nos modèles étaient devenus les gangs américains. Nous, on s'entre-tuait car seule la force faisait la différence dans la rue [64]. » À partir de 1989, les rivalités entre les principales bandes d'Île-de-France atteignent un point qui conduit Lamence à parler de « guerre de trois ans ». Des coalitions relativement stables opposent plusieurs grandes bandes parisiennes, mues par une dynamique d'affrontement direct. Parmi elles, les Fight Boys, dirigés par Lamence Madzou, mais aussi les Black Dragons ou les Requins Vicieux juniors.

Dans un premier temps, seul le journal *Le Parisien* fait état, pendant l'année 1989, des incidents et des affrontements entre ces bandes structurées. Au cours de l'été 1990, les échos de ces affrontements occupent les pages du *Monde*[a]. Les affrontements se jouent fréquemment dans des espaces publics urbains – parvis de la Défense, centre commercial du Forum des Halles, gares de Paris ou des communes de banlieue. La visibilité collective de ces grandes bandes est alors à son apogée et rencontre, en même temps qu'elle la soutient, la visibilité médiatique des pratiques de rap en français. La « guerre des trois ans » qui se joue de 1989 à 1991, puis les émeutes qui marquent les années 1990-1991 offrent dès lors des arguments de poids pour une transformation de la gestion des illégalismes populaires à l'échelle nationale, que promeut notamment le service des Renseignements généraux[65].

La phase la plus violente du conflit entre ces bandes s'achève en 1991, puis celles-ci disparaissent. Marie-Hélène Bacqué en résume les causes : « La première est la fatigue ou la défaite des adversaires. La seconde est la fin d'un épisode juvénile : les adolescents ont vieilli, passent à une autre étape de leur vie, souhaitent se stabiliser, s'installer. La troisième est que le noyau actif "tombe" suite à une répression musclée » de la police[66]. La fin des années 1980 et le début des années 1990 se caractérisent en effet par un « resserrement de l'étau pénal autour des jeunes[67] ». Le service des Renseignements généraux engage à cette époque une reconversion de son activité policière autour des questions de « violences urbaines », que manifeste la création d'une section spécialisée « Ville et banlieues », en 1990[68]. Des services privés de sécurité se multiplient, dans le métro[69] et les trains d'abord, puis dans les centres commerciaux, où vigiles, dispositifs antivol et caméras de surveillance se généralisent[70].

Cette redistribution des illégalismes s'accompagne d'une action à visée préventive, dont le travail de Jacques dans le centre-ville de Marseille est emblématique : « Le boulot a consisté à couper en tranches pour qu'ils puissent négocier avec des maisons de quartier, selon leur lieu d'origine, pour se trouver des salles pour répéter[71]. » Ces initiatives conduisent à une

---

a Voir chapitre 3.

raréfaction des groupes de jeunes et des pratiques liées au hip-hop dans les espaces publics urbains. Sans pour autant les supprimer, elles contribuent plutôt à leur délocalisation dans des espaces populaires, souvent périphériques, parfois encadrés par des animateurs et des éducateurs (maisons de quartier, centres sociaux, etc.).

L'ancrage du rap dans les quartiers de la politique de la ville

Nous l'avons vu, la plupart des dispositifs publics d'envergure favorisant le développement du rap en France s'inscrivent dans la géographie des quartiers relevant de la politique de la ville. Les cas qui dérogent à ce principe – tel le travail de Jacques autour du Vieux-Port de Marseille – alimentent la même tendance, en contribuant à un déplacement des amateurs de rap concernés vers des maisons de quartier ou des centres sociaux situés dans ces mêmes territoires, où certaines activités sont institutionnalisées. La délocalisation des pratiques du hip-hop et de leurs amateurs en transforme le fonctionnement : elle renforce notamment leur lien à un territoire précis. Jacques souligne ainsi qu'« une fois qu'on a réussi à ne plus aller s'asseoir au Vieux-Port, mon boulot l'après-midi, c'était de faire la rue Saint-Ferréol, parce que tous les groupes de jeunes passaient rue Saint-Ferréol. Tous. Et j'étais la petite abeille, à cette époque-là, qui passait d'un groupe à l'autre pour passer les nouvelles. C'est là que j'ai commencé un peu à regretter mon boulot. Parce que c'est bien joli, ça, cette histoire de petite abeille. Mais ça veut dire qu'il y a quelque chose qui ne fonctionnait plus. Ça veut dire qu'ils ne se parlaient plus. Du fait qu'on les avait coupés en morceaux et qu'on les avait mis dans des maisons de quartier, il n'y avait plus cette rencontre [72]. »

L'ancrage local des pratiques de rap en France est renforcé par la médiatisation du genre au début des années 1990. Tout d'abord, cette médiatisation entraîne une audience sans précédent. Une enquête réalisée dans le cadre d'un concert de rap qui se déroulait à Avignon en avril 1992 [73] révèle ainsi que la majorité du public s'intéressait au rap depuis moins d'un an, soit depuis la forte visibilité publique du genre. En outre, la popularité des groupes médiatisés nationalement (NTM, IAM) était plus grande que celle des groupes locaux. Les amateurs de rap ne se réduisent plus aux quelques initiés susceptibles de participer aux soirées « Chez Roger Boîte Funk », ni aux auditeurs plus nombreux des *freestyles* sur Radio Nova. Le rap est désormais relayé par les médias généralistes et ses premières vedettes commercialisent des disques sur l'ensemble du territoire national. En outre, la médiatisation du rap promeut une conception du genre comme fait par et pour les jeunes de banlieue – à l'inverse de la majorité de ses animateurs de l'époque, qui insistaient sur le fait que « c'est adressé à n'importe qui », pour reprendre les termes de JoeyStarr [a]. Ancrée dans les territoires de la politique de la ville par les politiques publiques, assignée symboliquement aux banlieues et disposant désormais d'un public large, la pratique du rap en France rencontre les transformations qui marquent les quartiers populaires au début des années 1990.

La désindustrialisation qui commence dans les années 1970 place les classes populaires, et tout particulièrement les jeunes et les immigrés en leur sein, dans une situation de précarité professionnelle neuve et durable [74]. Parallèlement, un processus de gentrification touche le centre des grandes villes [75], et la politique d'accession à la propriété facilite le départ des classes moyennes des habitats sociaux collectifs [76], contribuant à une ségrégation spatiale accrue. La crise économique se prolonge tout au long des années 1980, conduisant à la paupérisation de nombreux quartiers populaires, notamment parmi les grands ensembles d'habitat social construits dans les années 1960-1970. L'expérience des jeunes des classes populaires, au début des années 1990, est marquée par le processus de désaffiliation qu'alimente la précarité du travail. Elle porte également la marque d'un allongement de la scolarisation. De 1985 à 1995, le taux de bacheliers au sein d'une classe d'âge double [77]. La génération de la « démocratisation scolaire » connaît ainsi une frustration sociale que renforce la socialisation scolaire à un idéal de mobilité professionnelle, la dévalorisation des diplômes sur le marché du travail et le renforcement des inégalités économiques.

Dans ce contexte, le trafic de drogue se diffuse. Il concerne notamment l'héroïne, dans les années 1970-1980, avant que le « business » du *shit* (haschisch) ne devienne dominant. L'enquête menée par les sociologues Dominique Duprez et Michel Kokoreff indique en outre que le processus de redistribution des illégalismes populaires touche également le trafic de drogue. Dans l'agglomération lilloise, « la police a progressivement instauré un ordre public qui la conduit à chasser les dealers des centres-villes et des espaces commerciaux alors que ceux-ci se sentent en sécurité dans les quartiers pauvres [78] ». Ces transformations n'affectent pas de façon uniforme les quartiers de la politique de la ville. L'histoire de chaque quartier joue un rôle décisif dans l'« ambiance » qui y règne, dans le type de trafic de drogue qui peut s'y implanter et dans l'importance que cette économie prend [79]. Le début des années 1990 connaît cependant une tendance à l'implantation durable du « business » de *shit* et au renforcement des liens

---

a Voir chapitre 3.

entre *deal* et « économie de la débrouillardise [80] », permettant d'atténuer les effets de la crise économique.

Ces transformations marquent l'histoire du rap en France à deux niveaux. Tout d'abord dans la trajectoire de certains jeunes rappeurs qui, au tournant des années 1990, révisent leur façon de concevoir le rap à la lumière des désillusions qu'ils vivent. Doudou (Timide et Sans Complexe) : « Nous, au début on était funk, mais on était heureux. Après, il y a eu un changement, à partir du moment où Joël est tombé [en prison] et qu'il nous est tombé toutes les galères. En rentrant dans la vie, que des barrières qui se mettent devant moi, j'avais plus envie de chanter l'amour, la joie et compagnie, j'avais envie de crier : "Allez tous vous faire enculer !" Je me suis durci [81]. » Ces transformations s'inscrivent ensuite, à un niveau plus collectif, dans le processus d'appropriation du rap par une jeunesse masculine précarisée.

« Kartier de fous »

L'analogie entre rappeur et « jeune de banlieue » diffusée par la télévision au tournant des années 1990 n'est pas sans effet sur les personnes ainsi désignées. La circulation, entre les sphères politiques et médiatiques, d'une définition du genre rap associant notamment sa pratique aux affrontements de 1989 à 1991 entre grandes bandes parisiennes contribue à un double étiquetage : la figure du rappeur est marquée par le soupçon de la délinquance et l'expression symbolique des illégalismes populaires se voit canalisée vers le genre rap. Il s'agit donc de ne pas négliger les effets d'étiquetage et, dans le même temps, de maintenir une conception active des personnes étiquetées. Les acteurs non seulement interagissent avec les définitions d'eux-mêmes qui leur sont imposées, mais y investissent aussi des intérêts qui n'étaient pas prescrits par avance dans l'étiquette à laquelle on les rapporte. Comme le résume Ian Hacking, « les personnes classifiées peuvent aussi prendre les choses en main [82] », et travailler de l'intérieur la catégorie dans laquelle ils sont classés.

Ce mécanisme n'est donc pas réductible à un simple renversement de stigmates. Il s'appuie par exemple sur l'expérience spécifique qu'un certain nombre de membres des bandes des années 1980 ont pu acquérir, qu'ils soient engagés dans la pratique du rap ou s'y engagent après le tournant des années 1990. Au sein des grandes bandes parisiennes des années 1980 au début des années 1990, plusieurs anciens membres des Requins Vicieux investissent l'économie du rap. Rud Lion [83] produit en 1994 la compilation *Ghetto Youth Progress*. MC Jean Gab'1 et Maurice créent en 1995 le label Dooeen Damage. Lucien réalise plusieurs morceaux de rap en collaboration avec des artistes américains, avant de devenir compositeur et de réaliser la musique de chansons de rap en France dans les années 1990. C'est également le cas de membres des Blacks Dragons, dont certains comme Daddy Lord C [84] fondent le groupe La Cliqua. Peu après, d'autres membres affiliés aux Black Dragons créent un label indépendant et publient deux albums de rap [85]. Pour certains de ces membres, occupant des « positions périphériques » dans la dynamique des bandes, il peut s'agir d'un cheminement dans la droite ligne de leur pratique du rap ou d'autres disciplines du hip-hop dans les années 1980. Pour d'autres, leaders occupant une « position centrale [86] » dans l'univers des bandes, il s'agit d'une forme de reconversion. Celle-ci peut s'appuyer sur des liens d'amitié noués avec des personnes déjà intégrées à l'économie musicale *via* le hip-hop et mobiliser le « capital guerrier [87] » accumulé dans l'univers des bandes, qu'il soit utilisé dans le secteur de la sécurité des artistes et des concerts de rap, ou qu'il soit mobilisé comme source de prestige dans une pratique artistique ou un réseau relationnel.

À l'intersection du vieillissement de certains jeunes rappeurs amateurs appartenant à des familles populaires précarisées et de l'engagement de nouveaux rappeurs issus de milieux similaires, c'est aussi l'expérience de trajectoires déviantes, puis délinquantes que croise l'assignation du rap aux banlieues. Les témoignages des membres du collectif Mafia K'1 Fry permettent de décrire ce processus, à partir de la figure et de la trajectoire d'Alix Mathurin, *alias* Kery James [a]. Né en 1977 en Guadeloupe, Kery James grandit à Orly, dans une famille pauvre, qui habite un logement insalubre avant d'obtenir un appartement HLM dans l'un des immeubles les plus dégradés de la ville, connu notamment pour le trafic d'héroïne qui se déroule à proximité. Il découvre le hip-hop à la MJC de la ville et commence à danser puis à rapper en 1989, sous la houlette de Manu Key, de six ans son aîné. Le talent du jeune garçon attire l'attention de MC Solaar, venu animer un atelier d'écriture, qui l'invite à participer à son premier album, *Qui sème le vent récolte le tempo*, publié en 1992. La même année, Kery James et deux de ses amis, Jessy Money et Teddy Corona,

---

a Les témoignages suivants sont extraits du documentaire autobiographique *Les Quatre Visages de Kery James*, réalisé par Philippe Roizès (Off Shoot, 2012). Kery James s'engage dans la délinquance au cours des années 1990, puis de la délinquance à une conversion à l'islam associée à une rupture avec l'engagement délinquant au début des années 2000. Ce film est donc tout à la fois un plaidoyer dénonçant la dérive délinquante que le collectif Mafia K'1 Fry a connue et un document attestant que Kery James connaît de l'intérieur l'univers de la « rue », dans un contexte où cet univers est devenu un gage d'authenticité dans le monde du rap des années 2000. Voir chapitre 9 et épilogue.

forment le groupe Idéal Junior, puis signent un contrat discographique avec un producteur indépendant. Ils réalisent un premier disque, *La vie est brutale*, et multiplient les concerts. Cet engagement précoce dans le monde de la musique s'accompagne de difficultés scolaires croissantes.

Plutôt doué à l'école mais dissipé, Kery James amorce un processus de déscolarisation dès ses études secondaires. Parallèlement, la paupérisation du quartier d'Orly où il vit, pris en charge dans le cadre de la politique de la ville, croît. Au cours des années 1990, le taux de chômage des 15-24 ans passe de 27,8 % à 37,6 %[88]. Passionné par la musique, mais aussi lié de façon croissante à la vie de son quartier, Kery James s'engage au fil de l'adolescence dans la « rue », c'est-à-dire dans des interactions qui se déroulent dans des espaces publics de sociabilité dominés par « le pôle déviant et des bandes, [...] contre-éducatif, conflictuel et délinquant[89] ». Après avoir été renvoyé de plusieurs collèges, Kery James est orienté en BEP vente – qu'il arrêtera avant d'obtenir un diplôme. Dans cette trajectoire, la dynamique du groupe de pairs est centrale, se souvient Kery James : « La pression du groupe, la pression du quartier, la réalité économique, elle peut pervertir les gens qui ont le plus de valeur au départ. [...] Il est déterminant, Jessy [Money]. Parce que c'est quand même lui qui a fait une grande part de mon, entre guillemets, éducation dans la rue. C'est avec lui que j'ai commencé le rap, c'est avec lui que j'ai commencé le business dans la rue. » L'engagement déviant passe ici par le petit trafic de drogue, sans que la pratique du rap ne cesse pour autant. Au contraire, au sein de la bande dont Kery James fait désormais partie, le rap est une activité fédératrice. Outre les tournées de concerts vécues collectivement, la bande rappe dans la rue même. Comme s'en souvient Sélim du 94, devenu membre du groupe Idéal Junior : « Une fois qu'on avait pris beaucoup d'argent dans la journée, ça faisait des *freestyles* sous J&B [marque de whisky], sous skunk [cannabis]. Avec des postes à cassette, ça rappait. C'était pas mal. » La bande, de plus en plus nombreuse, adopte un jour de *freestyle* le nom de Mafia K'1 Fry. Entre-temps, le groupe Idéal Junior a transformé le deuxième mot de son nom pour devenir Idéal J. Au milieu des années 1990, Kery James a dix-huit ans et réalise son premier album, produit par les labels indépendants Alariana et Arsenal.

Pour les membres de la Mafia K'1 Fry qui pratiquent le rap, cette époque est l'occasion de faire de l'expérience de la « rue » une source d'inspiration directe, dont témoigne Kery James : « Y a vraiment une rupture dans notre équipe avec le désir de ressembler aux Américains. Comme on s'adressait aux gens de quartier, il fallait utiliser les codes qu'on utilisait habituellement dans le quartier. » Manu Key commente : « C'est ce qui faisait la marque de fabrique Mafia K'1 Fry. C'est ce qui faisait le rap... Dur, on est là, on est plein, on fait peur. » C'est aussi le moyen d'élaborer esthétiquement les enjeux de protection et de reconnaissance tels qu'ils prennent forme dans le cadre déviant de la bande de quartier, et la logique de « compensation sociale [90] » au cœur de cette expérience. Ambitions frustrées, rapports de forces et quête de l'estime de soi deviennent des motifs centraux dans les chansons du collectif, mis en mots dans une grammaire machiste caractéristique des relations dans le cadre de la « rue » [91].

L'assignation médiatique du rap aux banlieues et l'ancrage du hip-hop dans les quartiers de la politique de la ville interagissent ainsi avec l'expérience sociale d'une frange de la jeunesse, dans un contexte de paupérisation des quartiers populaires, de ségrégation spatiale accrue et de tournant répressif dans la gestion des illégalismes populaires. Ils contribuent à légitimer l'élaboration musicale de formes d'écriture, de points de vue et de thèmes nouveaux. Expression Direkt publie en 1994, sur la compilation *Ghetto Youth Progress*, le morceau « Mon esprit part en couilles », chronique amorale à la première personne de l'engagement dans l'économie de la drogue. L'année suivante, le groupe marseillais Uptown détourne l'univers du *deal* de cité pour en faire la métaphore de l'activité musicale dans la chanson « Dealer de rime », diffusée sur la cassette autoproduite *Kartier de fous*. Plus largement, on peut souligner l'évocation croissante de l'économie de la débrouille et de la place que le trafic de drogue peut y prendre, mais aussi de la vie quotidienne des quartiers populaires [92], dans une veine détaillée et réaliste peu présente dans les premiers albums de rap français [a].

a « L'aimant », morceau d'Akhenaton publié en 1993 sur l'album *Ombre est lumière*, est l'une des exceptions notables. Le morceau est d'ailleurs cité au début de « Mon esprit part en couilles » d'Expression Direkt, par le biais d'un extrait samplé. Anthony Pecqueux montre cependant que ce morceau d'Akhenaton propose un cadrage différent de ceux qui prévalent à partir du milieu des années 1990. La chanson indique en particulier clairement qu'elle n'est pas autobiographique. Anthony Pecqueux, *Voix du rap*, *op. cit.*, p. 184.

6

Une nouvelle génération de rappeurs en France

« "La super radio 100 % groove ! La super radio 100 % chébran ! La radio récup !" Ouaouh ! Vous êtes trois heures avec Maxou, on va s'écouter une nouvelle nouveauté super méga cool, c'est Groovy D, avec "Laisse-toi aller", et on se retrouve tout de suite après la pub. Ah j'hallucine ! [...]
Yo yo c'est bien Radio Vard-cre, la radio 100 % hip-hop *underground*, tous les lundis de 1 heure à 3 heures du mat', alors ce soir on reçoit un groupe c'est Mou Ton Clan [...] Bon, vous êtes chauds pour le *freestyle* ? »

TSN, « Radio Panam », 1997.

De 1990 à 1992, les majors engagent un pari sur le rap français, alimentant un espoir de professionnalisation dans les industries musicales pour nombre de rappeurs. Dès 1993, cette dynamique s'interrompt, par l'effet conjugué des succès commerciaux limités des premiers albums publiés, du désintérêt des grands réseaux radiophoniques pour ces œuvres et de la moindre visibilité télévisuelle du genre rap. Les majors ne produisent qu'un faible nombre de nouveaux albums de rap francophone et limitent le nombre de nouveaux groupes avec lesquels elles travaillent. Ces nouvelles signatures compensent à peine les ruptures de contrat. Mais, à côté de la dizaine de nouveaux groupes de rap sélectionnés par les majors, les albums produits par des labels indépendants se multiplient, sous l'impulsion des rappeurs eux-mêmes et de certains de leurs proches.

Ce tournant redéfinit les modalités d'intégration des rappeurs et des DJ au sein des industries musicales. Confrontés à des contextes différents, les artistes qui réalisent un album avant 1994 et ceux qui réalisent un album à partir de cette date connaissent une socialisation professionnelle différente : ils appartiennent à des générations sociologiques différentes. Les années 1994-1997 voient ainsi la naissance, au sein de l'industrie du disque, d'une deuxième génération de rappeurs, qui remet en cause la façon dont ses aînés pratiquaient le rap.

Labels indépendants, associations... : armer un lieu propre

L'investissement des majors dans la production de disques de rap et l'attention que les grands médias et le ministère de la Culture portent à cette musique sont de courte durée, concentrés autour des années 1990 à 1992. Mais ce moindre intérêt à partir de 1993 ne conduit pas à un retour en arrière. Si précaire que puisse demeurer la position des rappeurs et DJ dans l'industrie du disque et dans le milieu associatif subventionné par les pouvoirs publics, ces artistes ont conquis les premières assurances de pérennité de leur pratique.

Unik Records, Jimmy Jay Productions : passer de la tactique à la stratégie

En 1991, le groupe Sens Unik réalise son premier album, *Le VIe Sens*, grâce au label indépendant Maniak Records, lié à la chaîne de vêtements suisse Maniak. Deux ans plus tard, alors que le groupe travaille sur un nouvel album, les tensions avec le label Maniak se multiplient. Si le groupe Sens Unik est populaire en Suisse et connu des amateurs en France, sa notoriété ne génère cependant pas des enjeux économiques considérables. Les moyens de production et de promotion d'un label indépendant « artisan [1] » comme Maniak sont bien plus faibles que ceux d'une major, et le rachat de l'album *Les Portes du temps* est donc envisageable, si ce n'est aisé. Sens Unik trouve l'appui financier auprès de son manager. Carlos Leal, l'un des membres du groupe, raconte : « Il avait une boîte de distribution qui s'appelait Nashkin distribution, qui distribuait des trucs punks à l'époque. [...] Et donc ce mec commence à nous dire : "Écoutez, je suis sûr que je peux trouver l'argent pour racheter cet album." Il a très vite trouvé 21 000 francs suisses, je crois. Ça représentait environ 15 000 euros quand même, je me souviens qu'il avait trouvé ça en faisant un deal avec un distributeur sur une avance de vente, et en prenant des économies à lui. Donc on rachète l'album [2]. »

Le travail de production de l'album *Les Portes du temps* a déjà été fait, mais il reste à assurer la promotion et la distribution du disque. Carlos Leal se souvient : « On doit créer une structure totalement inexistante et on ne sait pas comment ça fonctionne pour produire, réaliser, sortir, faire le graphisme, la pochette, enfin toute la chaîne qui permet que ton disque soit finalement dans les bacs. Là, c'est vraiment apprendre sur le tas, de nouveau. On avait eu des bribes de ça dans Maniak Records, [...] grâce à Nashkin, notre manager. Il s'est occupé de cette partie-là. » Peu à peu, les membres du groupe découvrent le fonctionnement de chaque étape, de la production à la distribution en passant par l'industrialisation et la promotion de l'album. Le label Unik Records va ainsi voir le jour. « Unik Records, c'était juste d'abord un logo, point barre. [...] Il n'y avait pas encore l'idée de construire une structure avec un bureau, un téléphone... c'est venu après ça. »

La préparation du troisième album de Sens Unik est l'occasion de créer un véritable label indépendant. « *Les Portes du temps* avaient continué de bien vendre en Suisse, et on avait commencé à vendre en France, on vendait en Allemagne. Ça devenait un peu compliqué au niveau administratif. Donc il fallait vraiment créer une structure sérieuse. Y a deux pôles qui se sont réunis. Il y avait la boîte de Nashkin, sa boîte de *booking*, et, à côté de ça, Unik Records. Ça représentait juste un bureau, un téléphone et un classeur, mais déjà une structure. Y avait une comptabilité, y avait un mec qui faisait les comptes. » Les ventes de l'album *Les Portes du temps* – estimées par Carlos Leal à environ 13 000 exemplaires un an après sa sortie – se révèlent suffisamment importantes pour permettre un réinvestissement dans l'album suivant, ce qui indique le seuil de rentabilité d'un label indépendant comme Unik Records au début des années 1990. *Chromatik*, troisième album du groupe, sort en 1994 et sera vendu à environ 60 000 exemplaires, dégageant de nouvelles ressources financières pour le label.

Unik Records est ainsi le premier label indépendant créé par des artistes de rap francophone. Le groupe suisse Sens Unik a sans doute contribué à populariser cette idée auprès d'autres DJ et rappeurs. De nouvelles structures de production indépendantes naissent bientôt, appuyées sur l'argent dégagé par les avances des majors, les *royalties* des premiers succès commerciaux, les subventions des pouvoirs publics ou celles d'associations de soutien aux artistes. Ces labels prennent la forme d'une « organisation innovante et économiquement précaire [3] », reposant sur un très petit nombre de personnes qui intègrent les dimensions artistique et commerciale de l'entreprise et qui entretiennent des liens amicaux ou familiaux forts ; les habituels conflits entre artistes et employeurs se trouvent ainsi atténués par ces relations peu formalisées. Parmi ces labels indépendants qui voient le jour, on peut citer Jimmy Jay Productions, fondé par le DJ de MC Solaar, Côté Obscur, créé autour du groupe IAM, ou encore Secteur Ä, créé à l'initiative du manager de Ministère Ämer. En 1995, ce groupe réalise une chanson pour une compilation produite par le label Delabel, dans des conditions résumées par Kenzy, manager du groupe : « Solo [membre du groupe Assassin] [...] vient me voir en me disant : "Voilà, [le cinéaste] Mathieu Kassovitz veut que certains groupes du rap français d'aujourd'hui fassent partie de la bande [compilation de chansons inspirées de son film *La Haine*]. [...] Et là, on a le plus gros budget de notre vie." [...] On nous a dit : "Vous venez, vous prenez 50 000 francs [7 500 euros] pour enregistrer le titre, 100 000 francs pour les avances en droits d'auteur, 50 000 francs en tant que manager", et c'est là qu'on fonde la société qui s'appelle Secteur Ä éditions [4]. » Autre exemple, celui de Black Swing Reekordz. Ce label est créé en 1997 par Sly, animateur de l'émission *Black Swing*, enregistrée depuis 1996 sur une radio locale rennaise, Radio Laser. Le programme, qui alterne rap américain et rap français, est relayé par près de 260 radios locales. L'album de Mystica Teatcha publié en 1997 est la première production du label.

Ces initiatives peuvent se comprendre comme un effort pour pérenniser les possibilités de réaliser des œuvres de rap et, éventuellement, d'en vivre. Les opérations qui permettent aux rappeurs de réaliser des disques au début des années 1990 relèvent de coups tactiques [5], c'est-à-dire d'actions menées en position de faiblesse, dans le « lieu de l'autre ». Elles sont dépendantes d'opportunités qu'elles ne peuvent créer, mais seulement saisir lorsqu'elles se présentent. Un certain nombre de groupes de rap profitent néanmoins des connaissances et des ressources économiques qu'ils obtiennent ainsi pour tenter de construire une alternative à leur position de faiblesse dans l'industrie du disque.

Pour mieux décrire ce processus, on peut suivre la trajectoire de Jimmy Jay, qui commence par ce coup tactique par excellence, un gain au loto : « J'avais acheté un ticket juste avant, j'avais gagné 600 000 balles. J'en avais filé la moitié à ma mère et l'autre je l'avais dépensée pour faire mon truc, m'acheter un studio, du matos, des disques. Au départ, je passais des disques et, à un moment, t'as envie d'en faire [6]. » Jimmy Jay et MC Solaar réalisent alors une maquette. Après avoir démarché les maisons de disques, le groupe convainc Polydor de le signer. La première chanson du groupe que Polydor commercialise, « Bouge de là », rencontre un large succès quelques mois après sa sortie en 1991. Jimmy Jay obtient alors de nouvelles ressources, économiques mais aussi réputationnelles, bientôt alimentées par les succès de nouveaux *singles* et de l'album *Qui sème le vent récolte le tempo*, publié en 1992. Jimmy Jay opte une nouvelle fois pour un réinvestissement partiel de l'argent gagné par ces coups ponctuels dans du matériel susceptible de pérenniser sa pratique. En 1993, il fonde un label indépendant, Jimmy Jay Productions.

À ce stade, Jimmy Jay est parvenu à passer de la tactique dépendante du « lieu de l'autre » (résultat du loto, bonne volonté d'une major…) à l'autonomie relative que permet la possession d'une structure à soi, d'un « lieu propre », le label Jimmy Jay Productions : « J'investis dans un studio, je sais que le studio servira toujours. Même si un groupe ne vend rien, il peut faire un autre album, même si j'ai plus de thunes [7]. » Il s'agit d'une position de force, car Jimmy Jay peut désormais déployer une véritable stratégie : la direction d'un label indépendant permet de se projeter dans le temps, de distinguer un « marché » et des « partenaires », de créer des occasions de gain plutôt que de se contenter de saisir celles qui se présentent. C'est ainsi que, dans le contexte de moindre intérêt des majors pour le rap en français qui marque l'année 1993, Jimmy Jay réalise malgré tout une compilation, *Les Cool Sessions*. Il trouve un appui auprès de Virgin, alors devenue une division de la major EMI, qui ne signe aucun des artistes présents sur le disque, mais investit 100 000 francs (15 000 euros) pour sa promotion. De la part d'une major, c'est un investissement modeste, susceptible d'être rapidement compensé et ne comportant pas de grands risques financiers. Les projets suivants de Jimmy Jay Productions ne retiennent l'attention d'aucune major – mais n'en aboutissent pas moins. « Je produisais, [si les majors] le voulaient, elles prenaient, sinon je le fabriquais et le sortais avec un distributeur indé[pendant] [8]. »

La multiplication d'initiatives marchandes vouées au rap

Jimmy Jay Productions, Secteur Ä ou Unik Records naissent de la conversion de coups tactiques en un lieu propre, susceptible de soutenir une visée stratégique. Le développement de ces labels indépendants apparaît comme une alternative à la coopération asymétrique qui lie les rappeurs aux majors et comme un effort pour promouvoir une expertise en matière de rap. Leur originalité réside en effet dans leur rapport au rap : en se spécialisant dans cette forme esthétique, ces labels indépendants lient leur développement à celui du rap comme genre musical.

Mais la pérennisation du genre rap au sein des industries musicales passe aussi par d'autres voies que la création de labels indépendants. Au début des années 1990, Cut Killer est DJ et membre de l'association IZB : « Je voulais que mes disques servent à quelque chose parce que j'achetais des nouveautés toutes les semaines. [...] Quand tu fais des cassettes pour des copains, au bout d'un moment, ton compte en banque part vite parce que tu leur donnes des cassettes, ils ne veulent pas te les rendre, tu perds du temps [9]. » Suite à un voyage aux États-Unis, il découvre l'ampleur du marché des *mixtapes* [a] de rap à New York. Suivant ce modèle, il décide de vendre ses cassettes. Celles-ci sont aussi une façon d'accroître sa notoriété de DJ. « Si tu n'as pas d'émission de radio, ou si tu ne fais pas beaucoup de soirées, le seul moyen c'est de faire des *mixtapes* [10]. » Cut Killer vend ses premières cassettes artisanales en 1994, qu'il diffuse auprès de ses proches avant d'en proposer quelques exemplaires à un magasin spécialisé de Paris, Tikaret, point de convergence des amateurs de rap de la région [11]. « Je me rappelle avoir vendu cinq exemplaires de ma première *mixtape*. Ça motive ou ça motive pas ! Là, dans la dynamique, ça peut le faire, la numéro 2 j'en vends quinze, la numéro 3 j'en vends quarante, cinquante... la 5 ça explose, il y a des rappeurs français, il y a un public pour ça, tu ne lâches pas l'affaire, Radio Nova est arrivée à ce moment-là [12]. » Cut Killer devient en effet animateur sur Radio Nova en 1995, assurant ainsi la promotion de ses *mixtapes*, dont les ventes augmentent alors de façon significative.

Le succès de ces cassettes mixées qui font découvrir des chansons peu connues de rap américain contribue à faire connaître le DJ : son nom dessiné au feutre orne massivement chaque pochette. Des cassettes intitulées *Cut Killer 1*, *Cut Killer 2*, etc., se multiplient et aux performances des rappeurs américains s'ajoutent bientôt des raps d'artistes de Paris et de sa région. Cut Killer rapporte : « Les gens venaient, très sympathiquement, on faisait le *freestyle*, on travaillait finalement. C'était des prémaquettes pour eux, c'était un travail de prod pour moi [13]. » L'expérience s'approfondit et, pendant que la production de *mixtapes* devient industrielle, Cut Killer réalise une première cassette exclusivement consacrée au rap francophone : *Freestyle*. Le succès est notable pour un produit de ce type, puisque les ventes dépassent les 2 500 exemplaires. Sur cette cassette, on trouve la majorité des membres de la scène indépendante qui parviennent à publier des albums de 1994 à 1997 : Sléo, Fabe, Sages Poètes de la Rue, Too Leust, Ménélik, Rocca (La Cliqua), Manu Key (Différent Teep), D. Abuz System, ainsi que des rappeurs plus anciens : Sens Unik, IAM, Saliha, Timide et Sans Complexe. La diffusion de ces cassettes s'étend à la province, toujours par le biais des magasins spécialisés. Dadoo, rappeur qui habitait alors à Toulouse, explique l'utilité des *mixtapes*, au-delà du simple plaisir de l'écoute : « C'était le moyen pour nous de savoir ce qui se faisait à Paris, d'avoir une

---

a Mix compilant différents morceaux, originaux ou non, et diffusé le plus souvent sous forme d'une cassette audio.

vision vraiment pointue [14]. » La vente de *mixtapes* et l'animation de soirées permettent peu à peu à Cut Killer de vivre du DJing : « À force de faire des petites soirées, [...] et puis les gens commençaient à acheter de plus en plus, un business se crée : business souterrain, mais intéressant [15]. »

Pendant que Cut Killer commence à publier ses premières compilations CD en 1996 (cette année-là, MCA [a] produit sa compilation *Hip Hop Soul Party*), d'autres DJ se lancent dans la production de *mixtapes*, offrant des opportunités nouvelles à un grand nombre d'artistes d'accéder à une visibilité publique et d'atteindre une notoriété minimale par le biais d'enregistrements. De 1993 à 2000, le développement des *mixtapes* est considérable. Un site Internet aujourd'hui disparu, <www.mix-tape.com>, recensait plus d'une centaine de *mixtapes* de rap en français, de rap américain, de ragga et de R&B publiées au cours de la seule année 2000. Diffusées dans toute la France, par le biais de la vente par correspondance et des magasins spécialisés (disquaires, vêtements hip-hop...), les *mixtapes* connaissent des ventes qui oscillent entre 200 et 2 000 exemplaires, pour un prix unitaire de 50 ou 60 francs (8-9 euros). L'intérêt économique des *mixtapes* provient essentiellement de leur caractère illégal : les œuvres reproduites et mixées sur cassette ne sont pas déclarées, évitant à la fois le difficile travail d'obtention de l'accord des ayants droit et le coût d'un tel accord. Les œuvres originales sont le plus souvent enregistrées gracieusement par les artistes invités, qui renoncent en outre à tout intéressement sur la vente de la *mixtape*. La cassette elle-même est souvent vendue sans payer de redevance de droit de reproduction mécanique (DRM) [b]. Cut Killer explique : « Pour la répression des fraudes, j'ai fait un petit tour là-bas, ils savaient pas ce que c'était. Maintenant ils savent, et pour eux c'est des cassettes de groupes rap français. Donc légalement, j'ai tout à fait le droit de le faire. Mais à l'intérieur, il y a des morceaux de groupes américains, de disques que j'achète. Ça, c'est pas légal. Mais c'est pas possible que ce soit légal. Aux États-Unis, tu as plus de cinq mille DJ qui font ça et les magasins les vendent parce que les maisons de disques sont d'accord avec ce principe : il n'y a pas de meilleur moyen de promotion [16]. » Que ce soit par le biais de labels indépendants déclarés ou par l'intermédiaire d'un « business souterrain », selon le mot de Cut Killer, des DJ et des rappeurs « s'engagent dans la coordination des activités d'autres personnes [17] ».

---

a La maison de disques MCA est depuis 1995 la propriété de la multinationale Seagram et sera bientôt rebaptisée Universal Music. Seagram rachètera Polygram en 1998 et fusionnera cette major avec sa propre branche dans l'industrie du disque.

b Pour chaque reproduction d'une œuvre enregistrée, la Société pour l'administration du droit de reproduction mécanique délivre une autorisation et prélève une redevance de 8 % du prix de vente TTC.

Sound Musical School B. Vice : inscrire le hip-hop dans le paysage associatif de Marseille

Si le genre rap se développe sous une forme capitaliste *via* les labels indépendants et sous une forme souterraine *via* les *mixtapes*, il se déploie également sous une forme associative. Grâce aux financements des pouvoirs publics, des associations spécialisées dans des activités liées au rap ou au hip-hop apparaissent à partir de 1991.

Héritier d'une première formation centrée autour de la pratique du graffiti, à la fin des années 1980, le groupe B. Vice se tourne de plus en plus vers le rap et la danse dans le sillage du succès local puis national d'IAM. Ses membres habitent le quartier de La Savine, un grand ensemble de logements collectifs situé dans le XVe arrondissement de Marseille. Ils multiplient les performances scéniques à partir de 1990 et acquièrent une notoriété importante à Marseille et dans sa région. La question d'une forme de stabilisation de leur pratique se pose. Hassany, né en 1975, à l'époque DJ du groupe, explique : « On nous a bien conseillés. Quand on allait voir Chill [Akhenaton, membre d'IAM] le week-end, quand on allait squatter chez lui au Cours Julien, il nous disait : "Ça serait bien que vous créiez une association, que vous achetiez un lecteur DAT [a], pour mettre vos musiques... [...] Avec une association, on peut demander des subventions [18]." » Pour Mohamed M'Baé dit Soly, né en 1969, auteur au sein du groupe B. Vice, la perspective de s'organiser sous forme associative croise une autre préoccupation, celle d'encadrer de jeunes admirateurs pour lesquels il se sent investi d'une forme de responsabilité : « Lorsque le groupe se déplaçait dans les Bouches-du-Rhône ou même en dehors, des fois, on voyait des minots de La Savine faire de l'auto-stop au bord de l'autoroute, et le soir, au quartier, il y avait les parents qui nous demandaient : "Où sont les enfants ? Ils nous ont dit qu'ils partaient avec vous." Nous... on n'était pas au courant ! On a créé cette association-là pour pouvoir encadrer les jeunes, louer un car [19]. »

Dans un premier temps, en juillet 1991, une association loi 1901 naît avec l'aide du centre social de La Savine, qui permet la résolution de quelques difficultés administratives, comme le raconte Hassany Ibrahima : « De toute façon, on était mineurs à l'époque, on pouvait rien faire. Donc dans le bureau [de l'association], il y avait les membres du centre social, il y avait Soly... tous les majeurs ! [20] » L'association Sound Musical School

---

a Acronyme de *Digital Audio Tape*, les DAT sont des cassettes audio numériques utilisées par les professionnels de la musique pour sauvegarder le master (le premier exemplaire) de leurs enregistrements dans les années 1980 et 1990.

B. Vice est née, et suit les conseils d'Akhenaton – solliciter les pouvoirs publics pour obtenir des subventions. « On a eu un premier budget, je crois que c'était 7 000 francs [21] », soit un peu plus de 1 000 euros. À l'époque, les membres du groupe ne disposent pas de moyens matériels pour exercer leur pratique. Ainsi, un dossier de presse de la fin des années 1990 présente rétrospectivement le DJ du groupe comme ayant « une fonction décorative puisqu'il n'a pas de platines disques ni d'ailleurs le moindre vinyle [22] ». Le groupe ne dispose pas non plus de lieu de répétition, et le simple fait de se retrouver peut se révéler complexe. « On faisait des réunions tout le temps ! On n'avait pas de salle, on faisait les réunions chez Soly ou chez moi. Mais si y avait pas le choix, dans la cage d'escalier [23]. » La naissance de la Sound Musical School laisse entrevoir une autre possibilité : obtenir un local de la part de l'office HLM chargé de la gestion des immeubles de la cité de La Savine, la Logirem. Mais celle-ci se montre « très réticente et évite à plusieurs reprises de recevoir [le groupe]. Elle invoque, souvent à visage à peine couvert, sa peur de voir les locaux servir à des desseins autres que ceux annoncés dans les statuts de l'association. En clair : que le local ne devienne un bar ou un hôtel de passe [24] ».

L'insistance du groupe et l'appui du centre social finissent par avoir raison des craintes du bailleur, à quelques conditions toutefois : la Sound Musical School doit signer une convention avec l'office HLM, mais aussi avec le Comité communal de la prévention de la délinquance et l'Unité de prévention urbaine, une branche de la police nationale. La façon dont l'issue de ces négociations est évoquée dans le dossier de presse de l'association, six ans plus tard, n'est pas sans rappeler le récit de divers artistes face à leur premier contrat avec une maison de disques : « B. Vice signe les yeux fermés. Nous sommes en novembre 1993. L'association possède alors seulement deux pièces et de maigres subventions pour animer ses ateliers (MAO [a], Expression vocale, Danse et Techniques de studio) [25]. » L'association, pour saisir cette opportunité, n'a pas les moyens de faire la fine bouche. Les faibles subventions associées au local accordé par l'office HLM permettent cependant au groupe de se développer en parallèle de l'association, et tandis que cette dernière obtient un crédit croissant auprès des responsables locaux de la politique de la ville, le groupe multiplie les scènes. « Avec les nombreux concerts qu'on a effectués, on a eu des rentrées de sous. [...] Jamais on n'a dit à la fin du concert : "5 000 francs, 500 francs chacun." [...] On reversait tout dans le compte de l'association. J'ai eu mes premières platines comme ça, mes premiers vinyles [26] », explique Hassany.

a Musique assistée par ordinateur, où l'informatique est au service de la création musicale.

En 1995, les subventions dont bénéficie l'association Sound Musical School s'élèvent à 50 000 francs, soit 7 500 euros environ, toutes perçues au titre de la politique de la ville pour des opérations de « formation et [d'] insertion par la musique et la danse [27] ».

L'association Sound Musical School offre un exemple de professionnalisation dans le tissu associatif dont la visibilité publique a sans doute été moindre que celle de la professionnalisation commerciale des artistes inscrits dans les réseaux conventionnels de l'industrie du disque. Elle n'en est pas moins emblématique d'une forme alternative de stabilisation de la pratique que l'on retrouve pour d'autres groupes [28]. Des personnalités qualifiées au titre de leur expertise du hip-hop sont également amenées à exercer ponctuellement ou durablement des activités rémunérées au titre de travailleur social, éducateur, intervenant culturel, etc., au sein de structures associatives. À partir de 1990 se développe donc une possibilité de soutien économique *via* l'animation socioculturelle, permettant à un certain nombre d'artistes de rap de stabiliser leur pratique artistique sans forcément obtenir du secteur privé commercial les revenus suffisants pour vivre de leur art. Il ne s'agit pas d'une originalité du rap. Pierre-Michel Menger montre notamment comment l'animation culturelle constitue un débouché important, avec l'enseignement dans le secondaire, pour toute une génération de nouveaux compositeurs de musique contemporaine dans les années 1970 [29].

À mi-chemin entre captation de ressources publiques et réinvestissement des bénéfices obtenus par la commercialisation de ses chansons, IAM développe à partir de 1992 la structure Côté Obscur. La Friche de la Belle de Mai, ancienne manufacture de tabac appartenant à la Seita, devient à cette époque un lieu subventionné par la direction régionale des affaires culturelles, dans le cadre du volet « développement social urbain » de l'action du ministère de la Culture [30]. La Seita propose à des artistes de l'occuper et noue en 1992 un accord avec IAM et l'Association d'aide aux musiques innovatrices (AMI). « Le contrat était le suivant : le groupe ne payait rien, mais en échange devait donner un concert par an. L'idée du "Côté Obscur" date de cette époque. Au départ, il s'agissait de faire profiter de jeunes rappeurs phocéens de la notoriété d'IAM. Finalement, le concept évoluera pour ne plus désigner que l'ensemble des activités économiques du groupe. Il s'occupa notamment de questions de merchandising pour MC Solaar, Fabe, Ménélik et même… NTM [31] ! » Alors que Radio Grenouille s'y est installée depuis 1991 et que des artistes comme MC Solaar, Imhotep ou DJ Rebel y animent des ateliers, La Friche de la Belle de Mai devient un lieu de référence pour le hip-hop à Marseille.

Une offre discographique qui échappe au contrôle des majors

La conversion d'une série de coups ponctuels en un « lieu propre » constitue une forme d'« effort collectif » pour qu'un petit nombre de personnes « agissent en temps voulu [32] » et coopèrent de manière déterminée et donc prévisible dans certaines conjonctures. Ce processus n'est pas spécifique au rap : on pourrait décrire en des termes comparables le rôle qu'a joué la RTF (radiodiffusion-télévision française) pour la musique contemporaine [33], avant que se mette en place un système de subventions de certains sites lui étant consacrés, subventions dont l'attribution était contrôlée par les musiciens les plus réputés eux-mêmes [34]. On peut aussi interpréter en ces termes le processus par lequel des ensembles de musique baroque dépendant de subventions laissées « à la discrétion d'acteurs militants [35] » pérennisent leur existence en jouant sur un fonctionnement déficitaire contrôlé. La multiplication de ces structures, autour des pratiques de rap en français de 1990 à 1997, forme un maillage distendu d'entreprises collectives définissant le rap comme leur spécialité. On est ici face à ce qu'Everett Hughes désigne comme un phénomène d'institutionnalisation à l'état naissant, dont les conséquences pour la pratique du rap en France sont considérables.

La multiplication de labels indépendants, d'entreprises souterraines et d'associations définissant le genre rap comme leur spécialité soutient, de 1994 à 1997, l'activité d'un nombre croissant d'artistes. Lors de cette période, le nombre d'albums de rap francophone produits en major chaque année reste constant : moins de cinq albums par an. Cette vingtaine de disques ne représente qu'une petite partie des nouveaux albums de rap français qui voient le jour au cours de la période. Plus d'une cinquantaine d'albums sont en effet produits par des labels indépendants, soit neuf fois plus que de 1990 à 1993. Cette production indépendante croissante ne relève pas seulement de réseaux concurrents à ceux des majors, mais aussi de réseaux complémentaires : dix-sept albums produits par des labels indépendants sont distribués par l'une des majors au cours de la période. De 1994 à 1997 toujours, la part des ventes d'albums qui revient exclusivement aux labels indépendants atteint environ 5 % et celle d'œuvres produites par des indépendants mais distribuées par les majors avoisine les 20 %. Les majors obtiennent l'intégralité des profits liés à 75 % des ventes d'albums de rap en français.

Le marché du disque de rap est donc loin d'échapper aux majors. Rapportée aux années 1990-1993, cette part témoigne toutefois d'une perte de terrain. Sur le marché restreint de cette période, les majors réalisaient à elles seules près de 92 % des ventes d'albums de rap, contre moins de 2 %

pour les labels indépendants assurant leur propre distribution. Par ailleurs, de 1990 à 1997, le marché du disque de rap se développe considérablement : les albums publiés de 1990 à 1993 ont été vendus à 1,6 million d'exemplaires, ceux de 1994 à 1997 à près de 6,5 millions, soit des ventes globales qui ont quadruplé. Si les majors ont vendu trois fois plus de disques de rap, les labels indépendants en ont vendu dix fois plus. Au milieu des années 1990, la perte de contrôle des majors sur l'offre de disques de rap génère un manque à gagner croissant pour ces firmes.

La production d'albums en label indépendant suit trois grandes logiques. La première s'inscrit dans les chaînes de coopération des réseaux indépendants préexistant au rap : Night & Day, Pias, Arcade ou V2 produisent ainsi une dizaine d'albums. Une vingtaine d'albums naissent par ailleurs de réseaux indépendants constitués autour d'artistes de rap. Enfin, une trentaine d'albums sont des autoproductions. Si presque toutes les œuvres produites en label indépendant trouvent des appuis pour être distribuées par les majors ou par des indépendants généralistes, la majorité des nouveaux albums sont produits à l'initiative d'artistes de rap ou de structures spécialisées dans la production d'œuvres de rap. Des rappeurs, des DJ ou certains de leurs proches ont ainsi créé des structures susceptibles de diversifier l'offre d'albums de rap en français commercialisés, au point d'en tripler l'effectif annuel.

L'émergence d'une deuxième génération clivée

Les rappeurs qui parviennent à réaliser un premier album durant le « temps du pari » et ceux qui n'y parviennent qu'après s'investissent dans l'industrie du disque dans des contextes historiques contrastés, qui diffèrent notamment par une attention médiatique moindre à partir de 1993 et par des conditions de production reposant de façon croissante sur des labels indépendants. Or la réalisation d'un premier album constitue un tournant pour tous ces artistes, au cours duquel se joue un apprentissage professionnel décisif.

La notion de génération [36] permet de rendre compte de cette articulation distincte entre un temps collectif (celui des modalités de coopération au sein de l'industrie du disque) et un temps individuel (celui de la socialisation professionnelle des rappeurs). Les rappeurs qui réalisent un premier album de 1990 à 1993 et ceux qui le font à partir de 1994 peuvent se décrire comme membres de générations sociologiques différentes. La génération sociologique consiste à « penser le présent des acteurs sociaux en lien avec le temps et l'espace de leur socialisation [37] ». Ainsi, peu importe l'âge biologique des rappeurs considérés : la différence de génération dont il sera question ne marque pas une différence d'âge, mais une différence dans l'expérience socialisante dans l'industrie du disque. En outre, et à l'inverse de son usage en démographie, une génération ne donne pas naissance à la suivante : c'est la matrice historique prévalant au moment de la formation d'une génération qui importe. Si l'expérience de la première génération peut contribuer à informer l'expérience de la deuxième, elle n'est que l'un des éléments d'un contexte de socialisation professionnelle plus vaste.

De l'ère des MC à celle des rappeurs

De 1990 à 1993, une vingtaine d'albums sont publiés, qui circonscrivent une première génération de rappeurs, la première à s'engager dans l'industrie du disque par le biais d'un album : NTM, MC Solaar, IAM, Sens Unik, Benny B... De 1994 à 1997, les nouveaux rappeurs qui réalisent un premier album forment la deuxième génération de rappeurs à s'engager dans l'industrie du disque. Leur socialisation professionnelle tranche avec celle de leurs prédécesseurs. Mais elle est également contrastée selon que les artistes réalisent un premier album en major ou en label indépendant. En examinant les conventions repérables sur les albums publiés de 1994 à 1997 par la première génération (G1), la deuxième génération sélectionnée par les majors (G2m) et la deuxième génération produite en label indépendant (G2i), il est possible de préciser les transformations que connaît la pratique du rap au milieu des années 1990.

Sur un certain nombre de points, les albums de la première et de la deuxième génération sont tout à fait similaires. Ils comprennent de quatorze à seize titres qui s'écartent rarement d'une durée comprise entre trois et cinq minutes. L'écrasante majorité de ces titres ont un format chansonnier, alternant couplets et refrain. Ces éléments indiquent que les œuvres de la G1, de la G2m et de la G2i respectent de la même façon ces conventions centrales de l'industrie du disque. Elles sont en cela dans la continuité des œuvres que la première génération avait réalisées de 1990 à 1993 et témoignent d'une inscription durable du rap en France dans les chaînes de coopération de la chanson populaire commerciale. En revanche, les refrains privilégiés sur les albums de la G1, de la G2m et de la G2i sont contrastés. De 1990 à 1993, la première génération (G1) privilégiait le refrain DJ dans la majorité de ses raps (60 %). Cette tendance s'affaiblit dans les albums que la G1 publie de 1994 à 1997, mais le refrain DJ reste la forme de refrain la plus fréquente. Au contraire, ces refrains sont minoritaires dans les raps publiés sur les albums de la deuxième génération au cours de la même période. Les artistes de la G2i n'enregistrent que 30 % de chansons avec un refrain DJ et les artistes de la G2m seulement 20 %. Cette moindre présence des DJ sur les albums de rap témoigne d'une transformation de l'ensemble de la scène rap [38].

La moindre mise en valeur des DJ dans les refrains des albums publiés de 1994 à 1997 traduit une recomposition de la division du travail habituelle au sein des groupes de rap. L'un des facteurs expliquant ces transformations réside dans le prestige et les bénéfices associés à chaque rôle. La fonction de rappeur est en effet celle qui est la plus mise en avant dans la médiatisation que connaît le rap à partir de 1990 et celle à laquelle s'intéressent le plus les maisons de disques. En 1996, Malek, membre du groupe IAM, exprime son insatisfaction quant au faisceau de tâches qui lui revient en tant que danseur : « Plus les choses avancent, et plus je me dis que je ne veux pas finir danseur. La danse, ça te tue. Les chevilles, les genoux… et ça paye pas [39]. » Malek deviendra dès l'année suivante rappeur au sein du groupe, changeant pour l'occasion son nom de scène pour adopter celui de Freeman. Kephren, le second danseur du groupe IAM, cherche lui aussi à cette époque une forme de reconversion – management, composition ou ingénierie du son. En 1996, il « se familiarise avec la technique du *sampler*, il envisage de suivre un stage d'ingénieur du son. Et, avec Malek, il essaie d'aider Soul Swing & Radical et la Fonky Family, la relève du rap marseillais [40] ». En 1997, la plupart des grandes formations de rap du début des années 1990 sont dissoutes (New Generation MC, Original MC), ont moins de membres (MC Solaar, NTM), ou un plus grand nombre de rappeurs (IAM, Sens Unik) en leur sein. La forte visibilité de la figure du rappeur a aussi un impact sur le recrutement de nouveaux artistes. Le nombre de rappeurs tend à augmenter considérablement, tandis que le nombre de DJ ne connaît pas une évolution comparable. De plus en plus de groupes de rap, au sein de la deuxième génération, n'incluent pas de DJ. Ce changement est soutenu par l'évolution de la technologie musicale, qui permet à un nombre croissant de personnes n'étant pas DJ de composer des morceaux de rap. L'informatique musicale se démocratise considérablement à partir des années 1990. Les premiers logiciels de MAO se diffusent, tels que Cubase et Pro Tools. D'abord disponible sur Atari 520ST et 1040ST dès 1989, Cubase est bientôt utilisable sur Macintosh puis PC Windows à partir de 1992. Pro Tools se diffuse à partir de 1994 et de la sortie de sa troisième version. Autrement dit, à partir du milieu des années 1990, la composition est de moins en moins un privilège des DJ.

Si ces derniers sont de moins en moins souvent les coauteurs d'albums de rap, ils deviennent en revanche des personnels de renfort dont le travail de diffusion est essentiel à l'existence de ces œuvres, et ce à plusieurs niveaux. Comme Cut Killer, ou Dee Nasty avant lui, les DJ maintiennent leur rôle pivot au sein d'émissions de radio spécialisées permettant à des artistes de rap à la notoriété encore limitée d'accéder à une visibilité publique, en les invitant ou en diffusant à l'antenne leurs chansons. Les DJ font également partie des acteurs décisifs dans l'émergence des structures indépendantes spécialisées de rap. À l'image de Jimmy Jay, ils fondent des labels et s'investissent dans la production d'œuvres de rap. Enfin, les DJ développent également de plus en plus leurs propres œuvres, sous forme de *mixtapes*, de compilations et plus tard d'albums de DJing à part entière [a]. Le couple DJ/MC, omniprésent dans les œuvres du début des années 1990, tend à se dissocier au milieu de la décennie, amenant chacun à évoluer dans une plus grande autonomie. Dans la mesure où l'activité du maître de cérémonie était par définition liée à un travail de dialogue musical avec son DJ, la fin du couple DJ/MC porte également en elle la fin de la figure du MC en tant que tel. Désormais, l'activité cardinale aboutissant à la réalisation d'un album de rap est de plus en plus le fait de rappeurs seuls.

Si l'ensemble de la deuxième génération se détourne des refrains DJ, les artistes qui réalisent un premier album à partir de 1994 ne les remplacent pas par les mêmes types de refrains. La deuxième génération produite en label indépendant (G2i) se distingue en privilégiant un refrain rappé versifié dans la majorité de ses chansons et en substituant la figure du rappeur à celle du MC. Plus qu'aucune autre fraction de la scène rap des années 1994-1997, la G2i manifeste une intensification de la forme rappée dans ses œuvres. La deuxième génération produite en majors (G2m) quant à elle n'opte dans la majorité de ses morceaux ni pour les refrains DJ ni pour les refrains rappés versifiés, mais privilégie le refrain chanté, présent dans plus de 40 % de ses chansons (alors qu'il ne l'est qu'à environ 15 % dans celles de la G2i) [b]. Cette différence entre les œuvres de la G2m et celles de la G2i laisse penser qu'il s'agit là d'un des critères qui font un bon album de rap aux yeux des majors, une fois le « temps du pari » révolu. Ce clivage au cœur même de la deuxième génération soulève la question des segmentations professionnelles [41] au sein de la scène rap du milieu des années 1990.

---

a Albums de breakbeats, de scratchs, œuvres musicales instrumentales, etc., où la performance du DJ est au centre de l'œuvre.

b En 1990-1993, la première génération (G1) ne choisissait de faire un refrain chanté que dans 10 % de ses chansons ; en 1994-1997, elle privilégie plus souvent ce type de refrains, jusqu'à atteindre 20 %, mais il reste minoritaire.

La radiodiffusion, privilège de la deuxième génération produite en major

Avant 1994, les artistes de la première génération sont peu diffusés sur les grands réseaux radiophoniques. Cette situation contribue à précipiter la fin du pari des majors sur le genre rap : sans le relais d'une exposition radiophonique massive, la perspective de créer des stars de l'enregistrement s'éloigne. Toutefois, les liens entre grands réseaux radio et majors se caractérisent aussi par des tensions, liées à des intérêts divergents. Les débats autour de la radiodiffusion de chansons en français en témoignent [42].

Au début des années 1990, le Syndicat national de l'édition phonographique (SNEP) s'inquiète de la diminution de la part des chansons francophones dans le chiffre d'affaires de l'industrie du disque. Des statistiques sur la question existent depuis 1988, qui montrent un basculement du rapport entre part du disque francophone (de 54 % en 1989 à 44 % en 1992) et part du disque non francophone (de 46 % à 56 %) [43]. Relayée par les maisons de disques en général et les majors en particulier, cette inquiétude trouve un écho auprès des autorités gouvernementales et législatives. Elle sera progressivement définie à l'intersection entre un enjeu politique (la place de la langue française dans la production culturelle) et un enjeu économique (protéger et stimuler l'offre intérieure concurrencée par l'offre musicale anglo-saxonne). Les radios commerciales jeunes sont particulièrement critiquées, au nom d'une programmation trop exclusivement composée de variétés anglo-saxonnes. Dans un premier temps, la contrainte législative n'est utilisée que comme menace par Jack Lang, alors ministre de la Culture. Le Conseil supérieur de l'audiovisuel (CSA), héritier de la Haute autorité de communication audiovisuelle, engage des négociations avec les radios commerciales. Au moment du renouvellement de leur autorisation d'émettre, en 1991, le CSA intègre au cahier des charges de la plupart d'entre elles des clauses en matière de diffusion de chanson francophone. En parallèle, des discussions entre le SNEP et les radios commerciales jeunes (NRJ, Fun Radio, Skyrock) aboutissent à des accords prévoyant des taux minimums de programmation de chanson française de 12 % à 20 % suivant les stations en échange de la création d'un fonds de soutien. Le non-respect de ces accords de part et d'autre, suivi de mises en demeure du CSA, aiguise les tensions, qui vont se solder autour de la loi Carignon de 1994.

Cette loi peut se décrire comme un compromis entre les grands réseaux radio commerciaux et les pouvoirs publics. Ces réseaux obtiennent des pouvoirs publics la légalisation d'une situation de concentration qui enfreignait jusqu'alors les dispositions législatives en vigueur depuis 1986. En retour, les députés exigent des radios commerciales qu'elles favorisent la chanson française, en augmentant progressivement sa présence dans leur programmation de 1994 à 1996 : en deux ans, la proportion d'œuvres musicales créées ou interprétées par des auteurs et artistes français ou francophones doit atteindre un minimum de 40 %, dont la moitié au moins provenant de nouveaux talents ou de nouvelles productions.

Les directeurs et programmateurs de NRJ, Fun Radio et Skyrock sont publiquement opposés à ces quotas, comme une majorité de leurs confrères. Pierre Bellanger, P-DG de Skyrock, critique par exemple un « quota imbécile qui attaque la diversité de la radio [44] ». Ils accompagnent cependant avec plus ou moins de bonne volonté une transformation de leur programmation amorcée en 1992. Le vote de la loi Carignon redéfinit les modalités de la coopération entre artistes de rap, majors et grands réseaux radio. En effet, le quota de chansons d'expression francophone est assorti d'une clause relative aux nouveaux talents, qui limite les répertoires disponibles. Une des solutions adoptées par les programmateurs de Skyrock, NRJ et Fun Radio consiste à diffuser – à contrecœur – des chansons de rap francophone. Ainsi, en 1996, le directeur général de NRJ, Max Guazzini s'« insurge contre la mode du rap bien de chez nous, qui fabrique "du sous-Alliance Ethnik, du sous-Menelik, du sous-MC Solaar" [45] », avant de constater deux ans plus tard que NRJ, pour respecter les quotas, « est coincé entre le rap et les *boys bands* [46] ». Fun Radio juge également nécessaire le recours au rap par défaut : « Tout se ressemble, rien que du rap [47]. » Un nouvel espace d'exposition radiophonique pour des chansons de rap s'ouvre ainsi, dont artistes et maisons de disques peuvent espérer tirer bénéfice.

Toutes les œuvres de rap publiées à partir de 1994 ne trouvent pas pour autant le chemin des ondes. La coopération nouvelle qui se noue entre Skyrock, NRJ, Fun Radio et l'industrie du disque passe par une sélection au sein du genre rap. Les ventes de *singles*, fortement liées aux rotations radio, permettent de cerner quels rappeurs sont privilégiés par ces réseaux. De 1990 à 1997, trente-six chansons de rap francophone entrent dans le Top 100 hebdomadaire des meilleures ventes *singles* du SNEP. On peut supposer qu'elles ont bénéficié de l'exposition radiophonique la plus importante sur cette période. Dans un premier temps, seuls deux artistes de rap bénéficient de ces succès radios : Benny B dès l'été 1990 et MC Solaar à compter de l'été 1991. À partir de 1994, une nouvelle vague de succès radio se fait jour. C'est d'abord la chanson « Je danse le mia » d'IAM qui, en 1994, côtoie les chansons de MC Solaar dans les Top 100 du SNEP. C'est ensuite et surtout, à partir de 1995, le succès de *singles* de nouveaux artistes dont une majorité appartient à la deuxième génération sélectionnée par les majors : Alliance Ethnik, Mellowman, Reciprok, Mad in Paris, Squeegee et Doc Gyneco, Ménélik... Outre le fait qu'elles sont presque toutes produites en major, ces chansons diffusées en radio tendent à partager certains traits sur les plans de l'instrumentation comme de l'interprétation. Les thèmes rejoignent les sujets classiques des variétés internationales – la fête et la danse, la musique, l'amour et la séduction [48]. La musique est fréquemment dansante et 90 % de ces chansons ont un refrain chanté [a].

Toutes ces propriétés répondent à la majorité des objections formulées contre le genre rap francophone au début des années 1990 par les directions des grands réseaux radio « jeune ». La plupart de ces raps se caractérisent par « un discours positif, fédérateur », mobilisent « du chantant, de l'agréable à écouter », une musique comme une interprétation (au refrain du moins) « mélodique » [b]. On peut les décrire comme des chansons qui transgressent les formats musicaux établis, des chansons de rap « *transformat* [49] », dans la mesure où elles maintiennent une interprétation rappée en français tout en surmontant l'aversion des programmateurs de NRJ, Skyrock et Fun Radio pour ce genre.

Rap cool, *rap* hardcore *: la construction d'un clivage moral*

La distinction entre les chansons de rap *transformat* et les autres n'est pas purement musicale. Elle va rapidement être surdéterminée par un clivage moral, initié en premier lieu par la presse généraliste dès l'année 1992. On peut comprendre les enjeux de ce clivage moral en le resituant dans l'histoire des conflits ayant trait à la bonne façon de rapper. Cette histoire est liée à celle des chansons les plus médiatisées et les plus vendues, mais n'est pas strictement déterminée par elle, selon un modèle de dénigrement systématique des artistes à succès par les artistes les moins connus. Ainsi le regard que les rappeurs portent sur Benny B et MC Solaar, les deux premiers rappeurs à rencontrer un large succès commercial, est contrasté.

Le jugement de ses pairs est massivement négatif sur Benny B et ses œuvres, et il se traduit par un rejet fréquemment explicite. En 1991, sur le

a Les deux titres de Ménélik « Tout baigne » et « Quelle aventure » sont les principales exceptions, avec les chansons que MC Solaar, rappeur de la première génération, publie de 1990 à 1997. La plupart entrent dans le Top 100 sans avoir de refrain chanté.

b Je reprends ici les arguments expliquant que le genre rap ne soit pas diffusé sur NRJ au début des années 1990, d'après le souvenir de Rémy Jounin, ancien animateur au sein du groupe NRJ (voir chapitre 4).

plateau de *Ciel, mon mardi !* [50], Shurik'N du groupe IAM est amené à expliciter ce rejet, fustigeant « un rythme *house* qui est faisable en deux heures en studio » et « une versatilité et une diction qui datent de 1984 ». Le verdict du rappeur est sans appel : « Le Top 50, j'ai rien contre. J'ai contre certaines personnes qui y rentrent, avec une étiquette rap, et qui ne la méritent pas. » De même, Carlos Leal se souvient qu'à l'époque du succès de Benny B son hostilité était forte : « Je me souviens qu'on avait croisé Benny B sur une aire d'autoroute en France et nous, comme des gamins, on avait presque une haine contre ce mec qui "salissait" le rap français. Mais on était curieux de savoir, alors on était allés le voir : "Dis, mais pourquoi tu fais ça ? Tu fais de la merde…" Faut dire que le *flow* [a] ressemblait pas du tout à un *flow new school* […]. En Suisse, en France, en Allemagne, c'était pas possible. Tu pouvais pas mélanger la scène *dance* avec la scène rap. C'était hors de question [51]. »

MC Solaar ne rencontre pas un tel rejet. Un livre consacré à IAM publié en 1996 souligne « la complicité qui lie [MC Solaar] aux rappeurs du Vieux-Port, le MC de Paris anime même un atelier d'écriture à la Friche de la Belle de Mai, l'antre d'IAM [52] ». Quant à Carlos de Sens Unik, il invite très tôt MC Solaar à venir se produire en Suisse et noue avec lui une relation qu'il présente comme cordiale. L'appréciation généralement positive de ses pairs est seulement pondérée par les réserves que NTM exprime à partir de 1992, par exemple dans le magazine *Rock & Folk* : « Ne serait-ce qu'au niveau technique, "Bouge de là" c'est pas du rap – c'est construit comme un morceau de variétés : y'a plus de refrains que de couplets. Ensuite, OK c'est un aut' genre mais bon… ça dit rien quand même. C'est pour les enfants à la limite [53]. » NTM souligne un problème neuf, qui n'a jamais été évoqué dans le cas de Benny B : « Ça dit rien. » Outre la forme générale de la chanson (trop de refrains, pas assez de couplets), le cœur de l'objection faite à MC Solaar porte sur les paroles, comme le confirme la suite de l'interview : « Déjà, si j'me pointe un jour avec des paroles de ce style-là, les mecs du *posse* [b] vont m'jeter des pierres [54] ! » Si les paroles passent ici au centre de l'attention critique, les commentaires de NTM ne qualifient pas le style de MC Solaar comme un style *cool*, auquel s'opposerait leur propre

a Le *flow* qualifie la technique rythmique et l'art de rimer d'un rappeur. Il peut aussi décrire, par extension, d'autres aspects de l'interprétation : timbre de voix, type de prononciation, contrôle de la respiration… parfois distingués sous le nom de « *delivery* ». Voir Paul Edwards, *How to Rap. The art and science of the hip-hop MC*, Chicago Review Press, Chicago, 2009.

b Synonyme de collectif ou de *crew* (équipe), un *posse* désigne les personnes gravitant autour d'un rappeur ou d'un groupe de rap et traitées comme des proches.

style. La presse généraliste, au contraire, va être à l'initiative d'un tel partage, forgé lui aussi autour du succès de MC Solaar.

Ce dernier, contrairement à Benny B, voit en effet se multiplier les articles à son sujet à partir de l'automne 1991. Dans un premier temps, MC Solaar figure au même titre que NTM, Assassin ou IAM dans la liste des représentants de ce qui est présenté comme un nouveau style musical [55]. À mesure que le succès commercial du rappeur croît, la singularité qui lui est prêtée passe au premier plan [56]. Puis, à partir de 1992, MC Solaar se voit de plus en plus désigné par le qualificatif de « *cool* », par opposition à NTM, décrit comme un groupe phare du rap « *hardcore* ». L'attribution de ces désignations n'est pas évidente si l'on se penche sur l'autodéfinition des rappeurs à l'époque. L'usage des adjectifs *cool* et *hardcore* renvoie à des variations de style qu'un même artiste peut adopter dans différentes chansons. L'opposition va toutefois se stabiliser, pour cliver la scène rap, et sera reprise aussi bien en son sein qu'en dehors d'elle.

MC Solaar fait la couverture du magazine *Télérama* publié le 18 août 1993. On trouve dans les pages de l'hebdomadaire culturel généraliste un article qui explicite les attendus moraux prêtés à l'opposition *cool/hardcore* : « Des yeux très doux aux cils recourbés, un air curieux et intelligent [...] MC Solaar [...] dévore la presse, cite la Bible et apprend des tours de magie. » À ce portrait élogieux de l'emblème du rap *cool* sont opposés les « meneurs originels de la frange pure et dure, les NTM de Saint-Denis », dont l'article rapporte le fait – tout en le commentant – qu'ils « déplorent naturellement le tournant plus léger (mais moins manichéen et surtout moins répétitif) qu'a pris le mouvement sous l'impulsion de MC Solaar [57] ». L'article enfin dramatise l'opposition en parlant de « guerre de tranchées du « *hardcore* » contre le « *cool* » ». Si la distinction entre *hardcore* et *cool* fait peu à peu sens pour la presse généraliste comme pour les artistes de rap, elle ne polarise pas à cette époque les jugements de valeur portés entre artistes de rap. Au contraire, elle est presque immédiatement associée à un jugement de valeur dans la presse généraliste. Le rap *cool* est présenté comme « une nouvelle direction : plus flegmatique, plus cérébrale, plus mélodieuse » et opposée aux « diatribes militantes des NTM », tandis que l'article dresse un portrait élogieux de « EJM, *alias* Jean-François Émilien, un souriant hâbleur de Vitry d'origine antillaise appartenant à la tendance "*hardcore*" (l'autre face du rap français, chronologiquement la première, la plus brutale et la plus engagée), converti, lui aussi, aux bienfaits du "*cool*" [58] ». L'importante programmation en radio et le succès commercial d'un rap *transformat* vont être interprétés à la lumière de ce clivage moral entre rap *cool* et rap *hardcore*, par la presse généraliste comme par certains artistes de rap.

Si la deuxième génération sélectionnée par les majors (G2m) est programmée par Fun Radio, Skyrock et NRJ, la majeure partie de la deuxième génération produite en label indépendant (G2i) reste en marge de ces chaînes de coopération. Cette situation exacerbe une rivalité perçue dans les termes du clivage *cool/hardcore* : tandis que le rap *cool* est associé au rap *transformat* que diffusent les grands réseaux radio, certains artistes défendent de façon croissante l'étiquette stylistique du *hardcore*, y investissant des enjeux moraux, et engagent ainsi un « mouvement de réforme [59] » visant à peser sur les façons de faire du rap. À partir de 1994, les critiques se multiplient à l'encontre de l'ensemble des rappeurs diffusés en radio. Ces critiques semblent d'abord le fait de fanzines à l'existence souvent précaire. Elles sont également portées par certains artistes de la deuxième génération indépendante et par le groupe NTM au travers d'interviews et de paroles de chansons. Ces dernières permettent de se faire une idée du type de contestation dont les artistes fortement diffusés en radio font l'objet. Fonky Family, groupe de la G2i, met à l'index le groupe Alliance Ethnik, proclamant n'avoir « rien à voir avec ces putains de simple et funky [a] ». NTM de son côté prend Reciprok à partie, chantant « laisse-moi sampler du funk bien lourd bien compact bien gras / pour ne pas que l'on puisse me comparer à / Lève les bras balance-toi hou ah non ici c'est pas ça [60] ». Ces attaques sont brèves et se contentent de marquer une distinction entre l'interprète et les groupes critiqués.

Expression Direkt, qui appartient à la deuxième génération produite en label indépendant, dans une chanson en collaboration avec Rohff, membre de la Mafia K'1 Fry, évoque plus précisément certains motifs de critique : « Je n'veux pas qu'on me prenne pour un de ces Mellow [b]/ que j'passe pour un idiot / et finisse dans un bas niveau. » Dans la même chanson, Rohff, plus virulent, rappe en pastichant la chanson « Tout baigne » de Ménélik, dont il dénonce le manque de réalisme et à laquelle il répond par « Tout saigne » : « Ok man j'te reprends pour t'niquer ta race / sers les seufs ça va chier ton boss Rohff est dans la place / [exclamation de voix : "tout saigne !"] / qu'ça soit sur l'mic ou dans la vie quotidienne / j'te donne le meilleur des conseils n'essaie jamais d'me clash / ras l'bol de ces faux personnages rappeurs merdiques / fais ton cash comme tu l'entends mais te classe pas dans la hip-hop music / j't'explique tu salis l'image du rap français / tu casses le ness-bi ta bullshit empêche le vrai d'percer [61]. » Rohff

---

a Référence au titre d'une chanson à succès du groupe Alliance Ethnik : « Simple et funky ». Paroles interprétées dans la chanson « La furie et la foi », sur l'album *Si Dieu veut*, publié en 1997.

b En référence au groupe Mellowman.

thématise ainsi la rivalité commerciale entre le rap *transformat* et la majeure partie de la fraction indépendante de la deuxième génération. Ménélik sera également l'objet d'une attaque de la part de NTM, qui reprendra cette même dimension du contenu des paroles interprétées : « Mes yeux ont vu le pire et je vous jure / qu'il est indécent de crier que tout baigne / alors qu'autour de nous y a tant de gens qui saignent [62]. »

Contrairement à l'opposition qu'avait soulevée Benny B, le différend n'est pas avant tout musical (associer *house* et rap est illégitime, la technique d'interprétation du rappeur est dépassée), mais thématique (ne pas rendre compte de la sombre réalité relève de l'indécence). L'esthétique est toujours en question, mais ce sont les paroles qui sont désormais au cœur de l'attention des artistes. Expression Direkt, dans plusieurs interviews en 1995 et 1996, explicite cette dimension : « Certains *rappers* ont leurs entrées sur MCM ou M6 aux heures de grande écoute alors qu'ils ne rappent que depuis six mois. Les présenter comme des *rappers* est assez surprenant et on finit par se demander quel type de musique nous faisons. Quand tu rappes, tu as un devoir à accomplir, un message à véhiculer. C'est beaucoup plus important que le côté fun. Nous habitons un monde où il n'y a que de la merde, un monde pas vraiment rond, pas vraiment doux [63]. » Dans cette interview, on retrouve la critique esthétique et ce nouvel enjeu associé au mandat du rappeur : véhiculer un message fidèle à un monde dur.

Ce point de vue éthique sur la bonne façon de faire du rap se rapproche du mandat de responsabilité minoritaire qu'un certain nombre d'artistes – parmi lesquels IAM et NTM – avaient endossé sur les plateaux de télévision en 1990-1991, mais il en élargit la portée. La critique du rap *transformat* étend le mandat de responsabilité minoritaire élaboré ponctuellement dans les interactions avec des journalistes ou des animateurs, et l'applique à la tâche centrale du métier de rappeur, l'intérprétation. Elle l'utilise en outre à des fins de segmentation professionnelle [64] qu'explicite le groupe Expression Direkt : « Si c'est ça le Rap, alors je ne fais pas de Rap. Et si je fais du Rap, alors ce qu'il fait lui ce n'est pas du Rap [65]. »

La rivalité exacerbée entre la deuxième génération produite en major et celle produite en label indépendant s'explicite dans les attaques que certains membres de la seconde adressent à la majorité des artistes de la première. Elle renvoie aussi des artistes de la seconde, à l'image de Ménélik, du côté des accusés. Mais ces conflits engagent également des artistes de la première génération : NTM participe à la mise en cause du rap *transformat*, tandis qu'IAM, après le succès de « Je danse le mia » en 1994, subit un certain nombre de critiques. Ce sont ainsi deux segments professionnels engageant l'ensemble de la scène rap qui émergent peu à peu.

« *Reste* underground »

Certains artistes incriminés répondent en chanson à leurs détracteurs. La première réaction artistique, celle d'IAM, mérite que l'on s'y arrête car elle contribue par sa longueur à préciser les termes du conflit.

Publiée au début de l'année 1994, la chanson « Je danse le mia » rencontre un large succès qui la conduit à entrer dans le Top 100 des *singles* du SNEP dès le 19 février de cette année. Elle y reste trente-cinq semaines, portée par une programmation radio importante sur NRJ comme sur Fun Radio et Skyrock, mais aussi par un clip qui séduit les chaînes de télévision [66]. Chanson la plus vendue de l'année 1994, « Je danse le mia » s'écoule à plus de 600 000 exemplaires. Mais la médiatisation du groupe et sa chanson *transformat* lui valent de nombreuses critiques. Publiée en face B du deuxième *single* du groupe, la chanson « Reste *underground* » revient explicitement sur ces critiques.

Une écoute superficielle de la chanson pourrait laisser croire qu'il s'agit d'un manifeste commercial, puisque, dans l'opposition intronisée par la critique entre commercial et *underground*, IAM lance en forme de défi : « Reste *underground* ». Ce serait ignorer à la fois la structure de la chanson, la dynamique des paroles interprétées et le jeu à plusieurs voix qui s'y déploie. La chanson développe un propos à la fois plus complexe et plus ambigu sur la question, sous une forme lapidaire et résolue [a].

« Reste *underground* » est une chanson de près de six minutes. Son refrain est composé d'une phrase rappée et de scratchs, correspondant donc à un refrain DJ, et dure seize mesures. La chanson commence par une triple introduction d'environ trente secondes, composée d'interventions parlées, rappées, scandées par des voix différentes. Le morceau se poursuit par un couplet de vingt mesures, puis le refrain intervient, une minute trente après le début du morceau. L'ensemble de ces traits fait de « Reste *underground* » un morceau en tous points opposé aux raps *transformat* dont « Je danse le mia » faisait partie [67]. L'instrumental est peu mélodique, le refrain n'est pas chanté, le premier refrain est interprété tardivement dans le morceau et ne revient pas de façon régulière, les couplets

---

a La transcription de paroles rappées dans cet ouvrage suit les principes suggérés par Anthony Pecqueux, et notamment celui de l'hypothèse de ponctuation minimale visant à n'introduire de ponctuation que lorsque l'intonation de l'interprétation la rend évidente (points d'interrogation et d'exclamation). Voir Anthony Pecqueux, *Voix du rap, op. cit.*, p. 136. Ajoutons un autre principe, concernant l'interprétation des paroles cette fois : celui d'indécidabilité, qui rappelle que quantité d'énoncés rappés ne peuvent donner lieu à une interprétation univoque.

représentent quatre-vingts mesures de la chanson lorsque les refrains n'occupent que vingt-quatre mesures, le titre dépasse la durée habituelle d'une chanson destinée aux radios. Sur le plan de sa structure, « Reste *underground* » est un morceau caractéristique de la conception dominante que la première génération est susceptible de se faire d'une chanson non commerciale.

L'introduction de la chanson est triple. D'abord, une voix masculine intervient et parle, uniquement accompagnée et ponctuée d'une rythmique minimale (pas de grosse caisse, de caisse claire ni de charley – trois éléments formant un *beat*, rythme habituel sur lequel se pose l'interprétation rappée). Cette rythmique minimale donne une impression d'inachevé et est accompagnée de quelques notes qu'un effet de distorsion rend dysharmoniques. C'est la voix d'un détracteur anonyme d'IAM qui intervient alors et dénigre le groupe (« Je danse le mia ? IAM là ? Pfff... c'est du commercial ») pour mieux se mettre en valeur (« Moi je fais du vrai rap moi. T'es fou, je reste *underground* »). Le motif de la polémique est explicité – « Le mia » – et les termes de l'opposition tels que la formulent les dénonciateurs sont posés en termes de commercial *versus underground*. La deuxième partie de l'introduction est lapidaire. Elle est une réponse directe au détracteur d'IAM et tient en six mots, rappés par Akhenaton et Shurik'N de concert : « Ouais c'est ça reste *underground*. » Dans la troisième partie introductive intervient une voix féminine. Elle ne parle pas, mais déclame, d'un ton ferme. Le rythme s'enrichit d'une grosse caisse et d'une caisse claire, un accord de basse et un *sample* remplacent les quelques notes disgracieuses qui caractérisaient le premier mouvement. La voix féminine est celle d'une anonyme qui annonce le morceau d'IAM en parlant du groupe à la troisième personne. Elle explicite le destinataire de la chanson : « IAM envoie un nouveau missile balistique sur ceux qui prennent l'*underground* comme prétexte pour mieux pouvoir critiquer. » Une fois la prétention à parler de façon authentique de l'*underground* réfutée, elle introduit l'usage ironique du terme *underground* qui va dominer le début de la chanson : « Coule ta musique et tes textes / et surtout pour nos oreilles / reste toujours *underground*. »

Au terme de cette triple introduction, Akhenaton interprète le premier couplet. La métaphore est celle du combat de boxe « opposant mon intégrité aux petits juges de l'*underground* » indique le rappeur. Ces petits juges ont les traits de l'inconsistance : ils prennent des champignons hallucinogènes, flippent, sont jaloux, sont prêts à prostituer leur art, mais n'en ont pas les moyens. Face à eux, la notoriété publique d'Akhenaton et de « [ses] qualités avec un stylo ». Mais l'opposition n'est pas seulement esthétique. « Qui sont-ils pour jauger / Qui n'est plus c'qu'il est moins qui devient faux qui reste vrai / Belsunce le quartier les rasoirs dans la bouche / Le lieu où tout est parti la fondation la souche. » Le propos fait un saut, de la succession absurde de questions du petit juge à l'invocation de Belsunce, quartier dont la dangerosité est connotée par l'image du rasoir. Le lien entre les deux phases reste implicite. Ici l'indécidabilité a une fonction majeure : suggérer une filiation sans l'affirmer et peut-être l'envelopper ainsi d'une pudeur qui en renforce l'aura. Dans ce couplet, les grands traits de la ligne de réponse d'IAM à ses détracteurs sont suggérés. Ceux qui critiquent ne sont pas même légitimes à revendiquer l'*underground*, ils ne sont que des imposteurs. Ceux qui sont critiqués – IAM – connaissent la dureté de certains quartiers, et sont peut-être eux-mêmes des durs. Une fois cette idée de fond évoquée, des réponses plus superficielles à des questions rhétoriques (puisque c'est la jalousie qui motive les petits juges, et non la vérité) peuvent être apportées.

Dans le deuxième couplet, Shurik'N aborde la question de la finalité commerciale du rap. Sa réponse est placée sous le signe de l'ironie, de la première mesure à la dernière. L'usage du mot « *underground* » est le même que dans la troisième partie de l'introduction. C'est un mot vidé de son sens par un locuteur aux comportements absurdes (« Je fais un concert mais vaut mieux pas l'annoncer / J'y fous un bon service d'ordre pour empêcher les gens de rentrer ») ou insignifiants (« Surtout très peu d'ambition / Il ne faudrait pas que le rap déchaîne trop les passions »). Entre deux sarcasmes, Shurik'N glisse une question tout à fait sérieuse : « Oh tu m'as pris pour qui ici-bas rien n'est gratuit / Regarde-moi est-ce que j'ai l'air d'un Jésus-Christ ? » Akhenaton intervient pour répondre, laconique : « Non. » La question de la finalité commerciale du rap est tranchée.

Le troisième couplet de la chanson, toujours interprété par Shurik'N, avance un nouveau reproche. Il n'est plus placé dans la bouche de « MC qui flippent », mais d'anonymes qui posent des questions, et notamment celle-ci : « Est-ce que le succès ne vous monte pas un peu au citron ? » Infirmant, toujours sur un ton ironique, Shurik'N élargit l'enjeu : « Solaar a eu une victoire », Akhenaton intervient alors et, d'une voix parlée, dit : « Ouais mais pour lui c'est fini. » Quelle est cette victoire ? Peut-être la Victoire de la musique, décernée à MC Solaar et Jimmy Jay en 1991 comme meilleur groupe de l'année. Le couplet rompt alors à deux reprises avec l'usage ironique du terme « *underground* ». Par la suggestion, consécutive à l'invocation de MC Solaar – « Vous parlez *underground* mais souvenez-vous de qui l'a construit » – tout d'abord, puis par la conclusion du couplet, en forme de mise en doute : « On me traite de traître car je vise l'expansion / Je pose la question / de l'*underground* qui est le champion ? » Pas de réponse explicite, pour l'instant, à cette question, mais un écho à la phrase en insert d'Akhenaton qui jouait à porter le doute sur la victoire de MC Solaar. « On me traite de traître » est en effet une citation de MC Solaar, extraite de la chanson « Qui sème le vent récolte le tempo » (1992), et semble faire de Shurik'N un alter ego de Solaar. Le couplet opposerait ainsi les deux rappeurs et leur capacité à « [marquer] des points » à tous ceux qui « ne sont que des bouches » et ne font rien.

Le dernier couplet apporte une réponse explicite à la question sur laquelle Shurik'N conclut son couplet : « Tes efforts pour faire voyou sont peu sincères / Notre *underground* sent la mort et le tien pue la merde ! » Ces vers d'Akhenaton concluent le couplet de façon lapidaire, mais sont précédés d'un développement en deux temps qui précise ce que l'opposition entre la « mort » et la « merde » signifie. Pastichant « Je danse le mia » avec, en écho, un bref passage du *sample* de cette chanson, Akhenaton transforme les paroles de ce tube et chante : « Et moi je danse sur leurs figures. » Puis le couplet multiplie les jeux métaphoriques autour du champ lexical du délit et de la virilité – les petits juges sont « rois des canailles » et faux « voyous », Akhenaton fait partie d'une « meute » qui éparpille ces « pitres », réalise un « *lyrical drive-by* [a] », en appelle à ce que l'on vire les rappeurs qui ont la « voix d'un travelo », et fait un clin d'œil au premier album du groupe Ministère Ämer, intitulé *Pourquoi tant de haine*, publié en 1992 et réputé pour la violence de ses paroles.

Akhenaton poursuit par une double invocation. La première s'adresse aux « purs du hip-hop », la seconde est dirigée vers « les caves les cités de Saint-Joseph [b] ». Immédiatement après cette seconde invocation, Akhenaton prend un ton indigné et interprète deux vers, qui semblent oublier le thème principal de la chanson : « Et c'est si triste à dire les amis du quartier quand même / Qui ne peuvent plus sourire parce que ces putains de murs les tiennent ! » C'est pourtant cette indignation qui prépare la conclusion du couplet, avec l'affirmation virulente « notre *underground* sent la mort » face à celui des détracteurs d'IAM, interpellés à la deuxième personne du singulier. La mort, dans ce contexte, connote la souffrance

---

a Un *drive-by*, abréviation de *drive-by shooting*, désigne une fusillade depuis un véhicule mobile ou à l'arrêt.

b Cette mention obscure pour un auditeur non averti est une référence au groupe Uptown, alors proche d'IAM, qui l'invite sur son album *Ombre est lumière*. Comme me l'a précisé l'un de ses membres, Mourad Mahdjoubi, lors d'un entretien réalisé en février 2012 à Marseille, le groupe Uptown était originaire du quartier de Saint-Joseph, dans les quartiers nord de Marseille, et y avait aménagé la cave d'un immeuble HLM en studio d'enregistrement et salle de danse. Il précise que le clin d'œil à Uptown dans ce morceau s'impose d'autant plus que son groupe est l'auteur d'un morceau, réalisé en 1993, intitulé « L'undaground ».

évoquée de façon elliptique dans les deux vers adressés aux « amis du quartier », avant qu'Akhenaton et Shurik'N n'égrainent un chapelet de noms de quartiers de Marseille en conclusion du morceau.

« Reste *underground* » manifeste de multiples marques de fidélité envers un mandat de responsabilité minoritaire [a]. La forme de ce mandat, tel qu'IAM l'esquisse, est proche des principes défendus par la fraction de la deuxième génération produite en label indépendant engagée dans un « mouvement de réforme » du genre rap. Sans en préciser le contenu, si ce n'est celui de la performance elle-même, « Reste *underground* » connote un « devoir à accomplir » face à « un monde pas vraiment rond, pas vraiment doux », pour reprendre les termes d'Expression Direkt. La réaction d'IAM à la mise en cause consécutive à son succès commercial ne se réduit pas à cette chanson. Un certain nombre de choix artistiques postérieurs à « Je danse le mia » s'adressent à ceux qui auraient pu interpréter le succès de « Je danse le mia » comme conversion du groupe à un rap « mélodieux et flegmatique [68] », et donnent des gages de fidélité au mandat de responsabilité minoritaire aux détracteurs du rap commercial. Après les succès de « Je danse le mia » et du « Feu », IAM publie en *single* deux chansons aux paroles plus engagées (« Une femme seule », « Sachet blanc »). Nominé à la cérémonie des Victoires de la musique et élu meilleur groupe de l'année en 1995, IAM refuse de jouer « Je danse le mia » sur la scène des Victoires [69].

La chanson « Reste *underground* » contribue à exacerber la conflictualisation de la scène rap francophone autour de l'opposition entre la deuxième génération produite en major et celle produite en label indépendant. En même temps, elle entérine l'extension du mandat de responsabilité minoritaire aux paroles de rap que défendait une frange de la deuxième génération produite en label indépendant. Cette question des formes légitimes de rap constitue ainsi un enjeu pour l'ensemble de la deuxième génération, mais aussi pour les artistes de la première génération, amenés à se positionner par rapport à lui. S'engagent ainsi des luttes autour des lignes de segmentations professionnelles entre artistes de rap et un débat collectif autour de leurs symboles communs.

---

a Reciprok formulera une réponse à ses détracteurs comparable sur ce plan à celle d'IAM dans la chanson « Qui veut la peau de la bass kour ? », en 1996.

7

D'une scène clivée à un monde commun

« – Wesh Wonwon bien ma gueule ou quoi ?
– Ça va pépère tranquille t'as vu j'suis là.
– Eh mais dis-moi au fait avec ton truc là "Meenie Mo" là...
– Ouais ?
– Ça va un peu quand même ?
– Oh vite fait t'as vu. J'me suis acheté deux-trois coste-La et... une banane.
– Comment ça deux-trois coste-La une banane ! T'as pas fait des sous depuis ? »

Salif, « C'est ma vie », 2000.

Au cours des années 1990, le rap en France lie étroitement son destin à celui des industries musicales. Il connaît en parallèle une dynamique de professionnalisation, non seulement parce qu'un nombre limité – mais croissant – d'artistes peuvent vivre du rap, mais aussi parce que les conditions sociales d'exercice du rap se transforment. Ce qui était encore, dans la seconde moitié des années 1980, une spécialité d'interprétation inscrite dans des scènes locales devient la pratique caractéristique d'un groupe professionnel [1] : les rappeurs disposent d'une visibilité sociale importante, se trouvent en concurrence pour l'accès à certaines ressources (exposition radiophonique, visibilité médiatique, contrats de production discographique...) et s'organisent en collectifs de travail partageant une conception commune de leurs activités, ce que le sociologue Anselm Strauss nomme des « cercles de confraternité [2] ». De 1990 à 1997, les collaborations entre rappeurs se multiplient. Elles permettent de décrire le développement de nombreux cercles de confraternité, qui sont l'envers des conflits entre fractions de scène étudiés au chapitre précédent. Loin de se résoudre dans une division toujours plus grande de la scène rap, cette dynamique conduit à la naissance d'un monde social [3] qui rassemble en 1998 la majorité des rappeurs. Derrière la formation et le redécoupage de ces cercles de confraternité mouvants pointe le processus par lequel certaines fractions de la scène rap sont parvenues à en évincer d'autres.

Le goût des pairs contre celui des employeurs

La publicisation croissante du rap en français à partir de 1989 systématise et intensifie l'interconnaissance entre les artistes revendiquant ce type d'interprétation. Dans la seconde moitié des années 1980, les premières circulations d'œuvres de rap en français au-delà de leur aire de diffusion régionale étaient assurées par la médiation d'amateurs se déplaçant entre ces espaces. Elles étaient donc soumises à l'imprévisibilité et aux lenteurs de ce fonctionnement informel. Au contraire, à partir du moment où certaines œuvres entrent dans les circuits habituels de promotion et de distribution de l'industrie du disque, cette circulation s'affranchit plus aisément des médiations personnelles pour s'appuyer sur des réseaux stables de détaillants et sur l'aire nationale de diffusion des grands médias.

Circulations des œuvres, circulation des artistes

De moyen principal de diffusion des œuvres et des connaissances liées au rap, les circulations informelles entre aires régionales ne deviennent plus qu'une source secondaire, définie comme complémentaire ou alternative par rapport au système de promotion et de distribution national de l'industrie du disque. Le changement dans les moyens et l'échelle de diffusion des disques de rap accroît la notoriété des quelques artistes qui parviennent à en publier un. Les artistes qui réalisent un album en major sont ainsi les premiers bénéficiaires de cette nouvelle circulation des œuvres. Mais les compilations qui sortent à la même époque [a] assurent une visibilité nationale à un ensemble plus large d'artistes, provenant non seulement de la région parisienne et de Marseille [b], mais aussi de Lyon (Dee

a Par le biais notamment des compilations *Rapattitude* (1990) et *Rapattitude 2* (1992) ou *Nation rap vol. 2* (1992).

b D. Abuz System, B. Love, Art No, Farakane, Soul Swing & Radical…

Rock), Clermont-Ferrand (Alpha MC), Rennes (Rapas Production), Dijon (Judge of Krime), Toulouse (Bouducon Production), etc. À ces groupes, il faut en adjoindre au moins deux supplémentaires qui introduisent, pour des raisons différentes, un horizon francophone plutôt que strictement français dans la pratique du rap en France : le groupe belge Benny B et le groupe de Suisse romande Sens Unik. On peut donc parler de naissance d'une scène rap francophone, rassemblant et dépassant les scènes locales, qu'il s'agisse de la scène parisienne du *Deenastyle*, de la scène marseillaise qui gravite autour d'IAM, ou de la scène lausannoise dont Sens Unik est la figure de proue [a].

Outre les œuvres, les artistes eux-mêmes circulent sur le territoire national et au-delà. La médiatisation du rap et l'affichage ministériel d'un soutien à la culture hip-hop incitent les associations locales à inviter des rappeurs. L'appui des maisons de disques, pour les artistes qui en bénéficient, se traduit par l'organisation de tournées promotionnelles. L'activité scénique des artistes de rap est importante dès 1990, mais, à l'inverse des productions discographiques dont les traces sont relativement faciles à retrouver trente ans plus tard, les concerts sont plus difficiles à répertorier. Une poignée d'entre eux font l'objet de nombreux discours rétrospectifs, d'autres ont laissé une trace sur une affiche, dans une émission télévisée ou dans un article de presse. C'est sans doute pour les groupes n'ayant pas publié de disques à l'époque que l'activité scénique est le plus difficile à saisir aujourd'hui. Au travers des archives de l'association Sound Musical School, j'ai pu retrouver la trace de vingt-six concerts réalisés de 1991 à 1995 par le groupe ayant fondé l'association, B. Vice [4]. La plupart de ces concerts sont locaux : dix-huit ont été réalisés à Marseille et quatre dans le département des Bouches-du-Rhône. Le groupe B. Vice, qui n'a jamais publié d'album ni participé à des compilations distribuées nationalement, offre un exemple de ces artistes peu présents sur support discographique. Leur activité scénique s'appuie notamment sur des événements caritatifs (soutien à la Croix-Rouge, fête des Rois pour les SDF, concert contre le sida…) ou sociaux (animation de quartier, concert de lutte contre le racisme…). Il s'agit d'une caractéristique commune à un grand nombre de groupes de musique amateurs et semi-professionnels, renforcée par les usages publics du genre rap. Enfin, quinze des vingt-six concerts sont réalisés en collaboration avec d'autres rappeurs avec lesquels B. Vice partage la

a Une scène rap locale existe à Bruxelles au début des années 1990, dont l'album du collectif *Brussels rap convention*, publié en 1991, est l'emblème. Je n'ai pas retrouvé de traces de liens forts, au début des années 1990, entre cette scène et la scène du *Deenastyle* ou les scènes marseillaise et lausannoise.

scène, dans le cadre d'un plateau de plusieurs artistes, ou d'un concert dont le groupe assure la première partie (notamment pour MC Solaar en 1992 et Assassin en 1993). Le concert devient ainsi occasion de rencontres entre artistes – locaux et nationaux – nourrissant une interconnaissance directe, et non plus médiatisée par l'écoute des œuvres des uns et des autres.

La trajectoire du collectif La Cliqua, à la même époque, illustre bien cette dynamique où les collectifs de rappeurs croissent par le biais de rencontres dans des concerts ou des émissions de radio, tout en étant soumis à des tensions qui peuvent amener leur éclatement à mesure que la carrière de certains de leurs membres avance. Encore collégien lorsqu'il déménage de Bobigny à Boulogne, Kohndo, né en 1976, rencontre Dany Dan, puis Zoxea, membres des Sages Poètes de la Rue, qui contribuent à l'initier au rap. Avec DJ Sound, puis Lumumba et Egosyst, qui prendra plus tard le pseudonyme d'Aarafat au sein du groupe IMS, Kohndo forme le groupe Coup d'État Phonik. Alors que Les Sages Poètes de la Rue publient leurs premiers morceaux, Coup d'État Phonik réalise des maquettes. Kohndo raconte : « Les Sages Po avaient déjà commencé à exploser un peu avec Solaar, avec le *freestyle* sur l'album *Prose Combat*, et nous on commence à vouloir faire des radios, parce que c'est le schéma qu'on avait vu. On avait vu les Sages Po faire des radios d'abord, faire des concerts, et puis à un moment réussir à avoir des propositions [5]. » L'une des premières émissions de radio auxquelles participe Coup d'État Phonik offre au groupe l'occasion de rencontrer et de sympathiser avec le rappeur Daddy Lord C, venu assurer la promotion du maxi vinyle *Freaky Flow/Les Jaloux*. Le rapprochement entre Daddy Lord C et Coup d'État Phonik doit autant aux affinités personnelles qui se nouent entre les rappeurs qu'aux références musicales partagées qu'ils se reconnaissent. En l'occurrence, la maîtrise de techniques vocales et d'options musicales introduites par les nouveaux groupes de rap américain du moment, comme l'explique Kohndo : « Je suis arrivé dans un bâtiment à Boulogne qui était récent, et on avait le câble. Ça veut dire qu'on bénéficiait de "Yo ! MTV Rap". […] Donc nous, comme on a biberonné MTV, on a toutes les références cainris [américaines] dans la tête. On sait qui fait quoi, qu'est-ce qu'il se passe. Donc on entend Daddy Lord au départ, Egosyst et moi on rigole et on fait : "Eh… Funkdoobiest, hein !" […] Et quand on lui dit ça, il rigole. Parce qu'à un moment, il fait : "Et vous… Onyx [a] hein !" Et on rigole comme ça, et on sait qu'on sait. »

---

a Funkdoobiest et Onyx sont deux groupes de rap américains dont les premiers albums respectifs sortent en 1993. Le premier vient de Los Angeles, le second de New York. Le succès d'Onyx est notamment porté par le clip du morceau « Slam », largement diffusé sur MTV.

À l'occasion d'une autre émission de radio commune, ils rencontrent le rappeur Rocca avec lequel ils se lient également d'amitié [6], et forment peu à peu un collectif connu sous le nom de La Cliqua. Kohndo explique : « Comme sur le maxi [*Freaky Flow*], c'était marqué "Daddy Lord C et La Cliqua", les gens entendaient plein de gens rapper, ils ont entendu Daddy Lord C, donc pour eux le reste c'était La Cliqua [7]. » Le succès du groupe après quelques passages radio se prolonge à l'occasion de premières parties de concert. La Cliqua autoproduit en 1995 un premier album, *Conçu pour durer*, qui rattache ce groupe à la deuxième génération indépendante. « Et à cette époque on est avec Less du 9, avec Ali [qui créera le groupe Lunatic] qui rappe déjà aussi. [...] On commence à nous appeler pour des concerts. Comme on est nombreux, on ne peut pas bouger avec tout le monde. Et là il commence à y avoir une scission. Egosyst lui est vachement sociable, a toujours envie de ramener le *crew* [a], et puis les petits qu'il est en train de former, Cercle Vicieux. Y a un moment où il dit : "On va en concert, donc on emmène tout le monde." Mais c'est aussi une logistique, un nombre de chambres, un nombre de voitures, et tu ne peux pas emmener cinq personnes ou six, plus dix. Ça ne marche pas. » Après plusieurs départs successifs, Egosyst quitte à son tour La Cliqua, suivi de plusieurs membres. La Cliqua comprend dès lors Rocca, Daddy Lord C, Raphaël, Kohndo (qui quittera le groupe à son tour en 1997), Chimiste, Gallegos et JR Ewing.

Ces témoignages qui égrainent de nombreux noms de collectifs, de *posse* ou de *crew* à géométrie variable font écho aux traces que ces cercles de confraternité ont laissées sur disque. Des liens de collaboration durables naissent qui se concrétisent notamment dans la production de chansons communes, aussi appelées *featurings*. Anglicisme emprunté au milieu du cinéma, le terme *featuring* signifie littéralement « mettant en vedette ». Dans l'industrie du disque (et pas seulement dans le rap), on parle ainsi d'une chanson de tel groupe (hôte) en *featuring* avec tel autre (invité) lorsque le premier convie le second à participer au morceau. La réalisation de chansons communes est une marque particulièrement intéressante des relations qui se nouent entre rappeurs. La participation commune à un concert peut ne pas avoir été choisie. Le fait d'être produit par le label créé par un autre artiste signifie une relation professionnelle dans laquelle la qualité d'artiste du producteur n'est pas forcément engagée : c'est une relation de producteur à artiste, plutôt que d'artiste à artiste. Au contraire, un *featuring* noue une relation engageant chacun des partenaires comme

a Groupe, équipe. Synonyme de *posse*.

artiste. Pour réaliser une chanson commune, il faut un minimum d'entente entre les partenaires autour de la forme esthétique que l'œuvre doit prendre. En ce sens, un *featuring* témoigne du partage d'une culture musicienne minimale, et manifeste l'existence d'une confraternité.

Le featuring *comme technique commerciale d'authentification*

L'examen systématique des *featurings* permet de rendre compte de ces rapprochements et de la dynamique collective à laquelle ils participent au cours des années 1990 [8]. Les *featurings* montrent en particulier l'émergence d'un phénomène collectif qui dépasse les dynamiques locales de regroupements affinitaires et de scissions entre groupes, selon les affinités entre artistes, les conflits personnels, les divergences artistiques et les priorités des membres plus périphériques.

Au début des années 1990, la première génération réalise quelques *featurings*. NTM invite par exemple le groupe Assassin à participer à la chanson « Freestyle », incluse sur l'album *Authentik*, tandis que Timide et Sans Complexe participe à l'album du groupe Original MC, *Le 21e siècle*. Mais jusqu'en 1994, moins de 10 % des titres publiés sur les albums de rap en français sont réalisés en *featuring*, et un tiers environ des albums n'en comprennent aucun. Les premiers cercles de confraternité que ces *featurings* permettent d'observer demeurent restreints à quelques artistes. L'extension de ces cercles de confraternité croît alors de façon significative, MC Solaar et Sens Unik se distinguant par la place centrale qu'ils occupent dans le jeu des collaborations sur disques. En 1995, ces deux groupes fédèrent un ensemble de rappeurs par le biais des activités de production discographique qu'ils ont initiées : Jimmy Jay Productions du côté du DJ de MC Solaar, Sens Unik Records du côté du groupe lausannois. Ces deux labels s'appuient mutuellement : les premiers maxis vinyles de Sléo, Les Sages Poètes de la Rue et Democrates D en 1994 sont édités par Unik Records, avant que Jimmy Jay Productions n'assure l'année suivante la production des albums de ces groupes.

À partir de 1996, la pratique du *featuring* se développe (la proportion de chansons en *featuring* croît jusqu'à atteindre près de 30 % à partir de 1997) et se systématise (seule une faible proportion d'albums de rap sans aucun *featuring* est publiée à partir de 1996). Cette intense activité de collaborations concerne également de nouveaux groupes de rap. Le premier album solo de Stomy Bugsy, ancien membre du Ministère Ämer, comprend par exemple la participation d'un grand nombre de rappeurs, dont IAM, La Rumeur ou encore Ärsenik. Assassin publie la même année *Écrire contre l'oubli*, album sur lequel on trouve le groupe 2 Bal ou la chanteuse Mélaaz.

D'invitations en invitations, la majorité des rappeurs en activité paraissent liés les uns aux autres. En 1996, cette évolution n'en est qu'à ses débuts : les liens associant les différents cercles de confraternité semblent ténus, dépendant de l'entremise d'un artiste particulier (La Rumeur collabore à la fois avec Stomy Bugsy, Yazid et Assassin, Sléo invite à la fois La Cliqua et Sens Unik). La publication d'un nombre croissant d'albums, l'intensification de la pratique du *featuring* et l'interconnaissance croissante entre rappeurs renforce le processus et, dès 1997, les *featurings* offrent l'image d'un entrelacement étroit de cercles de confraternité formant un seul grand réseau commun. En 1997-1998, plus de soixante-dix groupes, soit 80 % des rappeurs qui réalisent des albums à cette époque, gravitent autour des labels Côté Obscur, initié par IAM, et Secteur Ä, créé par Kenzy, l'un des membres du groupe Ministère Ämer.

La présence de ces deux nouveaux labels indépendants au cœur des collaborations suggère l'importance des liens noués entre la première génération (G1) et la deuxième génération indépendante (G2i). La première fonde ou contribue au développement de labels assurant la production des œuvres de la seconde. Les artistes de la G1 et de la G2i sont ainsi engagés dans une entreprise de reconnaissance réciproque (dont témoignent leurs *featurings* communs), mais aussi dans une entreprise de légitimation collective du rap comme pratique artistique : les labels indépendants de rap ne sont pas isolés les uns des autres, mais soutiennent leur développement mutuel par de multiples collaborations. Les *featurings* apparaissent ainsi comme la manifestation publique et intentionnelle d'affinités entre rappeurs qui mêlent logiques esthétique, professionnelle et commerciale. Sur le plan esthétique, ces collaborations offrent l'occasion de recréer, dans le cadre d'une performance enregistrée, l'atmosphère *live* d'un *freestyle*, voire la dynamique qui peut exister dans la pratique de défis entre artistes. Sur le plan professionnel, les *featurings* rendent publique l'existence de cercles de confraternité et peuvent se lire comme une technique d'authentification entre pairs. Enfin, sur le plan commercial, les *featurings* permettent de découvrir de nouveaux groupes ou de soutenir le succès d'un disque par le prestige de ses invités.

À partir de 1995, les *featurings* deviennent de plus en plus fréquemment des arguments commerciaux, ce que traduit la généralisation de leur mention sur la pochette de l'album. IAM, NTM ou Les Little invitaient d'autres artistes à participer à certaines chansons de leur premier album, mais ne le mentionnaient pas sur la pochette. Leur participation ne constituait donc pas un argument promotionnel à destination des acheteurs potentiels du disque. Ce n'est qu'à partir de 1995 que les expressions « *featuring* », « *feat.* » ou « avec » se développent sur les albums de rap en français, systématisant l'usage de cette pratique comme technique commerciale. Quasi nulle dans la première moitié des années 1990, la proportion d'albums indiquant les *featurings* sur la pochette approche d'abord les 40 % de 1995 à 1997, puis elle augmente de nouveau en 1998 et 1999 jusqu'à dépasser les 75 % et rester stable à partir de cette date.

Mais tous les rappeurs ne privilégient pas autant les *featurings*. Sur la période 1994-1997, la G2i réalise presque 25 % de ses chansons en *featuring*. Dans une moindre mesure, la première génération contribue à cette transformation, en intensifiant cette pratique en 1994-1997. Au contraire, sur la même période, la deuxième génération produite en major (G2m) n'opte pour les *featurings* que dans 9 % de ses raps. De la même façon, de 1994 à 1997, tandis que près de la moitié des albums la G2i mentionnent des *featurings* sur leurs pochettes, aucun de ceux de la G2m n'en indiquent. Ces deux indicateurs illustrent le fait que la deuxième génération produite en major reste en marge du processus d'authentification entre rappeurs qui se joue au milieu des années 1990, et ne le mobilise pas à des fins commerciales. La situation des artistes de la première génération est plus ambiguë. Une majorité d'entre eux (Benny B, Lionel D, Jhonygo, Destroy Man) n'a plus d'activité discographique en 1998. Ce sont souvent des artistes qui ne réalisent plus d'œuvres nouvelles depuis la fin du « temps du pari » des majors. Ceux qui sont en activité, en revanche, tendent à occuper des positions centrales au sein du réseau. En premier lieu IAM, Passi et Stomy Bugsy, qui sont directement liés aux labels indépendants qui en forment le cœur. Mais aussi Boogotop[a] et Assassin, qui font partie des artistes de la première génération contribuant à des collaborations qui lient entre eux des cercles de confraternité distants les uns des autres.

Le phénomène que l'on observe dépasse la seule dynamique des cercles de confraternité, de leur croissance et de leur segmentation. Plus qu'une activité commune, ces rappeurs partagent des sites et des ressources (émissions de radio, studio d'enregistrement, salles de concerts...), manifestent un engagement homologue dans le rap en France et tendent de façon croissante à adopter une perspective commune sur la façon de mener cette activité. Autrement dit, ils s'inscrivent dans un monde social commun, un monde social du rap français.

a Le groupe Boogotop est notamment composé de Doudou Masta, rappeur au sein de Timide et Sans Complexe au début des années 1990.

Quand les aînés apprennent des cadets

À mesure que les rappeurs réalisant des albums s'inscrivent dans un monde social commun, leurs conceptions de ce que rapper veut dire se rapprochent. De 1994 à 1997, les façons dont la G1, la G2i et la G2m réalisaient des albums s'opposaient sur bien des points. La première génération restait notamment adepte du refrain DJ, alors que la deuxième génération produite en label indépendant privilégiait les refrains rappés versifiés, et souvent aussi les raps sans aucun refrain. La deuxième génération produite en major, en adéquation sur ce point avec les attentes des programmateurs des grands réseaux radio, enregistrait une majorité de titres avec un refrain chanté. Or, au cours de la période 1998-2001, ces disparités entre fractions de la scène rap francophone s'estompent. La G1, la G2i et la G2m réalisent alors toutes environ 30 % de leurs chansons en *featuring*, soit une intensification de la convention portée prioritairement par la G2i. De même, à partir de 1998, les trois quarts des albums de la première comme de la deuxième génération font un usage commercial des *featurings*, mentionnés sur la pochette du disque. Sur le plan des refrains, la période 1998-2001 est marquée par la raréfaction des refrains DJ et des refrains chantés, au profit des refrains rappés versifiés, qui deviennent majoritaires dans les œuvres de la première comme de la deuxième génération.

Cette convergence illustre ce que l'analyse de 1990 à 1997 indiquait : la production d'un monde social commun, c'est-à-dire d'une aire culturelle dans laquelle ce que faire du rap signifie est relativement partagé par une majorité d'artistes revendiquant ce type d'interprétation. Cette aire culturelle privilégie en 1998-2001 des conventions que portait prioritairement la fraction indépendante de la deuxième génération. Celle-ci semble ainsi influencer une partie de la deuxième génération sélectionnée par les majors [a], mais également les aînés de la première génération.

Comment est-on passé de la scène clivée de 1994-1997 au monde social commun de 1998-2001 ? Deux hypothèses sont imaginables : les artistes de la première génération et ceux de la G2m peuvent avoir transformé leur façon de faire du rap dans le sens des conventions portées par la G2i, ou au contraire la majorité d'entre eux peut avoir interrompu sa carrière, auquel cas seule la minorité d'artistes privilégiant des conventions proches de celles de la G2i serait restée en activité.

Une partie de la réponse, pour la première génération de rappeurs, a déjà été donnée : parmi les dix-sept artistes de la première génération, huit

---

a On verra qu'il s'agit plus d'un effet de sélection au sein de la G2m, dont une poignée de membres seulement continue à publier des albums après 1997.

s'inscrivent au cœur du réseau commun qui se dégage par le biais des *featurings*. Les autres n'ont bien souvent plus d'activité discographique, et ce depuis les années 1993-1994, à la fin du « temps du pari ». Leur disparition ne peut donc expliquer la transformation que connaît la façon typique dont la première génération fait du rap du milieu des années 1990 à la fin de la décennie. Pour l'essentiel, la première génération adopte de nouvelles conventions et ce changement est tardif en ce qui concerne notamment l'usage des refrains. L'album de NTM qui paraît en 1995, *Paris sous les bombes*, comprend 60 % de refrains DJ. Le nouvel album que le groupe publie en 1998 n'en compte plus que 29 %. L'album d'IAM qui paraît en 1997, *L'École du micro d'argent*, comprend 37 % de chansons avec un refrain DJ. Les albums solos des rappeurs d'IAM, *Où je vis* de Shurik'N en 1999 et *Sol invictus* d'Akhenaton en 2001, en comptent respectivement 7 % et 16 %. En 1998, MC Solaar publie son album éponyme, qui comporte 55 % de chansons avec un refrain DJ ; en 2001, son album *Cinquième as* n'en compte que 22 %.

En ce qui concerne l'usage du *featuring*, l'évolution est comparable. Ni MC Solaar, ni NTM, ni IAM ne mentionnent les *featurings* sur la pochette de leurs albums avant 1995, alors que leurs disques comportent presque tous de telles collaborations. En 1995, Akhenaton mentionne sur la pochette de son premier album solo, *Métèque et mat*, un *featuring* réalisé avec la Fonky Family. Puis l'album d'IAM publié en 1997 n'indique aucun des trois *featurings* présents. En revanche, les deux albums solo des rappeurs d'IAM qui paraissent en 1998 et 2001 en comportent sept chacun et les indiquent sur leurs pochettes. De même, l'album de MC Solaar publié en 2001 mentionne sur la pochette les quatre *featurings* qu'il comporte, à l'inverse des quatre albums qu'il avait publiés auparavant.

Ces éléments prolongent sur le plan de la structure des morceaux et sur celui des logiques promotionnelles une transformation qui touche également la technique d'interprétation. Anthony Pecqueux note en particulier la décomposition quasi systématique de toutes les syllabes dans les raps datant d'avant 1996. De 1996 à 1998, quelques groupes de la deuxième génération produits en labels indépendants (Le Rat Luciano de la Fonky Family, La Cliqua) et de ce que l'on décrira comme une troisième génération réalisant un premier album après 1997 (Ärsenik, Lunatic, X-men) introduisent et systématisent la pratique de l'ellipse syllabique : « j'te rappe » ou « je t'rappe » plutôt que « je te rappe »[9]. Ces nouvelles techniques d'interprétation conduisent certains rappeurs de la première génération à modifier leur propre *flow* à partir de 1998 : il n'est plus possible de rapper en 1999 comme on rappait en 1993. Elles déclinent, sur le plan esthétique, un ensemble de changements qui sont aussi organisationnels, et qui font de l'année 1998 un nouveau tournant de l'histoire du rap en France. Mais avant de décrire ce tournant, il reste à rendre compte du destin de la deuxième génération produite par les majors.

La perte de confiance des majors dans les artistes recrutés de 1994 à 1997

La convergence entre la première génération et la deuxième produite en labels indépendants n'est pas le fait d'une disparition des artistes de la G1 les plus éloignés, sur le plan conventionnel, de ceux de la G2i. Elle s'explique plutôt par une transformation des conventions que privilégient à partir de 1998 les artistes de la G1. Au contraire, les artistes de la G2m les plus éloignés de la G2i se voient marginalisés et nombre d'entre eux ne réalisent plus d'album après 1997. Stylee qui réalise son premier album en 1994, Mad in Paris dont le premier album sort en 1996 et Squeegee qui publie son premier album en 1997 ne réalisent pas de second album. Reciprok, dont le premier album était produit par Sony Music en 1996, ne réalise plus de nouvel album avec l'aide de la major. Le duo Reciprok se sépare, et l'un des deux membres publiera un nouvel album en 2001 – en label indépendant cette fois. Mellowman, après un premier album en 1995, publie un deuxième et dernier album [a] qui rencontre peu de succès en 1998. Lone, dont un premier album en groupe était réalisé et publié par Barclay en 1994, puis un deuxième album solo en 1996, ne publie de nouvel album qu'en 2001, et celui-ci ne mobilise plus que de façon marginale l'interprétation rappée – l'essentiel de l'album est chanté. Sur la période 1994-1997, la G2m réalise onze albums. De 1998 à 2001, six seulement. Dans le même temps, la production de la G2i est relativement stable, passant de quarante albums publiés de 1994 à 1997 à trente-cinq de 1998 à 2001.

Les trois exceptions de la G2m qui réalisent un album au-delà de l'année 2000 – KDD, Alliance Ethnik et Doc Gyneco – ont des profils contrastés. Tous les trois se conforment progressivement à la convention d'un usage important des *featurings* et de leur mention sur la pochette de l'album. L'évolution est précoce pour KDD et Alliance Ethnik (dès leur deuxième album, publié respectivement en 1998 et 1999), qui maintiennent cette pratique dans les albums suivants. Elle est plus tardive chez Doc Gyneco, puisque ce n'est qu'en 2002 qu'il choisit de faire figurer sur le disque la mention des *featurings*. En matière de refrain, en revanche, aucun

---

a L'un des deux membres du groupe décède dans un accident de voiture en 1998.

des albums de ces trois groupes ne laisse apparaître une forme de conversion aux conventions portées par la G2i. En ce qui concerne KDD, le groupe privilégie dès son premier album, *Opte pour le K*, un équilibre entre types de refrain comparable à la majorité de la G2i. La tendance reste la même pour les deux albums suivants, publiés en 1998 et 2000. Dans le cas d'Alliance Ethnik, on ne peut pas parler de conversion puisque le groupe demeure adepte d'une forme de plus en plus rare de refrain : les refrains DJ. Cependant, si ces derniers restent fréquents dans les albums qui paraissent en 1995, 1999 et 2001, les chansons au refrain chanté, rares sur le premier album, deviennent dans le même temps majoritaires dès 1999. Enfin, Doc Gyneco se caractérise par une adoption de plus en plus complète du refrain chanté (100 % dans le troisième album, publié en 2002), alors qu'il utilisait aussi souvent le refrain rappé versifié que le refrain chanté dans son premier album en 1996 (43 % chacun).

Les caractéristiques moyennes des albums que la G2m publie à partir de 1998 masquent ainsi la grande diversité d'un faible nombre d'œuvres. Le destin collectif de la G2m porte la marque de carrières à l'évolution particulièrement chaotique, dont l'issue la plus fréquente est la rupture pure et simple de la carrière de rappeur. L'enquête que Morgan Jouvenet a consacrée au rap à cette époque [10] permet de décrire le destin de l'un de ces groupes de rap de la deuxième génération sélectionnés par une major, groupe que nous surnommerons Sickle.

Interrogé en 1998, l'assistant de direction artistique de le major évoque « une étude de marché l'année dernière [indiquant que] le rap rapportait un maximum d'argent aux maisons de disques ». Le catalogue de sa propre major n'est toutefois pas très étoffé et ne comprend que ce groupe, « qui fait pas du rap… très dur […]. C'est bien, mais ça a duré qu'un temps, et c'était pas non plus du rap… c'est du rap pour les filles de 15-16 ans quoi. C'est un marché à prendre mais c'est pas très très développé ». Le chef de produit précise la caractérisation des artistes du groupe : « On est dans une configuration où c'est du rap grand public quoi, qui passe par les radios, etc., et où justement y a pas ce… c'est très difficile d'avoir la base là dessus… parce qu'ils considèrent que le discours n'est pas assez crédible… et que les origines… leurs origines ne sont pas bonnes quoi. Ils sont pas de banlieue, ou ils sont de banlieue mais ils ont pas fait partie de *posses* particuliers, ni de gangs particuliers, des choses comme ça, donc… ils sont de toute façon méprisés par la base quoi. […] Je vais pas prendre de pub dans *Radikal*, dans *R.E.R.* [a],

a Titres de presse spécialisés sur le rap dont il sera question au chapitre 8.

ça c'est sûr… ça serait plutôt *XL* ou le journal de McDonald's, et ça passera sur NRJ et Skyrock. »

Aux yeux de la major, Sickle n'est pas capable de satisfaire la nouvelle demande mise au jour par cette étude de marché. Alors qu'il est susceptible de passer en radio, il ne peut « toucher la base », « n'est pas assez crédible », sa maison de disques le considère comme cantonné à un marché « pas très très développé ». Ce scepticisme se voit renforcé par des tensions croissantes entre le groupe et l'équipe de la major, au premier rang de laquelle le chef de produit. L'assistant de direction rapporte : « Ils ont fait un deuxième album en fait… et ça ne plaît pas du tout à la maison de disques. Malheureusement l'album est déjà fait, donc ils vont devoir le sortir, et ils repoussent de plus en plus la date, parce que ça va coûter de l'argent et ça risque de pas trop marcher. […] Il y a eu un conflit avec le chef de produit, ce qui fait qu'ils ont fait leur travail de leur côté et à la fin des réunions ils ne sont pas arrivés à des accords. Ils ont fait leur travail sans vraiment suivre la ligne directrice qui a été définie en réunion. » À l'inverse de l'orientation que souhaitait privilégier la major, Sickle a persisté dans un style dont la major estime que désormais « ça ne marche plus. On a écouté l'album, et c'est vrai que c'est un peu gnangnan. Ça n'a pas évolué depuis trois, quatre ans ».

Les conséquences de ces tensions pour Sickle sont doubles. D'abord, explique l'assistant de direction, « ça risque de faire un album qui va sortir dans un an », alors qu'il est déjà produit. Un premier facteur d'explication de la faible production d'albums de rap de la G2m à partir de 1998 se trouve dans ce mécanisme. Peu convaincue du potentiel commercial d'un album déjà produit, la major est tentée de repousser sa promotion pour consacrer ses moyens humains et financiers à des disques dont elle pense qu'ils rencontreront un large succès. Ensuite, explique toujours l'assistant de direction, la major va « essayer un *single*. Parce que maintenant que l'album est fait… c'est quand même beaucoup de travail, donc ils vont sortir le *single*. Et encore c'est même pas sûr, ils vont voir si le *single* marche… et si il marche pas, ce sera du travail pour rien ». Dans un tel climat de scepticisme, l'échec du premier *single* signerait la fin du travail promotionnel de la maison de disques sur l'ensemble de l'album de Sickle, dès lors condamné à ne rencontrer aucun succès. La faible confiance que la major accorde à ce groupe fonctionne ainsi comme prophétie autoréalisatrice : tentée de faire le minimum en matière de promotion, voire aucune promotion du tout, la major condamne à l'échec un artiste en qui, dès lors, elle aura d'autant moins confiance pour un nouvel album qui, selon toute probabilité, ne verra jamais le jour.

À partir de 1998, le soutien des majors constitue une ressource de plus en plus précaire pour les artistes de la G2m. Or ces derniers sont peu liés aux autres rappeurs, comme en témoigne leur marginalité dans le cercle de confraternité que décrivent les *featurings*. La transformation de la politique des majors à l'égard du rap constitue un tournant critique pour le maintien dans la carrière de nombre d'entre eux, tournant que l'on peut rapprocher de celui qu'avaient affronté les artistes de la première génération au terme du « temps du pari ».

Reste à comprendre ce scepticisme neuf des majors, autour de 1998, à l'égard des groupes qu'elles privilégiaient quatre ans plus tôt. Les propos du chef de produit et de l'assistant de direction rapportés dans le travail de Morgan Jouvenet indiquent deux directions. La première est cette concurrence entre l'artiste de la G2m et un rap « plus dur », qui n'est pas sans rappeler l'opposition entre la G2m et la G2i. Mais comment une fraction de scène qui plaît aux « filles de 15-16 ans » et dont on peut espérer que « ça passera sur NRJ et Skyrock » peut-elle paraître moins profitable qu'une fraction de la scène rap qui semble n'avoir pour elle que de « toucher la base » ? C'est probablement le secret que révélait (ou que donnait à croire) la mystérieuse « étude de marché », circulant autour de 1997, dont il était question plus haut. À défaut de l'avoir retrouvée, il est possible de décrire la nouvelle économie du rap francophone qui se dessine autour de 1997. Celle-ci se caractérise par deux grands traits. Tout d'abord une logique générale d'exploitation commerciale du rap par le biais d'un marketing de la marge, dont je rendrai compte au chapitre suivant. Ensuite, un nouveau mode de sélection des artistes par les majors, interprétable comme une forme précaire de « système d'accréditation [11] », que nous allons aborder à présent. C'est dans ce contexte professionnel profondément transformé qu'émergeront de nouveaux artistes, troisième génération de rappeurs en France à réaliser un album.

Une nouvelle façon de « développer » des artistes

Depuis le début des années 1980, les personnes chargées au sein des majors de choisir quels albums produire étaient les directeurs artistiques et quelques producteurs indépendants entretenant des contacts privilégiés avec ces maisons de disques. La transformation des modalités de coopération privilégiées par Skyrock va transformer cette portion du monde de l'art permettant de réaliser des œuvres de rap vouées aux circuits du *star-system*. Avant de préciser de quelle façon cette transformation s'opère, on peut en expliciter l'enjeu théorique. La notion d'accréditation, telle que la définit Eliot Freidson, correspond en son sens le plus général à « des unités conventionnelles d'information sur la capacité et les compétences d'un travailleur sur le marché du travail [12] ». Elle rassemble aussi bien des accréditations contraignantes, telles que les licences légales, que des accréditations informelles faisant office de recommandation, telles que les parrainages. L'enjeu de l'accréditation, en son sens le plus vaste, est d'« aider les membres d'une profession à gagner leur vie », en certifiant leur qualité. C'est bien ainsi que fonctionnent les *featurings*, qui permettent aux rappeurs de s'authentifier mutuellement. Mais le système d'accréditation informelle, dont la pratique du *featuring* est la partie la plus visible, va progressivement s'appuyer sur la radio Skyrock et transformer à la fin des années 1990 les modalités de sélection des aspirants à la carrière de rappeur.

Le nouveau format de Skyrock : « Premier sur le rap »

Le désintérêt pour le rap des réseaux NRJ, Fun Radio et Skyrock au début des années 1990 expliquait en partie le revirement des majors autour de 1993 et leur choix de ne produire qu'un faible nombre d'œuvres de rap. La loi sur les quotas de chanson française en radio, votée en janvier 1994, remet en cause ce désintérêt. Quelques rappeurs francophones, tout particulièrement ceux de la G2m, ont ainsi bénéficié d'une programmation radio importante. La dynamique de concurrence entre les trois principaux réseaux jeunes, infléchie par la loi sur les quotas de chanson francophone, va conduire à un nouveau tournant dans les modalités de coopération des rappeurs et des maisons de disques avec ces radios. De septembre 1995 à 1998, Skyrock transforme sa programmation musicale jusqu'à diffuser 80 % de rap, majoritairement francophone. De façon plus décisive encore, la station appuie des artistes à l'esthétique éloignée du rap *transformat* qui était jusqu'alors le seul à se frayer un chemin jusqu'à l'antenne des grands réseaux de « radio jeune ».

Au début des années 1990, Skyrock est en concurrence avec le leader des radios musicales, NRJ, mais aussi et surtout avec Fun Radio, dont Skyrock partage le format musical pop-rock et la position d'*outsider* vis-à-vis de NRJ. À partir de 1992, Fun Radio développe de nouveaux programmes et distance Skyrock, tout en menaçant de plus en plus NRJ. Rémy Jounin, animateur sur Chérie FM, radio appartenant au groupe NRJ à l'époque, raconte : « Le gros décollage de Fun à mon avis, c'est la période *Lovin'Fun* [a] qui va

a *Lovin'Fun*, diffusée tous les soirs de 1992 à 1998 sur Fun Radio, était une émission attirer l'attention vraiment... [...] Doc et Difool vont énormément faire décoller le truc, mais c'est aussi le travail de Benoît Sillard qui est le patron de la radio à l'époque. Et Fun à un moment donné, avec Bruno Witek [comme directeur des programmes], va passer quasiment devant NRJ. Je crois qu'ils vont peut-être le faire sur un sondage, c'est la marge d'erreur mais... Et NRJ a très, très peur. Moi je suis [sur une radio du groupe] à ce moment-là, et on le sait. D'ailleurs ils vont débaucher à prix d'or le directeur des programmes de Fun Radio, ils vont payer une fortune de dédommagements à Fun Radio, ils s'en foutent, ils paient, pour piquer le directeur des programmes qu'ils vont lourder avant même qu'ils aient fini de payer [13]. »

Face à la perte de compétitivité par rapport à Fun Radio, la question d'un renouvellement du format de Skyrock est de plus en plus pressante. La première tentative de Skyrock consiste à s'inspirer du nouveau format de Fun Radio, comme l'explique Mathéo Fabre, pseudonyme d'un animateur ayant travaillé à Skyrock dans les années 1990 : « En septembre 1994, Laurent Bouneau qui est directeur des programmes [de Skyrock] a proposé une émission avec une nana qui s'appelait Tabatha Cash [a], et l'émission c'était *Sky Club*, parce qu'à l'époque, il fallait se resituer, y avait *Lovin'Fun* en face, sur Fun, qui était énorme, et on s'est dit tant qu'à faire du cul, autant prendre vraiment quelqu'un qui s'y connaît. C'était Tabatha Cash et c'est elle d'ailleurs qui a apporté quelque part le rap à Sky. [...] Elle avait dealé avec Laurent [Bouneau] une programmation libre, elle mettait ce qu'elle voulait, et elle voulait écouter que du rap, et que du rap [amé]ricain. [...] L'émission n'a jamais été un énorme carton, y a toujours eu *Lovin'Fun* en face, mais ça a pas été une plantade non plus. Et je pense que la musique y était aussi... Bon. C'est un talk-show, donc c'est assez différent pour évaluer la part de musique et la part de la parole, mais ça jouait, il y avait plutôt des bonnes réactions [14]. » *Sky Club* ne reste qu'une saison à l'antenne de Skyrock, sans que la fragilisation de l'audience de la radio n'ait pu être endiguée. La loi sur les quotas de chanson française, en janvier 1994, prévoit que la programmation musicale de titres d'expression francophone doit atteindre 40 % d'ici le 1er janvier 1996. À compter de septembre 1994, Skyrock diffuse les mêmes chansons de rap *transformat* que NRJ et Fun Radio, privilégiant toujours une stratégie de concurrence directe.

Mais un tournant important s'élabore au cours de l'été 1995, qui marque à la fois une redéfinition de la programmation musicale de Skyrock

---

de libre antenne autour des thèmes de l'amour et de la sexualité présentée par l'animateur Difool et le docteur Christian Spitz (dit « Doc »).

a Ancienne actrice de films X.

et l'embauche de l'animateur phare de Fun Radio, Difool, en tant que directeur d'antenne. « À l'été 1995, Laurent Bouneau qui était directeur des programmes et Pierre Bellanger, le président, ont reçu toutes les nouvelles scènes. Et principalement la nouvelle scène électronique et la nouvelle scène rap. Ils ont rencontré les gens qui animaient ces deux scènes. [...] Un des premiers vers lesquels on s'est tourné, vers lesquels ils se sont tournés, ça a été Joey[Starr]. [...] On s'est d'abord tourné vers IAM, vers NTM [a], vers le Secteur Ä, enfin tous les gros pôles à l'époque, ou ceux qui étaient amenés à le devenir. D'ailleurs, les gens vers lesquels on s'est tourné, à peu de chose près, ils ont eu leur émission dès le début sur Sky [15]. »

En 1996, la programmation musicale de Skyrock est composite ; elle associe rock, musiques électroniques et rap. Tout en revendiquant son éclectisme et en affirmant qu'« aujourd'hui il n'y a plus une musique jeune qui fait l'unanimité [16] », Skyrock commence à faire du rap une direction de communication privilégiée – en 1996, elle abandonne le slogan « Priorité à la musique » pour celui de « Premier sur le rap ». En septembre 1996 est créée l'émission *Planète Rap*. Mathéo Fabre raconte : « On était partis sur un slogan qui était "Premier sur le rap". Et [...] notre prog[rammation] était très mitig... pas mitigée, mais c'était encore très moitié moitié ancien Skyrock entre guillemets et cette nouvelle scène rap française. Fred [Mussa] [b] a dit à Laurent [Bouneau] : "Ça serait bien qu'on ait une heure, ou deux heures, mais une émission avec vraiment que du rap. Pas deux titres qui interviennent dans la prog[rammation]." Il a dit : "Ok, très bien, ça s'appellera 'Planète rap'". [...] Ça a été de septembre 1996 à janvier 1998 une émission qui était pratiquement que musicale [...]. Et janvier 1998 : apparition des premiers invités [17]. »

Mais Skyrock n'est pas le seul réseau à s'ouvrir à des nouvelles formes de chansons de rap. Une initiative comparable voit le jour sur Fun Radio. À partir du début de l'année 1997, Antoine « Wave » Garnier anime en soirée une émission hebdomadaire consacrée au rap, *Check ça*. L'émission contribue elle aussi à ce que, au cours de l'année 1997, les opportunités de programmation pour des chansons de rap qui ne sont pas *transformat* se multiplient. Seront notamment invités dans l'émission des artistes de la G1 (Stomy Bugsy), de la G2i (Idéal J), ou des artistes

---

a Les autobiographies de JoeyStarr et d'Akhenaton mentionnent cet épisode, qu'ils présentent chacun comme l'occasion de solliciter auprès de Skyrock la possibilité de réaliser une émission sur l'antenne de la station. Dans les deux cas, cette dernière décline l'offre dans un premier temps, avant de changer d'avis quelques années plus tard. Voir Akhenaton, *La Face B*, *op. cit.*, p. 338, et JoeyStarr, *Mauvaise réputation*, *op. cit.*, p. 234.

b Animateur sur Skyrock, notamment de l'émission *Planète rap*.

appartenant à la troisième génération de rappeurs à produire un album en label indépendant (Lunatic, Pit Baccardi). Le genre rap progresse sur l'ensemble des réseaux nationaux musicaux [18], passant de 8 % de la programmation à l'automne 1996 à 15 % un an plus tard.

Sur Skyrock, 1997 marque un tournant considérable. Le rap représente 74 % de la programmation musicale, contre 34 % en 1996 [19]. Mais la progression est perceptible également dans la programmation de NRJ, et plus nette encore sur Fun Radio. À l'automne 1997, le rap est le genre musical le plus diffusé par la concurrente directe de Skyrock, passant de 22 % en septembre-octobre 1996 à 36 % en octobre 1997, devant le soft rock [20]. Toutefois, la moindre programmation de rap sur NRJ et la diminution de la présence du rap sur Fun Radio après 1998 font de Skyrock un média à part dans l'économie générale de l'industrie du disque. La radio est en effet peu à peu créditée par les majors d'un monopole de fait sur la diffusion massive de chansons de rap et les priorités de programmation de la radio deviennent un élément clé dans la stratégie en matière de rap des directeurs artistiques et des chefs de produits des majors. Au début des années 1990, le choix et la façon de commercialiser un groupe comme NTM ou Lionel D se heurtaient, pour les majors, à la radicale incertitude des goûts du public. En 1998, l'avis – beaucoup plus accessible – du directeur des programmes de Skyrock devient de plus en plus central et fait de Skyrock une pièce maîtresse du recrutement de nouveaux artistes comme de la réalisation de nouveaux disques de rap par les majors.

L'appui sur une expertise interne au monde du rap

Skyrock poursuit un objectif distinct de celui des majors, et pour lequel elle se révèle mieux armée qu'elles. Si le problème des majors est de savoir comment vendre des disques, celui de Skyrock est d'obtenir l'audience la plus large possible pour convaincre des annonceurs d'acheter de la publicité sur son antenne. Or cette audience est mesurée et ces goûts sont progressivement observés de façon plus étroite par les radios au cours des années 1990, à l'aide de sondages, puis de plus en plus à l'aide des nouveaux moyens de communication téléphoniques puis informatiques. Dans le cas de Skyrock, ces outils vont en outre se doubler d'un dispositif original : l'usage du temps d'antenne nocturne comme une sorte de lieu de « recherche et développement » sonore pour l'ensemble de l'antenne de la radio. À partir de l'automne 1997, Skyrock met en place sur son antenne des émissions spécialisées, dont la programmation, autonome, est confiée à des figures célèbres du rap. La plupart des artistes recrutés sont issus de la première génération. DJ Khéops, membre du groupe IAM, a sans doute été le premier à en bénéficier. Il anime l'émission *Total Khéops* sur l'antenne de Skyrock et est bientôt rejoint par Stomy Bugsy, du groupe Ministère Ämer (émission *West Coast L.A.*) et JoeyStarr, du groupe NTM, dont l'émission *SkyBOSS* commence autour de l'année 2000 [21]. Deux autres émissions sont initiées par des artistes qui n'appartiennent pas à la première génération : Jacky des Neg'Marrons (*Couvre Feu*), proche du Secteur Ä, et le DJ Cut Killer (*Bumrush, Cut Killer Show*) dont on a vu le rôle dans la promotion de la deuxième génération produite en label indépendant.

L'un des intérêts que trouve Skyrock à mettre en place ces émissions est probablement d'obtenir une forme de reconnaissance de la radio et de son nouveau format par des artistes de rap à la notoriété importante. Mais, surtout, ces émissions offrent à Skyrock une source d'expertise supplémentaire dans la sélection des œuvres de rap. Les émissions spécialisées, couplées aux outils d'observation des réactions des auditeurs, deviennent ainsi un lieu d'expérimentation et d'initiation des auditeurs aux nouveautés rap susceptibles d'entrer dans la *playlist* de la station. Pour les artistes, le contrôle exercé sur l'émission garantit une exposition radiophonique nationale de leurs propres œuvres, mais aussi des œuvres des artistes qu'ils produisent par l'intermédiaire de leur label, ou des œuvres des artistes qu'ils apprécient. Ce contrôle leur assure en outre une position privilégiée au sein de Skyrock, qui peut faciliter l'entrée de leurs propres chansons dans la *playlist* de la station. Enfin, le contrôle sur une émission diffusée par Skyrock accorde à ces artistes le statut enviable d'intermédiaire entre l'ensemble de la scène rap francophone et les auditeurs de la station, renforçant une position déjà solidement établie par la connaissance de l'industrie du disque, par la notoriété et, dans certains cas (pour IAM et NTM notamment), par les succès commerciaux obtenus avec leurs premières œuvres.

Ces émissions, diffusées en général à partir de minuit, plus rarement sur la tranche horaire 21 h-23 h, approfondissent sur l'antenne de Skyrock la logique de constitution de lieux propres pérennisant l'exercice professionnel du rap en France. Elles associent l'audience nationale de Skyrock à la liberté et l'autonomie de programmation qui n'avaient existé jusque-là que sur des radios locales. Le fonctionnement des émissions spécialisées, couplé à celui des *featurings*, permet de décrire la formation d'un système d'accréditation informelle passant par l'affiliation à quelques grands noms. Ces derniers associent pour la plupart une forte reconnaissance par *featuring* et une possibilité d'accorder une notoriété large aux artistes qu'ils souhaitent faire connaître par le biais de leur émission spécialisée. Ils sont ainsi susceptibles de produire des « signaux marchands [22] » accréditant la qualité de tel ou tel artiste, non seulement auprès du public, mais aussi et surtout auprès des chaînes de coopération de l'industrie du disque : les réseaux radiophoniques, les maisons de disques, la presse.

Les systèmes d'accréditation, si embryonnaires qu'ils puissent paraître, sont l'un des moyens privilégiés à la disposition de praticiens pour pérenniser leur pratique, au double sens de garantir ou renforcer une certaine définition de leur métier et d'assurer leur possibilité de s'y maintenir. Le système d'accréditation permet essentiellement de contrôler l'offre de travail au sein d'un métier, mais il ne permet pas de contrôler la demande. Diverses dispositions légales et conventionnelles peuvent y pourvoir, offrant aux membres d'un métier un contrôle de l'accès à certains bénéfices [23]. Sur ce point, la coopération avec Skyrock paraît décisive : interface entre les producteurs et les amateurs de musique, cette radio pèse à la fois sur l'offre et la demande de travail [24], en accroissant les possibilités d'exposition publique de rappeurs et donc l'opportunité pour les maisons de disques de réaliser un plus grand nombre d'œuvres.

Ces nouvelles opportunités de diffusion radiophonique rompent avec les critères drastiques de programmation qui caractérisaient la politique des grands réseaux radio dans la première moitié des années 1990, critères qui avaient conduit à une diffusion presque exclusive d'œuvres de la première génération et de la deuxième génération produite en major (G2m) aux refrains chantés et aux paroles consensuelles. Les Top 100 *singles* en portent la trace : en 1995 et 1996, les tubes de la G2m cumulent près d'une centaine de semaines de présence dans les Top 100 du SNEP et assurent à eux seuls les deux tiers des succès *singles* en matière de rap. À partir de 1997, le rap se voit plus largement programmé en radio. Skyrock diffuse en particulier près de 74 % de rap et permet une diffusion massive de chansons qui n'avaient pas accès auparavant aux *playlists* des grands réseaux radio. Cette évolution se traduit dans le nombre de chansons de rap francophone dans les Top 100 des années 1997 et 1998. Les titres de rap français classés dans le Top 100 se multiplient et ne sont plus en majorité le fait de la G2m. En 1997, ce sont les chansons de la première génération qui rencontrent le succès le plus net. Outre les *singles* de MC Solaar, dont le succès ne s'est jamais démenti, il s'agit de chansons de Stomy Bugsy, Passi, IAM et Suprême NTM.

L'année 1998 est exceptionnelle par l'ampleur du succès des chansons de rap francophone, deux à trois fois plus nombreuses dans le Top 100 qu'au cours des années précédentes. Mais le phénomène le plus notable réside dans l'amorce d'une marginalisation commerciale de la G2m, tendance qui se confirmera dans les années suivantes. À partir des années 2000, elle ne réalise quasiment plus de tubes. Les *singles* de la première génération rencontrent au contraire un succès croissant, tandis que la deuxième génération produite en label indépendant (G2i) réalise ses premiers tubes, après les chansons de Ménélik qui avaient marqué l'année 1995 : Def Bond & K-reen avec « Tu me plais » (quatorze semaines dans le Top 100), Idéal J avec « Hardcore » (dix semaines), Expression Direkt avec « 78 » (sept semaines). La chanson « Bye-bye » de Ménélik reste la plus populaire (quarante-trois semaines dans le Top 100), mais cet artiste n'est plus, désormais, le seul artiste de la G2i à bénéficier d'une programmation radio importante. En 1999 et 2000, la présence dans le Top 100 de la première génération et de la deuxième produite en label indépendant reste importante, parfois avec des titres communs comme les chansons du collectif Bisso Na Bisso qui cumulent à eux seuls plus de quarante semaines de présence dans les hit-parades en 2000. Mais une part croissante des succès de rap français est le fait d'une troisième génération d'artistes réalisant un premier album de 1998 à 2001.

Les succès des *singles* de la G2i indiquent l'appui radiophonique dont certains de ses artistes bénéficient à partir de 1998. Mais l'examen des ventes d'albums témoigne lui aussi de la marginalisation commerciale de la G2m. La logique de l'exploitation commerciale dans l'industrie du disque suggère une comparaison à deux niveaux. Au cours d'une même période, tout d'abord, on peut distinguer le succès commercial moyen des albums des différentes fractions de la scène rap. Mais la promotion d'un groupe qui a déjà un nom et, parfois, un premier succès discographique représente une opération différente de la commercialisation d'un premier album. De ce point de vue, on peut également comparer le succès moyen des premiers albums que la G1 réalise en 1990-1993 et celui des premiers albums que la G2i et la G2m produisent en 1994-1997.

Sur la période 1994-1997, les ventes moyennes des albums de la G2m atteignent les 100 000 exemplaires. Ces chiffres de vente sont importants, notamment pour des artistes dont c'est alors souvent le premier album. Dans un contexte d'exposition radiophonique croissante, et malgré les investissements promotionnels importants, les premières œuvres de la G2m connaissent cependant des ventes moyennes à peine supérieures à celle des premières œuvres de leurs prédécesseurs. Au cours de la période précédente, les premiers albums de la G1 s'étaient vendus en moyenne à 80 000 exemplaires. La G2m pâtit en outre de la comparaison avec ses concurrents directs de la G2i qui, sans les moyens marketing et la distribution large dont bénéficie la G2m, assurent des ventes moyennes de 30 000 exemplaires pour leurs premiers albums, de surcroît bien plus nombreux. Dès le milieu des années 1990, la rentabilité des albums de la G2m est probablement décevante aux yeux des majors. Mais c'est surtout l'évolution des ventes de ces trois fractions de la scène rap qui mérite d'être soulignée. Dans le contexte favorable ouvert dès 1995 par la loi sur la diffusion de chansons d'expression française en radio, la première génération vend en moyenne deux fois plus d'albums que la G2m. Les ventes moyennes d'un album de la première génération passent ainsi de 80 000 exemplaires en 1990-1993 à près de 250 000 exemplaires en 1994-1997 et se maintiennent à ce niveau jusqu'à la fin des années 1990.

L'évolution de la G2m est à l'exact opposé. La période 1998-2001 traduit le double effet, difficile à pondérer, du succès commercial croissant de la frange concurrente de la G2i, bénéficiant désormais d'une programmation radio plus importante, et de la perte de confiance des majors en la G2m. Les ventes d'un album de la G2i atteignent alors en moyenne les 60 000 exemplaires et celles d'un album de la G2m à peine 50 000, soit une croissance significative des ventes moyennes pour la première et un effondrement des ventes pour la seconde. Par une logique de prophétie autoréalisatrice conduisant à l'échec des albums dans lesquels les majors croient de moins en moins, ou par l'effet de l'évolution esthétique du reste de la scène rap, le succès commercial de la majeure partie de la G2m au milieu des années 1990 se révèle n'être qu'un feu de paille.

De 2002 à 2004, alors que les ventes moyennes des nouveaux albums de la deuxième génération produite en label indépendant fléchissent sous l'effet de la concurrence de la troisième génération, celles de la deuxième génération produite en major diminuent plus encore et deviennent les plus faibles.

III

1998-2010

8

« *Rap game* »

« Premier album autopsie d'une catastrophe / *Eleven September* seulement présent dans quelques *stores* / C'était l'époque où les radios s'prenaient pour Skyrock / Où pour ouvrir les portes fallait paraître au top IFOP / Mon pote la rotation s'achète à coups d'pubs / Mais le respect du public s'obtient à coups d'plumes / Alors j'n'écoute plus les ondes et leur contenu / Le *game* est une guerre dont l'issue est déjà convenue / Les dés sont pipés par l'industrie friquée / La profession pour les provinciaux est plus que cryptée. »

Médine, « Arabospiritual », 2008.

À la fin des années 1990, une majorité de la scène rap francophone assure l'authentification mutuelle de ses membres par la pratique du *featuring*. Elle dispose de lieux propres de production discographique par les labels indépendants et de soutien à la pratique artistique par le biais de diverses associations. Elle bénéficie sur l'antenne de Skyrock d'une programmation musicale nationale, s'appuie sur une presse dédiée à la diffusion d'informations relatives à son actualité discographique et scénique. Des artistes, appartenant pour la plupart à la première génération, disposent en outre d'une capacité de prescription dans le recrutement de nouveaux artistes. Le système d'accréditation des rappeurs repose ainsi de moins en moins, à partir de 1997, sur les techniques antérieures de sélection par les majors et de plus en plus sur les choix de Skyrock et des labels indépendants spécialisés, eux-mêmes en partie adossés à l'expertise de rappeurs consacrés. Le monde social professionnel du rap français est ainsi intégré comme segment à l'industrie du disque, et y obtient ses premières garanties de pérennité. L'expression « *rap game* », popularisée par les rappeurs américains Nas et Jay-Z [a], résume bien cette nouvelle situation. Elle porte en effet non seulement l'idée d'une compétition entre différents « joueurs », avec ses gagnants et ses perdants, mais suggère aussi l'existence de règles relativement établies définissant le fonctionnement du jeu. Cette deuxième dimension est cruciale : parler de « *rap game* » en France à partir de la fin des années 1990 permet de souligner que ce genre musical connaît alors un processus d'institutionalisation.

Un marketing de la marge

À la fin des années 1990, la scène rap indépendante trouve un appui inattendu de la part de certaines entreprises majeures des industries culturelles. Des radios commerciales, des grands groupes de presse et la plupart des majors de l'industrie du disque choisissent de promouvoir certaines de leurs œuvres comme des produits commerciaux oppositionnels [1]. Ils travaillent alors à convertir l'assignation du rap aux banlieues en signal marchand, autrement dit à exploiter la valeur sociale accordée à l'expression d'une contestation depuis des positions d'exclusion par le biais d'un « marketing de la marge [2] ».

Une radio pour la « culture multicolore » ?

De 1996 à 1998, la programmation de rap progresse sur Fun Radio, Skyrock et, dans une moindre mesure, NRJ. Cette évolution soulève cependant des difficultés, notamment sur Fun Radio. Lors de la création de *Check ça*, la maquette de l'émission est âprement négociée. Le simple choix du nom de l'émission soulève l'embarras, comme le rappelle son animateur, Antoine « Wave » Garnier : « Les propositions de nom "Rap Bizness", "L'Antidote", "Rap & Scratch", "Rap ou Crève", "Rapology", "Rap'Arena", "Booming System", "C'est Rapologique !", font peur à la direction qui les trouve trop… durs [3]. » Point commun à presque tous ces noms repoussés par Fun Radio : la présence du marqueur de genre « rap », qui disparaîtra du titre finalement retenu, *Check ça*. Fun Radio semble ainsi tenir à ce que l'image de la station ne soit pas associée au genre rap (ou à ce que le mot connote). S'agit-il, pour Fun Radio, de diffuser du rap à des auditeurs que l'étiquette du genre rebuterait ? Plus probablement,

a Nas, « Represent », 1994 ; Jay-Z, « Rap game / crack game », 1997.

l'ambivalence de cette radio doit s'analyser à la lumière d'un système d'acteurs plus vaste que le seul face-à-face d'une radio et de ses auditeurs.

Elle est notamment liée au positionnement public affiché par Skyrock, que symbolise le slogan « Premier sur le rap ». Cette stratégie de communication rend coûteux le maintien d'une programmation musicale explicitement rap par les concurrents directs de Skyrock. Promouvoir le rap, ce serait prendre le risque de promouvoir, en même temps, Skyrock, dont l'image est désormais associée au genre. Le témoignage de JM Dee confirme cette hypothèse. Plusieurs morceaux qu'il réalise au début des années 2000 avec le rappeur Disiz la Peste bénéficient d'une programmation sur Skyrock, mais aussi sur NRJ et Fun Radio. Commence alors une campagne promotionnelle au cours de laquelle le groupe accorde des interviews à l'antenne des différentes stations. « Nous, on a touché Fun et NRJ quand on était vraiment dans le Top 50 [soit à l'automne 2000]. On a fait [des interviews pour] NRJ et Fun, on a même fait RTL je crois. Et Fun ne voulait pas qu'on dise le mot "rap" à l'antenne parce que "rap", c'était "premier sur le rap", on savait tous qui c'était. "Rap" ça appartenait à Skyrock. Mais par contre, on pouvait dire "groove". Donc moi je me suis barré [4]. » Les stratégies de communication respectives de Skyrock, NRJ et Fun Radio n'épuisent cependant pas la question des liens entre ces réseaux et le genre rap. Car, malgré de bons résultats d'audience et un titre d'émission – *Check ça* – qui euphémise finalement la programmation rap de la station, la direction de Fun Radio supprime l'émission moins d'un an après sa mise en place [5].

Le choix de programmer du rap et la publicité qui lui est faite sont également tributaires des relations que les réseaux radio cherchent à établir avec les annonceurs. Pour un certain nombre de professionnels, animateurs ou annonceurs, le nouveau format de Skyrock est « segmentant », c'est-à-dire qu'il risque de ne toucher qu'une petite partie des auditeurs. C'est ce qu'explique l'animateur Rémy Jounin : « Les sondages permettent d'être toujours premier sur quelque chose. On est premier sur la ménagère de moins de cinquante ans, on est premier sur le cadre sup' de la région de Grenoble, on segmente pour être premier sur quelque chose. [...] Évidemment pour attirer l'annonceur. Et Skyrock va d'un seul coup être première sur le rap. Et pour cause. Puisqu'elle va être toute seule. Et donc c'est ghettoïsant, obligatoirement. L'autre qui dit qu'"on est premier sur le rap", y a rien de plus segmentant que ça, je trouve. [...] Je me souviens m'être demandé à l'époque ce que ça allait donner au niveau de la régie [de publicité]. À qui on pouvait vendre ça [6]. » Au soupçon que Skyrock ne peut toucher qu'une niche de marché s'en ajoute un autre, celui de concerner un segment de la population non seulement commercialement inintéressant, mais aussi indésirable. En 2002, Bruno Guillon, alors animateur sur NRJ, résume ainsi de façon lapidaire : « Une radio comme Skyrock, qui va communiquer sur le fait qu'elle est première sur le rap et tout ça, est une radio qui, commercialement parlant, se vend moins bien. [...] Les gens se font une idée préconçue de ce que véhicule le rap, et font l'amalgame : "Skyrock = Rap ; Rap = Racaille ; Racaille = Problèmes ; donc Mauvaise Image ; donc Pas de Pub" [7]. »

De fait, la programmation de rap et *a fortiori* le choix d'une image publique associée à ce genre musical suscitent des difficultés importantes qui conduisent à une fronde d'antennes locales de Skyrock. En 2000, vingt-cinq stations locales affiliées au réseau Skyrock et regroupées en un collectif demandent à Skyrock un changement de programmation. Dans un article intitulé « Radio : le rap et le raï de Skyrock heurtent les annonceurs de ses affiliés régionaux [8] », le collectif souligne que les recettes publicitaires des stations locales affiliées au réseau connaissent une diminution de 20 %. L'assignation du rap à des catégories racisées est au cœur de cette défiance. Mathéo Fabre, animateur sur Skyrock à cette époque, explique ainsi : « Concernant les autres radios... je pense qu'ils nous ont regardés et que très vite ils se sont dit : "ouah ! il se passe un truc... donc comment déstabiliser Sky ?" Et ça s'est passé surtout par les régies pub... J'ai quand même entendu à l'époque des régies pub concurrentes de Sky aller dire à des annonceurs : "Mais eux ils jouent de la musique pour les Arabes et les Noirs qui sont dans les cités." Choses dont on m'a dit récemment que ça existait encore [9]. »

Que les préventions de certains annonceurs soient ou non le fruit de stratégies intentionnelles de déstabilisation de la radio, leurs conséquences mettent Skyrock dans une position paradoxale au tournant des années 2000. Alors que l'audience du réseau croît de façon significative, ses recettes publicitaires chutent. Hervé Grondin, chargé des relations publiques de Skyrock, raconte : « À l'été 1998, Skyrock a été très mal en point financièrement, dans la mesure où on ne voulait pas investir sur la radio des Arabes et des Noirs. Et il s'est passé un événement qui nous a sauvés, c'est la Coupe du monde 1998. Là, le Français le plus connu à l'étranger, c'était Zidane, et à partir de là [...] y a eu de la pub sur l'antenne de Skyrock [10]. » Face aux annonceurs, Skyrock défend l'idée, soutenue par l'audience croissante du réseau, que la station ne propose pas une programmation de niche, mais fédère largement « les jeunes », sa cible traditionnelle et celle de ses concurrents directs. Après avoir justifié une programmation mêlant rock, rap et musiques électroniques par le fait qu'« aujourd'hui il n'y a plus une musique jeune qui fait l'unanimité [11] », Skyrock se présente dans la presse professionnelle comme le « mass media de la nouvelle génération », à l'occasion d'une enquête Médiamétrie publiée en janvier 2001 dans laquelle elle apparaît pour la première fois comme la radio la plus écoutée en France par les moins de vingt-cinq ans [12]. Dans ces stratégies de communication et de programmation, deux définitions du genre rap se côtoient : la première en fait une musique spécialisée destinée à une niche de marché éventuellement racisée, la seconde un genre musical fédérant largement la jeunesse. Le contraste nouveau, au tournant des années 2000, dans la programmation musicale des trois principaux réseaux radio « jeune » peut s'interpréter comme une divergence dans la définition de leur cible commune. Le groupe des « moins de vingt-cinq ans » est-il disposé à percevoir le rap comme *son* genre musical (éventuellement parmi d'autres) ?

Si Skyrock plaide, auprès des annonceurs, le fait que sa programmation s'adresse à l'ensemble de la jeunesse, elle adopte une stratégie sensiblement différente auprès des pouvoirs publics. Skyrock est en effet engagée dans un double bras de fer avec l'autorité de régulation de l'audiovisuel, le CSA, à la fin des années 1990 : si, d'une part, le réseau Skyrock réclame plus de fréquences, pour être en mesure de desservir un bassin d'auditeurs potentiels aussi important que NRJ, d'autre part, la station subit des mises en demeure du CSA pour des dérapages verbaux dans le cadre de ses émissions de libre antenne. Or la jeunesse des quartiers populaires constitue toujours, au tournant des années 2000, une cible privilégiée de l'action des pouvoirs publics. Dans ce contexte, Skyrock revendique un rôle de média citoyen soucieux de sensibiliser ses auditeurs à des sujets d'intérêt public – du droit des femmes, par le biais d'un soutien à la Marche des femmes contre les ghettos et pour l'égalité [13], à la prévention dans l'usage des drogues douces [14]. Skyrock obtient ainsi le soutien de certains élus dans ses demandes répétées pour obtenir de nouvelles fréquences, tels Jean-Louis Borloo, Jean-Pierre Chevènement, François Hollande, ou encore le maire de Mulhouse, Jean-Marie Bockel, qui déclare en 2002 trouver « anormal que vous [Skyrock] n'ayez pas l'autorisation d'émettre chez nous » et souligne le travail effectué par la station dans le « domaine civique et citoyen, et également dans le domaine éducatif [15] ». Skyrock interprète publiquement le refus du CSA de lui accorder plus de fréquences comme une discrimination homologue à celles que connaissent ses auditeurs – « comme la musique qu'elle défend, la multiculture qu'elle exprime et la génération qui l'écoute, Skyrock subit de plein fouet la discrimination [16] ». Elle conteste également le bien-fondé de sa mise en demeure, liée à des dérapages verbaux dans une de ses émissions de libre antenne, le 15 mai 2001 par ce même CSA au motif qu'elle est « la radio de la culture multicolore et de la culture de rue [17] ». La station obtient dans ce cadre le soutien de SOS

Racisme, dont le président, Malek Boutih, deviendra quelques mois plus tard son directeur des relations institutionnelles.

Lorsqu'en 1996 Skyrock adopte le slogan « Premier sur le rap », elle ne diffuse pas plus de 37 % de rap – soit à peine plus que Fun Radio en 1997. Au-delà de l'aspect quantitatif de la diffusion du rap, l'originalité de Skyrock consiste à lier publiquement son image à celle du rap. Une fois les réticences ou l'hostilité de certains annonceurs surmontées, nombre de craintes que soulevait la programmation de rap à l'antenne n'ont plus lieu d'être. Il devient possible de diffuser un rap qui tranche avec le reste de la programmation, ne comportant notamment ni refrain chanté ni thèmes auparavant considérés comme consensuels (la fête, la musique, l'amour). La nouvelle définition que Skyrock propose de la cible « jeune » offre une certaine latitude à la station pour diffuser les formes de rap les plus éloignées des canons pop-rocks, pour peu qu'elles séduisent un nombre d'auditeurs assez large pour rivaliser avec Fun Radio et concurrencer NRJ. Les enquêtes d'IP France en rendront compte tardivement, à la faveur d'un affinement de la nomenclature des genres musicaux [18].

Quand la presse magazine revendique sa « crédibilité rap »

En même temps que Skyrock lie son image publique à celle du rap, une presse spécialisée sur ce genre musical émerge. Jusqu'en 1996, à côté de fanzines qui naissent à partir de la fin des années 1980 (*Get Busy, Down With This, The Truth*...), un seul titre de presse relaie spécifiquement l'actualité du rap : *L'Affiche*. Né en 1989, il s'agit d'un magazine culturel généraliste gratuit créé à l'initiative « d'un mec qui faisait de l'affichage sauvage, et d'un autre mec qui faisait de l'organisation de concerts [19] », raconte son ancien rédacteur en chef, Olivier Cachin. À l'inverse de la plupart des magazines qui vont naître au milieu des années 1990, *L'Affiche* est un titre de presse indépendant qui le restera près de dix ans. À partir de 1996, les succès commerciaux du rap se multiplient et incitent les groupes de presse à viser ce qu'ils perçoivent comme une nouvelle cible. Ils rencontrent parfois dans leur entreprise des amateurs de rap aspirant à professionnaliser leur pratique du fanzine et qui font office de créateurs de titres rachetés par les groupes de presse magazine [20]. Dans cette dynamique naissent *Radikal*, *R.E.R.* (en 1996) et *Groove* (en 1997). Un journaliste de *Groove* explique ainsi la naissance de ce magazine : « 1996-97, je crois, ou 1998, c'est vraiment là où c'est la période d'or du rap français, où y a eu, comme pour tout mouvement, une sorte de... y a eu un autre public qui s'est rattaché à ça, c'est un public de fans, genre public d'ados. [...] Donc forcément, il y a une demande, donc il y a des éditeurs qui se mettent sur le créneau. [...] *Groove* a été créé par le groupe d'édition Ixo Publishing, qui a débuté avec *Maxi Tuning, Rock Sound* [21]. » Le magazine *Radikal*, quant à lui, passera notamment par les groupes de presse Hi-Box et Studio Press. *R.E.R.* naît dans le giron des Éditions du bruit (*Rage*), puis devient la propriété de la Compagnie de presse et d'édition spécialisée (*Hard Rock Magazine, Bleu Blanc Foot, Piano Le Magazine*...). Son sigle, désignant d'abord « Rap et ragga », sera traduit en « Rap et rue », à partir de 2001. Enfin, en 1998 paraît pour la première fois le titre *R.A.P.*, publié par la Société des éditions nouvelles et originales, filiale du groupe de presse Michel Hommell, et seul titre de cette époque encore distribué au début des années 2010.

En 2001, point culminant de son développement, la presse musicale rap comptait une dizaine de titres caractérisés par des contrats de lecture variés. *Radikal, Groove* et *R.E.R.* présentaient alors un format comparable – 100 à 150 pages traitant principalement de rap en français, secondairement de rap américain, de danse hip-hop ou de graffiti – et se vendaient, accompagnés d'un CD, à entre 10 000 et 25 000 exemplaires environ pour une diffusion de 30 000 à 50 000 exemplaires. Ces titres étaient concurrencés par trois magazines à la diffusion et à la longévité moindres : *Tracklist* (plus axé sur la scène rap produite en label indépendant), *Get Busy* (version magazine de l'un des fanzines de rap les plus célèbres, et qui traitait de questions de société comme de musique) et *Real* (privilégiant le rap américain). Enfin, *R.A.P.* proposait un format sensiblement différent. En une petite cinquantaine de pages, il présentait un rapport aux artistes de rap plus proche de la relation de fan à star, typique de la presse jeune, que de celle d'amateur éclairé à artiste, généralement observable dans le reste de la presse spécialisée musicale.

La presse magazine vise le plus souvent la promotion de certains biens ou services. La presse rap, dédiée en priorité à l'actualité discographique de ce genre musical, se trouve ainsi en situation de forte dépendance économique à l'égard de l'industrie du disque [22]. Les conséquences en sont exposées par un journaliste de *Radikal* : « On est tous confrontés au même problème. C'est-à-dire que les maisons de disques mettent des pubs [pour les albums qu'elles produisent] dans les magazines. Et dans la conception des chefs de produit, à 99 % – heureusement y a des exceptions –, ils considèrent que parce qu'il y a des pubs, il est normal qu'il y ait du rédactionnel [sur les albums en question]. Et qu'en plus il est normal que ce rédactionnel soit bon [élogieux] [23]. » Un dépouillement de l'ensemble de la presse rap effectué en 2003 indiquait ainsi que les annonceurs de l'industrie du disque occupaient de 38 % à 78 % de l'espace publicitaire des magazines. À côté de ces espaces publicitaires, les pages de la plupart des magazines de rap traitent à plus de 90 % de l'actualité musicale, soit un type d'information particulièrement perméable au publi-rédactionnel [24]. Au sens strict, le publi-rédactionnel correspond à des articles rédigés par les journalistes d'un magazine en collaboration avec un annonceur. Par extension, on peut parler de publi-rédactionnel par référence à l'usage peu critique que les journalistes tendent à faire des dossiers de presse que divers services de communication leur transmettent – services de communication qui, dans le cas de la presse magazine musicale, émanent le plus souvent de leurs annonceurs directs.

La porosité entre la démarche éditoriale et les intérêts des producteurs musicaux pèse sur l'activité de l'ensemble des journalistes de ce secteur. Or la presse musicale est traditionnellement investie d'une fonction de critique artistique [25] qui se renforce, dans le cas du rap, par un souci d'engagement politique et d'enquête sur l'authenticité des interprètes. C'est vrai de magazines comme *Radikal* ou *Real*, dont les titres mêmes le manifestent, mais aussi de *L'Affiche*. Ce dernier titre, racheté par un groupe de presse en 1998, est alors l'enjeu d'un conflit de ligne éditoriale entre le groupe de presse qui le possède et le rédacteur en chef historique du magazine, Olivier Cachin, qui se verra licencié deux ans plus tard : « Ils ne savaient pas comment manier un magazine comme ça, c'était pas dans leur culture. [...] Avec tout ce que ça impliquait d'un point de vue un peu décalé, d'un côté un peu entre guillemets rebelle. Un truc sur les élections ? "Oh là, là... attention... faut pas faire de politique !" C'est une espèce de hantise : "On fait de la distraction, donc il faut surtout que ça n'ait aucun rapport avec le réel." Oui, mais si tu parles d'une musique qui est *a priori* au moins en partie en prise directe avec le réel, il faut bien en parler, du réel, au moins l'évoquer. Pas juste dire : "Machin sort un disque, super !" Si tu parles de NTM, bien sûr tu vas parler de la police, bien sûr tu vas parler de la justice, bien sûr tu vas parler des brutalités policières. Eux, ce qu'ils voulaient, c'était un magazine un peu plus lisse. [...] Ils me demandaient de faire ce qu'ils ont fait sans moi après. En gros, un truc où on parle que de musique, qui n'est pas lié au réel, beaucoup plus près de *R.A.P.* : "Youpi, kiffe ce son, t'as vu, la FF [Fonky Family] ça déchire grave..." [26] »

Cette exigence critique, présente dans la majorité de la presse spécialisée rap en 2001, émerge parfois progressivement comme un ajustement au lectorat (et à la concurrence) du magazine. *Groove* connaît ainsi une évolution de son contrat de lecture [27] dans ses toutes premières années d'existence. Un journaliste du magazine la résume en ces termes : « Question crédibilité au départ, *Groove* c'était pas du tout ça [...]. Et la crédibilité est venue par un travail sur le terrain. Parce que quand on parle de crédibilité dans le rap, c'est la base. Il faut toucher la base, c'est-à-dire la rue, entre guillemets. Avoir l'accord de la rue. La crédibilité elle est venue surtout d'un souci de vouloir aller au plus profond du rap *underground*, d'avoir un lien, de faire un suivi avec les artistes. Et je pense que c'est ça qui a donné la crédibilité au fur et à mesure des années [28]. » L'inflexion de la ligne éditoriale du magazine se traduit notamment par une critique frontale de certains groupes de la deuxième ou de la troisième génération pratiquant un rap *transformat*, jugés à la fois mauvais artistiquement et politiquement insipides [29]. Rejoignant en cela les autres titres de la presse spécialisée rap, à l'exception notable de *R.A.P.*, *Groove* contribue à fragiliser plus complètement la fraction de la deuxième génération d'artistes produite en major et ceux qui partagent leurs conventions. L'ampleur nationale de sa distribution, sa périodicité régulière, sa vocation à couvrir l'ensemble de l'actualité du genre musical qui définit son identité font de la presse magazine rap un lieu de diffusion d'une critique des œuvres de rap souvent adossée à la rhétorique du mandat de responsabilité minoritaire défendu par une partie de la scène rap.

L'art de « vendre la rue »

Dans la seconde moitié des années 1990, la deuxième génération produite par des majors rencontre un succès commercial limité, entraînant chez ces dernières une perte de confiance dans les critères de sélection qu'elles privilégiaient de 1994 à 1996. Dans un premier temps, les majors tentent de recruter de nouveaux artistes au profil différent de ceux privilégiés dans les années qui précèdent. Devant le succès croissant de groupes produits en label indépendant et les opportunités radiophoniques nouvelles, les majors produisent en 1998 quinze albums de rap en français, soit cinq fois plus que l'année précédente. La moitié de ces quinze albums est le fait de nouveaux rappeurs, formant la première vague de la troisième génération de rappeurs sélectionnée par les majors (G3m). L'un des rappeurs de la G3m est signé par la même maison de disque qui avait recruté Sickle quelques années plus tôt. Ce qui séduit la major chez cet artiste est précisément ce qui le distingue de l'ancienne signature [30]. Son attaché de presse explique qu'il est « déjà un peu plus costaud que Sickle, c'est un peu plus hip-hop... À mon avis il sera pas souriant, enfin il aura pas cette image-là, il aura plutôt l'image d'un gros dur. Je pense qu'ils vont essayer de toucher une partie du public de... qui sera plus les filles de 18-20 ans et plus de mecs ».

Mais cette stratégie, coûteuse en termes d'avances versées aux artistes et d'investissements marketing, se révèle souvent peu satisfaisante. Quatre ans après l'échec du premier album d'un groupe de la G3m que nous appellerons Rudyboyz, un attaché de presse revient sur ce cas : « Rudyboyz a été signé en contrat d'artiste, ils ont sorti un album pour lequel on s'est vraiment occupés de tout et qui, ça reste entre nous, nous a coûté la peau du cul. [...] On a tout payé, c'était un groupe maison. Et après, c'est toujours le problème, tout dépend de comment tu éduques entre guillemets les gens, si tu les starifies avant qu'ils aient sorti leur album, forcément ils pètent les plombs et forcément c'est du grand n'importe quoi [31]. » Pour illustrer ce problème de budget, l'attaché de presse évoque ces situations où « [quand] on fait des interviews, [ils vont] commander du champagne. Tu vois la maison de disques, ce n'est pas non plus la carte bleue sur pattes ». D'autant que l'album du groupe ne rencontre pas le succès escompté. « Je crois qu'il y a eu un mauvais timing sur les radios. Il était rentré sur Skyrock en *playlist*, et je sais que toute la presse en avait fait en effet pour la sortie de l'album... Tu sais, après, tu as des trucs qui accrochent le public ou pas. Tu as des trucs, tu vas les sortir six mois avant, ça va pas marcher, six mois après tu vas en vendre des camions entiers. [...] Je pense que tout était pas bon dans l'album aussi, ce que tu pouvais te permettre deux ans avant, avec des titres bien mais pas exceptionnels, eux, quand ils sont arrivés, c'était déjà la fin du truc. »

Dès 1999, la production directe d'albums par les majors fléchit, le nombre de collaborations entre majors et labels indépendants croît, sous la forme de contrats de licence (la major assure ou contribue à la promotion et distribution d'un album produit en label indépendant) ou de contrats de distribution (la major s'occupe exclusivement de la distribution de l'album). Les majors tirent ainsi profit de tout ou partie de la grande majorité des ventes de disques, en s'appuyant sur des producteurs indépendants avec lesquels elles s'associent, ou dont elles recrutent les artistes une fois leur capacité à rencontrer un succès commercial démontrée. Mais toutes les majors ne transforment pas leur stratégie de la même façon, ni au même rythme. Jusqu'en 1994, chaque major ne produit qu'un petit nombre d'albums de rap et ne collabore à la distribution de quasiment aucun album produit en label indépendant. À partir de 2000, toutes privilégient une exploitation du rap francophone en collaboration avec des labels indépendants spécialisés. Entre ces deux dates, période de multiplication des albums produits en label indépendant et d'intenses rivalités entre fractions de la scène rap, les options et les bénéfices des majors divergent.

BMG est une major qui ne produit que très peu d'albums de rap francophone. À partir de 1995, elle collabore régulièrement à la promotion et à la distribution d'un petit nombre d'œuvres produites en label indépendant, sans qu'aucun des albums ainsi diffusés ne rencontre de succès commercial important. De 1990 à 2004, elle vendra moins de 500 000 albums de rap francophone [a]. Warner, la plus petite des cinq majors, ne produit elle aussi qu'un faible nombre d'albums de rap – moins d'une dizaine de 1990 à 2004. Elle ne coopère régulièrement avec des indépendants qu'à partir des années 2000, date à partir de laquelle ceux-ci lui assurent la presque totalité de ses quelque deux millions de ventes d'albums de rap francophone : MC Solaar, produit sur son propre label depuis la rupture de son contrat avec Polygram/Universal ; Sniper, produit par le label indépendant Desh musique, et Lunatic, produit par le label 45 Scientific, deux groupes de la troisième génération ; puis de nouveaux artistes comme Sinik, produit par le label Six-O-Nine. Malgré quelques collaborations ponctuelles avec des indépendants, Polygram (devenue Universal en 1999) développe jusqu'en 2000 une stratégie consistant à promouvoir et distribuer principalement des albums que la major produit elle-même. Elle réalise ainsi plus d'une trentaine d'albums de 1990 à 2004. Ses succès, de 1990 à 2000, sont presque exclusivement le fait de deux artistes : MC Solaar et Manau, qui totalisent à eux seuls les deux tiers des quatre à cinq millions d'albums vendus par la major. Après avoir distribué les albums de La Cliqua produits par le label indépendant Arsenal, Universal multiplie dans les années 2000 les collaborations avec le label Nouvelle Donne, creuset d'une partie de la G3i (Disiz la Peste, Ol' Kainry, Jango Jack...), ou encore le rappeur Booba après sa rupture avec le label 45 Scientific et le groupe Lunatic.

EMI obtient bien plus régulièrement que les trois premières majors des succès commerciaux avec les albums de rap francophone qu'elle produit ou distribue. Totalisant ainsi des ventes de près de sept millions d'albums en 2004, elle en réalise une quarantaine et collabore à la promotion et distribution de vingt-cinq produits en label indépendant. Les albums produits par la major elle-même sont ceux qui rencontrent le plus de succès commercial. Mais, à l'inverse de Polydor/Universal, les artistes auteurs de ces albums à succès sont nombreux et ont des trajectoires variées. Certains appartiennent à la première génération (IAM). D'autres à la G2m et assurent à la major des succès commerciaux massifs de 1995 à 1997 (Alliance Ethnik, Doc Gyneco). D'autres encore ne deviennent artistes EMI qu'après un ou plusieurs albums produits en label indépendant (Sté Strausz, Rohff,

a Ces estimations de ventes, ainsi que celles que l'on trouvera dans l'épilogue, ont été réalisées en croisant, pour le plus grand nombre possible d'albums et de compilations de rap et de R&B, les certifications du SNEP, les estimations liées aux classements dans les hits-parades (voir notamment les sites <www.chartsinfrance.net> et <www.infodisc.fr>) et les déclarations dans la presse ou en entretien des artistes concernés réunies au fil de l'enquête. Aucune mesure systématique et indépendante n'étant disponible sur l'ensemble de la période étudiée, une part importante d'incertitude sur ces chiffres demeure.

Diam's). D'autres enfin sont directement recrutés par la major après 1997, tout en bénéficiant d'une reconnaissance forte de leurs pairs, qui les invitent et qu'ils invitent fréquemment à faire des *featurings* (Oxmo Puccino, Saïan Supa Crew). EMI assure enfin la promotion et la distribution d'albums produits par des labels indépendants, tels ceux d'Ärsenik et Pit Baccardi (G3i), alors artistes du label Secteur Ä, ou de Psy-4 de la Rime (G4i), produits par 361 Records, label créé par Akhenaton.

La dernière major, Sony, rivalise avec EMI en nombre d'albums produits comme en termes de ventes. Ses succès commerciaux sont cependant plus fréquemment liés à ses partenariats avec des labels indépendants. Elle est la major qui a collaboré à la promotion et à la distribution du plus grand nombre d'albums produits en label indépendant (plus d'une trentaine), essentiellement à partir de 1997. Sony signe le groupe Suprême NTM dès le début des années 1990, puis produit et distribue à partir de 1996 les albums de Stomy Bugsy, un artiste de la première génération qui avait réalisé ses premiers albums en label indépendant avec le groupe Ministère Ämer. Ses succès commerciaux les plus importants se multiplient de 1997 à 2000 et sont le fait d'artistes de la G2i avec les labels indépendants desquels elle collabore, avant que certains d'entre eux ne signent un contrat de production avec la major elle-même : Ménélik (artiste produit par Jimmy Jay Productions), Fonky Family, 3e Œil (groupes du label Côté Obscur), 113 (initialement produit par Alariana).

Les bénéfices commerciaux importants obtenus par Sony et EMI sont liés à la proximité de ces majors avec les labels indépendants de rap : ces derniers entretiennent des relations de conseil avec ces majors, qui elles-mêmes s'appuient sur quelques employés précocement investis dans l'exploitation du rap francophone. Dans le cas d'EMI, ces liens vont être en outre partiellement internalisés. EMI acquiert en 1992 la maison de disques Virgin et, en son sein, le label Delabel, créé par Emmanuel de Buretel en 1990 et pionnier dans la production de disques de rap en France [a]. Après avoir produit la compilation de chansons inspirées du film *La Haine* de Mathieu Kassovitz, l'équipe de Delabel se rapproche du manager du groupe Ministère Ämer, Kenzy, qui réalise l'un des titres de la compilation. Bientôt créateur du label indépendant Secteur Ä, Kenzy joue un rôle d'intermédiaire entre Virgin et Doc Gyneco, qui vient de signer chez ce label : « Je commence à travailler avec les équipes de marketing, de promo, et là je refais toute leur stratégie de com, de promo, de marketing, et tout le tralala [32]. » En 1996, Benjamin Chulvanij [b] lance Hostile,

---

a Voir chapitre 4.

b Ancien tagueur et amateur de hip-hop, il travaille pour Benny Malapa au sous-label au sein de Delabel qui, après une première compilation de *heavy metal*, développe un catalogue composé pour l'essentiel d'artistes de rap francophone. Au début des années 2000, un chef de produit chez Hostile souligne que les artistes y « sont très libres artistiquement, de toute façon, on n'intervient pas réellement dans la création. Et puis après, voilà, c'est des choix de marketing, de développement, leur promo, les campagnes radios... [33] ». Ce discours est au diapason de l'image que la marque souhaite donner d'elle-même : « Plutôt que d'adapter le rap aux formats déjà existants, il faut forcer le passage, sans jamais altérer le propos [34]. »

Le témoignage de Benjamin Chulvanij [35] conduit à nuancer le discours promotionnel de la marque. Hostile offre moins une absence d'altération ou une très grande liberté artistique que des conditions de coopération privilégiant de nouvelles conventions. Comme Skyrock avec laquelle il travaille étroitement, Hostile se propose de commercialiser un rap qui ne met plus à distance son association à l'imaginaire de la banlieue, mais au contraire s'appuie sur cet imaginaire pour en faire un argument promotionnel : « Hostile, en sortant la compilation *Hostile Hip-Hop volume 1*, dès 1996, frappe fort [...]. Pas de hasard cependant. C'est dans les quartiers que Benjamin [Chulvanij] est allé repérer les futures pointures. Pas dans les soirées branchées ni les couloirs décisionnaires. Dans la rue. Et, en 1996, ce n'est pas rien [36]. » Pour réussir cette opération, le label multiplie les collaborations avec des labels indépendants de rap et s'adjoint directement les services de certains de leurs animateurs. Proche de Kenzy, avec qui il assurait le management de Ministère Ämer, Thibaut de Longeville crée 360, une entreprise d'événementiels qui collabore bientôt avec Delabel : « [Laurence Touitou] nous a donc suggéré l'idée de devenir une sorte d'agence de pub au service quasi exclusif de Delabel. On a commencé à faire beaucoup d'*artworks* [illustrations] et des campagnes *print* [encarts publicitaires dans la presse], en rap, en R&B, puis en électro, en pop... On a bossé pour Delabel, Source, Labels, Virgin France, avec des catalogues très différents. Sur la compilation *Première Classe* [publiée en 1999], je faisais un vrai job d'A&R [*Artists & Repertoire, terminologie U.S. du directeur artistique, NdlR*] : le conseil artistique, le choix des combinaisons d'artistes, des morceaux... [...] On était devenus la cellule spé du groupe Virgin [37]. » EMI profite ainsi plus tôt et plus directement que les autres majors des succès des différentes fractions de la scène rap. Elle acquiert une place prépondérante sur le rap parmi les majors à partir de 1997.

---

moment de la réalisation de la compilation *Rapattitude* 2, en 1992, avant de devenir manager de Tonton David, puis de rejoindre l'équipe de Delabel. *Musique info hebdo*, n° 111, 18 février 2000, p. 12.

À la fin des années 1990, l'organisation professionnelle du rap en France est profondément renouvelée. Elle s'appuie à la fois sur une intense activité d'authentification publique entre rappeurs et sur une grande diversité des structures spécialisées, à l'existence parfois précaire. La commercialisation du rap par les industries musicales s'appuie ainsi sur une double médiation entre artistes et maisons de disques, qui aménage les conditions d'une exploitation économique du mandat de responsabilité minoritaire revendiqué par une large partie de la scène rap. Du côté des structures initiées par des rappeurs et des DJ comme du côté des médias et labels l'intégrant à leur image de marque, le rap n'est plus le genre étrange et étranger qu'il s'agissait d'expliquer sur les plateaux de télévision au début des années 1990. Mais l'assignation du rap au minoritaire demeure, qu'elle procède des interprétations concurrentes souvent contenues dans ces rhétoriques commerciales qui mettent en scène la marginalité [38], ou du travail de mise à distance ostensible du genre rap auquel s'attachent certaines entreprises rivales [a].

La marge de manœuvre artistique et professionnelle dont bénéficient alors de nombreux rappeurs reste en outre sous conditions. Propriété du groupe Matra Hachette, Skyrock devient en 1999 une société autonome qui reste inscrite dans une logique de concurrence radiophonique. La programmation de rap sur Skyrock s'explique donc par une certaine définition de la cible commerciale de la station, ce que son P-DG, Pierre Bellanger, résume en ces termes : « Nous pensons que le centre de gravité en cours de formation de la jeunesse mondiale est la culture métissée hip-hop [39]. » La plupart des magazines rap spécialisés appartiennent à de grands groupes de presse pour lesquels ce genre est une niche éditoriale dans un bouquet thématique diversifié. Dominant la frange de leur oligopole, les majors restent en position de force pour négocier l'internalisation de toute entreprise en passe de devenir très lucrative – qu'elle repose sur les succès d'un rappeur ou sur l'expertise d'un label indépendant –, ou, à l'inverse, pour rompre le contrat des artistes en perte de vitesse. L'intégration du monde social du rap français au sein des industries musicales prend ainsi la forme d'une concession, au double sens du terme. Les modalités de coopération

---

a Outre les cas de Fun Radio et de NRJ, déjà cités, on peut mentionner la major Universal. Son P-DG, Pascal Nègre, met en scène une défiance mystificatrice vis-à-vis de ce qu'il appelle le « rap "dur" ». Il reconduit le stéréotype d'un discours supposé spécifiquement « sexiste, raciste, antisémite ou homophobe », et occulte en même temps le fait qu'Universal distribue des rappeurs habituellement qualifiés de durs, au premier rang desquels Booba ou Mister You. Voir Pascal Nègre, *Sans contrefaçon*, Fayard, Paris, 2010, p. 95.

plus favorables dont bénéficient un nombre croissant de rappeurs sont conditionnées à la profitabilité commerciale du genre.

Les règles d'un commerce musical

À partir de 1998, la pratique du rap s'organise autour d'un monde social professionnel intégré comme segment de l'industrie du disque. Parler de monde social du rap français permet de décrire des formes d'organisation dont les limites ne sont fixées ni par un territoire ni par une appartenance formelle et de souligner ainsi la convergence de l'activité d'acteurs multiples – maisons de disques, réseaux radio, artistes de générations différentes, magazines, etc. – autour d'une compréhension commune de ce que le rap en France signifie et d'une entreprise collective d'exploitation commerciale du genre. Mais la capacité de cette entreprise collective à durer dépend de la stabilité et du renouvellement de cette convergence historique.

La pérennité relative d'une entreprise collective

Si, dans un premier temps, seules deux des cinq majors privilégient une coopération étroite avec des labels indépendants spécialisés dans le rap, les trois autres font cependant bientôt de même à partir de 2000. Skyrock atteint en 1998 un pic dans sa radiodiffusion de rap, mais continue après cette date à revendiquer l'image d'un réseau « premier sur le rap » et à en programmer plus que ses concurrents durant les années 2000. Les titres de presse spécialisés sur le rap qui naissent en 1996-1997 connaissent une relative stabilité et de nouveaux magazines au format comparable voient régulièrement le jour au cours des années 2000, bientôt relayés par un nombre croissant de sites Internet et de webzines musicaux consacrés au hip-hop (*Lehiphop.com*, dès 1998, et l'*Abcdrduson*, *90bpm*, *Rap2k*, *Booska-p*, etc.).

À partir de 1998, une troisième génération de rappeurs parvient à publier des albums. Elle se distingue de ses prédécesseurs par une socialisation professionnelle adossée à l'existence du monde social du rap français. Qu'elle réalise son premier album en major ou en label indépendant, la troisième génération partage les conventions privilégiées par ses aînés : elle réalise la majorité de ses albums en *featuring* et mentionne ces collaborations sur ses pochettes de disque. De même que les deux premières générations, elle privilégie les refrains rappés versifiés et n'a que rarement recours aux refrains DJ.

Au tournant des années 2000, on n'observe plus les clivages importants qui caractérisaient la scène rap au milieu des années 1990 selon la génération et le mode de recrutement des artistes. De 2002 à 2004, alors qu'apparaît ce que l'on pourrait qualifier de quatrième génération de rappeurs, ce consensus sur les façons conventionnelles de réaliser un album de rap en France perdure. Plus encore, cette convergence concerne désormais également les conditions de recrutement des artistes. Sur cette période, parmi les nouveaux groupes qui émergent, une quarantaine réalisent leur premier album en label indépendant, tandis que seulement deux sont produits en major. Autrement dit, dans la première moitié des années 2000, les majors ont presque totalement abandonné la prérogative de découvrir de nouveaux artistes de rap et délèguent cette tâche aux labels indépendants.

La façon dont Disiz la Peste publie en 2000 son premier album, composé par JM Dee, illustre la complémentarité asymétrique qui se noue entre labels indépendants spécialisés dans le rap et majors. Neuf morceaux sur vingt sont réalisés en *featuring*, dont l'un avec JoeyStarr et un autre avec Akhenaton. JM Dee raconte : « On a eu la chance d'arriver avec deux morceaux. "Bête de bombe", qui a marqué un peu l'*underground* français, qui a été vachement plébiscité. Je ne suis pas en train de me vanter, pour moi "Bête de bombe" c'est pas *le* morceau de rap. Mais tout le monde se disait, même notre label [Nouvelle Donne] : "Avec quoi ils vont revenir ?" On leur présente "J'pète les plombs", à l'époque je ne voyais pas la différence entre ce morceau et un autre. Donc je me disais pas : "Oh putain... c'est énorme ce qu'on tient." Par contre eux l'ont vu direct. Parce qu'on devait faire ce morceau pour la *mixtape Millésime 3000* de Nouvelle Donne pour présenter le label. [...] Et ils nous ont dit : "Écoutez, on met le morceau, mais on ne met pas tous les couplets. On veut faire un appel sur ce morceau." On est montés sur nos grands chevaux : "Comment ça ? Vous coupez le texte ! vous coupez la musique ! c'est un tout ! c'est une entité !" Bref, au final, ils font un peu ce qu'ils veulent. Le morceau, pareil. Boum. JoeyStarr : "Ouais ! Mortel !" Fabe : "Aaah ! mortel !" Akhenaton : "Aah ! mortel ! Allô ? Je te veux pour [la B.O. de] *Taxi 2*." [...] Quand chez Nouvelle Donne ils ont vu ça, ils ont interviewé tout le monde, JoeyStarr, Fabe, Akhenaton, et ils l'ont envoyé aux maisons de disques, avec aucun morceau. On faisait le tour des maisons de disques depuis longtemps, donc on les connaissait tous, les Barclay, les Universal, on connaissait tous les DA [directeurs artistiques] qu'on avait vus depuis trois, quatre ans déjà. Et là, toutes les portes s'ouvrent, puisque, un peu, dans ce métier, quand un grand t'appuie, en général c'est bon [40]. » Le travail de Nouvelle Donne, label indépendant spécialisé dans le rap, se double de la validation d'artistes plus consacrés (les « grands ») qui cumulent les fonctions de rappeur et d'animateur d'émissions sur Skyrock (Akhenaton, JoeyStarr) ou sur la radio locale parisienne Générations (Fabe). À cette double condition, un partenariat avec Barclay, label de la major Universal, devient possible.

Comme le cas de Disiz la Peste l'illustre, le travail d'authentification publique entre pairs qui se développe au milieu des années 1990 se poursuit sous une forme comparable au cours des années 2000. L'entrelacement des cercles de confraternité que la pratique du *featuring* permet d'observer inscrit durablement la grande majorité des rappeurs réalisant un album dans un réseau commun. Mais les artistes situés au cœur de ce réseau changent progressivement. Le groupe NAP, périphérique au milieu des années 1990, s'inscrit au cœur des cercles de confraternité au tournant des années 2000. Stomy Bugsy connaît une évolution inverse. En 2004, le cœur de l'entrelacement de collaborations entre rappeurs n'est plus composé d'une majorité d'artistes proches des labels Côté Obscur et Secteur Ä, mais du collectif Mafia K'1 Fry (Kery James, 113, Rohff...) et du label Nouvelle Donne. Leur intégration s'accompagne de la marginalisation relative des groupes liés aux labels Côté Obscur et Secteur Ä, tout comme l'intégration de ces derniers accompagnait cinq ans plus tôt la marginalisation de l'essentiel de la coalition Unik Records/Jimmy Jay Productions. Cette forme d'authentification collective des prétentions à rapper survit à ceux qui l'ont instituée, caractéristique typique d'un processus d'institutionnalisation [41].

Lorsqu'on le rapproche d'autres entreprises collectives habituellement qualifiées d'institutions, le monde social du rap français apparaît comme une organisation aux frontières floues dont l'existence est récente. Entreprise en cours dont la respectabilité n'est pas fermement établie [42], il s'affirme pourtant comme un temps neuf dans l'histoire du rap en France. Mais une institution n'est pas seulement une organisation qui dure. Elle implique l'existence de façons de faire, de façons de voir et de juger relativement durables, que les nouveaux entrants trouvent devant eux et qui s'imposent plus ou moins à eux [43]. La présentation de la trajectoire de deux rappeurs qui commencent leur carrière au début des années 2000 va nous permettre de saisir comment ces catégories de perception et d'interprétation se manifestent.

Deux candidats au succès dans le « rap game »

Les amateurs de rap qui commencent à rapper après la naissance du monde social du rap français, c'est-à-dire en gros à partir de 2001, sont dans une position différente de leurs prédécesseurs, car ils sont susceptibles de se projeter dans un avenir professionnel dès les débuts de leur pratique.

Par opposition aux pionniers, qui se lancent parmi les premiers dans une entreprise nouvelle, ils sont des aspirants, c'est-à-dire des personnes qui souhaitent obtenir une place ou une fonction qui leur préexiste – une position établie dans un système dont ils ont une vision d'ensemble plus ou moins claire. Ibou [a] et Donkichoc sont deux rappeurs qui se trouvent dans cette situation. Je les ai rencontrés tous les deux au début des années 2000, avant qu'ils ne réalisent leur premier album, et j'ai suivi leurs trajectoires de rappeurs aspirant à la professionnalisation pendant plusieurs années (2001-2005 pour Ibou, 2003-2007 pour Donkichoc), associant discussions informelles et observation directe de leurs activités artistiques.

Rappeur appartenant à la génération qui réalise un premier album de 2002 à 2005 (G4), Ibou est né en France d'un père malien et d'une mère sénégalaise. Lorsque je le rencontre en 2001, il a vingt-deux ans. Ses parents sont respectivement éboueur et employée dans une association. Ibou, cadet d'une « famille nombreuse [dont] plein de grands frères qui travaillent », habite toujours chez eux à cette époque dans l'une des zones urbaines sensibles (ZUS) d'une ville moyenne de la petite couronne de Paris. Après un bac technologique (STT gestion), il obtient un Deug en administration économique et sociale (AES) et entame une licence. Donkichoc, qui appartient à la génération des rappeurs qui publient un premier album de 2006 à 2009 (G5), a vingt-trois ans lorsque je le rencontre en 2003. Comme ses parents, Donkichoc est né et a grandi à Mayotte. Son père décède lorsqu'il a quatre ans. Après un remariage, sa mère, femme au foyer, quitte Mayotte pour la métropole en 1990 et s'installe à Marseille. Donkichoc la rejoint la même année et grandit avec elle ainsi que ses deux frères et sa sœur qui vivent en France. Après un bac technologique (STI génie mécanique et productique) en sport-étude (football) à Poitiers, il entame un DUT puis un Deug AES avant de quitter l'université. En 2003, il revient à Marseille et habite un quartier populaire d'habitat collectif classé en ZUS, La Savine. Ibou et Donkichoc partagent ainsi une origine sociale populaire, une trajectoire scolaire et universitaire similaire, et une inscription résidentielle dans les quartiers pris en charge dans le cadre de la politique de la ville.

Du point de vue de leur rapport au rap également, Ibou et Donkichoc ont plusieurs points communs. Tous les deux appartiennent à une génération d'artistes qui entame sa carrière à la fin des années 1990, lorsque émerge le monde social du rap français et qu'un nombre croissant de rappeurs obtient un succès commercial. Tous les deux s'appuient, dans leur

a Ibou est un nom fictif.

pratique de rappeur amateur, sur un lieu dédié au rap : une émission de radio spécialisée dans le rap dans le cas d'Ibou, une association de soutien aux pratiques du hip-hop dans le cas de Donkichoc. Ces deux lieux sont intimement, quoique différemment, liés à l'existence d'un monde social professionnel du rap français. Le premier, *Big Up*, est une émission de rap diffusée sur une radio locale parisienne qu'Ibou anime avec un DJ. Elle accueille chaque semaine un ou plusieurs rappeurs et constitue l'un des nombreux lieux où, sous l'autorité d'un DJ, se forgent la visibilité et la réputation d'artistes amateurs et professionnels. De ce point de vue, Ibou est en position privilégiée pour construire sa propre réputation, et nouer des liens avec des artistes plus connus venus assurer leur promotion dans l'émission. Le lieu sur lequel s'appuie Donkichoc est l'association Sound Musical School B. Vice. Cette association née au début des années 1990 [a] possède un studio d'enregistrement professionnel qui contribue à la production indépendante d'œuvres de rap qui foisonnent depuis le milieu des années 1990. Donkichoc possède des liens à la fois professionnels et personnels avec cette association. Au milieu des années 2000, il bénéficie notamment de séances en studio gratuites en contrepartie d'animations éducatives qu'il assure (au titre de rappeur) avec des salariés et des bénévoles de l'association dans divers établissements scolaires.

Au-delà de l'appui matériel qu'elles offrent, l'émission *Big Up* et la Sound Musical School B. Vice présentent les projets de carrière dans le rap comme un horizon tangible par l'omniprésence d'instruments de musique et de matériel d'enregistrement (micros, platines, table de mixage...), de *stickers* et de *flyers* annonçant les sorties d'albums récents ou plus anciens d'artistes à la notoriété variable, d'affiches annonçant des concerts passés et à venir, de couvertures de magazines spécialisés. Les traces matérielles des premiers pas d'artistes désormais reconnus côtoient ainsi celles de leurs œuvres les plus récentes, de divers aspirants passés et présents n'ayant pas (encore ?) rencontré le même succès, et des événements futurs marquant les projets de carrière des uns et des autres. Ces traces alimentent une mémoire [44] du rap en France comme entreprise collective durable, orientée vers le marché et l'industrie du disque.

Ces nombreux points communs rendent les différences entre Ibou et Donkichoc d'autant plus frappantes. Ces deux artistes se distinguent en effet par le fait d'habiter et de faire carrière dans la région parisienne pour le premier, à Poitiers puis Marseille pour le second. Cette situation spécifique vient renforcer l'écart qui existe entre les lieux propres appuyant la

---

a Voir chapitre 6.

pratique d'Ibou et de Donkichoc, jusqu'à produire des attentes contrastées à l'égard du monde social du rap. Si les attentes d'Ibou paraissent particulièrement conformes au fonctionnement habituel d'un univers qu'il connaît pour évoluer en son cœur, la position plus marginale de Donkichoc le conduit à s'affronter à des normes qu'il n'anticipait qu'imparfaitement à mesure que sa professionnalisation avance. Ces artistes offrent donc l'occasion d'une double mise à l'épreuve – depuis le cœur de l'institution et depuis les marges intégrées à l'institution – du style de pensée [45] stabilisant le monde social du rap français dans les années 2000.

Majors et indépendants : une double médiation vers le grand public

Au cours des années 2003 et 2004, Donkichoc répète à l'association Sound Musical School B. Vice et participe à plusieurs concerts à Marseille et dans sa région. Ces concerts rassemblent généralement de quatre à dix groupes ou artistes solo, livrant des prestations allant d'un quart d'heure à une demi-heure dans des salles accueillant quelques centaines de personnes. Donkichoc approfondit également son expérience de l'enregistrement en studio et entreprend en juillet 2004 d'enregistrer plusieurs morceaux afin de se faire connaître non seulement de nouvelles salles de concert, mais aussi de maisons de disques qu'il aimerait intéresser à son travail. À la fin de l'été, une maquette est achevée. Donkichoc est à Paris à la mi-septembre avec une trentaine d'exemplaires de sa maquette pour se faire connaître de différents acteurs dont il espère attirer l'attention. Je l'accompagne dans ses démarches, qui dureront une semaine.

La priorité de Donkichoc est de trouver la possibilité de réaliser et distribuer un album. Sa recherche s'oriente donc d'abord vers les maisons de disques, parmi lesquelles les cinq majors de l'époque (Sony, BMG, EMI, Universal, Warner), quelques indépendants généralistes et plusieurs labels indépendants spécialisés dans le rap. Il écarte donc *a priori* les maisons de disques indépendantes qui ne produisent pas déjà du rap, manifestant une perception marquée à la fois par les précédents initiés par d'autres artistes de rap et par l'intégration du rap comme segment relativement cloisonné au sein de l'industrie de la musique. Cette perception des acteurs pertinents est plus manifeste encore pour les médias – Donkichoc ne cherchera à rencontrer que des membres des rédactions de la presse spécialisée rap de l'époque – et pour les radios dont il sait qu'elles ont une ou plusieurs émissions spécialisées sur le rap (Skyrock, Générations, Radio Libertaire, Radio Nova, etc.).

Donkichoc procède de la même façon pour l'ensemble des producteurs de disques : il se présente dans les bureaux de l'entreprise, se décrit comme un rappeur de Marseille et demande à rencontrer un directeur artistique pour lui donner une maquette. Pour les cinq majors, le service d'accueil constitue une barrière qui se révélera infranchissable, malgré l'insistance de Donkichoc pour donner sa maquette en mains propres à la personne compétente. Dans la majorité des cas, le nom même de la personne susceptible d'écouter la maquette est tenu secret. Ainsi, lorsque, à l'accueil de la première major qu'il démarche, Donkichoc demande à obtenir le numéro de téléphone du directeur artistique du label susceptible de produire un album de rap, l'employée répond : « Impossible. Je sais que ce n'est pas facile, mais je ne peux pas vous le donner. » Devant l'insistance de Donkichoc, elle précise, gênée : « Je vous garantis que la maquette parviendra au directeur artistique, mais ça s'arrête là. » Alors que la discussion touche à sa fin, elle ajoute, après s'être excusée à de multiples reprises : « Je sais que ce n'est pas facile, mais c'est comme ça que ça se passe. » Le lendemain, à l'accueil d'EMI cette fois, l'employée dit ne pas savoir si un label de la maison de disques est spécialisé dans le rap. Elle souligne le fait que se présenter à l'accueil de la maison de disques, la maquette à la main, n'est pas la procédure adéquate : « Il faut nous les envoyer par la poste. » La conversation s'achève sur un « bonne chance » compatissant et sceptique.

Ces premières démarches laissent peu d'espoir à Donkichoc. Non seulement le scepticisme des employés est palpable, mais les interactions se révèlent très peu personnalisées, et Donkichoc repart presque aussi ignorant du fonctionnement des majors qu'en arrivant, avec pour horizon un délai rédhibitoire et incertain (« le directeur artistique se donne deux mois pour écouter les maquettes qu'il reçoit. S'il n'y a pas de réponse dans les deux mois, c'est que ça ne l'a pas intéressé, mais vous pouvez rappeler », précise l'un des employés d'accueil d'une major). Le résultat des démarches en direction des deux maisons de disques indépendantes généralistes, Pias et V2, est comparable. Les interactions avec les employées de l'accueil, toujours courtoises, laissent transparaître par des intonations compatissantes ou des excuses gênées la faible probabilité que ces démarches aboutissent à quelque résultat que ce soit – y compris un simple avis artistique. Sur le moment, Donkichoc est surtout surpris de la rapidité des interactions : impossible de « discuter un peu » et de savoir « quel est le devenir de leur secteur hip-hop ? Est-ce qu'ils comptent signer des artistes ? Est-ce qu'ils vont sortir des projets ? », commente-t-il. Ces premières démarches ne mettent pas seulement en évidence les faibles chances que Donkichoc trouve une maison de disques généraliste pour produire et distribuer ses projets discographiques. Elles lui donnent à sentir ce qu'il perçoit comme l'inaccessibilité radicale de ces acteurs pour l'aspirant à une carrière professionnelle qu'il est.

Les labels indépendants spécialisés dans le rap que Donkichoc parvient à rencontrer ne lui donnent pas beaucoup plus d'espoir, mais offrent une relation plus personnalisée. Structures plus petites, ces labels n'ont généralement pas d'employé d'accueil. C'est donc directement dans les bureaux de l'équipe que Donkichoc arrive. Double H et IV my People, les deux premiers labels indépendants que rencontre Donkichoc, sont aussi les plus anciens, et ont produit des artistes des deuxième et troisième génération. Chez Double H, on souligne de nouveau le caractère inapproprié de cette démarche : « D'habitude, on demande à se les faire envoyer, plutôt que de se déplacer. » Mais les échanges avec les membres des labels indépendants spécialisés sont plus longs et renseignent plus précisément Donkichoc. Chez IV my People, on souligne que « tout ce qu'on peut faire, c'est l'écouter et donner un avis, sincèrement on signe pas d'artistes en ce moment, on en a déjà trop dans le label qui attendent pour sortir leur premier album ». Quant à Nouvelle Donne, Donkichoc n'aura pas besoin de se déplacer. Contacté par téléphone, un membre du label explique que « ce n'est pas la peine, en ce moment ils ne signent pas, ils n'ont pas le temps d'écouter. Même pour un avis artistique ». Les deux labels les plus récents, Néochrome et Desh musique, laissent entrevoir plus d'espoir. Donkichoc se réjouit en particulier de sa rencontre avec un membre de Néochrome – « On a bien parlé, il m'a dit de le rappeler pour qu'on se voie lundi, il connaît pas mal de plans, il va me passer des contacts » – et de l'accueil réservé par Desh musique : « On a pu voir le mec » (c'est-à-dire le fondateur du label).

Si personnalisées que soient ces interactions, elles ne déboucheront, à court comme à moyen terme, sur aucune collaboration. Mais les discussions avec des membres des labels indépendants spécialisés persuadent Donkichoc d'infléchir sa stratégie de carrière, pour tenter de « faire plus de morceaux pour faire tourner le nom ». Un autre ensemble de démarches prend dès lors une importance cruciale : la rencontre de *gatekeepers* [46], c'est-à-dire d'intermédiaires relayant l'existence de tel ou tel rappeur aspirant à la professionnalisation (radios, magazines...) et opérant ainsi une sélection entre les artistes auxquels ils confèrent une visibilité plus grande et la masse de ceux qu'ils maintiennent dans l'anonymat.

Le parcours de Donkichoc, ou la discographie comme droit d'entrée

Donkichoc perçoit les radios comme des acteurs susceptibles de faire connaître un artiste inconnu, à même donc de contribuer à ce qu'il se fasse un « nom ». Il espère reproduire à Paris ses expériences dans des radios locales marseillaises, qui lui avaient permis de diffuser à quelques reprises certaines de ses chansons dans des émissions spécialisées de rap. Mais l'accueil que les radios réservent à Donkichoc et à sa maquette est comparable à celui des majors – à ceci près que le rôle du directeur artistique inaccessible est tenu cette fois par le directeur des programmes. Les demandes pour rencontrer ce dernier, à Radio Nova, se heurtent à une fin de non-recevoir, l'accueil faisant office de barrière : « S'il rencontrait tous les gens qui apportent des maquettes, il pourrait pas faire son travail. Enfin ça fait partie de son travail, mais il a d'autres choses à faire. »

La réception de Skyrock présente une ligne comparable, infléchie par une division du travail implicite au sein de la radio qui se devine en filigrane du discours de l'employé de l'accueil : « – Bonjour, je m'appelle Donkichoc, je voulais savoir si on pouvait laisser une maquette à la radio. – Oui, bien sûr. Par contre, il faut pas nous laisser l'original. – On pourrait rencontrer... – [lui coupant la parole] Non, c'est pas possible de rencontrer quelqu'un. La personne vous contactera si elle est intéressée. – Vous pouvez marquer que c'est pour Fred ? – [avec un ton moqueur] Oui, ben de toute façon, y a pas de problème, c'est pour lui, ça va pas aller ailleurs. » Fred Musa est l'un des animateurs vedettes de Skyrock, alors animateur de l'émission quotidienne *Planète Rap* et de l'émission hebdomadaire *La Nocturne*, diffusant pendant les premières heures après minuit des artistes de rap à la notoriété moindre que ceux diffusés en journée sur la *playlist* de la station. L'expression « ça va pas aller ailleurs » souligne implicitement que la maquette de Donkichoc ne sera pas adressée à Laurent Bouneau, directeur des programmes de la radio. Donkichoc est ainsi rappelé à son statut d'artiste à la faible accréditation et orienté vers les émissions spécialisées qui constituent, au mieux, un tremplin vers une plus large exposition, et au pire un cul-de-sac.

La dernière radio vers laquelle Donkichoc se tourne oppose également un refus, qui souligne une nouvelle fois l'inadéquation de la démarche de Donkichoc : « Ils m'ont dit : "C'est pas la peine, on pourra pas passer le morceau, parce qu'il n'y a pas de distributeur, il est pas déclaré à la Sacem, y a pas de sortie officielle." Ça voulait dire "tu m'emmerdes un peu, tu poses des trucs qui sont pas sortis." » Les explications de l'employé à l'accueil de la radio informent ensuite Donkichoc des conditions sous lesquelles une promotion sur les ondes de la radio est envisageable : l'existence d'une actualité (idéalement un disque distribué, éventuellement un concert). L'employé de l'accueil ne précise pas qu'une autre configuration est elle aussi de nature à offrir un accès à l'antenne de la station : venir en compagnie d'un artiste ayant une actualité – ou animant lui-même l'une des émissions de la station.

Ces nouvelles déceptions viennent renforcer l'impression générale que les démarches auprès des maisons de disques avaient laissée à Donkichoc. Les interactions, froides ou plus cordiales, sont toutefois restées relativement courtoises. Ce n'est pas le cas de la scène qui suit, qui ajoute une marque de dévalorisation explicite au sentiment général d'absence de considération accordée à un artiste ayant le malheur d'être anonyme. Nous arrivons dans le hall de l'éditeur d'un magazine spécialisé sur le rap, *Représente Mag* [a]. Nous nous adressons à la réception et, peu après, un journaliste vient vers nous et se présente de façon chaleureuse. Donkichoc lui répond : « Bonjour, je m'appelle Donkichoc, je viens de Marseille, je viens pour savoir si on peut déposer une maquette. » Le journaliste change de ton, visiblement déstabilisé par les propos de Donkichoc : « Ouais, mais... on prend que les disques, on prend pas de maquette... En fait, on chronique que les disques qui sont en vente... pas les disques qui sont... pas en vente... » Les hésitations semblent traduire, en même temps que la surprise du journaliste, le réajustement du statut qu'il prête à son interlocuteur. Donkichoc n'est plus un « vrai » rappeur, puisqu'il n'a pas de disque dans le commerce. La discussion s'engage et au fur et à mesure le journaliste semble moins déstabilisé que gêné. Donkichoc demande : « Je sais pas... si vous avez une rubrique pour les artistes... en voie d'apparition. – Ben non. On chronique que les disques de rap français qui sortent, pour que les gens de Marseille, par exemple, de Lyon, de Bordeaux, puissent acheter le disque. Mais on n'a pas forcément de rubrique "en voie d'apparition". Mais une maquette... toi... Tu veux sortir un disque un jour ? – Voilà, c'est ça. – Mais en fait faut que tu ailles voir plutôt des producteurs, ou une maison de disques. Mais tu vois, ça sert à rien de parler de quelqu'un qui n'a pas encore, ou qui va jamais, ou qui va dans cinq ans sortir un disque. Dans ce cas-là, tu as tout le monde qui voudrait un jour sortir un disque, et qui rappe dans son coin... tu vois ce que je veux dire ? C'est pas trop les magazines qu'il faut que tu cibles. Je suis désolé, mais je peux prendre quand même ton disque, hein, y a pas de soucis... – Oui, ne serait-ce que pour un avis personnel. – Ouais... Tu sais qu'il y a déjà un [autre rappeur qui s'appelle] Donkishot ? – Oui. – D'accord. Ben je garde ça, et on va l'écouter, et à la limite on fera... on essaiera de faire quelque chose. »

Le journaliste passe de l'incompréhension à une forme de condescendance, qui l'amène à glisser, au détour de la conversation, que le fait même de parler avec Donkichoc « ne sert à rien ». À ce mépris interactionnel

a Ce nom de magazine est fictif.

s'ajoute l'expression des forts soupçons sur l'avenir professionnel de Donkichoc, réduit du fait de son absence de discographie à quelqu'un « qui rappe dans son coin » et pourrait ne jamais rien sortir. Le jugement blesse Donkichoc, qui n'entreprend précisément des démarches à Paris qu'après avoir mûri son projet artistique, enregistré plusieurs chansons et multiplié les scènes dans la région de Marseille. Le journaliste renvoie en outre Donkichoc vers des acteurs dont il sait pertinemment, pour s'être heurté à leur indifférence, qu'ils ne seront d'aucun secours : les maisons de disques. Il enferme ainsi Donkichoc dans un cercle vicieux qui présente ses espoirs de carrière comme vains. L'échange s'achève sur la remise en cause implicite de la pertinence du nom de scène de Donkichoc, puisqu'un rappeur portant un nom proche existe déjà, et que lui est connu du journaliste – lui a un « nom ».

Le passage à *Représente Mag* est la rencontre que Donkichoc décrit, *a posteriori*, comme la plus violente. « Si tu n'as pas sorti de disque, c'est comme si tu ne savais pas rapper, que tu ne savais pas écrire, que tu n'existais pas. Ça, je le retiendrai », expose-t-il avec amertume. Cet enseignement éprouvé dans l'humiliation est convergent avec les retours de plusieurs autres acteurs et amène Donkichoc à réévaluer sa perception de lui-même et du monde social dans lequel il évolue. Quelques semaines après son séjour à Paris, Donkichoc décide de travailler sur un projet d'album autoproduit qui verra le jour en 2007.

En passant une semaine à tenter de nouer des partenariats professionnels à Paris, Donkichoc s'affronte aux sites d'un monde dont il ne connaissait qu'imparfaitement les « règles instituées comme naturelles et raisonnables [47] ». Il découvre tout d'abord la double barrière vers le grand public que représentent les majors et les labels indépendants spécialisés dans le rap. Il découvre également que le moyen premier de franchir cette barrière n'est pas la qualité artistique (ou commerciale) d'une maquette présentée par un anonyme, mais l'acquisition progressive d'un « nom », d'une notoriété auprès des différents *gatekeepers* que sont les animateurs et programmateurs des émissions diffusant du rap – souvent eux-mêmes rappeurs, DJ et/ou producteurs – et les journalistes. Auprès de ceux-ci, il découvre que la possession d'une discographie est, dans une large mesure, un droit d'entrée incontournable pour se faire connaître. Par discographie, il faut entendre la liste inscrite dans le temps des performances enregistrées mises à l'épreuve du marché, que cette liste recense des performances sur l'album d'un autre artiste, sur une compilation, sur un maxi vinyle ou un CD autoproduit. La discographie apparaît comme un outil d'orientation important pour les acteurs du monde du rap, qui définit à la fois un début de carrière (la première trace d'un enregistrement mis à l'épreuve du marché), un présent (l'actualité des performances enregistrées les plus récentes) et une intensité (le nombre d'enregistrements rapporté à l'ancienneté de la discographie indique une trajectoire professionnelle plus ou moins heureuse).

Cet apprentissage décrit les grandes lignes d'une organisation routinière d'un monde du rap français comparable en 2004 à ce qu'il était cinq ans plus tôt. Mais il pointe également vers autre chose qu'une simple organisation. L'étonnement puis la condescendance du journaliste de *Représente Mag* ne soulignent pas seulement une erreur, mais une faute (notamment celle de lui faire perdre son temps) qui comprend une dimension morale (se prétendre rappeur sans avoir de discographie). L'association même de la qualité de rappeur à l'existence d'une discographie précise la priorité accordée à la dimension commerciale (plutôt que, par exemple, d'éducation populaire ou d'animation de quartier) de l'activité, le privilège accordé à l'enregistrement sur le spectacle vivant, la nécessité d'une actualité discographique régulière.

Le souci de crédibilité d'un « petit mec tranquille »

Les contraintes auxquelles se heurte Donkichoc sont une première façon de saisir, en creux, quelques-unes des attentes qui font exister l'institution du rap français. La trajectoire d'Ibou complète ces enseignements en offrant un exemple d'adéquation du style de pensée d'un rappeur avec le fonctionnement ordinaire de ce monde social.

Au cours de notre premier entretien, Ibou se présente comme un « petit mec tranquille. À l'école j'étais tranquille, même dans le rap je suis tranquille [...] ça me définit bien, tu vois, je ne suis pas un mec qui bédave [fume des joints] partout, je n'ai pas envie de jouer la caillera [racaille] parce que ça y est... Je suis bien comme je suis. Je vois les mêmes mecs, ça se passe bien, je fais ce que je fais. Y a pas de quoi en faire un livre, mais moi je suis content comme je suis ». Ces précisions marquent un écart vis-à-vis d'un marché du rap dans lequel la marginalité sociale et l'aura transgressive associées à la figure du jeune délinquant de banlieue sont devenues des signaux commerciaux. Elles signifient en même temps la conscience qu'Ibou possède de cet écart – et donc de la rhétorique marchande dominant la commercialisation du rap au début des années 2000. Disposant d'informations grâce à sa participation à *Big Up* et à l'expérience d'amis engagés de plus longue date dans une pratique professionnelle du rap, Ibou s'oriente en fonction de la nouvelle organisation sociale dominant l'exploitation commerciale du rap depuis 1998.

À l'inverse de Donkichoc, Ibou n'attend pas que les majors assurent son avenir artistique. Sa perception de ces maisons de disques est plutôt imprégnée de méfiance : « [Dans le cadre du] contrat d'artiste, tu es un de leurs salariés, tu bosses pour eux, tu fais ce qu'ils te disent de faire. Ils te disent de faire l'album, tu fais l'album, ils te disent de poser [d'enregistrer] comme ci, tu le fais. Les instru[mentaux], les paroles, ils ont le droit de te censurer, ils font ce qu'ils veulent. [...] Le [rappeur] dont je t'avais parlé là, c'est ce qui lui est arrivé. Il est venu avec plusieurs morceaux chez eux, un album pratiquement fait, avec des *featurings* : il y avait 113, la FF [Fonky Family] dessus. Normalement, ça suscite la vente de l'album. Et ils ont rayé tout ça. Au final, il a dû refaire tous ses morceaux. [...] C'est pour ça qu'il vaut mieux sortir des maxis avant, que tu sois crédible, comme ça quand tu négocies ton contrat, tu as du poids, donc ils sont obligés de te laisser une marge de manœuvre. [...] Il y a plein d'indépendants qui ne sont pas encore connus, qui s'empressent de signer chez des maisons de disques, qu'elles prennent juste au cas où tu marcherais, et si tu marches pas... Tu es leur produit, s'ils veulent pas te sortir, eh bien tu ne sors pas. Les gars qui l'ont fait, je n'en connais aucun qui s'en est sorti. Ils ont pas percé du tout, même pas au niveau indépendant. [...] Moi ok, je paie mon maxi, mais je le sors quand je veux, tandis qu'eux... que ce soit des *featurings* avec quelqu'un d'autre, participer à une compile, une *mixtape*... Tant qu'ils ne veulent pas que tu en fasses, tu n'as pas le droit. »

Les démarches professionnelles dans lesquelles Ibou s'engage sont cohérentes avec cette perception. Il ne contactera aucune major pour soumettre une maquette, préférant enregistrer ses premières chansons sur des maxis vinyles réalisés à ses frais et distribués dans les magasins spécialisés, ou sur des projets ponctuels auxquels il est invité (compilations, *mixtapes*). Si Ibou se méfie d'une signature précoce avec une maison de disques, *a fortiori* pour un contrat contraignant comme le contrat d'artiste, ce n'est pas uniquement pour des raisons de liberté artistique. Il craint également qu'une telle situation ne lui ferme toute possibilité d'établir sa réputation, par le biais de ces moyens caractéristiques que sont les *featurings* et les participations à des *mixtapes*, qu'il identifie donc comme des étapes nécessaires au succès de ses projets de carrière. Ces étapes se comprennent par rapport à un enjeu précis : « avoir un nom ».

Contrairement à Donkichoc, Ibou ne vise pas d'abord à accroître sa notoriété, mais à renforcer sa capacité de négociation, à trouver les moyens de faire valoir son intérêt dans les coopérations à venir. La logique du « nom » n'est pas motivée par des refus de coopération qu'il s'agirait de surmonter, mais plutôt par la crainte de coopérations désavantageuses. Les rencontres qu'il fait par l'intermédiaire de *Big Up* renforcent cette perception, en apportant leur lot d'anecdotes édifiantes sur les difficultés de la négociation avec les majors. C'est ainsi qu'Ibou me rapporte les déboires de Disiz la Peste consécutifs à son premier album : « Dans sa maison de disque, ils veulent un "J'pète les plombs 2". Il est en embrouille avec eux parce que lui veut carrément changer de truc. Et eux ils veulent que tout l'album soit une photocopie [du premier]. Ils ont vu que le premier marchait, maintenant ils veulent que le deuxième fasse pareil. Lui, il veut pas, parce que c'est vrai qu'au niveau de la crédibilité... bon, ça a marché pour lui, mais vers la fin tu l'as tellement entendu que ça a saoulé les gens, donc s'il revient avec la même chose, à mon avis, son image elle est foutue. »

Dans ces propos transparaît le souci d'un travail de l'image publique potentiellement contradictoire avec les intérêts directs des majors, fondé sur une catégorie que Donkichoc ne mobilisait pas : la crédibilité. Cette notion, dans les propos d'Ibou, indique un souci du jugement d'acteurs qui ne sont ni le grand public (puisque Disiz la Peste a rencontré un large succès commercial) ni les majors (puisque Disiz la Peste est un artiste signé par l'une d'entre elles). La crédibilité est directement mise en cause dans le processus de succès commercial et renvoie à une perception clivée du public : « Tu sais, les mecs qui vont chercher les *mixtapes*, c'est des gars carrément de la rue. Donc à partir du moment où ton album est déposé à la Fnac, je ne sais pas si tu vas à la Fnac maintenant, mais les mecs qui achètent des albums des fois tu vois des mecs en cravate ; ils vont demander au vendeur : "Qu'est-ce qui se vend en ce moment ?" Ce n'est plus du tout le même marché. Les vrais mecs du hip-hop, ce sont des mecs qui copient des cassettes, qui prennent des *mixtapes*. [...] C'est pas eux qui vont acheter. Donc si tu veux vendre, ce n'est pas... Eux ils sont là pour faire de la crédibilité. Ils reconnaissent : "Ouais, c'est un vrai." Et puis après, ça suit derrière. Mais une fois que tu es dedans, la plupart des gens laissent tomber ça et puis ils ne cherchent qu'à vendre. »

L'enjeu de la crédibilité apparaît ici de façon centrale et Ibou en identifie les protagonistes déterminants sous l'expression les « gars de la rue ». Tout en présentant un rapport assez utilitariste à ces « faiseurs de crédibilité », Ibou décrit une logique en laquelle il croit suffisamment pour en faire un mécanisme général et avéré du monde social du rap français. Il présente cependant cette logique en termes paradoxaux, à mi-chemin entre croyance et scepticisme. Des personnes convaincues du bien-fondé de la crédibilité diront de tel ou tel artiste qu'il *est* ou qu'il *n'est pas crédible*. Lorsqu'elle est au contraire décrite par quelqu'un qui ne lui accorde pas foi, la crédibilité devient une croyance que certains acteurs prêtent à d'autres : on croit tel artiste crédible ou non. Ibou ne manifeste ni l'une ni l'autre de ces attitudes, et adopte plutôt un rapport ambivalent à la valeur de crédibilité. Celui-ci n'est pensable que dans un univers dans lequel il est possible d'être suffisamment socialisé pour en reprendre les catégories, tout en entretenant à leur égard une forme de distance relativiste, caractéristique d'une position routinisée [48]. Sur le plan du monde du rap cette fois, la mécanique de production de la crédibilité que pointe Ibou semble à la fois cruciale, puisqu'elle discriminerait le vrai du faux en matière de rap, et mystérieuse : Ibou, elliptique, explique que « après ça suit derrière », sans que l'on sache exactement de quoi il est question. Cette mécanique est esquissée par divers indices, tels que l'évocation des « gars de la rue » et l'opposition entre « mecs en cravate » et « [chercheurs] de *mixtapes* ». Ces formules font écho à la rhétorique publique de Skyrock, au contrat de lecture de la presse spécialisée, ou aux stratégies promotionnelles d'un label comme Hostile. L'association de la crédibilité à l'objectif de se faire un nom renvoie à la présence d'une figure inattendue dans le « dialogue intérieur [49] » qui caractérise le processus de création : la « rue », dépositaire d'une autorité légitimant les activités menées au sein du monde social du rap français [50].

9

Ce que l'on doit à la rue

> « On est en 2024, sous la VIIIe République / [...] J'm'explique le rap a pris la place d'la politique / [...] Si tu joues les hardcore il t'faut un permis de rapper / il t'faut aussi le papier de *street* crédibilité / délivré par le préfet sinon j'vais t'coffrer. »
>
> Disiz la Peste, « Inspecteur Disiz Street Fabulous Remix », 2005.

La référence à la rue est particulièrement polysémique. À un premier niveau, elle renvoie à l'origine réelle ou supposée de la pratique du hip-hop. Comme le souligne Murray Forman dans le cas du rap aux États-Unis, « en un sens littéral, la rue a été un lieu significatif dans l'émergence des pratiques du hip-hop : les fêtes de quartier, la *break dance*, le graffiti sont tous fortement associés à des formes d'expression qui se déroulent dehors ou dans des espaces publics. [...] Au fil du temps, toutefois, la rue comme site physique a été perçue par le prisme d'une construction conceptuelle, symbolique et mythique, *la rue*, source d'une sensibilité spécifique au hip-hop [1]. » On peut en dire autant pour la France. Si, dès les années 1980, un certain nombre d'espaces – comme des terrains vagues, des esplanades ou des stations de métro – forment des lieux privilégiés où le rap, les danses hip-hop ou le graffiti sont pratiqués et appréciés, ils n'ont jamais été les seuls. Comme on l'a vu, les pratiques liées au hip-hop ont précocement investi les studios d'enregistrement, les radios, les plateaux de télévision. C'est donc surtout la construction mythique de la rue comme symbole honorifique [2] qui explique l'importance prise par cette référence dans le rap.

Dans le cas américain, la référence à la rue se développe « à la croisée d'un marketing intense et de discours de plus en plus consacrés aux thèmes et à l'imagerie du ghetto [3] ». En France, comme le chapitre précédent le montre, un même marketing de la marge adopte à partir du milieu des années 1990 le vocable de la rue pour promouvoir le rap comme forme esthétique marginale et sulfureuse – mais aussi pour justifier son cantonnement dans des canaux de diffusion spécifiques [4]. Sur le plan esthétique, l'exemple du rap américain et plus largement l'évocation du ghetto ou de la rue dans les chansons de soul et de funk des années 1960-1970 constituent des sources d'inspiration fréquentes. Mais la référence à la rue entretient aussi un lien intime à l'assignation du rap aux banlieues : elle reformule, depuis le point de vue minoritaire, le lien supposé consubstantiel entre rap et banlieues en y introduisant les ressources et les expériences spécifiques à certaines franges des classes populaires précarisées [a]. Généalogie mythique, rhétorique commerciale, répertoire esthétique et expérience sociale prescrite, « la rue » est une référence à la fois polysémique et omniprésente dans le monde du rap des années 2000. On la retrouve jusque dans les interactions ordinaires au sein du monde du rap, où elle fait l'objet d'invocations explicites, provoque des réactions de défense passionnelles, suscite des craintes. Elle a les caractéristiques de ce que Durkheim appelait le sacré [5].

De quelles normes la rue est-elle le garant ?

L'évocation de « la rue » est une pratique fréquente dans le monde du rap français de la première moitié des années 2000. Elle permet d'expliciter des dilemmes pratiques et de rendre compte d'écarts de comportements, qu'il s'agisse de les dénoncer ou de se justifier. La référence à la rue apparaît ainsi comme une ressource importante pour réguler des activités de coopération et des situations de travail. La première partie de ce chapitre explicite quelques-unes de ces normes régulatrices : maintenir l'accessibilité des lieux dédiés au rap à de nouveaux aspirants, affirmer sa détermination à exercer son art, euphémiser les intérêts économiques à coopérer.

---

a Voir chapitre 5.

La rue contre le professionalisme ?

Les interactions en studio d'enregistrement, dans les locaux des émissions de radios spécialisées ou au domicile d'artistes possédant un *home studio* se caractérisent généralement par une atmosphère de familiarité, de convivialité et d'accessibilité. Les personnes qui contrôlent ces lieux en donnent volontiers l'image d'espaces d'entre-soi, et les personnes qui y passent valident le plus souvent cette image. Ces lieux sont fréquentés par des gens qui ne se connaissent pas nécessairement, mais que rapproche un intérêt supposé commun pour le rap, fondateur d'une familiarité tacite. Les enjeux pratiques liés à cette norme de familiarité s'exprime notamment dans le vocabulaire « de la rue ».

L'émission de radio hebdomadaire *Big Up*, que j'ai pu observer durant une saison dans la première moitié des années 2000 [a], est soumise à une gestion parfois complexe des présences dans le studio. D'un côté, les animateurs tiennent à ce que l'émission soit accessible et conserve une atmosphère de convivialité ; de l'autre, ils doivent composer avec les exigences de la direction de la radio, qui souhaite limiter les allées et venues et la présence de personnes qui, selon le mot du vigile, « n'ont rien à faire là ». Cette tension apparaît notamment lorsque le rappeur Loko [b], après avoir participé à la première moitié de l'émission avec son groupe, s'attarde dans les locaux de la radio. Alors que le responsable de la sécurité l'invite à quitter les lieux, comme le reste de son groupe, Loko insiste pour rester et lance avec emphase : « On est de la rue avant d'être des professionnels. » Il prolonge sa remarque par l'invocation de récits fondateurs du hip-hop : « On a pris la technique, on l'a mise à l'envers, c'est ça le rap ! On a pris Mozart, on a fait des scratchs. On a pris la danse classique, on a fait du *break*. » Alors que le reste de son groupe quitte les lieux, Loko demeure dans le hall d'accueil de la radio, commentant la performance du deuxième groupe qui passe ce soir-là dans l'émission. En présentant le rap et le hip-hop comme une subversion de formes artistiques légitimes, Loko à la fois justifie sa propre transgression et suggère aux personnes présentes d'accepter celle-ci s'ils ne veulent pas se trouver en porte-à-faux avec les principes originels du rap. Ici, l'invocation de la rue enjoint les animateurs du lieu à affirmer leur distance vis-à-vis des règlements établis et à respecter des normes de familiarité et d'accessibilité dans la gestion de l'émission.

---

a Le flou chronologique est maintenu pour préserver l'anonymat des personnes concernées. Les noms de tous les acteurs évoqués dans ce chapitre ont été modifiés.

b Nom fictif.

Un autre échange observé dans les studios de *Big Up* confirme que la façon dont chaque lieu négocie la circulation des artistes et des amateurs engage son statut dans le monde du rap. Mathieu est le manager d'un groupe de rap peu connu invités dans l'émission. Il évoque avec les animateurs ses difficultés à joindre le directeur des programmes de la radio locale Rap FM, sur laquelle il souhaiterait que les chansons du groupe soient diffusées : « On a essayé de le rencontrer pendant un mois et demi, il était toujours annoncé comme absent ou occupé. » En désespoir de cause, il a laissé croire au standard qu'il cherchait un espace publicitaire « et le lendemain on était invités à passer à la radio ». Le DJ de *Big Up* et Mathieu ironisent alors sur l'attitude du directeur des programmes : « Lui c'est un professionnel... c'est son métier, quoi », commente Mathieu. Le DJ rebondit : « C'est sûr que quand il est dans son bureau, sa radio ne doit pas être sur la fréquence de Rap FM. » L'inaccessibilité du directeur des programmes au manager d'un groupe de rap peu connu, doublée de son empressement à se rendre disponible lorsqu'il est question de revenus publicitaires, fait porter le soupçon sur son goût pour le rap, et situe cet acteur hors du monde du rap. De même, lorsque Donkichoc tente de nouer des contacts en région parisienne en vue de se faire connaître, il se heurte à l'inaccessibilité d'une radio dont il ne parvient pas à franchir la réception. Donkichoc m'explique alors : « Quand j'avais fait des petites radios, on était dans les locaux, on regardait pendant l'émission, les gens circulaient. Là, c'est la grosse... comme dit Soly [a], c'est le biz. [...] On a même pas fait une minute, là. » L'accessibilité du lieu, la possibilité d'y circuler sans contrainte, le fait de discuter avec ceux qui le contrôlent sont autant de traits que Donkichoc oppose au « biz », abréviation du show business.

Appartenir au « show business » ou être « professionnel » est assimilé ici au fait d'adopter des comportements dans lesquels l'intérêt économique domine. Ces attributs s'opposent à la passion pour le rap, une passion que manifesterait au contraire la disposition à entretenir des relations de familiarité avec ceux qui la partagent, indépendamment de leurs statuts ou de l'intérêt économique que l'on peut trouver à coopérer avec eux. Le respect des normes de familiarité et d'accessibilité contribue, pratiquement, à distinguer différents lieux du monde du rap. D'un côté, on trouve des lieux dans lesquels le symbole honorifique de la rue et les normes de comportement auquel il est associé parviennent au moins en partie à prévaloir. On peut décrire ces lieux comme un « milieu *underground* », tant ils reprennent des logiques nées dans la dynamique des contre-cultures des

---

a Mentor de Donkichoc et leader du groupe de rap B. Vice dans les années 1990, voir chapitre 6.

années 1960, puis popularisées (et commercialisées) dans les années 1970 sous le nom d'*underground*[6] : marginalité artistique et sociale vis-à-vis de formes musicales ou d'une société dominantes, légitimité de formes de déviance, opposition entre comportement calculateur et passion pour le rap. De l'autre, on trouve des lieux dans lesquels ces normes disposent d'une légitimité faible, pour ne pas dire nulle : les membres du monde du rap qui se trouvent dans ces lieux doivent composer avec la « loi d'une force étrangère[7] ».

Avoir faim ou être gavé

Le groupe parvenant à s'imposer au culot malgré les obstacles qui lui sont opposés constitue une figure récurrente des discours dans le monde du rap. Cette opiniâtreté trouve fréquemment à s'exprimer dans la métaphore de la « faim ».

En février 2002, Belmo, un rappeur confirmé, se rend chez un graphiste et ami qui travaille à la réalisation de la pochette de son prochain disque autoproduit. Un autre rappeur, Dundy, et moi l'accompagnons. Belmo évoque une possible signature avec un label indépendant prestigieux dans le monde du rap, dirigé par un rappeur célèbre, Ol'timer. Il ironise alors notamment sur l'animateur d'une émission de radio qui a tenté de le dissuader de rejoindre ce label, au motif que la célébrité d'Ol'timer éclipserait son existence publique. Dundy réagit : « Tu aurais dû leur dire de te proposer mieux ! Tu galères, et les gens ne veulent jamais que tu profites quand tu peux. » Belmo distingue peu après son attitude de celle de la plupart des autres artistes appartenant à ce label. « Ils font rien, les artistes sont pas motivés. C'est des jeunes, pas des professionnels. Franchement, c'est tendu, c'est pour ça que c'est le bon moment pour y aller. Ol'timer, ça le saoule, il va voir que nous, on est motivés. Ils ont eu un plan BO[a], y a aucun rappeur qui voulait y aller ! [...] Il propose une tournée, les gars : "Ouais, mais non, ceci, cela..." Il a dit : "Ok, si c'est comme ça... laisse tomber." Ils ont tellement mangé qu'ils sont trop gavés ! » Bientôt, Belmo évoque l'attitude et les chansons d'un rappeur connu, Milkeus : « Je trouve que ça sonne faux lorsqu'il parle de la rue. Tu vas pas me dire que c'est un mec de la rue ? Le premier album, encore, je veux bien, mais quand tu as vendu 500 000 disques... »

Cette scène illustre que la rue et le professionnalisme ne s'opposent pas toujours. Au contraire, négliger des « plans », c'est-à-dire des opportunités

---

a Une possibilité d'enregistrer des titres pour la bande originale (BO) d'un film.

de carrière, dont on pourrait bénéficier soi-même ou faire profiter des proches, s'apparente à une attitude que Belmo peut stigmatiser comme étant non professionnelle. Si ce comportement suscite la critique, c'est qu'il correspond à un gaspillage ostentatoire de ressources dont des pairs sont avides, situation exprimée par la métaphore de la faim. L'opposition entre le fait d'« avoir faim » et celui d'« être gavé » est proche d'une opposition entre pauvres et nantis, et distingue des comportements de rappeurs à partir d'une opposition de classe. De façon homologue, le succès commercial est présenté par Belmo comme la preuve incontestable d'un enrichissement et comme une forte probabilité d'avoir atteint un état de satiété contradictoire avec la référence à la rue. En creux, la rue apparaît comme le lieu par excellence où l'« on a faim ».

Lorsqu'elle s'exprime entre personnes partageant une même passion pour le rap, l'opposition entre faim et satiété est fréquemment associée à la question de l'humilité. Un rappeur fidèle à la rue « a faim » ou « fait manger ses proches » : il ne laisse pas passer une opportunité de concert ou d'enregistrement. Jam est un rappeur particulièrement sourcilleux sur ce point et critique volontiers les artistes qui gaspillent leur temps de studio. Lorsque je le rencontre dans un studio d'enregistrement en 2004, il réalise une compilation dont l'un des objectifs explicites est de pointer ce travers. Après avoir enregistré – en vingt-cinq minutes – son propre morceau pour sa compilation, Jam précise à tous les rappeurs venus au studio ce jour-là que le temps mis par chacun pour enregistrer son titre sera mentionné sur le livret de la compilation. Il ajoute : « En fait, le but c'est pas forcément un concours, c'est surtout que les MC qui vont entendre ça et qui vont avoir la pochette et la lire, on veut qu'ils se rendent compte qu'on arrive à faire des morceaux qui tuent sans brûler une séance et sans faire les cons. Y en a ils viennent ici... ils ont fait des disques d'or et voilà, ils écrivent leurs textes ici, tu vois. Alors qu'il y a quelqu'un qui paie la séance. Après, ces gens-là, dans le rap, ils se disent être humbles, et patati et patata... Ça me fait chier. » L'ingénieur du son infléchit le propos de Jam en l'illustrant : « Tu as ceux qui arrivent à 10 heures pour commencer la séance avec un sac avec un peu de bouffe et deux packs de bières, et ils roulent [des joints], et ça démarre la journée, et vers 11 heures ils commencent à poser [enregistrer] déjà éclatés... » Jam reprend alors la formulation de l'ingénieur du son, en ayant soin de distinguer la question de la motivation de celle de la consommation de drogue ou d'alcool : « Attends, mais même, souviens-toi, quand on était dans le studio précédent, on arrivait avec plein de shit, plein de Heineken, mais si on pouvait faire quatre morceaux dans la journée, on les faisait. Il y en a qui ont oublié comment c'était quand ils étaient en chien. »

L'expression « être en chien », que l'on pourrait traduire par « être abandonné, rejeté », renvoie à une situation sociale d'exclusion. Elle rejoint la métaphore de l'opposition de classe (« être en chien » *versus* « être installé ») que l'on trouvait dans l'opposition entre « avoir faim » / « être gavé », et pointe de nouveau la rue comme symbole auquel, à défaut de s'identifier, il faut manifester une forme de fidélité. Dans le contexte où elles sont mobilisées, ces expressions évoquent une situation sociale générale (ne pas être un nanti), mais s'appliquent à une situation professionnelle, une position dans la carrière typique d'un rappeur. « Avoir faim » ou « galérer », dans la bouche de Belmo ou Dundy, c'est ne pas avoir beaucoup de « plans », d'opportunités de carrière. « Être en chien », dans le contexte où Jam mobilise l'expression, correspond au fait de se trouver exclu du confort que procure une position avantageuse dans les industries musicales.

*La rue et l'*underground

Dans les démarches qu'entreprend Donkichoc en région parisienne, une rencontre se révèle particulièrement cordiale, tranchant avec l'accueil plutôt froid des maisons de disques, des radios et des magazines. Il s'agit de celle avec Billy, un amateur de rap aux multiples casquettes, rencontré par l'intermédiaire d'un ami de Donkichoc. Des discussions qui se nouent ce jour-là, il apparaît que Billy est une figure de la multiactivité para-artistique [8] : il est ponctuellement manager, tourneur, compositeur amateur et journaliste musical à ses heures. Le ton cordial de la rencontre est emblématique de la familiarité que l'on entretient avec des personnes inconnues dont on suppose qu'elles partagent une passion commune pour le rap, présupposé explicitement mis en scène lorsque, à de multiples reprises, Billy invoque l'« esprit hip-hop ». La rencontre entre Donkichoc et Billy a pour objet un projet de fanzine que le second tente de mettre en œuvre. Pour Donkichoc, ce fanzine est une occasion de contribuer à se faire connaître, d'autant plus intéressante à ses yeux que le fanzine devrait être accompagné d'un disque comportant des chansons de divers artistes. Alors que Donkichoc tend sa maquette à Billy, en lui proposant : « Tu écoutes, et tu nous dis ce que t'en penses », Billy se récrie : « Ah non, ici y a pas de sélection, c'est tout le monde pareil. Tu nous donnes le son que tu veux. Même si un son déchire, je vais pas le mettre en premier ou à la place d'un autre. » À l'appui de ce refus absolu de sélection, il insiste sur le fait que son fanzine, comme plus généralement ses démarches en tant que personnel de renfort du monde du rap, est « *under* », c'est-à-dire *underground*, connotant ainsi sa totale appartenance à ceux qu'Ibou appelait les « vrais mecs du hip-hop [a] ».

Après ces multiples affirmations d'authenticité, Billy nous rapporte une anecdote édifiante, illustrant à quel point un groupe de « jeunes » n'avait pas compris sa démarche : « Je les ai amenés à une scène, enfin une scène… c'était une estrade, hein ! Et quand on allait monter sur scène, ils me font : "Tu nous donnes combien, là ?" Je leur ai fait : "Oh, j'te donne rien !" Je leur trouve la scène, c'était un tout petit truc, c'est même pas une scène, c'est pour se faire la main… Et eux, ils se sont barrés. Déjà, moi je pars du principe que si tu es rappeur et que tu as la possibilité de diffuser ton message… alors parle pas d'argent tout de suite. » L'anecdote est un préalable à une proposition que Billy adresse à Donkichoc et qui engage ce dernier à manifester son sens de la solidarité. Un premier numéro du fanzine de Billy est sorti au cours de l'été qui précède la rencontre, mais il souhaite financer deux nouveaux numéros en s'appuyant sur des abonnements pour six numéros. Il attend d'avoir suffisamment d'engagements pour se lancer dans la réalisation du deuxième numéro, pour lequel il a déjà réuni tous les éléments rédactionnels – sans avoir encore trouvé les moyens financiers de l'éditer : « On n'en est qu'à vingt personnes. Il nous en faut 300. Pour l'instant, c'est que par le bouche à oreille. Donc toi, de ton côté, si tu peux faire connaître du côté de Marseille… De toute façon, si ça peut sortir, c'est bon pour toi, parce que ton morceau sera dessus. »

Si la critique d'artistes au nom de la rue porte de façon privilégiée sur des groupes connus, ceux-ci n'ont pas le monopole du soupçon d'appât du gain – ils y sont seulement plus vulnérables par l'évidence de leur succès commercial. Comme l'anecdote de Billy l'illustre, des groupes peu connus peuvent connaître la même mise à l'index. La figure de l'artiste connu perverti par l'argent du succès se double d'une figure qui n'est pas moins présente, celle de l'artiste inconnu (généralement présenté par l'expression « le jeune ») et déjà obsédé par la réussite matérielle. Mais l'interaction entre Donkichoc et Billy est intéressante par ce qu'elle révèle du fonctionnement du milieu rap *underground* dans la première moitié des années 2000. La référence à une démarche « *under* », homologue à l'invocation de la rue, intervient pour justifier une proposition de coopération dans laquelle Donkichoc serait bien plus mis à contribution que dans les configurations habituelles où un artiste obtient d'un magazine qu'il participe à asseoir sa réputation. Elle légitime également un refus de sélection (« ici c'est tout le monde pareil ») et la suspension des attentes de rétributions

a Voir chapitre 8.

financières. Tous ces traits distinguent le type de coopération que propose Billy de celles que les membres du monde du rap prêtent aux acteurs du « show business » : division stricte du travail artistique et commercial, filtrage des prétendants à chaque étape de carrière, rémunération du travail artistique. Cette opposition entre milieu *underground* et lieux étrangers au monde du rap ne recouvre pas le conflit traditionnel entre art et commerce, que portait traditionnellement la « critique artiste [9] » de l'échange commercial. Une majorité d'acteurs du monde du rap acceptent les logiques managériales et publicitaires qui soumettent l'art aux lois du marché [10]. Le milieu *underground* se distingue plutôt par son engagement durable vis-à-vis du rap comme esthétique musicale, à l'inverse des acteurs qui ne manifestent qu'un intérêt ponctuel et perçu comme opportuniste pour ce genre.

Dans cette situation comme dans les précédentes, l'invocation de la rue se produit dans des discussions tournant autour des formes acceptables de coopération. La rue apparaît comme une référence à laquelle sont associés les attributs de l'accessibilité, de la familiarité et de l'informalité. Elle engage également à une certaine attitude morale, spécifiée par les qualités de détermination, de solidarité et d'euphémisation des motifs économiques de coopération. Ces normes sont loin d'être originales dans les mondes de l'art. Ainsi, l'opprobre qui frappe ceux qui « négligent des plans » n'est pas sans rappeler l'attitude des musiciens de danse étudiés par Howard Becker dans les années 1950 aux États-Unis : dans un univers où les opportunités de travail ont souvent la forme d'engagements courts proposés par le biais de recommandations personnelles, il s'agit d'être une personne digne de confiance, c'est-à-dire d'accepter « n'importe quel travail à moins [d'être] déjà engagé ailleurs [11] ». De même, l'euphémisation des motifs économiques de coopération est une antienne des univers de production symbolique [12]. Mais les modalités d'application de ces normes sont influencées par le lieu où se jouent les coopérations : la rue fonctionne sur un double registre d'opposition, à la haute société d'un côté, au show business de l'autre. C'est à mieux comprendre ce double registre que je vais me consacrer à présent.

Faire exister le rap, faire exister les rappeurs

La perception différentielle des lieux et des personnes qui permettent aux rappeurs de maintenir leur pratique artistique est liée aux circonstances dans lesquelles la passion pour cette pratique se développe, et aux obstacles rencontrés ensuite. Le problème qu'affronte une majorité d'artistes est celui du maintien dans la carrière. Se pose alors la question de l'engagement dans une carrière professionnelle, qui suppose de se tourner vers de nouveaux acteurs susceptibles de permettre de vivre du rap – au premier rang desquels les maisons de disques. La difficulté à obtenir leur coopération et la fragilité des coopérations effectivement nouées exacerbent le contraste perçu entre ces acteurs, dont les majors sont l'archétype, et les premiers lieux qui permettent de s'éprouver comme artiste. En outre, ces lieux de la pratique en amateur, souvent décrits comme l'« *underground* », continuent d'être une garantie de maintien de la carrière, y compris lorsqu'ils n'assurent pas de revenus suffisants pour vivre du rap. Cet aspect crucial des conditions d'exercice de l'activité du rap dans les années 2000 explique l'importance du symbole honorifique de la rue [13]. Le milieu *underground* forme un archipel de lieux qui définissent le rap comme un genre musical qui leur est propre, et qui contribuent au maintien dans la carrière de rappeur, y compris et surtout en l'absence de stabilisation financière. Ils s'opposent aux lieux qui définissent le rap comme une pratique minoritaire, et notamment aux grandes maisons de disques et aux médias généralistes, dans une tension que la référence à la rue transpose en termes d'opposition de classe : « mecs de la rue » *versus* « mecs en cravate », dans les termes d'Ibou, et plus largement classes populaires contre bourgeoisie.

La frontière mouvante entre la « rue » et le « biz »

Comme beaucoup d'autres activités, l'engagement dans le rap ne se déroule pas à n'importe quel moment du cycle de vie [14]. Il s'opère généralement à l'adolescence, lorsque l'activité scolaire et le maintien au domicile familial autorisent un temps de loisir qui facilite l'investissement intensif dans une pratique artistique. Le processus qui conduit certains amateurs de rap à devenir des rappeurs amateurs s'appuie alors sur des épreuves régulières dans des lieux tels que des scènes de concert, des studios d'enregistrement, des locaux de radios. Ces lieux offrent l'opportunité de faire du rap et d'y prendre plaisir. Ils contribuent de façon décisive à ce que l'amateur qui rappe en dilettante développe une identification sociale de rappeur. Le temps de loisir disponible va toutefois en s'amenuisant à mesure que l'enjeu de l'autonomie financière devient plus pressant. La concurrence entre avenir universitaire, avenir professionnel, avenir artistique et parfois avenir sportif contribue à expliciter l'enjeu de vivre de son art, problème qu'Ibou formule crûment : « Tu sais, moi, franchement, en tant que [rappeur] indépendant, si je reste dix ans comme ça, je lâche avant. En dix ans, tu as le temps de penser à tes cours, à bosser… donc tes priorités elles changent vite. […] C'est comme si tu avais un délai. Tu veux faire commercial, si en dix ans tu n'arrives pas à faire un boulot de commercial, eh bien tu te recycles [15]. »

La volonté de faire du rap une source de revenus motive des interactions avec de nouveaux acteurs, ceux vers lesquels Donkichoc s'était orienté en venant à Paris, et qu'il dénomme le « biz ». Il s'agit de maisons de disques, de radios nationales, de magazines, dont les exigences sont plus explicites et avec lesquels les coopérations se révèlent plus difficiles à susciter, et les artistes éprouvent plus durement la concurrence de leurs pairs. La perception de ces lieux étrangers diffère fortement de celle qui caractérisait les premiers lieux familiers, où le plaisir du rap pouvait advenir, mais elle diffère également d'un artiste à l'autre. Si, pour Donkichoc, les magazines spécialisés font à l'évidence partie du « biz », Ibou en a une perception différente. La presse rap a rapidement manifesté son intérêt pour ses premiers maxis vinyles. Elle fait partie de ces acteurs, de ces lieux qui donnent goût au rap, favorisant une identification professionnelle. « Je me fais plaisir, ça me plaît, parce que... des mecs viennent te voir et te disent que, oui, le morceau est bien. Commencer à rencontrer des gens plus ou moins officiels, passer dans des radios, les petits magazines... pour l'instant ça me fait plaisir [16]. »

Bien intégré au cœur du monde social du rap français, Ibou n'a jamais attendu de la presse spécialisée qu'elle s'intéresse à lui avant qu'il ait réalisé une première production discographique. Il a ainsi évité des déceptions qui auraient pu relativiser la confiance qu'il accorde à de telles coopérations. Quelques mois après cette discussion, Ibou enregistre son premier album. Il se montre serein sur les coopérations à venir avec la presse rap – c'est d'ailleurs la seule qu'il cherchera à contacter pour assurer la promotion de son album. « [Les magazines spécialisés] ils savent qui on est, vu qu'on a déjà eu des chroniques, donc on a leur numéro [de téléphone]. Tu sais, il suffit de faire un peu de tapage, tu les rappelles, tu les rappelles, et ta chronique elle sera là. C'est des gens qui suivent ce qu'on fait, à chaque fois qu'on a sorti un truc, les deux maxis, on a toujours eu des chroniques chez eux. Donc logiquement, ça devrait aller [17]. » Son anticipation ne sera pas contredite, et le premier album d'Ibou obtiendra la visibilité à laquelle il s'attendait dans la presse spécialisée rap.

Si les majors sont considérées comme purement opportunistes, les labels indépendants spécialisés dans le rap ne sont pas à l'abri d'une telle critique. Ibou, à mesure que ses tentatives pour travailler avec le label Ghetto Rage Bitume Records [a] sont déçues, transforme ainsi sa vision de ce

---

a Ghetto Rage Bitume Records et Street Caillera Wear sont des noms fictifs label. Lorsqu'en novembre 2001 Ibou me parle pour la première fois de son projet d'album, il mentionne immédiatement ce label indépendant spécialisé dans le rap : « On a eu une sollicitation plus ou moins directe de Ghetto Rage Bitume, ils sont passés dans une émission sur MCM et parmi les gens avec qui ils aimeraient bien travailler j'ai entendu mon nom. Quand on les voit, c'est le genre de personnes qui nous demandent tout le temps "Alors l'album, c'est pour quand ?" Donc apparemment ils veulent bosser. [...] Quand on sera prêts, on ira les voir, ça c'est sûr. » Ibou investit d'autant plus d'espoirs dans une éventuelle coopération avec Ghetto Rage Bitume Records que l'équipe du label anime une émission de radio dans laquelle Ibou a été invité plusieurs fois, ce qui constitue pour lui des marques d'estime importantes : « Ils n'avaient aucun intérêt à me jouer. Mon premier maxi, personne ne me connaissait, ils l'ont joué plusieurs fois. Lors de la dernière émission, ils ont mis mes deux morceaux. Ça fait plaisir, ils le jouent alors qu'ils n'y ont aucun intérêt. » En décembre 2001, Ibou évoque directement avec les dirigeants de Ghetto Rage Bitume Records son projet d'album. « Maintenant, les contacts sont plus francs. Le but du jeu c'est de savoir s'ils sont prêts à poser de l'argent. Ghetto Rage Bitume ils sont chauds, mais on n'a pas encore parlé des modalités. [...] Ce sont des gens qui sont là depuis longtemps, donc ils connaissent, les gars. »

Mais de décembre 2001 à février 2002, alors qu'Ibou se refuse à repousser plus loin la réalisation de son album, aucun accord n'est trouvé. En février, il m'explique : « En fait, tous les gens qu'on rencontre sont chauds pour mettre de l'argent, le problème c'est qu'ils ont d'autres... De toute façon c'est le jeu, ils revoient tous le truc à la baisse, ils disent qu'ils ont pas d'argent. Mais si tu arrives à les convaincre... » Ibou nourrit toujours l'espoir d'obtenir le soutien financier de Ghetto Rage Bitume Records, mais commence à mettre au premier plan de ses interprétations l'enjeu de l'intérêt commercial dans sa négociation avec le label.

Fin février, alors qu'Ibou a dû assurer seul l'enregistrement de son album, les propos sur Ghetto Rage Bitume se font moins élogieux : « Eux, on sait maintenant que niveau négociation, c'est des vrais rats. Je connais plus ou moins deux-trois gars qui signé chez eux. Il y en a un, ça fait deux ans qu'il est signé là-bas, il a rien touché, il a sorti qu'un maxi, et voilà. Quand ils négocient des contrats, c'est : "Bah, tu viens signer chez Ghetto Rage Bitume, on est des pointures, donc si tu vends c'est grâce à nous, donc la part qu'on prend elle sera plus grosse que chez les autres." [...] Ces mecs-là ne signent jamais une clause seule. Tu dois porter leur marque,

---

empruntés à la chanson « Inspecteur Disiz » *in* Disiz la Peste, *Les Histoires extraordinaires d'un jeune de banlieue*, 2005.

Street Caillera Wear, et dès qu'il y a une tournée Ghetto Rage Bitume, tu arrêtes tout et tu viens... » Ibou souhaite désormais n'obtenir qu'une avance ponctuelle pour la sortie de son album – « le but c'est signer juste le produit, et de pas signer en artiste. Et c'est le plus difficile. »

Plutôt que de négocier directement avec les commerciaux de Ghetto Rage Bitume Records, Ibou tente en mars 2002 de faire servir son intérêt par les artistes les plus connus du label, avec lesquels il entretient jusque-là de bonnes relations : « Je préfère passer par Brooklyn d'abord, parce que si je lui dis que j'essaie de signer avec Ghetto Rage Bitume, je sais qu'il va leur en toucher un mot, et s'il leur met la pression, ça devrait être bon. » Mais cette alternative échoue également. La semaine suivante, Ibou m'explique : « En fait il n'y a rien qui se passe comme prévu. On devait avoir un rendez-vous avant-hier et apparemment il y en a un qui est pas là, il est quelque part ailleurs donc... ils vont rappeler. » Je lui demande alors s'il s'inquiète : « Non, non, ça va, y a des gens qui sont derrière, qui sont prêts à... enfin en général, ils revoient le truc à la baisse, donc à chaque fois ils essaient d'en donner le moins possible, ça je m'y attendais. Mais par contre il y avait des rendez-vous qui étaient fixés, on commençait déjà à en parler franchement. Et là je sais pas ce qui se passe... des gens qui ne sont pas disponibles, des gens qui sont partis quelque part, donc tout est reporté. »

Mi-avril, la perspective d'une coopération avec Ghetto Rage Bitume Records s'éloigne. « On devait signer avec eux, c'était pratiquement sûr. On avait un rendez-vous avec eux, qui a été reporté plusieurs fois, et en fait, s'il fallait attendre leur autorisation, on aurait signé au mois d'août ou à la rentrée, donc ça ne sert à rien. On a dit : "Si vous voulez mettre des billes, vous mettez des billes, nous on commence, seulement si on commence, après ça sera pas pareil, le tarif sera pas le même." C'est tout. Sinon on n'a pas eu de nouvelles depuis. Le gars appelle de temps en temps pour dire : "T'inquiète, on pense à vous." Mais en fait, ils attendent de voir si ça fait du bruit. » Finalement, Ibou sortira son disque sans appui financier ni lien contractuel avec Ghetto Rage Bitume.

Fin avril, Ibou revient sur ses déconvenues et rationalise cet échec d'une coopération financière en soulignant toutes les contraintes dont il ignorait l'existence et qui pèsent sur les artistes qui font partie du label : « C'est pas plus mal que ça. Parce que quand tu travailles avec ces gens-là, tu leur dois quelque chose, donc t'es obligé plus ou moins de dîner avec eux. Parce que c'est des chefs d'entreprise maintenant, ces mecs-là, donc tu es obligé de porter du Street Caillera Wear, quand tu sors un maxi, tu as Ghetto Rage Bitume qui vient derrière, avec des petites clauses... c'est relou [lourd]. Tu signes ce maxi-là, mais tu es obligé de faire un autre truc avec eux après, sur un album ou un autre maxi... Donc ça commence à peser. Tout le monde dit : "oui", parce que c'est Ghetto Rage Bitume. Même moi ça aurait été OK. À la limite, c'est mieux d'être en bons termes avec eux sans être attaché à eux. Ils passent quand même notre son dans leur émission, les relations sont les mêmes, et t'es pas attaché à eux. »

Avant que ne soit engagée la tentative de coopération autour son album, Ibou présentait Ghetto Rage Bitume Records comme un label dont le soutien désintéressé était flatteur, dont l'équipe était formée de « gars qui connaissent » et de « gens qui sont là depuis longtemps ». De ce point de vue, il prêtait au label plusieurs qualités dont le symbole honorifique de la rue est garant : accessibilité, euphémisation des intérêts économiques, détermination. À mesure que la perspective d'une coopération satisfaisante s'éloigne, jusqu'à disparaître totalement, les qualificatifs se transforment. Les membres du label deviennent des « rats » en matière de négociations, des gens avec qui on ne veut pas « dîner », des « chefs d'entreprise ». Fin avril, la rupture avec le symbole honorifique est consommée. Ibou perçoit désormais le label comme opportuniste et souligne l'absence de fidélité aux engagements pris. En juillet 2002, l'amertume liée à l'échec des négociations avec Ghetto Rage Bitume Records est passée. Mais le jugement d'Ibou est sans ambiguïté : « Ghetto Rage Bitume, ils enchaînent soirée sur soirée, BO de film, etc., ils ont plein d'artistes mais ils ne s'occupent pas d'eux parce qu'ils ont trop à faire. Et quand tu vois tout ce qu'ils gagnent, tu comprends que c'est vraiment une entreprise. C'est plus des gens qui ont le temps de traîner ou d'être vraiment... enfin ils sont hip-hop, mais c'est pas des gens que tu verras dans la rue, à faire un *freestyle* en radio ou... ils ont plus le temps. Donc pour moi c'est des chefs d'entreprise. »

Ce sont ainsi des échecs de coopération qui conduisent Ibou à redéfinir le statut de Ghetto Rage Bitume [a] et en particulier à positionner ce label en porte-à-faux du symbole honorifique de la rue. On peut logiquement renverser le raisonnement. Les coopérations heureuses avec le milieu *underground* nourrissent l'analogie entre ces lieux et la rue. Dès lors, l'un des fondements de l'importance accordée à la rue dans le monde du rap réside dans la fonction professionnelle du milieu *underground*. C'est l'hypothèse que je vais explorer à présent.

---

a Comme Donkichoc redéfinissait sa vision de *Représente Mag* après ses déconvenues avec ce magazine. Voir chapitre 8.

« Street *crédibilité* » *et maintien dans la carrière*

Pierre-Michel Menger souligne que, dans les arts du spectacle, « le comportement d'attente et de pari prolongé sur une réussite à venir est soutenu par la logique réputationnelle du système d'embauche [18] ». C'est une telle logique réputationnelle qu'entretient le milieu *underground*, sous les vocables de « crédibilité » ou de « *street* crédibilité ». La fréquentation de ce milieu est l'occasion de renforcer une identification professionnelle, mais aussi de nouer des contacts, de se faire connaître, d'initier et de faire aboutir des projets. En même temps, chaque lieu de l'*underground* offre l'occasion d'une épreuve : ne pas être trop intéressé, manifester sa détermination, son humilité à l'égard des pairs, et bien entendu ses qualités artistiques. Les verdicts positifs multiples, indissociablement esthétiques et moraux, font la crédibilité – ils garantissent des coopérations fréquentes et heureuses avec le milieu *underground*, et facilitent le maintien dans la carrière.

Il est désormais possible de comprendre pourquoi Ibou prêtait aux « gars carrément de la rue » la capacité de reconnaître le vrai du faux et de « faire de la crédibilité ». Ibou présente la rue comme un acteur susceptible de faire et de défaire les réputations. Or tel est précisément le pouvoir dont disposent les différents *gatekeepers*, ces personnes qui contrôlent en partie la circulation des informations dans les mondes sociaux et assurent ainsi une sélection dont le destin de toute œuvre artistique dépend. L'expression « eux [les gars de la rue] ils le reconnaissent : "Ouais, c'est un vrai." Et puis après ça suit derrière » indique qu'Ibou accorde un rôle particulier à certains *gatekeepers*, ceux qui définissent le rap comme un genre qui leur est propre et qui forment le milieu *underground* du monde du rap. Ce milieu offre non seulement les réputations, mais aussi une assurance que même les artistes les plus intégrés à l'industrie du disque souhaitent conserver. C'est le cas de ce rappeur de la deuxième génération produite en label indépendant, rencontré en décembre 2000 et qui a déjà, à cette date, publié trois albums, dont le dernier est produit par une major : « Quand tu arrives dans une maison de disques et que tu signes, tu connais pas forcément le truc. Toi, tu fais de la musique, donc tu veux que ce que tu fasses soit bien représenté, tu veux que les gens qui travaillent sur le projet soient investis, défendent le projet comme si c'était leur truc à eux, et comprennent ce que toi tu as voulu faire, et malheureusement en major c'est pas toujours le cas. [...] Ils négligent tellement le côté basique du rap, c'est-à-dire tout le côté rue, promo de rue, petites radios, les émissions spécialisées... Les majors, ça pour eux c'est pas important. Pour eux, ça peut pas vendre de disques. »

S'il peut faire les réputations, le milieu *underground* peut aussi les défaire. C'est ainsi que l'animateur d'une émission de rap diffusée sur une radio locale parisienne reproche au groupe Killer Crew de manifester trop de complaisance à l'égard de la radio Skyrock. La critique suscite une réaction agressive du groupe concerné, qui répond à l'antenne en refusant à l'animateur le droit de le juger. Après l'émission, l'animateur se justifie auprès de moi des critiques qu'il a publiquement formulées dans son émission : « Que je leur pose la question ou pas, ils vendront autant de disques. Je ne pense pas que les gens qui les aimaient avant se disent d'un seul coût : "Putain, c'est pas bien, leur disque je vais pas l'acheter !" Et dans l'autre sens non plus. Je pense pas que les gens qui au départ pensaient que c'étaient des rappeurs pour minettes se sont dit : "Oh, putain, ils se sont énervés, c'est des rappeurs *hardcore*, je vais l'acheter..." » Le raisonnement de l'animateur ressemble à une prophétie autoréalisatrice : présentant sa médiation comme transparente, il estime que le jugement qu'il formule à l'antenne ne peut porter à conséquence. Le groupe Killer Crew ne voit pas les choses sous le même angle. Leur réaction pleine d'animosité se comprend lorsqu'on la rapproche de l'inquiétude d'un autre artiste, confiée au cours d'une conversation informelle qui se déroule en 2004. Wanabi vient de réaliser un maxi vinyle qui constitue à ses yeux une étape importante de son parcours professionnel. Ce maxi lui a permis d'accéder à *Big Up*, mais aussi à d'autres émissions comparables sur différentes radios locales parisiennes. Wanabi nourrit beaucoup d'appréhension pour l'une d'entre elles en particulier : son animateur a la réputation de poser des questions gênantes et n'hésite pas à les justifier en mentionnant des rumeurs, stratégie qui expose publiquement l'ambiguïté du statut de la personne ciblée [19]. À propos de l'animateur, Wanabi explique : « Il est relou. Il met la pression. Ça peut te péter une réputation... ça parle dans Paris. »

L'importance que le monde du rap accorde à la rue dans la première moitié des années 2000 s'ancre ainsi dans des enjeux professionnels cruciaux pour les rappeurs aspirant à vivre de leur art. La valeur attachée à ce symbole est à la mesure du poids des mécanismes qu'il pointe : la constitution d'une identité professionnelle de rappeur, la discrimination entre les lieux définissant le rap comme un genre qui leur est propre et ceux qui ne s'y investissent que de manière ponctuelle, ou encore les dynamiques réputationnelles contribuant au maintien dans la carrière des artistes. Autrement dit, au travers de la rue, il est fréquemment fait allusion à des acteurs ou à des logiques caractéristiques d'un milieu musical *underground*.

Au terme de ce parcours étudiant les usages ordinaires de la rue dans le monde du rap français de la première moitié des années 2000, il est possible de préciser ce que recouvre le symbole honorifique de la rue. Une partie de la réponse à cette question se trouve dans les chapitres précédents. L'assignation médiatique et politique du rap aux banlieues confère à la jeunesse masculine des quartiers populaires un rôle particulier, celui d'incarner à la fois les producteurs et les consommateurs par excellence de cette forme musicale. Le monde du rap s'approprie cette définition du genre au cours des années 1990 et érige la rue, en tant qu'espace de socialisation privilégié d'une jeunesse masculine précarisée, au rang d'expérience sociale fondatrice. Ce n'est cependant qu'avec l'intervention des acteurs dominants des industries musicales et la mise en place progressive d'un marketing de la marge reprenant la référence à la rue que cette expérience sociale fondatrice devient un signal marchand récurrent dans la circulation des œuvres de rap. Mais la place de la rue dans le monde du rap français s'explique aussi par son efficacité dans les interactions professionnelles ordinaires de ce monde. Elle permet d'exprimer les rapports asymétriques entre deux protagonistes : d'un côté, un milieu *underground* voué au rap – car son existence est dépendante de la pérennité du genre (radios locales, presse spécialisée, labels indépendants...) ; de l'autre, les acteurs dominants des industries musicales (majors, médias généralistes) dont le soutien est précaire et qui maintiennent le rap dans un statut de pratique minoritaire, lorsque ce n'est pas dans celui de pur effet de mode. La rue permet en outre de lier ces rapports asymétriques au sein des industries musicales à des rapports de domination plus vastes, engageant des groupes minoritaires vis-à-vis de la société majoritaire.

Le symbole honorifique de la rue fonctionne ainsi sur un double registre d'opposition : au show business d'un côté, à la haute société de l'autre. Il connote une double fidélité aux mecs « en chien » et en « galère », contre les « mecs en cravate » et ceux qui sont « gavés » : à l'échelle de l'industrie du disque, ou à celle de la société dans son ensemble. La référence à la rue s'appuie ainsi sur le mandat de responsabilité minoritaire que reformulait une frange de la deuxième génération indépendante au milieu des années 1990 et lie ce mandat au milieu *underground* par le biais d'une analogie entre l'industrie du disque et la société dans son ensemble. Dans la première moitié des années 2000, une majorité de rappeurs appuient leur légitimité sur une appropriation des catégories naturalisant l'assignation du rap aux banlieues. Derrière l'invocation de la rue pointe le fondement de l'institution du monde social du rap français : l'archipel de lieux définissant le rap comme un genre qui leur est propre dans une société où ce genre demeure assigné au minoritaire.

Épilogue

L'illégitimité paradoxale du rap dans les années 2000

> « Un nouveau record de polémique on dit qu'je chante le mal / J'vous l'avais dit qu'y a des indics *ladies and gentlemen* / Et dans leur bêtise ils confondent crime et islam / Ils m'auraient trouvé plus gentil si je ne faisais que du slam / [...] J'ai plaidé légitime défense dans ma déposition / Qui peut prétendre faire du rap sans prendre position. »
>
> Youssoupha, « Menace de mort », 2011.

La naissance d'un monde du rap français, adossé à des structures de production et des médias spécialisés, s'est accompagnée d'un succès commercial sans précédent pour ce genre en France. Au cours des années 2000, si les ventes de disques de rap fléchissent, puis subissent de plein fouet les effets de la dématérialisation des supports musicaux, le rap demeure un genre majeur au sein des industries musicales. Il contribue également au développement musical et commercial d'un genre nouveau en France, le R&B, et son cloisonnement au sein des réseaux de diffusion spécifiques diminue. Pourtant, cette forme de normalisation culturelle et économique s'accompagne d'une dénonciation politique sans précédent.

Rap et R&B au cœur des transformations du paysage musical en France

Albums et compilations de rap publiés en 1997 approchent les deux millions d'exemplaires vendus, et ceux publiés en 1998 dépassent les trois millions. Cependant, dès la fin de l'année 1999, certains médias annoncent la fin de l'« âge d'or » du rap [1]. La multiplication du nombre d'albums conduit à une diminution du succès moyen de chacun d'entre eux – une moyenne qui masque en réalité des succès tout aussi significatifs qu'avant. Mais l'année 1999 marque la fin de la croissance des ventes de disques de rap français et alimente un sentiment paradoxal de marché en crise, alors qu'il ne s'agit que d'un marché stable. Les ventes de disques restent élevées jusqu'en 2003.

Le monde du rap à l'épreuve d'une double crise

La crise de croissance que connaît le monde du rap à partir du milieu des années 2000 est renforcée par la crise économique qui affecte l'ensemble du marché du disque. Si la récession est sensible à l'échelle mondiale dès le début des années 2000, la France est touchée plus tard, mais aussi plus fortement [2]. De 2000 à 2011, les ventes annuelles d'albums baissent de 65 % et le format CD *single* est devenu quasi inexistant. Le développement des ventes numériques au cours de la période est significatif, mais ne compense pas la diminution des ventes de disques. Cette situation conduit les majors à rompre un nombre record de contrats avec des artistes en 2002 et 2003 – plus de 200 en deux ans, pour à peine plus de nouvelles signatures. Les rappeurs sont particulièrement touchés par ces ruptures de contrat, et plus généralement par la diminution de l'investissement des majors dans de nouvelles productions. Depuis le milieu des années 1990, les majors produisaient environ un quart à un tiers des albums de rap français commercialisés chaque année. En 2004, cette part tombe à 15 %, tandis que la proportion d'albums distribués par les majors passe pour la première fois sous la barre des 50 %.

La crise du disque affecte également l'ensemble des industries musicales par le biais des coupes dans les budgets publicitaires des maisons de disques. Jusqu'en 2004, les investissements marketing des majors excèdent les 160 millions d'euros. Ce chiffre est quasiment divisé par deux en trois ans [3]. La presse spécialisée rap en subit de plein fouet les conséquences. À la fin des années 2000, la majeure partie des magazines qui existaient dix ans plus tôt a disparu. Après une série de nouvelles formules qui ne parviennent pas à endiguer la baisse des ventes, les éditions La Rivière abandonnent le titre *L'Affiche* dès 2002. *R.E.R.* publie son dernier numéro en 2004 et l'équipe de *Radikal* est licenciée par Studio Press, filiale du groupe Roularta, à la fin de l'été 2005. Après la faillite de son éditeur, Cyber Press Publishing, *Groove* connaît une première interruption de parution au cours de l'été 2007. Malgré une nouvelle formule, le titre disparaît définitivement en mars 2009. Au début des années 2010, la presse spécialisée rap compte trois à quatre titres, dont *R.A.P.* qui est le seul magazine de la fin des années 1990 encore en activité.

La fin de la croissance du marché du rap français au début des années 2000, puis la crise de l'industrie du disque à partir de 2003 transforment les conditions de coopération autour de ce genre musical. Elles affaiblissent les labels indépendants nés entre 1995 à 2000. Face à un marché incertain, les choix malheureux dans la production et la promotion d'un disque entraînent des manques à gagner qui peuvent compromettre l'existence même de ces petites structures. En outre, les négociations avec d'éventuels partenaires assurant la promotion, la distribution et la vente de disques sont plus difficiles. Au sein de la myriade de labels indépendants spécialisés dans le rap qui naissent de 1994 à 2001, plus d'une trentaine adoptent la forme d'une SARL. Leur chiffre d'affaires annuel, dans la première moitié des années 2000, culmine aux alentours de douze millions d'euros [4]. À la fin des années 2000, les deux tiers de ces sociétés sont en liquidation judiciaire ou ont cessé toute activité, les entreprises restantes n'assurant qu'un chiffre d'affaires de trois millions et demi d'euros, auquel s'ajoutent les deux millions d'euros de chiffre d'affaires d'une trentaine de nouveaux labels indépendants organisés en SARL nés dans les années 2000. La récession qui touche les entreprises de production discographique spécialisées dans le rap est à la mesure de la crise de l'industrie du disque, dont le chiffre d'affaires est divisé par deux entre 2002 et 2011.

Si dure que soit la crise de l'industrie du disque, le rap français n'en continue pas moins de vendre un nombre significatif d'albums. Après les succès du début des années 2000, les vedettes du genre sont aussi bien issues de la première génération (IAM, Kool Shen, MC Solaar) que de la deuxième (Kery James), de la troisième (113, Rohff, Sniper, Booba, Diam's) ou de la quatrième (Sinik, Psy-4 de la Rime). De nouveaux rappeurs émergent dans la seconde moitié des années 2000 et rejoignent ou remplacent leurs aînés : Keny Arkana, La Fouine, MAP, Sefyu, Médine, Youssoupha, Orelsan, Sexion d'Assaut, Mister You... Jusqu'en 2012, le rap français continue de vendre de 500 000 à 2 millions d'albums par an, auxquels on peut ajouter les 300 000 à 1 million d'albums vendus en France par des artistes de rap américain.

Mais, du côté des artistes, les espoirs de réussite commerciale s'amenuisent à partir des années 2000. Sous ce rapport, les déconvenues d'Ibou auprès de Ghetto Rage Bitume Records illustrent un mouvement plus large de révision des attentes des artistes, d'hésitations des maisons de disques et de tensions croissantes lors des négociations entre les uns et les autres. Au cœur de ces tensions, on trouve les artistes de la première génération et leurs labels indépendants qui cristallisent les espoirs déçus de réussite commerciale, mais aussi de coopérations moins inégales entre artistes et producteurs. La parution du titre « J't'emmerde » de MC Jean Gab'1 en 2003 vient expliciter publiquement et artistiquement des clivages et des rivalités que la croissance du marché du rap avait mis entre parenthèses. Le morceau critique les rappeurs à succès de l'époque. Il épingle leurs contradictions supposées, notamment leurs références esthétiques à la rue, que MC Jean Gab'1 considère incohérentes avec leur vécu ou leurs choix musicaux conformistes. « J't'emmerde » rencontre un écho considérable dans le monde du rap, que l'on peut mesurer à la dizaine d'artistes qui ont pris la peine de répondre en chanson à leur mise en cause.

L'ampleur prise par la polémique s'explique à la fois par le statut de MC Jean Gab'1 et par les relais médiatiques dont sa chanson bénéficie de 2003 à 2005. MC Jean Gab'1 est un ancien membre des Requins Vicieux, une bande des années 1980 réputée à la fois pour son passé d'activiste de la danse hip-hop et pour son engagement dans la délinquance. Dans les années 1990, MC Jean Gab'1 réalise une série de braquages pour lesquels il sera incarcéré pendant plusieurs années. À sa sortie de prison, il reste proche de plusieurs membres de la scène rap, dont Doc Gyneco qui l'invite à participer à la compilation *Les Liaisons dangereuses*, publiée en 1999. Connu pour son passé criminel et son appartenance à une bande célèbre, MC Jean Gab'1 incarne la figure du « mec de la rue », qu'il met en scène par sa gouaille et l'usage abondant de l'argot parisien dans ses raps. Mais outre ces gages d'authenticité qui soutiennent la charge du rappeur, ce sont les relais dont la chanson bénéficie qui en font un événement exceptionnel. Loin d'être cantonné au milieu spécialisé comme le furent les critiques d'Expression Direkt, Rohff ou NTM à l'encontre du rap *transformat* des années 1990, le morceau « J't'emmerde » se voit relayé par les chaînes de télévision généralistes, par le biais d'émissions qui banalisent un traitement « *people* » [5] de l'actualité telles que *Tout le monde en parle* ou *On n'est pas couché* (sur France 2). L'humour et le franc-parler dont fait preuve MC Jean Gab'1 lorsqu'il s'agit de tourner en ridicule les rappeurs les plus connus ou d'évoquer son passé sulfureux font de lui un « bon client » de ces émissions, qui l'invitent régulièrement.

La chanson « J't'emmerde » amorce une série de conflits entre artistes qui prennent une forme nouvelle par rapport aux rivalités qui avaient marqué la scène rap des années 1990. Tout d'abord, on ne repère pas de clivage principal mobilisant l'ensemble de la scène rap, à l'image de celui qui opposait un rap *transformat* diffusé en radio à des rappeurs revendiquant une pratique du rap adossée à un mandat de responsabilité minoritaire. Le milieu des années 2000 se caractérise par une profusion de conflits personnels dans lesquels les normes de la rue sont explicitement invoquées et dont les enjeux implicites ont souvent partie liée à des conflits économiques directs entre protagonistes, qu'il s'agisse de relations de production jugées préjudiciables ou de rivalités commerciales. Autre nouveauté, ces clivages sont largement médiatisés. Le rap français est entré depuis la fin des années 1990 dans une logique de *star system* dans laquelle les conflits entre artistes alimentent à la fois la promotion de leurs œuvres et l'audience des médias qui s'en font les relais. L'importance commerciale et médiatique prise par le rap lui-même, en tant que genre musical, conduit les grands médias à relayer les faits divers ou les polémiques aussi bien liés à des rappeurs célèbres qu'à des rappeurs peu connus. Enfin, le développement d'Internet transforme la circulation de l'information sur ces conflits, auparavant plus cloisonnée entre réseaux indépendants à la diffusion restreinte, animés par des spécialistes du genre (fanzines, radios locales...) et médias généralistes destinés à un large public (télévision, presse et radio nationales...). Ces polémiques voient ainsi s'affirmer de nouveaux médias numériques qui se substituent en partie à la presse spécialisée, l'information circulant à la fois sur les forums de webzines musicaux et sur de nouveaux sites Internet qui adoptent un format de presse numérique à scandale, qu'ils soient généralistes comme <tuxboard.com> ou spécialisés comme <n-da-hood.com>.

Ces deux dernières évolutions se renforcent mutuellement – un nombre croissant de rappeurs est susceptible de retenir l'attention des grands médias et ces derniers ont plus facilement accès qu'auparavant aux querelles de chapelle qui agitent le monde du rap français. La publicité accordée aux conflits au sein du monde du rap culmine en 2007, à l'occasion d'un reportage diffusé dans l'émission *50 minutes inside* sur TF1 et intitulé « La guerre du rap ». Sur fond d'amalgames et de montages biaisés, ce reportage illustre la façon dont les grands médias s'alimentent désormais directement aux discours produits dans le milieu rap *underground* : il mobilise notamment des images issues de vidéos postées sur Internet par les rappeurs eux-mêmes à l'occasion de leurs conflits, ou de DVD d'interviews diffusés dans le milieu spécialisé et qui font la part belle aux mises en scène d'une dangerosité délinquante ou de provocations et d'invectives viriles. Les conclusions du reportage reconduisent en retour une représentation volontiers défendue dans la première moitié des années 2000 au sein du monde du rap français lui-même : « Vrai lascar et vrai rappeur, voilà certainement le secret du succès. » Ce reportage illustre les relations étroites qui lient l'assignation du rap aux banlieues comme zone de non-droit où règne la violence débridée de nouveaux barbares, l'exploitation médiatique et économique de ce genre musical, et la rhétorique de la rue dominant le monde du rap français des années 2000.

Du nouveau sur les ondes radio : la fin de l'hégémonie pop-rock

Ces multiples conflits, placés au cœur de l'attention publique, ont sans doute joué un rôle dans le choix de la direction de Skyrock d'interrompre en mars 2007 la diffusion des émissions spécialisées contrôlées par des figures du monde du rap. Celles-ci ont en effet participé à la médiatisation et à la dramatisation des conflits entre rappeurs, en servant de tribune à l'une ou l'autre des parties en présence ou en mettant en scène les affrontements par le biais de clashs à l'antenne. Avec elles disparaît un nouveau pilier du fonctionnement ordinaire du monde du rap depuis la fin des années 1990. Mais cette évolution renvoie plus largement à une transformation du paysage radiophonique qui affecte l'ensemble des réseaux « jeunes ». Si, à la fin des années 1990, la programmation de rap croît sur l'antenne de NRJ et de Fun Radio, cet épisode est de courte durée. Après avoir culminé en 1998 à près de 15 % sur NRJ et plus de 30 % sur Fun Radio, la part d'antenne musicale consacrée au rap est divisée de moitié sur ces deux stations dès 2001. Sur Skyrock également, la diffusion de rap fléchit, mais elle reste majoritaire, oscillant entre 45 % et 55 % du temps d'antenne musicale. En 2006, Fun Radio et NRJ ne diffusent plus que 7 % de rap, une situation qui alimente la crise du monde du rap par le rétrécissement des opportunités d'exposition radiophonique qu'elle induit et le renforcement de la position quasi monopolistique de Skyrock dans la diffusion du rap au cours des années 2000 [a].

Pour autant, les stations de radio nationales ciblant les moins de vingt-cinq ans ne renouent pas avec le format pop-rock qui dominait leur antenne dans la première moitié des années 1990. Elles font désormais la part belle à un nouveau genre musical, baptisé « groove ». Cette catégorie émerge brutalement des rapports sur la radio au début des années 2000 [6]. C'est l'effet d'une évolution rapide du paysage musical, mais aussi de la nomenclature stylistique qui y prévaut. À partir de 1998, Europe 2 et Fun Radio introduisent dans leur programmation un nombre croissant de nouveaux artistes se rattachant aux genres musicaux « nu-soul » ou « hip-hop soul », avec des groupes anglophones comme All Saints, Brandy et Monica,

---

a Dès l'année 1996-1997, « Skyrock [diffusait] à lui seul la moitié des titres rap présents sur les huit stations musicales étudiées », note un rapport IP France. Les stations en question étaient NRJ, Fun Radio, Skyrock, Europe 2, RFM, Chérie FM, Nostalgie et RTL2. *Rapport IP France 1997*, p. 61.

et des groupes francophones comme Teri Moise, Melgroove ou Les Nubians. Les labels de nu-soul ou hip-hop soul se sont associés, dans les classifications en vigueur aux États-Unis, aux genres « *urban* » ou « *contemporary R&B* » [a]. Cette forme contemporaine de *rhythm and blues*, née aux États-Unis dans les années 1980, se caractérise par l'influence de la soul et de la pop, ainsi que par une proximité musicale avec le rap, notamment dans l'usage de la boîte à rythmes, du *sampling* et de la MAO [7]. Dans la continuité de ces changements, Europe 2 opte pour le slogan « gravement groove » et Fun Radio celui de « groove & dance ».

C'est dans ce contexte que naît Yacast, société de services aux professionnels des médias. Créée en avril 2000, Yacast propose à la fois un nouvel outil pour observer systématiquement la programmation des radios et une nouvelle nomenclature qui reprend la catégorie « groove ». Fort de son partenariat avec le Syndicat national de l'édition phonographique et avec *Musique Info Hebdo*, l'hebdomadaire de référence des professionnels des industries musicales, Yacast voit sa nomenclature largement reprise. L'Observatoire de la Cité de la musique s'appuie sur elle dans les rapports sur la diversité musicale dans le paysage radiophonique qu'il publie régulièrement à partir de 2003. L'institut IP France, qui mobilisait la nomenclature d'Ipsos dans son rapport de 1998, opte également pour celle de Yacast à partir de 2001. La comparaison entre ces deux rapports permet de préciser ce que recouvre la catégorie de « groove ». Elle fusionne l'ancien label « funk » et une partie des labels « pop-soul » et « disco ». « Modern' soul », « new jack », « R'n'B », les sous-genres de la catégorie « groove » et les artistes associés dans le classement Yacast illustrent que ce label correspond bien à la catégorie anglo-saxonne de « *contemporary R&B* ».

En 1997-1998, le groove et ses équivalents, présents à l'antenne de NRJ, Fun Radio et Skyrock, représentent moins de 6 % de leur programmation. Le développement de la diffusion de titres groove sur ces stations ne commence qu'en 1999, soit l'année où la programmation de rap fléchit. Elle atteint dès le début des années 2000 près de 30 % du temps d'antenne musical de NRJ, 40 % sur Skyrock et plus de 50 % sur Fun Radio. Pendant les années 2000, le groove correspond à l'un des genres musicaux les plus diffusés sur ces stations : aux alentours de 30 % tout au long de la décennie sur

---

a La catégorie « *urban* » décrit dans les années 1970 un format radiophonique privilégiant les nouveautés R&B et disco, puis hip-hop et rap à partir des années 1980. Le magazine de référence américain *Billboard* (ré)introduit la catégorie « R&B » dans ses classements en octobre 1990, à la place de la catégorie antérieure de *Hot Black Singles*. La Recording Industry Association of America (RIAA) mobilise les catégories de R&B et d'*urban* dans ses enquêtes sur le profil des consommateurs de disques dans les années 1990 et 2000.

NRJ, diminuant puis se maintenant à 30 % également sur Fun Radio à partir de 2006 et oscillant entre 35 % et 55 % à l'antenne de Skyrock. En 2008, pour la première fois depuis dix ans, la programmation de Skyrock n'est plus majoritairement rap : c'est le groove qui domine l'antenne.

L'avènement du R&B sur les ondes radio dans la première moitié des années 2000 marque de nouvelles modalités d'accès des rappeurs aux grands réseaux radio. Alors que la période 1998-2001 se caractérisait par une raréfaction des refrains chantés dans les albums de rap français, ceux-ci se développent à nouveau de 2002 à 2004. Le nombre de titres avec un refrain chanté sur les albums de rap qui sortent à cette époque augmente de 50 %. Il atteint 30 % à 45 % de l'ensemble des morceaux publiés selon les fractions de scène. Seuls les nouveaux entrants dans le marché du disque, tous produits en label indépendant et formant une quatrième génération de rappeurs, privilégient une proportion moindre de refrains chantés, de l'ordre de 20 %.

Cette évolution est directement liée aux attentes des programmateurs radio. De 1998 à 2001, le classement des soixante titres hebdomadaires les plus diffusés en radio comprenait six ou sept morceaux de rap français en moyenne ; de 2003 à 2004, il n'en compte plus que quatre ou cinq [8] et 92 % de ces chansons ont un refrain chanté, contre 64 % au cours de la période précédente. Les thèmes de ces chansons restent proches de ceux développés de 1998 à 2001 et ne renouent donc pas avec les thèmes consensuels du rap *transformat* privilégié par les grands réseaux radio au milieu des années 1990. Mais le caractère mélodique de l'interprétation au refrain est redevenu quasi systématique et, dans une majorité de cas, ce refrain est assuré par un chanteur (Matt Houston, Oliver Cheatham, Humphrey, Karl The Voice...) ou une chanteuse de R&B (Kayliah, Vitaa, Assia, Toy, China, Léya Masry, Kayna Samet...). L'apparente disparition du rap au profit du R&B est ainsi une évolution en trompe-l'œil : musicalement, le R&B est un genre musical qui partage nombre de propriétés esthétiques avec le rap, à commencer par sa base instrumentale. En outre, derrière certains titres classés « groove » par Yacast, on trouve des collaborations entre rappeurs et chanteurs ou, le plus souvent, chanteuses R&B, qu'elles soient le fait d'artistes français ou américains. L'avènement du R&B sur les ondes radiophoniques au cours des années 2000 accompagne ainsi l'installation durable du rap, ne serait-ce que le temps d'un couplet, dans le paysage musical français. De ce point de vue, les données officielles du SNEP sont trompeuses, qui affirment que le rap représente moins de 1 % du marché du disque à partir de 2002. Cette méprise contribue à limiter les opportunités et la capacité de négociation des professionnels des industries musicales liés aux genres rap et R&B. Elle s'explique par les sources sur lesquelles le SNEP s'appuie pour produire ces chiffres : délégué à l'institut de sondage Ifop/Tite Live, puis au groupe GFK, le relevé statistique au sein d'un échantillon de points de vente reproduit un classement par genre fantaisiste, peut-être lié à la nomenclature des grandes surfaces généralistes [a]. En fait, la part de marché du rap se maintient depuis le début des années 2000 entre 2 % et 5 % des ventes de disques. Le R&B connaît une sous-estimation similaire dans les chiffres officiels du SNEP. Ce ne sont pas 0,3 % à 0,9 % des ventes de disques qui relèvent de ce genre, mais plutôt 1 % à 2 %.

Des rappeurs qui font plus que rapper

Si le R&B devient un genre dominant sur les ondes radio dans les années 2000, il est présent en France dès le début des années 1990 avec des interprètes francophones comme N'Groove, Tribal Jam, Afrodiziak ou K-reen. La plupart de ces groupes commencent leur carrière dans le milieu du rap, ou le rejoignent pour se faire connaître avant d'atteindre un large public. Rap et R&B puisent en effet aux mêmes sources esthétiques – la musique afro-américaine –, privilégient une rythmique proche et des techniques de composition similaires. Tribal Jam ou Afrodiziak commencent leur chemin dans le milieu du spectacle en pratiquant la danse hip-hop. Tino, membre de N'Groove, est un ancien danseur au sein du groupe de rap Les Little. K-reen appartient au groupe de rap Rootsneg, avant de se faire connaître du grand public comme chanteuse de R&B à l'occasion de ses duos à succès avec les rappeurs Mystik (« Le fruit défendu »), Def Bond (« Tu me plais ») ou Oxmo Puccino (« Le mensongeur »). Parmi les premières chanteuses de R&B, on compte également Wallen et China, qui furent un temps membres du collectif de rap Mafia Undeground [9], ou Assia, qui s'engage dans la musique au sein d'un groupe de rap avant de devenir choriste pour le groupe Ministère Ämer.

Les liens entre rappeurs et chanteurs de R&B transparaissent par le nombre de *featurings* qu'ils réalisent ensemble – plus d'une centaine sur les seuls albums de rap français de 1990 à 2004, chiffre qui ne tient pas compte des interventions de chanteurs comme choristes. La plupart des albums de R&B français qui paraissent dans les années 2000 comprennent également des participations de rappeurs, de l'album *R&B de rue* publié en 2001

a En 2006 par exemple, une année où le rap français a rencontré un nombre particulièrement important de succès commerciaux, le SNEP n'évaluait la part du genre (rap américain inclus) qu'à 0,1 % du marché. Contacté directement, le SNEP a bien voulu me transmettre les données communiquées par l'Ifop/Tite Live. Celles-ci classaient des artistes comme Diam's, Sinik, Booba, Sniper ou Fonky Family dans le genre « variété française ».

par Matt Houston, premier grand succès de R&B français, à l'album d'Amel Bent *Où je vais* en 2009. Par ailleurs, ces liens artistiques se doublent de liens professionnels. Les mêmes structures spécialisées qui participent au développement de la scène rap en France à partir du milieu des années 1990 soutiennent celui d'une scène R&B. Les rappeurs et DJ qui dirigent ces structures diversifient ainsi leurs activités au-delà du rap. Dès 1995, DJ Abdel ou Cut Killer font connaître les artistes R&B anglo-saxons et français par le biais de *mixtapes*, puis de compilations. La série de compilations *Hip Hop Soul Party*, publiée en 1996, met en vedette K-reen, China ou Hasheem. Ce dernier, ancien membre du groupe N'Groove, réalise un premier album en 1998, produit par le label indépendant rap Arsenal. La même année, Akhenaton réalise la bande originale du film *Taxi*, sur laquelle il convie notamment Assia. Deux ans plus tard, sur la bande originale de *Taxi 2*, Jalane participe à la majeure partie des morceaux, au sein du collectif One Shot. En 1999, Secteur Ä réalise une compilation R&B, *Indigo version R&B*, sur laquelle on trouve Matt Houston, Singuila ou Wallen. L'émergence du R&B en France s'adosse ainsi à l'existence d'un monde du rap français, qui va bénéficier en retour des succès commerciaux du R&B au cours des années 2000.

Engagés dans la production ou la réalisation artistique de compilations et d'albums de R&B, certains rappeurs sont aussi auteurs. Calbo, du groupe Ärsenik, coécrit des paroles pour Assia, Diam's pour Jalane, Vitaa ou Amel Bent, Passi pour Lynnsha... Ces activités d'écriture et de composition dépassent de plus en plus souvent le milieu du rap et du R&B. Akhenaton écrit pour Julie Zenatti, Oxmo Puccino pour Florent Pagny ou Alizée, Disiz la Peste pour Tiken Jah Fakoly ; Sinik réalise un morceau avec le chanteur pop-rock James Blunt et Passi avec Calogero ; Casey, Hamé et B. James enregistrent avec le groupe de rock Zone Libre ; de nombreux disques associent rappeurs et chanteurs de raï, de zouk, de reggae, de musiques populaires congolaises ou ivoriennes. Ces collaborations ponctuelles ou régulières illustrent à la fois la diversification des activités professionnelles des rappeurs et la croissance de leurs interactions avec des artistes appartenant à d'autres genres musicaux – voire de leur circulation entre différents genres musicaux. Dans la seconde moitié des années 2000, on peut ainsi voir des artistes passer du rap à la variété (Lone), à la chanson française (Ridan, Benjamin Paulin, HK & Les Saltimbanks), au slam (Abd Al Malik), au rock (Disiz la Peste) ou à l'électro (Stromae). Le cloisonnement organisationnel qui maintenait le genre rap dans un segment des industries musicales s'affaiblit.

Cette porosité croissante aux plus hautes marches de la notoriété se joue aussi pour des artistes moins connus. La difficulté de vivre de son art, les aléas de la trajectoire des groupes ou simplement l'envie de changer de voie poussent nombre de rappeurs à se détourner de l'interprétation – sans pour autant quitter le domaine de la musique. Certains investissent les professions de renfort de l'industrie du disque, comme celle du marketing. C'est par exemple le cas d'Anthony Cheylan, rappeur au sein du groupe État Major. Lorsque le groupe se sépare, il devient chef de projet musiques urbaines au sein du label Because de 2006 à 2009 [10]. D'autres privilégient le management, l'ingénierie du son, les métiers de l'image associés aux industries musicale.

Les trajectoires d'Ibou et de Donkichoc illustrent l'accès croissant des rappeurs à des positions souvent précaires mais néanmoins rémunératrices au sein des industries créatives [11], en marge de l'activité d'auteur-interprète. Après un second album qui rencontre un succès d'estime, Ibou décide de faire fructifier les connaissances qu'il a acquises en autodidacte lors de la création d'un site Internet pour sa propre promotion. Après avoir réalisé plusieurs sites pour d'autres artistes, il rejoint une équipe qui réalise des clips et complète son activité Web par un travail de monteur vidéo qu'il apprend sur le tas. Donkichoc, quant à lui, a entièrement autoproduit son premier album. Ne trouvant pas de maison de disques prête à en assurer la distribution, il a entamé les démarches pour que son disque soit disponible dans le plus grand nombre possible de grandes surfaces spécialisées. L'opération est coûteuse, peu gratifiante, mais formatrice : au terme de ce travail, il dispose d'un carnet d'adresses des détaillants bien fourni, d'une connaissance de l'ensemble de la filière du disque et d'un premier contact auprès de plusieurs chaînes de magasins. Il commence alors à prendre en charge la distribution des disques autoproduits par d'autres artistes, tout en élargissant son réseau et en investissant la vente de morceaux en ligne. Si sa carrière de rappeur est en suspens, il prend en 2007 la direction d'une association de soutien à la professionnalisation dont il faisait partie et la transforme en label indépendant capable de produire, éditer et distribuer des enregistrements. Basée à Marseille, l'association Com D Pro possède un catalogue ouvert à tous les genres musicaux qui s'étoffe rapidement.

Négligeables au cours de la première moitié des années 1990, les ventes d'albums de rap et de R&B dépassent les 40 millions d'exemplaires depuis le début des années 2000, soit 4 % des ventes totales d'albums en France. Ces genres musicaux sont également devenus une part majeure de la programmation des grands réseaux de radio « jeunes », qui privilégiaient auparavant un format pop-rock. D'après les enquêtes du ministère de la Culture, 5 % de la population française écoutait fréquemment du rap en 1997 [12]. En 2008, ce pourcentage a triplé et concerne 42 % des 15-19 ans [13]. Le R&B est désormais le genre préféré des femmes de quinze à trente ans, à égalité avec les variétés françaises, et le rap le genre préféré des hommes de quinze à trente ans [14]. Les années 2000 voient ainsi une profonde transformation du paysage musical en France, à laquelle le rap français a grandement contribué : la fin de l'hégémonie musicale des variétés, au profit d'une offre discographique et de goûts musicaux plus segmentés, associant aux variétés et au rock une forte composante musicale inspirée des évolutions des musiques afro-américaines. Le développement du rap accompagne aussi l'émergence de nouveaux personnels de renfort qui ont appris tout ou partie de leur métier dans le monde du rap et poursuivent leur carrière dans l'ensemble des industries créatives.

À l'aune de l'assignation du rap au minoritaire au début des années 1990, ou du cloisonnement économique et commercial qui caractérisait le monde du rap français au tournant des années 2000, ces évolutions marquent une évolution notable. L'exotisation médiatique du genre rap, sans disparaître, côtoie un traitement journalistique plus ordinaire, tandis que certains professionnels du monde du rap parviennent à contrecarrer leur marginalisation au sein des industries musicales. On relève ainsi une tendance à la légitimité croissante du rap sur les plans médiatique, marchand et culturel. Le contraste avec l'évolution du traitement politique du rap dans les années 2000 est d'autant plus saisissant.

La pénalisation politique du rap en France

Jack Lang, ministre de la Culture de 1988 à 1993, accordait au hip-hop en général et au rap en particulier une reconnaissance ostentatoire. Ses premiers successeurs, de Jacques Toubon à Catherine Trautmann, ont adopté une position publique plus indifférente. Après la réélection de Jacques Chirac à la présidence de la République, en mai 2002, un nouveau chapitre des relations entre le genre rap et les plus hauts échelons de l'État s'ouvre. Le ministre de l'Intérieur de l'époque, Nicolas Sarkozy, y tient un rôle de premier plan. Accusés de porter atteinte aux fondements moraux de la communauté politique, des groupes de rap font l'objet d'un nombre croissant de procédures judiciaires et de menaces législatives. Ce vaste mouvement de pénalisation vient jeter l'opprobre sur un genre musical dont la visibilité publique se banalise. Il contribue à l'illégitimité paradoxale du rap dans les années 2000 : plus que jamais incontournable socialement, économiquement et esthétiquement, le rap est en même temps la cible de dénonciations à la virulence renouvelée, jusqu'aux plus hautes institutions de l'État.

Accusations virulentes contre paroles violentes : une étrange surenchère politique

Au milieu des années 1990, des syndicats policiers dénoncent les paroles de certains raps et tentent d'assigner leurs auteurs en justice – souvent en vain. La loi du 29 juillet 1881 qui encadre les poursuites pour des crimes et délits par voie de presse prévoit un délai de prescription de trois mois à compter de la première diffusion des textes qui compromet nombre de procédures. En 1995, un concert de NTM à La Seyne-sur-Mer permet de surmonter cet obstacle : des policiers sont présents et vont porter plainte non pas pour les paroles de la chanson « Police », mais pour des insultes que le groupe profère à l'encontre des forces de l'ordre durant le concert [15]. L'année suivante, le procès de NTM devient une affaire largement médiatisée. C'est l'occasion d'une « première rencontre entre la société française et le rap *hardcore* [16] », c'est-à-dire d'un vaste débat public sur la violence du rap en France. Ministres et parlementaires restent toutefois en retrait de ce débat. Les déclarations dans la presse laissent apparaître les différences d'appréciation au sein du gouvernement de droite dirigé par Alain Juppé. Le 14 novembre 1996, le tribunal correctionnel de Toulon rend un verdict qui condamne les membres du groupe à trois mois de prison ferme, une amende et six mois d'interdiction d'exercer leur métier [a]. Si Jean-Louis Debré, à l'Intérieur, assure un soutien inconditionnel à la plainte des syndicats policiers et au verdict du tribunal, les ministres de la Culture et de la Justice, Philippe Douste-Blazy et Jacques Toubon, sont plus circonspects face à ce qu'ils considèrent comme une mise en cause de la liberté d'expression. Quant aux députés, ils sont peu nombreux à commenter l'affaire au sein de l'hémicycle. Si l'affaire NTM est l'occasion d'une rencontre entre la société française et le *hardcore*, deux nouvelles affaires amorcent au début des années 2000 une confrontation directe entre la classe politique et le rap : l'affaire La Rumeur et l'affaire Sniper.

En avril 2002, entre les deux tours de l'élection présidentielle, La Rumeur publie un magazine promotionnel accompagnant la sortie de leur premier album, *L'Ombre sur la mesure*. L'un des membres du groupe, Hamé, signe un article satirique dénonçant la rhétorique de l'insécurité et de la tolérance zéro, la paupérisation des quartiers populaires et les violences et humiliations policières que leurs habitants subissent [17]. Le ministère de l'Intérieur, dirigé à l'issue de l'élection présidentielle par Nicolas Sarkozy, dépose plainte pour diffamation envers la police nationale, ciblant en particulier

---

a En appel, NTM sera condamné à deux mois de prison avec sursis et une amende, sans interdiction d'exercer.

trois passages de l'article. Le premier est celui qui sera le plus discuté : « Les rapports du ministère de l'Intérieur ne feront jamais état des centaines de nos frères abattus par les forces de police sans qu'aucun assassin n'ait été inquiété [18]. » Ce n'est pas une chanson de rap qui est directement en cause dans cette affaire. Mais les déclarations des juges, de la partie civile et de la défense au cours des procès mettent en avant la qualité de rappeur de Hamé et la cohérence entre le contenu de l'article incriminé et les œuvres musicales du groupe La Rumeur. S'ensuivra un marathon judiciaire sans précédent, l'État faisant appel des trois relaxes successives réfutant le bien-fondé de la plainte du ministère. Il faudra donc un quatrième procès pour que Hamé soit définitivement acquitté en juin 2010.

La seconde affaire engage Sniper. Le premier album de ce groupe, *Du rire aux larmes*, sort au début de l'année 2001 et Skyrock programme intensivement le premier *single* qui en est extrait. Sniper dispose ainsi d'une exposition radiophonique importante, à l'inverse du groupe NTM à l'époque de son procès. *Du rire aux larmes* rencontre un large succès commercial et apparaît rapidement sur des sites Internet de paroles de chansons. À l'automne 2002, certaines de ces paroles retiennent l'attention d'un député de la majorité, Jacques Myard, qui interroge le garde des Sceaux par le biais d'une question écrite. Citant plusieurs extraits de la chanson « La France », il dénonce « la violence des paroles de certaines chansons de rap actuellement distribuées en France, qui sont explicitement dirigées contre l'État et les valeurs républicaines [19] », et juge que les auteurs de ces chansons méritent d'être poursuivis en justice. Un an plus tard, une question au gouvernement permet au ministre de l'Intérieur, Nicolas Sarkozy, de condamner à son tour Sniper pour des paroles qu'il décrit comme antisémites, racistes et injurieuses. Devant les députés, il conclut : « La démocratie impose que, quels que soient son âge ou sa fonction, on respecte des règles. Ceux qui ne les respectent pas auront à en rendre compte devant la justice de notre pays [20]. » En sept ans, de l'affaire NTM aux affaires La Rumeur et Sniper, députés et ministres sont devenus les fers de lance d'un traitement pénal du rap qui va s'intensifier tout au long des années 2000. Les archives des activités de l'Assemblée nationale permettent de retracer cette évolution.

Les questions parlementaires jouent un rôle important dans ce processus. Les questions écrites permettent à chaque parlementaire d'interroger sur son action un membre précis du gouvernement, qui dispose de deux mois pour y répondre. Les questions au gouvernement ont quant à elles la particularité d'être orales, de faire l'objet d'une réponse immédiate du ministre concerné et d'être retransmises en direct à la télévision. Ces procédures ont un rôle d'information et de contrôle du pouvoir exécutif par le pouvoir législatif. Préparées à l'avance, soumises à un protocole précis et consignées au *Journal officiel*, les questions des parlementaires offrent des documents de choix pour saisir les rapports que députés et ministres souhaitent nouer avec tel ou tel objet. Et si le discours politique « n'est jamais produit "à la légère" [21] », *a fortiori* en va-t-il ainsi dans l'enceinte du Parlement, qui représente le peuple français et détient, avec le Président, la souveraineté populaire. Durant les années 1990, les députés ne soumettent quasiment pas de questions écrites convoquant le rap dans l'arène parlementaire. Lorsqu'ils le font, elles viennent le plus souvent de l'opposition, et portent sur les éventuelles subventions dont bénéficieraient certains groupes plutôt que sur l'existence de paroles injurieuses ou violentes. Ainsi, en 1991, le député UDF Charles Ehrmann s'inquiète-t-il des subventions que le ministère de la Culture accorde au hip-hop : « Si l'on considère en effet [...] qu'en règle générale les bandes pratiquant le tag, le rap et la culture hip-hop professent, par leurs paroles et leurs actes, un racisme anti-blanc et un antisémitisme virulents, cette subvention serait tellement immonde qu'il ne manquerait pas d'alerter tous ceux pour qui la culture judéo-chrétienne de la France, qui se situe aux antipodes du hip-hop, a encore une signification [22]. » Si le rap et plus largement le hip-hop sont violemment incriminés, c'est bien la politique du gouvernement qui fait l'objet d'une contestation. En réponse, le ministre récuse les postulats du député : « Il est [...] délicat pour le respect de la liberté des individus, particulièrement lorsqu'il s'agit de la liberté d'expression artistique de milliers de jeunes de notre pays, de procéder à des amalgames lourds de significations, tendant à assimiler les amateurs de rap ou de graffitis à des bandes racistes et antisémites [23]. »

En 2003, la députée de la majorité UMP Nadine Morano interroge le ministre de l'Intérieur Nicolas Sarkozy, en s'indignant de chansons du groupe Sniper qui, à ses yeux, « incitent à la haine, à la violence et bafouent les valeurs républicaines de la France [24] ». Elle cite à l'appui les paroles suivantes, extraites de différents passages du morceau « La France » : « La France est une garce. Pour mission : exterminer les ministres et les fachos ! À croire que le seul moyen de se faire entendre est de brûler des voitures ! Des rondes de flics, toujours là pour nous pourrir la vie, attendent de te serrer tout seul. Frères, je lance un appel. On est là pour tout niquer, leur laisser des traces et des séquelles avant de crever [25] ! » Nicolas Sarkozy abonde dans le sens de la députée : « Madame Morano, ces textes sont parfaitement scandaleux [...], et ils le sont triplement. D'abord, ils sont antisémites, et je ne peux imaginer que quiconque, quel que soit le banc sur lequel il siège, puisse tolérer des textes antisémites. [...] Ces textes sont racistes de surcroît, et ils sont injurieux [26]. »

Cette double dénonciation introduit une rupture sur plusieurs points. Tout d'abord, ce n'est pas une question écrite, mais une question au gouvernement, qui permet à la fois une réponse orale immédiate du ministre interrogé et une retransmission télévisée. Aux antipodes des « questions-agressions » qui contestaient l'attribution de subventions à des groupes de rap, on est ici face à une « question de complaisance » qui place le ministre de l'Intérieur en position de gardien des valeurs de la République [27]. Servi par une députée de la majorité dont il est proche, Nicolas Sarkozy cherche ainsi l'occasion de se mettre en scène de façon flatteuse auprès du grand public. Ensuite, le ministre dramatise les atteintes directes ou indirectes à l'ordre social attribuées au groupe de rap, alors que les questions antérieures suscitaient plutôt des réfutations en règle, ou des réponses mesurées soucieuses de préserver l'indépendance des tribunaux. Le pouvoir exécutif érige des paroles de chansons en menace par excellence à l'« idéal républicain », idéal dont la sacralisation justifie l'urgence d'une « croisade morale [28] ». Enfin, Nicolas Sarkozy personnalise la croisade et s'en fait le champion – il affirme ainsi, de façon solennelle : « Je déposerai donc plainte contre ces textes racistes et antisémites [29]. »

De fait, la plainte contre des textes « racistes et antisémites » ne verra jamais le jour. Plusieurs mois après cette mise en scène, le ministère de l'Intérieur déposera plainte pour « incitation à blesser et tuer les fonctionnaires de police et représentants de l'État ». C'est que le discours de Nicolas Sarkozy portait en lui-même sa propre finalité. Sur le plan de l'action gouvernementale, le ministre de l'Intérieur adresse un signe fort aux syndicats policiers qui dénoncent depuis plusieurs années les paroles de certaines chansons de rap, et notamment celles de Sniper. Sur le plan de la stratégie électorale, son intervention positionne le ministre en homme providentiel, rassemblant au-delà des clivages politiques tous ceux qui « ne peuvent tolérer des textes antisémites ». Sur le plan de la communication politique enfin, elle opère à dessein une condamnation fortement médiatisée des paroles incriminées. Cette pénalisation opère donc de la même façon que la menace qu'elle dit endiguer, option qui ne va pas sans paradoxes. De telles formes de « criminalisation culturelle [30] » s'opposent à certaines représentations tout en contribuant à en renforcer l'écho : leur circulation médiatique s'accompagne en effet du rappel des représentations contestées et contribue ainsi à les perpétuer. Loin de limiter l'influence des idées ou des images incriminées, la pénalisation du rap exacerbe les positions autour de celles-ci, aiguisant à la fois l'urgence de la lutte pour les uns et l'opportunité de la provocation pour les autres.

L'audience croissante d'une croisade morale nationaliste

Auteure de la question au gouvernement, Nadine Morano justifie sa préoccupation par l'existence de pétitions et la « crainte des habitants » à l'occasion d'un concert de Sniper dans sa circonscription. Le criminologue Jeff Ferrell souligne que les controverses sur le caractère délictueux de formes artistiques proviennent plus rarement de mobilisations publiques spontanées que de campagnes politiques sophistiquées [31]. Dans le cas de l'affaire Sniper, on peut repérer l'existence d'une telle campagne dans l'action de groupuscules d'extrême droite qui prennent le groupe pour cible. Tracts, pressions sur les salles accueillant les concerts du groupe et sur les élus des communes concernées se multiplient dès le printemps 2003, avec des résultats variables. Ils entendent en premier lieu « dénoncer la haine anti-française et anti-blanche du groupe Sniper [32] ». Ces arguments ne sont repris tels quels ni par Jacques Myard ni par Nicolas Sarkozy. Ce dernier avait préféré mobiliser les valeurs de l'antiracisme et de la lutte contre l'antisémitisme pour grandir sa cause. Or le caractère raciste et antisémite des paroles de Sniper est pour le moins douteux, comme le relève quelques mois plus tard le député communiste Patrick Braouezec, par le biais d'une question écrite : « À la lecture des paroles des chansons incriminées, "Jeteur de pierres" et "La France", il n'apparaît aucune connotation raciste et antisémite [33]. » La réponse du ministère, désormais dirigé par Dominique de Villepin, est détachée et elliptique, loin du lyrisme de la réaction de Nicolas Sarkozy à la question de Nadine Morano : « Certaines chansons du groupe de rap Sniper contiennent des propos susceptibles d'entraîner, contre leurs auteurs, l'engagement de poursuites pénales [34]. »

De nouvelles dénonciations interviennent bientôt dans les rangs de la majorité, qui introduisent de nouveaux arguments. Les paroles de Sniper véhiculeraient une « haine raciste envers notre pays et ceux qui l'habitent », procéderaient à une « légitimation des viols collectifs [35] », ou encore « des groupes musicaux, de rap en particulier, [feraient] de véritables appels à la haine en incitant à une révolution violente et sanglante contre les Français, certains morceaux faisant même l'éloge de Ben Laden et légitimant le djihad sur notre territoire [36] ». Dans la continuité du discours de Sarkozy, qui illustrait ces motifs sous la forme de dénégations, ces nouvelles questions ne se contentent plus de cibler les paroles de certaines chansons, mais isolent également le rap comme un genre spécifiquement concerné, tout en rapprochant sa sédition chansonnière de l'intégrisme musulman ou du terrorisme. L'association de ces thèmes explicite l'enjeu affiché de la mobilisation croissante d'une frange des députés UMP : la lutte contre un « ennemi intérieur postcolonial [37] » ayant notamment les traits du jeune homme de milieu populaire, issu de l'immigration post-coloniale et/ou des quartiers périphériques des grandes agglomérations.

Le 28 juillet 2005, soixante députés signent un projet de loi déposé par Daniel Mach et Jean-Paul Garraud visant à instaurer un délit d'atteinte à la dignité de la France et de l'État, justifié par les paroles d'une nouvelle chanson de rap, « FranSSe », de Mr R. Cette proposition de loi (qui ne sera pas votée) s'inscrit dans la continuité de la loi du 28 janvier 2003 instaurant un délit d'outrage pour « atteinte au respect du drapeau tricolore et à l'hymne national » : c'est la critique ou le détournement des symboles nationaux qu'elle vise à proscrire. Questions écrites et proposition de loi rejoignent ainsi les arguments initialement avancés par les groupes d'extrême droite et illustrent l'audience croissance d'une croisade nationaliste dont le rap devient une cible privilégiée. De la question de complaisance de Nadine Morano à l'action de ces députés, toutefois, un tournant s'opère au sein de la majorité. La lutte contre les paroles de rap jugées inacceptables est désormais un enjeu entre des fractions de la majorité, tiraillée sur son aile droite par des députés qui souhaitent faire pression sur le gouvernement. Elle ne mobilise plus de façon privilégiée des valeurs largement consensuelles comme la lutte contre le racisme en général, l'antisémitisme ou le sexisme, mais les motifs du « racisme anti-blanc » et la rhétorique conservatrice de l'anti-France. À l'occasion des émeutes d'octobre-novembre 2005, la revendication d'un traitement pénal du rap va être plus vigoureuse encore dans les rangs de la majorité.

Le 27 octobre 2005, à Clichy-sous-Bois, une brigade de police intervient pour contrôler un groupe de personnes soupçonné d'une tentative de vol sur un chantier. Deux adolescents fuyant le contrôle, Bouna Traoré et Zyed Benna, se réfugient dans un transformateur électrique où ils meurent d'électrocution. Des violences commencent le soir même à Clichy-sous-Bois, attisées peu après par le jet d'une grenade lacrymogène par la police dans une mosquée. Plusieurs semaines d'émeutes s'ensuivent dans de nombreuses villes de France. Le 8 novembre, le gouvernement déclare l'état d'urgence. Le 15 novembre 2005, le député UMP François Grosdidier intervient dans les débats à l'Assemblée nationale. Après un long plaidoyer justifiant le recours à l'état d'urgence, il appelle à ce que la justice « ne laisse plus impunément se créer chez les jeunes en quête de repères une véritable culture de la haine sociale et du racisme anti-blanc », dont il attribue la responsabilité non pas à un « épiphénomène », mais à un « véritable mouvement : des dizaines de chanteurs et de groupes propagent de telles idées ». Et de conclure : « Les MP3 font office de moulins à prière [38]. » Le 29 novembre, François Grosdidier dépose six questions écrites, visant chacune les paroles d'un groupe de rap différent, et accompagne sa démarche d'une pétition de 152 députés et 49 sénateurs demandant au garde des Sceaux de poursuivre les groupes concernés. Dans une déclaration à l'AFP qui accompagne sa démarche, le député explique : « Ce n'est pas un type de musique qui s'adresse à un public averti [...]. Dans les facteurs qui ont conduit aux violences dans les banlieues, cela en fait partie. Ce phénomène musical n'est pas du tout étranger à ces violences. Cela conditionne et c'est ce qui fait passer à l'acte [39]. » Le 14 mars 2006, François Grosdidier soumet une proposition de loi « tendant à renforcer le contrôle des provocations à la discrimination, à la haine ou à la violence », soutenue par 90 députés. L'exposé des motifs de la loi reprend l'ensemble des extraits de paroles citées dans les questions écrites antérieures et décrites comme incitant « sans ambiguïté au racisme, à la haine et à la violence dans leurs chansons [40] ». Les députés n'ont jamais été aussi nombreux à manifester leur assentiment à l'égard de cette croisade morale.

Je ne procéderai pas à une critique externe de cette proposition de loi, en énumérant les citations de paroles tronquées ou décontextualisées, les contresens, les insinuations ou les dénis de fiction. Je souhaite plutôt proposer une analyse interne du raisonnement du député. François Grosdidier concentre sa démonstration sur l'existence d'un racisme anti-blanc dans les paroles citées : « De nombreux autres chanteurs ou groupes de musique incitent sans ambiguïté au racisme, à la haine et à la violence dans leurs chansons. Ces incitations [à la haine] ne sont plus uniquement orientées contre les Français (*« céfrancs »* ou *« gouers »*) définis par un critère juridique mais aussi contre les Blancs (*« faces de craie », « gringos », « navets », « toubabs », « babtous »*...) répondant à un critère purement racial [41]. » L'invocation du racisme anti-blanc opère un double mouvement. En mobilisant le substantif infamant de « racisme », elle tend à emporter l'adhésion inconditionnelle des destinataires. Et, dans le même temps, l'adjectif « anti-blanc » vient racialiser les termes du débat [42]. L'accusation de racisme anti-blanc a pour premier effet paradoxal d'attribuer une identité raciale aux coupables, de les désigner comme non blancs. La croisade morale nationaliste dénonçant la violence des paroles de chansons de rap alimente ainsi, au cœur des institutions, un renouveau de l'assignation des rappeurs au minoritaire. En même temps, elle en infléchit la forme. Les dimensions territoriale, sociale et de classe d'âge qui marquaient la définition du rap comme expression des jeunes des banlieues populaires au début des années 1990 cèdent le pas à une figure avant tout racialisée du rappeur.

Les années 2005-2006 marquent un point culminant dans la mobilisation des députés contre le rap. Les revendications de condamnations et/ou de dispositifs législatifs nouveaux se maintiennent sous de nouvelles formes dans les années qui suivent. En mai 2007, Nicolas Sarkozy est élu à la présidence de la République et l'UMP obtient une majorité confortable à l'Assemblée. Dès le mois d'octobre, de nouvelles questions écrites pressent le gouvernement d'engager des poursuites contre des rappeurs. Aux incriminations sporadiques d'antisémitisme, de sexisme ou d'homophobie présentant les rappeurs comme des dangers pour la démocratie sexuelle [43] s'ajoute une accusation récurrente : menacer l'État et le peuple français. En 2009, six questions de ce type sont déposées par des députés de la majorité. En 2010, sept nouvelles, et en 2011 plus d'une quinzaine. Les deux tiers de ces questions visent explicitement le genre rap. Cette routinisation de la dénonciation des paroles de chansons de rap s'apparente à une production institutionnelle de l'illégitimité du genre, une illégitimité non seulement culturelle, mais aussi politique.

Cette illégitimité politique est paradoxale, car elle vise spécifiquement un genre musical plus implanté que jamais en France, apprécié par une partie importante de la population et intimement intégré aux industries françaises du divertissement. Précisément, on peut faire l'hypothèse que la place nouvelle que le rap occupe dans la France des années 2000 est un facteur clé pour comprendre l'hostilité d'une part significative de la classe politique à son égard. Pratique confidentielle portée sur le devant de la scène médiatique par son incorporation au paquet interprétatif du problème des banlieues en 1990-1991, le rap est devenu un genre musical dont la visibilité sociale et les modalités de définition publique ne sont plus étroitement contrôlées par des tiers, mais coproduites par un monde social dont l'autonomie relative est négociée avec les acteurs dominants des industries musicales. En particulier, et par le biais de concerts, de clips et de disques, les rappeurs ont converti l'assignation de leur pratique aux banlieues en un moyen d'existence publique relayant des expériences, des sentiments, des points de vue qui n'avaient peu ou pas droit de cité auparavant [44]. Certaines paroles de chansons évoquent la question des violences policières du point de vue de ceux qui les subissent, déstabilisent les dichotomies morales opposant la délinquance à l'honnêteté [45], explorent les formes d'estime de soi à partir de positions sociales dévalorisées, questionnent l'imaginaire national depuis ses marges. Autrement dit, l'existence du rap en France contribue à transformer les représentations circulant dans les espaces publics médiatiques et, partant, proposent des reformulations des identifications ordinaires au sein de la société française [46].

Remerciements

Merci à tous les rappeurs, chanteurs, DJ, amateurs, professionnels de la radio ou des maisons de disques, journalistes, responsables associatifs, travailleurs sociaux... qui ont bien voulu m'accorder quelques heures de leur temps, et plus particulièrement à Ibou, Donkichoc, Tepa, Anies, DJ Daybreak, la Sound Musical School B. Vice, *Big Up* et son équipe, ainsi qu'à toutes celles et ceux qui sont « passés à autre chose » ou que l'anonymisation de certains entretiens et de certaines scènes m'empêche de citer nommément.

Ce livre est issu de recherches qui ont bénéficié du soutien d'un certain nombre d'institutions. La recherche doctorale à l'origine de ce travail a été financée par une bourse de la région Provence-Alpes-Côte d'Azur, ainsi que par l'université du Havre dans le cadre d'un poste d'Ater à l'IUT carrières sociales du Havre. Elle s'est déroulée au sein du SHADyC et a bénéficié des échanges scientifiques et du climat intellectuel de ce laboratoire, intégré depuis au Centre Norbert Elias. Mon enquête a également bénéficié du fonds de l'INA et de la disponibilité de ses salarié-e-s pour accompagner mon exploration de ces documents audiovisuels. Une part significative de ce livre a été écrite lorsque je travaillais au Centre pour l'édition électronique ouverte. Je tiens à saluer ici l'équipe chaleureuse et l'atmosphère stimulante que j'y ai trouvées.

Je suis redevable aux personnes qui ont accepté de partager tout ou partie de leurs sources avec moi – Morgan Jouvenet, Jean-Marie Jacono, Daniel Töedt, et tout particulièrement José-Louis Bocquet et Philippe Pierre-Adolphe (merci aussi à Martin Zeller !). Toute ma gratitude va aux chercheur-e-s avec lesquel-le-s j'ai pu nouer des discussions qui ont nourri ma réflexion – Emmanuel Pedler, Jacques Cheyronnaud, Marie Buscatto, Séverine Sofio, Anne-Sophie Haeringer, Claire Ducournau, Léonie Hénaut, Fabien Accominotti, Howard Becker. Je tiens également à remercier chaleureusement celles et ceux qui ont pris le temps de lire et commenter les versions antérieures des chapitres qui composent ce livre : Anthony Pecqueux, Marie Quevreux, Mohamed M'Baé, Jean-Marc Denizault, Elsa Zotian, Clément Queysanne, François Doucet, Delphine Naudier, Marie Sonnette, Mourad Mahdjoubi, Daniel Bigeault, Claire Lemercier. Les qualités que l'on pourra y trouver doivent beaucoup à leurs critiques attentives et bienveillantes.

Ce livre n'aurait pas pu voir le jour sans le soutien de celles et ceux qui ont partagé les moments de doutes, de difficultés et d'enthousiasme qui ont parsemé son élaboration : Alix Le Gall, Nehara Feldman, Nicolas Jounin, familles Hammou et Ricros, et tout particulièrement Laure Reymond.

Postface

par Howard S. Becker [a]

Karim Hammou nous offre ici une histoire, enracinée dans l'ethnographie, de l'évolution d'un mouvement musical autochtone : une version française du rap. L'ouvrage bénéficie de sa connaissance approfondie de toutes les composantes de cette histoire complexe. Je ne vais pas répéter ici ce qu'il a écrit, mieux que je ne saurais le faire, dans les pages qui précèdent. Je vais plutôt utiliser son travail (comme, je crois, nous aimerions tous que notre travail soit utilisé) pour éclaircir un problème qui me préoccupe depuis longtemps, et pour lequel son analyse et son intelligence de l'histoire fournissent des pistes intéressantes de réflexion. Non que je veuille ignorer ce qu'il a entrepris, mais je préfère m'en servir pour aborder certaines questions qui s'écartent des lignes de force de ce livre, en particulier la question de la *stabilité des mondes de l'art*. Ce n'est pas le problème auquel Hammou s'est attelé, mais son travail m'a permis de l'aborder de façon constructive et nouvelle.

Un monde de l'art est souvent considéré comme une sorte de collectivité – disons, pour le moment, d'organisation – qui produit ce que l'on appelle communément des « œuvres d'art ». Pour les produire, un certain nombre de personnes doivent coopérer et fournir les *inputs* nécessaires.

---

a Spécialiste de la sociologie de l'éducation, de la déviance et de l'art, Howard S. Becker s'inscrit dans la tradition de l'école de Chicago, privilégiant travail de terrain et interactionnisme. Il est l'auteur de nombreux livres, dont *Outsiders* (Métailié, 1985), *Les Mondes de l'art* (Flammarion, 1988) et, à La Découverte, *Les Ficelles du métier* (2002), *Comment parler de la société* (2009) et *« Qu'est-ce qu'on joue maintenant ? »* (avec Robert R. Faulkner, 2011).

Elles coopèrent généralement en partageant une certaine idée de l'œuvre à venir et en adhérant à la division du travail nécessaire à sa fabrication.

L'expression « monde de l'art » implique, pour beaucoup de gens, une solidité et une permanence, c'est-à-dire une organisation humaine et un ensemble de pratiques qui ne changent ni souvent ni facilement. Or aucun monde de l'art n'a jamais été stable très longtemps – ni même plus de quelques secondes. Le fait que les mondes de l'art sont fondamentalement instables a toujours été pour moi si évident qu'il ne m'a jamais paru nécessaire d'en faire la démonstration. Dans son livre *Creative Industries* [1], qui examine une considérable littérature sur l'organisation de l'activité artistique dans les arts, Richard Caves a fait apparaître les équilibres économiques instables qui caractérisent les mondes de l'art. Son objectif était de convaincre ses collègues économistes que cette instabilité est chronique. Il semble cependant qu'il faille le rappeler périodiquement si l'on veut être sûr que le fait ne soit pas oublié.

L'évidence des causes de cette instabilité peut être montrée par un argument simple. Les formes conventionnelles de coopération qui produisent des œuvres reconnues comme œuvres d'art reçoivent une large quantité d'*inputs* provenant d'une grande variété de personnes et d'organisations, qui leur permettent de continuer. Mais la valeur et la nature de chacun des *inputs* qui caractérisent le monde de l'art changent continuellement ; la stabilité n'est nullement habituelle. Le type de personnes recrutées pour faire l'ensemble des tâches nécessaires et le type d'idées, de compétences et de goûts changent. Les bases matérielles de l'activité – le type de matériaux et d'outils – changent. Les sources finançant l'activité changent, tout comme change ce que les individus apportant ces financements désirent en retour. La composition des publics, virtuels et réels, qu'il s'agisse de l'âge, du sexe, de la classe sociale, de l'expérience artistique et des goûts, change. L'appareil politique qui (parfois) soutient et (toujours) régule l'art change. Enfin, accompagnant ces changements d'*inputs*, les schémas de coopération entre les artistes, le personnel de soutien et les publics changent également.

Dans le cas relativement simple (mais relativement seulement) des œuvres littéraires, un auteur écrit les mots qui vont constituer l'œuvre ; il leur donne une certaine forme durable (généralement, mais pas nécessairement, avec de l'encre et du papier) et distribue le texte à des personnes qui sont suffisamment intéressées pour le lire et qui ont les compétences nécessaires pour le faire. Quand on a commencé à écrire des livres conçus pour être lus sur ordinateur, certaines de ces conditions ont semblé disparaître : plus besoin d'encre ou de papier, par exemple. En réalité, ces conditions ont seulement été remplacées par d'autres (par exemple, par des ordinateurs, des langages informatiques et des interfaces adaptés à la production et à la lecture d'œuvres littéraires). Ces changements ont pu provoquer d'autres transformations à grande échelle des formes de coopération soutenant la fiction littéraire. Les nouveaux vecteurs ont rendu certains effets littéraires moins faciles, ou même impossibles, à produire, mais ils ont été remplacés par d'autres possibilités, comme dans le cas de la fiction hypertexte qui, pendant une brève période dans les années 1990, a paru pouvoir devenir un concurrent solide des formes ordinaires et linéaires de prose narrative auxquelles les lecteurs étaient habitués. Mais la vie du monde de la littérature a continué, et la fiction hypertexte n'a jamais trouvé les lecteurs ou le soutien éditorial nécessaires pour devenir une forme commerciale viable : peu de lecteurs ont jugé utile d'apprendre à lire l'hypertexte, peu d'entreprises ont jugé économiquement intéressant de produire ce type d'œuvre, et de moins en moins d'auteurs ont donc pris la peine d'en écrire. L'hypertexte, en tant que forme littéraire viable, a donc disparu à cause du manque d'*inputs* nécessaires. Mais le monde de l'art littéraire a continué à opérer, un certain temps, plus ou moins comme il le faisait avant d'incorporer cette nouvelle forme dans les habitudes de publication ou les habitudes de lecture ordinaire.

Il est très facile d'appréhender la nature toujours changeante des mondes de l'art en en observant un à travers le microscope des sciences sociales. La recherche historique et l'observation directe permettent de montrer avec une grande précision ce qui se passe, ainsi que les interactions entre les nombreux groupes et individus impliqués. Les exemples de changement permanent ne sont pas difficiles à trouver. En fait, les mondes de l'art changent tous et tout le temps. Mais nous en avons moins conscience que nous ne le devrions parce qu'une recherche de ce type exige beaucoup de temps et de travail. Elle est donc coûteuse. Aussi choisissons-nous des moyens plus simples de traiter le sujet, en l'observant de plus loin, pendant une période plus courte, et en utilisant des données recueillies par d'autres. Ce faisant, nous passons à côté de la plupart des détails et finissons par traiter les formes d'activité coopérative que nous observons dans ces conditions comme si elles étaient permanentes et résistaient davantage au changement qu'elles ne le font en réalité. Et si l'on n'y prend garde, le résultat de ce travail quelque peu partiel sera considéré comme une démonstration de solidité, de fixité et de permanence de cette manière de faire de l'art.

L'idée que les mondes de l'art sont stables et changent difficilement est si répandue, et si peu remise en question, que si l'on veut que les étudiants prennent conscience qu'il y a là une vraie problématique, il est nécessaire de prendre un cas pour lequel le changement est si flagrant que même celui qui croit de la manière la plus obstinée dans la solidité monolithique des mondes de l'art est obligé d'ouvrir les yeux. C'est précisément ce que Karim Hammou fait de manière approfondie, créative et détaillée en se demandant comment la pratique du rap, un art fondé sur la musique et sur la performance, originaire des quartiers noirs des villes d'Amérique du Nord, est venue en France. Si l'on examine de plus près ce qui s'est passé, on voit que l'élément de phrase « est venue en France » dissimule en réalité une quantité de petits processus dans lesquels des *inputs* – individus, argent, idées, compétences, ressources techniques, temps – ont fortement varié. Cette variation a produit une large diversité d'*outputs* et les acteurs impliqués ont tous eu un pouvoir d'influence différent sur le résultat final. Le rap est devenu, pendant un temps, une composante du monde de la musique populaire en France. L'apparition de ces produits musicaux et l'irruption des individus qui les fabriquaient ont mis en cause et perturbé une organisation bien établie de compagnies de disques, de médias de communication (en particulier les chaînes de télévision et les stations de radio) et d'artistes rompus à l'enregistrement qui, en associant leurs forces pour contrôler la musique populaire en France, modelaient depuis plusieurs années l'expérience musicale des publics français. Les individus occupant des positions clés dans cette organisation ne voulaient pas que le rap devienne populaire. Cela risquait de déstabiliser des dispositifs et des arrangements qui bénéficiaient, d'une façon apparemment stable et contrôlable, à une large variété d'acteurs du secteur.

Hammou sait qu'il n'est pas possible de comprendre ce qui se passe dans les mondes de l'art en cherchant dans le passé les racines du présent, ni les causes de ce qui existe aujourd'hui. Il vaut mieux, comme il le démontre, reconnaître que les dispositifs et les arrangements dominants sont le fruit d'un processus hétérogène d'essais et d'erreurs, et accepter le fait qu'il n'était nullement inévitable que ce soit eux, et aucun autre, qui survivent à ce processus. Nombreux sont les acteurs qui interviennent dans l'évolution d'une forme artistique, et nombreuses les contingences auxquelles ils sont soumis et qui affectent leur situation et leurs opportunités stratégiques et tactiques. Leurs chemins se croisent de manière inattendue et imprévisible et, à chaque intersection, l'histoire peut prendre un tour dont l'*inévitabilité* n'aurait pas pu être prédite. Il en résulte une pyramide de possibilités, qui rend impossible toute prévision de ce qui va se passer. On ne peut donc pas regarder en arrière pour chercher une inévitabilité qui n'a jamais existé.

C'est une des leçons qu'Hammou peut nous apprendre sur l'imprédictibilité et la variabilité des évolutions des mondes de l'art. Je ne prétends pas résumer ici toutes les découvertes de ce travail complexe. Mais une sélection des plus importants résultats de ce livre peut nous donner des clés pour comprendre le fonctionnement des mondes de l'art et leur instabilité endémique.

Inputs *politiques*. Des transformations touchant des parties de la société qui sont relativement éloignées des arts ont souvent des effets étonnamment rapides sur ceux-ci. Ainsi, lorsqu'une élection porte de nouveaux acteurs politiques au pouvoir en France, de nouveaux ministres sont appelés à diriger les administrations d'État qui contrôlent (même si ce contrôle n'est pas total) et régulent l'environnement dans lequel travaillent les artistes et les organisations artistiques. S'agissant de la musique populaire, la politique du gouvernement – en matière de lutte contre la pauvreté, de zones urbaines défavorisées, de divisions ethniques, de gestion du « problème des banlieues » et d'attribution d'un rôle à la culture populaire – peut changer soudainement après une élection, avec les priorités politiques. Quand un gouvernement socialiste est arrivé au pouvoir en France, il a offert un soutien financier à des modes populaires qu'il considérait comme une « expression politique ethnique ». Le gouvernement de droite qui lui a succédé y a mis fin. Les organisations dont le fonctionnement dépendait de cet *input* financier se sont soudain trouvées privées du budget sur lequel elles comptaient pour soutenir des programmes artistiques tournés vers les minorités ethniques et les classes populaires.

De même, quand des mesures de protectionnisme musical, imposant un certain pourcentage de « musique française » dans les programmes des radios nationales, limitent *de facto* la diffusion de musiques en provenance d'autres pays, les musiciens et les chanteurs français ont de meilleures opportunités pour produire leurs propres versions de styles musicaux étrangers. Les auditeurs français veulent peut-être écouter des *boys bands* britanniques ou des artistes de rap américains ? Qu'à cela ne tienne. Les stations et les chaînes, qui doivent consacrer une certaine part de leur temps d'antenne à de la musique francophone, pourront satisfaire leurs auditeurs avec des artistes de rap français, qui bénéficient ainsi grâce à ce dispositif d'un plus grand temps de diffusion auprès des acheteurs de disque potentiels.

Ainsi, des événements politiques relativement éloignés du monde de la musique fournissent néanmoins un *input* important aux produits finis de celui-ci, un *input* dont les répercussions sont étrangères aux processus internes du monde musical lui-même et ne peuvent donc être prévues par aucun de ses acteurs. Ces événements imprévisibles déstabilisent le monde de la pop music.

Les stations de radio et l'« industrie ». Mais, comme l'explique Hammou, les mêmes connexions organisationnelles peuvent aussi se traduire, pour les auditeurs, par des possibilités moindres d'entendre du rap. À la recherche de sources de profit, les nouvelles stations françaises de radio commerciales ont préféré ne pas diffuser du rap parce qu'elles pensaient que ce n'était pas assez « mélodique » pour plaire aux auditeurs qu'elles voulaient attirer. Ajoutant aux difficultés posées par le rap, elles ont cherché à vendre leur fréquence comme musique de fond aux supermarchés : or ceux-ci voulaient une musique discrète pour encourager leurs clients à passer plus de temps et dépenser plus d'argent dans les rayons.

Plus important encore, les stations de radio gagnent de l'argent en vendant de l'espace aux annonceurs, qui veulent toucher un public démographiquement identifié (généralement classé par âge, par sexe, par race et par classe, comme « homme blanc âgé de moins de vingt-cinq ans », « ménagère de moins de cinquante ans », etc.). Les dirigeants des stations, pour qui le rap était une musique de jeunes pauvres de banlieue, n'ont pas pu imaginer que des annonceurs pourraient être prêts à dépenser de l'argent pour toucher cette population. Et naturellement, si vous êtes un patron de radio et que vous pensez que les jeunes habitants pauvres des banlieues ont un pouvoir d'achat trop faible pour intéresser les annonceurs, alors vous évitez de diffuser la musique qui leur plaît.

De même, l'industrie du disque – à la fois les « majors » qui dominaient les ventes et la distribution et les « indépendants » qui essayaient de trouver des niches profitables aux marges du goût majoritaire – n'a pas voulu gaspiller de l'argent, du temps et des ressources limitées pour distribuer et faire la publicité d'une musique qui ne serait pas diffusée à la radio. Elle pensait que les ventes de disques dépendent du nombre de fois qu'un disque passe sur des radios ayant une large diffusion. Pour qu'un disque soit sur la liste du « Top 50 », il faut d'abord qu'il passe et repasse sans fin, heure après heure, jour après jour ; il faut ensuite que certaines des personnes qui entendent le disque apprennent à l'aimer, puis qu'une fraction de ce groupe se décide à l'acheter. L'industrie ne recherche pas l'originalité. Hammou rapporte l'anecdote instructive d'un homme politique qui se plaignait auprès du responsable d'une radio que sa programmation était incolore, inodore et sans saveur. À quoi le responsable a répondu : « C'est exactement ce que nous recherchons. » Et rien de plus, tant qu'il y a des acheteurs pour ces produits.

Les responsables de l'industrie pensent que cette stratégie permet de vendre plus de disques. Les choix des radios encouragent les compagnies à produire plus de disques dans le style de ceux qu'elles diffusent déjà, ce qui encourage un plus grand nombre de jeunes musiciens à travailler dans ce style. L'organisation des entreprises du secteur, leurs employés et leurs projets de développement dépendent tous de cet ensemble de connexions.

Dans la mesure où celles-ci continuent de produire les résultats attendus, les *inputs* continuent d'entretenir ce mode de fonctionnement.

La stratégie des majors dépend pour l'essentiel d'un petit nombre d'artistes très populaires : ils passent d'un style à un autre à mesure que les styles évoluent, enregistrent le truc à la mode du moment et passent à autre chose. D'après la théorie gouvernant cette stratégie, les stars assurent le succès de presque tout ce qu'elles enregistrent, ce qui donne un élément de stabilité dans un monde économique notoirement instable qui est largement fondé sur les caprices des jeunes, et où tous les participants reconnaissent la vérité d'une remarque attribuée à William Goldman, qui a longtemps travaillé à Hollywood, et qui disait, à propos du rôle de l'expérience, de la recherche et d'autres éléments dans les stratégies commerciales : « Personne ne sait rien. »

Dans le monde de la musique populaire, les grandes organisations – sociétés de disques, distributeurs, stations de radio – calculent leurs coups à venir en considérant ce que font tous les autres participants et en essayant de deviner lequel des choix disponibles sera le plus profitable. Quel choix rapportera le plus de bénéfices et accroîtra la valeur de mon entreprise ? Quel choix me permettra de tirer le meilleur profit de la situation dans l'industrie, promise à évoluer dans les années et peut-être dans les mois à venir ? Les participants à ce jeu se comportent comme des maîtres du jeu d'échecs qui ne veulent pas seulement tirer le meilleur parti de la situation présente, mais surtout se positionner pour les situations probablement appelées à se présenter.

Mais l'industrie du disque n'est pas un échiquier séparant deux adversaires. Les joueurs impliqués sont nombreux, tout comme les combinaisons possibles de résultats des positions qu'ils adoptent les uns relativement aux autres – si nombreux, en réalité, que toute la structure est instable et imprévisible. Ce n'est pas une situation momentanée, une brève interruption dans un ensemble bien organisé de dispositifs stables et permanents. L'instabilité et le changement sont la normalité.

La télévision. Une des choses qui m'a le plus frappé dans le livre de Karim Hammou, c'est le rôle de la télévision et de ses animateurs, quand ils publicisent et essaient de définir la nature de la nouvelle musique. Les chanteurs, les musiciens et les DJ qui ont introduit le rap en France comprenaient ce qu'ils faisaient dans le contexte d'un monde de la musique et des musiciens dans lequel ce qu'ils produisaient était une nouvelle variété de musique. Mais quand ils sont passés à la télévision pour publiciser leur travail, ils se sont trouvés confrontés à des interlocuteurs qui avaient déjà décidé qu'il s'agissait non d'un phénomène musical mais d'un phénomène politique, qui représentait les sentiments de « la banlieue », c'est-à-dire d'une classe subalterne composée principalement d'individus non français, aigris et en colère, et qui, de ce fait, brûlaient des voitures et provoquaient des émeutes. Quand les musiciens ont refusé d'accepter cette vision de leurs activités et de leurs personnages, les animateurs ont persisté et n'ont pu s'empêcher de répéter les mêmes questions : « Oui, bien sûr, nous savons que c'est de la musique, mais n'est-ce pas *plutôt* une expression de votre colère contre l'oppression de la société dominante ? » « Non. Nous faisons juste de la musique. »

Voilà l'expérience que le monde de la musique a du monde de la publicité. Les journalistes, les écrivains et les animateurs ont tous une histoire à raconter, une histoire qu'ils « connaissent », une histoire qu'ils ont préparée avant même de rencontrer les individus dont elle parle (individus dont ils ne savent en réalité rien ou presque rien). Leurs employeurs et leurs collègues partagent avec eux un répertoire d'histoires chocs dans lequel ils sauront faire rentrer l'histoire du jour. Les individus en question, qui désirent la publicité ou la notoriété que confère l'« exposition » à la télévision, laissent généralement les animateurs les définir, eux et leurs activités, comme ils le souhaitent, même si cette définition est fausse. Les praticiens du rap qui ont été invités dans ces émissions ont voulu, parfois, expliquer leur musique. Mais ceux qui les interviewaient leur avaient déjà attribué le rôle de provocateurs, de semeurs de troubles dans un groupe de population déjà troublé et agité. Les rappeurs invités leur ont posé de grandes difficultés en refusant de jouer les rôles qui leur étaient assignés.

Les musiciens. Parmi ce réseau de connexions et de relations contingentes, les musiciens, les personnes qui ont importé cette musique d'Amérique du Nord et qui en ont fait une forme d'expression française authentique, ont cherché les soutiens dont ils avaient besoin pour faire ce qu'ils avaient décidé de faire. De quels soutiens avaient-ils besoin ? Au minimum, ils avaient besoin d'avoir accès à des studios d'enregistrement, à des lieux où ils trouveraient un équipement technique coûteux et les gens capables de le faire fonctionner – c'est-à-dire tout ce qui est indispensable pour que la musique populaire actuelle puisse être enregistrée dans des conditions de professionnalisme permettant l'exploitation commerciale. Ils avaient besoin de gagner suffisamment d'argent pour avoir le temps de créer la musique qu'ils avaient envie de faire. Ils avaient besoin d'avoir accès aux chaînes de distribution de disques et à la presse spécialisée, qui leur permettraient d'être connus des acheteurs potentiels de leurs disques et des spectateurs potentiels de leurs concerts.

Être un musicien professionnel est autant une question de maîtrise de l'appareil technique et commercial du monde de l'art existant que de fabrication de l'œuvre que cet appareil pourra organiser et exploiter. Il est possible de faire de la musique sans cet appareil, mais sans lui, rien ne sera facile : ni rendre la musique accessible aux autres, ni gagner suffisamment d'argent pour avoir le temps et les moyens de continuer à faire de la musique.

La plupart des gens qui veulent être des musiciens dans les musiques populaires n'ont pas accès à cet appareil. Les organisations d'un monde de l'art choisissent, parmi les participants potentiels qui attirent leur attention, ceux sur lesquels ils vont parier, sur lesquels ils vont dépenser l'argent nécessaire pour leur donner une chance de devenir des stars. Mais en choisissant les uns, ils *ne choisissent pas* les autres. La saga que raconte Hammou de jeunes hommes qui tentent de passer à travers un mur de non-reconnaissance est aussi instructive qu'émouvante.

Ce monde de l'art est-il stable ? S'il l'était, tous ses acteurs feraient ce qu'il faut pour soutenir cette stabilité et la rendre possible. Mais, en réalité, ils ne le font pas. Tous cherchent ce qui peut leur permettre d'atteindre leurs objectifs, que les autres atteignent ou non les leurs. Au lieu de former un ensemble stable de dispositifs dans lequel chacun atteint une partie de ses objectifs et n'essaie pas d'altérer les bases de coopération, ce monde d'organisations et d'individus interconnectés opère de façon beaucoup plus lâche. Chacun essaie de défendre ses propres intérêts. Or ce que chacun doit faire pour cela dépend de ce que font tous les autres, occupés à faire de même. Ainsi la situation dans laquelle se meuvent tous ces acteurs est un paysage changeant de centaines ou de milliers d'acteurs agissant plus ou moins indépendamment, chacun ayant un œil sur l'autre et s'adaptant à la situation à mesure qu'elle change. Aucun bureau central, c'est le moins que l'on puisse dire, ne coordonne cette activité.

À mesure que la situation évolue, que les incitations changent et varient, que ce qui est possible à un moment donné ne correspond plus à ce qui l'était il y a peu, l'organisation du monde se transforme. Ce n'est pas comme hier et ce sera encore différent demain. Parfois les changements sont infimes, par exemple lorsque est introduite une nouvelle variation d'une ancienne forme musicale. Parfois les changements sont considérables, par exemple quand les politiques publiques modifient la manière dont la musique peut être diffusée auprès des publics potentiels ou quand une nouvelle forme de distribution perturbe les canaux commerciaux établis. On parlera ainsi, pour donner une image réaliste d'un monde de l'art, d'un réseau d'individus et d'organisation, tous dépendants dans une certaine mesure des actions des autres, et dont les motivations, les choix et les opportunités changent en permanence. Certes, cet ensemble ne va pas s'effondrer au point où il ne serait plus possible de fabriquer les produits artistiques qu'il produisait auparavant, mais suffisamment pour ne ressembler en rien au monolithe stable que présentent certaines théories.

Ce livre nous fournit une description précise du monde dans lequel le rap s'est développé et continue à se développer en France ; et il nous montre ce que tout monde de l'art peut devenir à tout moment. Si nous devons parier, comme les majors du disque parient sur les artistes et les styles musicaux, alors il vaut mieux parier sur le changement que sur la stabilité.

Et c'est aussi une bonne hypothèse de travail que d'imaginer les autres mondes de l'art cherchant eux aussi la stabilité sans la trouver jamais, ou du moins jamais très longtemps. Il se peut que cette hypothèse soit fausse, mais c'est là, comme on dit en sciences sociales, une question empirique.

Postface à l'édition de 2014

par Karim Hammou

L'un des déplacements que je souhaitais défendre avec ce livre porte sur l'association communément faite entre rap et banlieue. Tout au long de mes recherches, ce lien a constitué un obstacle. Mais plutôt que de l'aborder de front, j'ai tenté de le surmonter dans la pratique de l'écriture sociologique elle-même. Je profite de cette réédition pour expliciter cette démarche, et quelques-uns de ses enjeux.

Dans la majorité des travaux portant sur le rap français, le lien entre rap et banlieue est présenté comme allant de soi. Cette évidence se présente parfois sous la forme d'une évaluation mi-artistique, mi-politique : le rap vaudrait surtout, voire seulement, par ce qu'il dirait et, des banlieues et/ou de sa jeunesse [a]. Elle passe d'autres fois par une définition du rap comme « expression incontestée et presque caricaturale de la jeunesse des cités [b] ». Ces analyses s'appuient sur l'origine sociale et géographique qu'elles prêtent aux artistes et aux amateurs de rap. Elles mobilisent également une analogie entre les ghettos des États-Unis et les cités françaises, et s'autorisent, en les citant, des multiples chansons de rap qui évoquent la banlieue depuis le début des années 1990. Elles s'inscrivent dans la continuité de représentations partagées par une majorité d'artistes, d'amateurs, et de commentateurs publics. Mais, face à ce consensus, plusieurs interrogations demeurent.

a Georges Lapassade et Philippe Rousselot, *Le Rap ou la Fureur de dire*, *op. cit.*, p. 121-122.

b Manuel Boucher, *Rap, expression des lascars*, *op. cit.*, p. 105.

Comment se fait-il que l'ancrage populaire et banlieusard de la pratique du rap ait été si précocement et si régulièrement affirmé dans des travaux académiques, alors qu'aucune enquête statistique solide n'existe pour l'étayer ? Du côté de l'écoute, cette fois : pourquoi la diversité des publics du rap, illustrée dès l'enquête sur les pratiques culturelles des Français de 1997 [a], a-t-elle si peu retenu l'attention ? Pourquoi encore l'inconsistance de l'analogie banlieues françaises/ghettos états-uniens, démontrée de longue date, est-elle passée sous silence lorsqu'il est question du rap ? Pourquoi enfin n'est-ce qu'à partir du milieu des années 2000 que certaines recherches prêtent attention aux transformations des thématiques traitées dans les œuvres et performances de rap en France, perceptibles dès le milieu des années 1990 ?

Rétrospectivement, ces questions suggèrent une certaine défiance face à la thèse selon laquelle le rap en France serait l'expression des jeunes de banlieue. Mais ce ne sont pas ces questions qui ont guidé mon enquête, et éveillé mes soupçons. C'est ma confrontation avec les documents qui, au tournant des années 1990, attestent d'un travail de définition du rap opéré à la télévision et dans la presse, et des conflits qui se jouent alors autour de cette définition. Il m'était impossible de suivre la façon dont le rap y était décrit sans interroger, par un effet de miroir, cette autre façon de décrire le monde social : la pratique sociologique.

En son sens premier, la banlieue est le territoire autour d'une ville sur lequel cette dernière peut exercer son autorité. Pour autant, personne ne voit Neuilly-sur-Seine ou Versailles comme la « banlieue de Paris ». En effet depuis longtemps, ce vocable n'est plus associé au découpage administratif qu'il désigne étymologiquement, ni même à une zone spatiale précise. La banlieue constitue plutôt une métaphore territorialisant des peurs sociales [b], et associer une pratique ou des personnes à la banlieue, c'est le plus souvent les associer à ces peurs. L'usage du terme est normatif, et non descriptif. Par conséquent, pour interroger le lien entre rap et banlieue, on ne peut se contenter d'examiner la distribution géographique et sociale des rappeurs et de ceux qui écoutent leurs performances.

Dans ce livre, j'ai souhaité proposer une autre manière de penser le lien entre rap et banlieue. Non plus faire de la seconde le berceau ou l'origine évidente du premier ; encore moins entériner, dans l'écriture scientifique, l'idée que la banlieue est un gage d'authenticité des pratiques de rap – fût-ce à l'abri de guillemets dont on ne sait qui ils citent ou ce contre quoi ils mettent en garde. Il s'agissait plutôt de décrire le travail collectif qui a

a Olivier Donnat, *Les Pratiques culturelles des Français. Enquête 1997*, *op. cit.*

b Annie Fourcault, « Pour en finir avec la banlieue », *op. cit.*

progressivement soutenu l'évidence de ce lien auprès d'un large public, et notamment auprès d'étudiants et chercheurs en sciences sociales. Ce faisant, je montre que cette évidence, loin d'être une simple illusion à balayer d'un revers de la main, porte à conséquence, car elle soutient des pratiques et des attentes qui structurent les choix des acteurs en présence [a].

Ce projet n'était pas sans difficulté. À trop se focaliser sur la question, quelles que soient les mises en garde ou l'effort pour s'adosser à un vocabulaire précis, un risque existe de reconduire telle quelle la thèse que l'on prétend interroger. Infirmer ou relativiser une affirmation, c'est malgré tout, d'abord, la répéter, et le paratexte (titre du livre, couverture, résumé, commentaires journalistiques, etc.) peut alimenter les malentendus plutôt que les dissiper. Mettre explicitement la question du lien entre rap et banlieue au cœur du livre entier, c'était courir le risque que l'emballage fasse mentir son contenu.

L'écriture de ce livre affrontait aussi un autre dilemme. Car si la thèse du lien entre rap et banlieue n'est pas satisfaisante, sa réfutation pure et simple ne l'est pas plus. Dire qu'il n'existe aucun lien entre rap et banlieue, que ce lien est illusoire ou inventé est au mieux trivial, au pire absurde [b]. Ce lien n'est pas qu'une hypothèse creuse : il résonne avec des discours et des actions, des objets, des lieux, des techniques, des dispositifs. Autrement dit, cette résonance renvoie à une histoire avec laquelle il nous faut composer.

Cette tension est propre à toutes les analyses de groupes minoritaires – c'est-à-dire de groupes maintenus dans une situation de dépendance et posés comme particuliers face à un général [c]. Être réduit à une catégorie, mais aussi l'investir, la contester, la transformer, autant de processus qui n'ont rien d'illusoire. Si les dangers politiques de l'essentialisme sont bien connus, négliger la communauté de condition que produisent les processus d'assignation au minoritaire joue contre les efforts de subjectivation et de mobilisation collective susceptibles de transformer cette condition minoritaire.

De ce point de vue, la médiatisation du rap dans les années 1990-1991 n'est pas un temps qui en aurait dévoilé la vérité – quitte à la caricaturer. Ce n'est pas non plus un temps qui serait venu dévoyer le rap par une opération n'exprimant que l'arbitraire du pouvoir. Ni vérité ni illusion, ce temps est le moment où une technique vocale, l'interprétation rappée, et un genre musical naissant, appropriation française d'une esthétique

a Howard Becker, « The power of inertia », *Qualitative Sociology*, v. 18, n° 3, 1995, p. 306.

b Ian Hacking, *Entre science et réalité*, *op. cit.* ; Paul Gilroy, *L'Atlantique noir. Modernité et double conscience*, Éditions Amsterdam, Paris, 2010, p. 148.

c Colette Guillaumin, *L'Idéologie raciste*, *op. cit.*, p. 119-120.

musicale hip-hop, se voient annexés par un dispositif d'interpellation et d'assignation raciste.

Plutôt que de produire de nouvelles propositions du type « le rap est » ou « le rap n'est pas », j'ai préféré déployer dans l'écriture certaines des formes variées que le rap avait prises en certains temps et certains lieux. J'ai ainsi cherché à naviguer entre l'essentialisation du rap comme expression des jeunes de banlieue et l'escamotage du rôle que les groupes minoritaires (diaspora antillaise, migrants d'Afrique, jeunesse populaire racisée, enfants de familles ouvrières...) ont joué dans son devenir. Une mise en récit chronologique m'a paru servir au mieux ce projet. Elle permettait d'examiner des formes hétérogènes de rap en France avant qu'elles se sédimentent en un genre constitué et reconnu comme tel. Elle permettait également de suivre l'assignation du rap aux banlieues comme un processus à l'issue incertaine, engageant des acteurs aux visées contradictoires et aux ressources inégales. Elle conduisait aussi à suivre le devenir de cette assignation au plus près d'appropriations concurrentes et servant des finalités variées dans les champs des industries culturelles, des politiques publiques ou des arènes médiatiques.

Quel accueil a reçu cet effort pour déplacer la thèse du lien entre rap et banlieue ? Sous ce rapport, la réception de mon livre a été oblique. Les articles qui ont relayé la publication de ce travail ont souvent été l'occasion de parler du rap en France autrement que comme « expression des jeunes de banlieue », tandis que, dans mes interventions publiques, je tentais avec plus ou moins de bonheur de déjouer les ornières ordinaires dans lesquelles ce lieu commun conduit. Mais les occasions publiques ou privées de discussion autour du livre m'ont également montré qu'un malentendu confortable se substituait souvent à une discussion autour de la dimension critique de ce travail. Les choix d'écriture que j'ai privilégiés expliquent sans doute en partie cette situation.

Explicitons donc le point où ma recherche m'a conduit : certaines formes de rap expriment sans doute à certaines époques des idées partagées par certaines fractions de la jeunesse populaire masculine, sous une forme artistique tenant compte des règles du genre et dans un contexte marqué par les enjeux économiques et médiatiques des industries culturelles. Ces médiations n'appellent pas que des précautions oratoires : elles supposent la circonscription d'objets, des précisions de méthode, et l'administration d'éléments empiriques solides. Rien moins qu'assumer, dans l'étude du rap, un véritable « passage à la complexité [a] ».

a *Ibid.*, p. 271.

Il s'agit donc de ne pas se satisfaire de l'idée vague qu'il existerait un lien entre rap et banlieue. L'enjeu est plutôt de décrire les différentes occasions où ce lien se noue – et donc implicitement selon quelles modalités ces différents nœuds pourraient se délier ou au contraire se resserrer. Cette postface vise à expliciter cette thèse, pour contribuer à la mettre en débat.

Notes

Notes de l'introduction

1 Entretien réalisé en février 2002.

2 Howard BECKER, *Les Mondes de l'art*, Flammarion, Paris, 1988.

3 Pierre BOURDIEU, *Les Règles de l'art*, Seuil, Paris, 1998, p. 425.

4 Pour une discussion de la notion de monde, voir Karim HAMMOU, « *Les Mondes de l'art* comme activité collective. Retour sur la métaphore de "monde" chez H. Becker et A. Strauss », *in* Pierre-Jean BENGHOZI et Thomas PARIS (dir.), *Actes du colloque de Cerisy « Howard Becker et les mondes de l'art »*, à paraître.

5 Jean-Claude PASSERON, *Le Raisonnement sociologique*, Albin Michel, Paris, 2006, p. 50.

6 Alban BENSA, *La Fin de l'exotisme. Essais d'anthropologie critique*, Anacharsis, Toulouse, 2006, p. 16.

7 Paul VEYNE, *Comment on écrit l'histoire*, Seuil, Paris, 1996, p. 134.

8 On ne peut, sur ce plan, que reconnaître la justesse d'un certain nombre de critiques formulées par Julien Barret lorsqu'il s'écrit : « Assez de sociologie ! », tout en regrettant qu'une discipline entière passe pour la caricature d'elle-même du fait du manque de réflexivité de certains de ses travaux. Voir Julien BARRET, *Le Rap ou l'Artisanat de la rime*, L'Harmattan, Paris, 2008, p. 22. Pour une critique plus complète des travaux en sciences sociales sur le rap, voir Anthony PECQUEUX, *Voix du rap. Essai de sociologie de l'action musicale*, L'Harmattan, Paris, 2007, p. 29 et suiv., et Karim HAMMOU, *Batailler pour un chant. La genèse d'une culture professionnelle musicienne du rap français*, thèse de doctorat soutenue à l'EHESS, Marseille, 2009, p. 9 et suiv.

9 Paul VEYNE, *Comment on écrit l'histoire*, *op. cit.*, p. 94.

10 Howard BECKER, *Les Mondes de l'art*, *op. cit.*, p. 60.

11 *Ibid.*, p. 49.

12 Paul VEYNE, *Comment on écrit l'histoire*, *op. cit.*, p. 137.

13 Michel FOUCAULT, « Le sujet et le pouvoir », *Dits et écrits II, 1976-1988*, Gallimard, Paris, p. 1057.

14 Pour une analyse détaillée des amateurs de rap dans la première moitié des années 2000, voir Stéphanie MOLINÉRO, *Les Publics du rap. Enquête sociologique*, L'Harmattan, Paris, 2009.

15 On en trouvera une analyse approfondie dans Anthony PECQUEUX, *Voix du rap*, *op. cit.*

16 Benedict ANDERSON, *L'Imaginaire national. Réflexions sur l'origine et l'essor du nationalisme*, La Découverte, Paris, 1996.

17 Ulf POSCHARDT, *DJ Culture*, Éditions Kargo, Paris, 2002, p. 159.

18 Skiz H. FERNANDO JR., *The New Beats : musique, culture et attitudes du hip-hop*, Éditions Kargo, Paris, 2000 (1992) ; Bruno BLUM, *Le rap est né en Jamaïque*, Le Castor Astral, Paris, 2009.

19 Jean-Marie SCHAEFFER, *Qu'est-ce qu'un genre littéraire ?*, Seuil, Paris, 1989, p. 181.

20 Olivier ROUEFF, *Les Échelles du plaisir. Formes d'expérience et dispositifs d'appréciation du jazz*, thèse de sociologie soutenue à l'EHESS, Paris, 2007, p. 32.

21 Dans le vocabulaire proposé par J.-M. Schaeffer, la définition provisoire du rap que je mobilise en fait un genre défini au niveau auctorial par l'acte communicationnel (rapper) et la généalogie de l'interprétation vocale et instrumentale (modulation « hypertextuelle » des morceaux de rap nord-américains). Jean-Marie SCHAEFFER, *Qu'est-ce qu'un genre littéraire ?*, *op. cit.*

22 Howard BECKER, *Les Mondes de l'art*, *op. cit.*, p. 94.

23 Ian HACKING, *Entre science et réalité. La construction sociale de quoi ?*, La Découverte, Paris, 2001, p. 86.

24 Claude GRIGNON et Jean-Claude PASSERON, *Le Savant et le Populaire*, Gallimard, Paris, 1989, p. 137.

Notes du chapitre 1

1 Howard BECKER, *Les Mondes de l'art*, *op. cit.*, p. 314.

2 Boris VIAN, *En avant la zizique... et par ici les gros sous*, 10/18, Paris, 1966, p. 168.

3 Vincent SERMET, *Les Musiques soul et funk : la France qui groove des années 1960 à nos jours*, L'Harmattan, Paris, 2008, p. 121.

4 Jon STRATTON, « Chris Blackwell and "My Boy Lollipop" : Ska, race, and British popular music », *Journal of Popular Music Studies*, v. 22, n° 4, 2010, p. 436-465.

5 Antoine HENNION, *Les Professionnels du disque. Une sociologie des variétés*, Métailié, Paris, 1981.

6 Vincent SERMET, *Les Musiques soul et funk*, *op. cit.*, p. 174.

7 William E. B. DU BOIS, *Les Âmes du peuple noir*, La Découverte, Paris, 2007, p. 110.

8 Cette question mériterait une investigation approfondie qui fait pour l'instant défaut. Pour un point de vue sur la question depuis la presse spécialisée musicale de l'époque, on se reportera à l'analyse que propose V. Sermet du journal *Rock & Folk* dans les années 1970 (Vincent SERMET, *Les Musiques soul et funk*, *op. cit.*, p. 243 et suiv.), ainsi qu'au travail de M.-C. Bonzom sur le même titre dans les années 1980 (Marie-Christine BONZOM, « Le Noir, la Femme et le Sudiste : une mythologie du rock sous presse », *in* Patrick MIGNON et Antoine HENNION, *Rock. De l'histoire au mythe*, Anthropos, 1991, p. 65-74).

9 Alicia SCHVARZER, « L'industrie du disque en France », *International Review of the Aesthetics and Sociology of Music*, v. 4, n° 2, décembre 1973, p. 257-277.

10 Antoine HENNION, *Les Professionnels du disque*, *op. cit.*, p. 240. L'importance du marché des 45 tours est une spécificité des années 1970-1980. À partir de 1985, le marché du vinyle va décliner, et le format 45-tours en pâtira tout particulièrement. En 1992, il se vend moins de 15 millions de 45-tours, et ce n'est qu'à partir de l'année suivante, en 1993, que le format des CD *singles* commence à faire recette, sans jamais atteindre le poids du 45-tours à son apogée.

11 Fabrice FERMENT, *40 ans de tubes. Les meilleures ventes de 45-tours et de CD singles*, La Rivière/SNEP, 2001. L'auteur a publié sur un site personnel le classement mensuel des quinze 45-tours les plus vendus de 1968 à 1985. En ligne : <http://www.top-france.fr> (consulté en janvier 2012).

12 Entretien réalisé avec Philippe Perthus en septembre 2010.

13 Vincent SERMET, *Les Musiques soul et funk*, *op. cit.*, p. 315-316.

14 Laurent Thiebaut répertorie sur son site Web l'ensemble de ces classements, diffusés de 1977 à 1988. En ligne sur <http://lnt.thiebaut.free.fr>, consulté en mars 2012.

15 Le classement des meilleures ventes de disques depuis novembre 1984, établi par le Syndicat national de l'édition phonographique (SNEP), est disponible sur le site Internet Pure Charts. En ligne sur <http://www.chartsinfrance.net>.
16 Howard BECKER, *Les Mondes de l'art*, *op. cit.*, p. 238.
17 J'ai interrogé Philippe Bourgoin, parolier et coproducteur de *Chacun fait (c'qui lui plaît)*, en juin 2007 par le biais du forum du site officiel de Chagrin d'amour alors récemment ouvert (<http://www.chagrindamour.fr>).
18 Howard BECKER, *Les Mondes de l'art*, *op. cit.*, p. 304.
19 Antenne 2, *Midi 2*, émission diffusée le 22 juin 1982.
20 *Ibid.*
21 Antenne 2, *La Nouvelle Affiche*, émission diffusée le 23 janvier 1983.
22 Entretien réalisé en février 2011.
23 Reproduit dans SBG & DESSE, *Freestyle*, Florent Massot et François Millet Éditeurs, 1993, p. 75.
24 Sidney, cité dans José-Louis BOCQUET et Philippe PIERRE-ADOLPHE, *Rap ta France*, J'ai Lu, Paris, 1997, p. 15.
25 *Ibid.* p. 32.
26 *Ibid.*, p. 49.
27 J'ai pu consulter dix-sept des quarante et une émissions diffusées sur TF1 du 14 janvier au 19 décembre 1984.
28 Georges LAPASSADE et Philippe ROUSSELOT, *Le Rap ou la Fureur de dire*, Loris Talmart, Paris, 1998 (1990), p. 22.
29 Réédité sur la compilation *H.I.P. H.O.P. L'émission mythique de Sidney*, Universal, 2001.
30 J'ai étudié l'ensemble des commentaires que le programme *H.I.P. H.O.P.* a suscités au cours de l'année 1984 dans ces deux magazines présentant de façon hebdomadaire les programmes télévisés.
31 *Télérama*, n° 1774, 15 janvier 1984, p. 46.
32 *Télé 7 Jours*, n° 1233, 15 janvier 1984, p. 52 ; n° 1234, 22 janvier 1984, p. 48.
33 *Télérama*, n° 1777, 5 février 1984, p. 52.
34 *Télérama*, n° 1775, 21 janvier 1984, p. 58.
35 *Télé 7 Jours*, n° 1237, 12 février 1984, p. 48.
36 Citée dans José-Louis BOCQUET et Philippe PIERRE-ADOLPHE, *Rap ta France*, *op. cit.*, p. 57.
37 *Télérama*, n° 1779, 19 février 1984, p. 50. On retrouve la même image dans le générique de l'émission, écrit par Sidney : « Je m'appelle Sylviane / je breake comme une liane. »
38 *Télérama*, n° 1811, 3 octobre 1984, p. 77.
39 Olivier ROUEFF, « Politiques d'une culture raciale : *La Revue nègre* (1925) comme événement public », *Anthropologie et Sociétés*, vol. 30, n° 2, 2006.
40 Olivier ROUEFF, *Les Échelles du plaisir*, *op. cit.*, p. 57.
41 *Ibid.*, p. 71.
42 Antenne 2, *Midi 2*, émission diffusée le 22 juin 1982.
43 Entretien réalisé en février 2011.
44 Antoine HENNION, *Les Professionnels du disque*, *op. cit.*
45 *Ibid.*, p. 198.
46 *Ibid.*
47 *Ibid.*
48 *Ibid.*, p. 228.
49 Entretien réalisé en septembre 2010.
50 Entretien réalisé en août 2010.
51 Jean BENETIÈRE et Jacques SONCIN, *Au cœur des radios libres*, L'Harmattan, Paris, 1989.
52 Vincent SERMET, *Les Musiques soul et funk*, *op. cit.*, p. 287.
53 José-Louis BOCQUET et Philippe PIERRE-ADOLPHE, *Rap ta France*, *op. cit.*, p. 16.
54 Entretien réalisé en janvier 2010.
55 Entretien cité.
56 José-Louis BOCQUET et Philippe PIERRE-ADOLPHE, *Rap ta France*, *op. cit.*, p. 59-60.
57 Entretien réalisé en janvier 2010.
58 Antoine HENNION, *Les Professionnels du disque*, *op. cit.*, p. 33 et p. 228-229.
59 Everett HUGHES, *Le Regard sociologique*, Éditions de l'EHESS, Paris, 1996, p. 69 et suiv.

Notes du chapitre 2

1 Antoine HENNION, Sophie MAISONNEUVE et Émilie GOMART, *Figures de l'amateur*, La

Documentation française, Paris, 2000, p. 128 ; Ludovic TOURNÈS, « Le temps maîtrisé. L'enregistrement sonore et les mutations de la sensibilité musicale », *Vingtième siècle*, n° 92, Presses de Sciences Po, 2006, p. 12.

2 Dee Nasty, cité dans José-Louis BOCQUET et Philippe PIERRE-ADOLPHE, *Rap ta France*, *op. cit.*, p. 17.

3 Entretien réalisé en janvier 2010.

4 Béatrice SBERNA, *Une sociologie du rap à Marseille : identité marginale et immigrée*, L'Harmattan, Paris, 2001, p. 104.

5 *Ibid.*, p. 150. Voir aussi Samuel BORDREUIL, Raphaël SAGE et Gilles SUZANNE, *Marseille et ses moments musicaux : ville et scènes musicales*, rapport final du programme interministériel de recherche « Culture, ville et dynamiques sociales », Ministère de la Culture et de la Communication, Paris, 2003, p. 44.

6 Vincent SERMET, *Les Musiques soul et funk*, *op. cit.*, p. 308-314.

7 Olivier DONNAT et Denis COGNEAU, *Les Pratiques culturelles des Français. 1973-1989*, La Découverte/La Documentation française, Paris, 1990, p. 111 et p. 120.

8 Entretien réalisé en juillet 2011.

9 Philippe Fragione est le nom civil du rappeur Akhenaton, membre du groupe IAM. Les éléments biographiques reproduits ici sont principalement extraits de l'autobiographie AKHENATON, *La Face B*, Don Quichotte, Paris, 2010.

10 AKHENATON, *La Face B*, *op. cit.*, p. 62-63.

11 *Ibid.*, p. 84.

12 *Ibid.*, p. 105-106.

13 *Ibid.*, p. 99.

14 *Ibid.*, p. 108.

15 Cité dans Paul MOREIRA, *Rock métis en France*, Souffles, Paris, 1987, p. 91.

16 *Ibid.*, p. 83.

17 Augustin AUBERT, Marc CASIMIRO DE SAN LEANDRO et Virginie MILLOT, *Je texte termine*, Éditions Paroles d'Aube/La Camarilla, Grigny, 1998, p. 56.

18 Entretien réalisé en avril 2009.

19 Ulf POSCHARDT, *DJ Culture*, *op. cit.*, p. 176.

20 Imhotep, cité dans Béatrice SBERNA, *Une sociologie du rap à Marseille*, *op. cit.*, p. 168.

21 Joseph G. SCHLOSS, *Making Beats. The art of sample-based hip-hop*, Wesleyan University Press, Middletown, 2004, p. 34-35.

22 *Ibid.*, p. 170.

23 Howard BECKER, *Les Mondes de l'art*, *op. cit.*, p. 242.

24 *Ibid.*, p. 255.

25 *Ibid.* p. 266.

26 Antoine HENNION, Sophie MAISONNEUVE et Émilie GOMART, *Figures de l'amateur*, *op. cit.*, p. 49 et suiv.

27 Stith BENNETT, *On Becoming a Rock Musician*, The University of Massachusetts Press, Amherst, 1980, p. 138 et suiv.

28 Entretien réalisé en janvier 2010.

29 Entretien réalisé en août 2010, voir chapitre 1. Le caractère massif des discriminations racistes dans l'accès aux discothèques est souligné par plusieurs témoignages publiés dans José-Louis BOCQUET et Philippe PIERRE-ADOLPHE, *Rap ta France*, *op. cit.*, notamment p. 55, ainsi que par les entretiens réalisés et analysés par V. Sermet : voir notamment Vincent SERMET, *Les Musiques soul et funk*, *op. cit.*, p. 327 et suiv.

30 Daniel GARCIA, *Les Années Palace*, Flammarion, Paris, 1999, p. 52

31 *Ibid.*, p. 142.

32 Alain PACADIS, *Nightclubbing. Chroniques et articles*, Denoël, Paris, p. 569 et suiv.

33 Daniel GARCIA, *Les Années Palace*, *op. cit.*, p. 142.

34 À Roubaix-Tourcoing, voir le témoignage d'Ali Laoudi, cité dans Paul MOREIRA, *Rock métis en France*, *op. cit.*, p. 130. À Lyon, voir les témoignages de Mohamed Ben Bouchta et de Marc El Kébir, cités respectivement dans Paul MOREIRA, *Rock métis en France*, *op. cit.*, p. 90 et Vincent SERMET, *Les Musiques soul et funk*, *op. cit.*, p. 328. À Marseille, voir le témoignage d'Akhenaton, dans son autobiographie, *La Face B*, *op. cit.*, p. 162-163.

35 Témoignage du DJ RLP recueilli par José-Louis BOCQUET et Philippe PIERRE-ADOLPHE en 1996. Extrait non publié.
36 Pap NDIAYE, *La Condition noire. Essai sur une minorité française*, Gallimard, Paris, 2009, p. 197.
37 Marianne AMAR et Pierre MILZA, *L'Immigration en France au XXe siècle*, Armand Colin, Paris, 1990, p. 248 et 273.
38 Témoignage de RLP recueilli par José-Louis BOCQUET et Philippe PIERRE-ADOLPHE, *loc. cit.*
39 Everett HUGHES et Helen MACGILL HUGHES, *Where Peoples Meet. Racial and Ethnic Frontiers*, Greenwood Press, Westport, 1981 (1952).
40 Témoignage de DJ Chabin recueilli par José-Louis BOCQUET et Philippe PIERRE-ADOLPHE en 1996. Extrait non publié.
41 *Ibid.*
42 *Ibid.*
43 *Ibid.*
44 *Ibid.*
45 Témoignage de Dee Nasty, recueilli par José-Louis BOCQUET et Philippe PIERRE-ADOLPHE en 1996. Extrait non publié.
46 Olivier DONNAT et Denis COGNEAU, *Les Pratiques culturelles des Français, op. cit.*
47 Will STRAW, « Sizing up record collections : gender and connoisseurship in rock music culture », *in* Sheila WHITELEY (ed.), *Sexing the Groove : Popular Music and Gender*, Routledge, Londres, 1997
48 Mavis BAYTON, *Frock Rock : Women Performing Popular Music*, Oxford University Press, Oxford, 1998, p. 27 et suiv.
49 Sté STRAUSZ et Antoine DOLE, *Fly Girls. Histoire(s) du hip-hop féminin en France*, Au Diable Vauvert, Vauvert, p. 18 et suiv.
50 José-Louis BOCQUET et Philippe PIERRE-ADOLPHE, *Rap ta France, op. cit.*, p. 90-91.
51 Thomas MORINIÈRE, « Les petites voies de la chanson de variétés », *Actes de la recherche en sciences sociales*, n° 168, 2007.
52 Marie BUSCATTO, *Femmes du jazz. Musicalités, féminités, marginalisations*, CNRS Éditions, 2007, notamment p. 113.
53 Témoignage de Gary Gangster Beat, recueilli José-Louis BOCQUET et Philippe PIERRE-ADOLPHE en 1996. Extrait non publié.
54 Entretien réalisé avec Dee Nasty en janvier 2010.
55 AKHENATON, *La Face B, op. cit.*, p. 113.
56 Entretien réalisé en janvier 2010 à Paris.
57 José-Louis BOCQUET et Philippe PIERRE-ADOLPHE, *Rap ta France, op. cit.*, p. 40.
58 Entretien réalisé en janvier 2010.
59 Stéphane DORIN, « La globalisation du rock vue de Calcutta », *Volume ! La revue des musiques populaires*, n° 4, Éditions Mélanie Seteun, 2005.
60 Perrine KERVRAN et Anaïs KIEN, *Les Années* Actuel. *Contestations rigolardes et aventures modernes*, Le mot et le reste, Paris, 2010.
61 *Ibid.*, p. 15.
62 Benoît SABATIER, *Culture jeune. L'épopée rock*, Fayard, Paris, 2011, p. 384.
63 Howard BECKER, *Les Mondes de l'art, op. cit.*, p. 314.
64 Dee Nasty, cité dans José-Louis BOCQUET et Philippe PIERRE-ADOLPHE, *Rap ta France, op. cit.*, p. 73.
65 Paul MOREIRA, *Rock métis en France, op. cit.*, p. 99.
66 *Ibid.*, p. 100.
67 *Ibid.*, p. 101.
68 *Ibid.*, p. 85.
69 Shams Dinn, cité dans Paul MOREIRA, *Rock métis en France, op. cit.*, p. 95.
70 Entretien réalisé en octobre 2003.
71 Karim BOUKERCHA, *Descente interdite*, L'Œil d'Horus, Paris, 2011, p. 8 et suiv.
72 Entretien réalisé en octobre 2003 à Paris.
73 Voir les témoignages cités dans José-Louis BOCQUET et Philippe PIERRE-ADOLPHE, *Rap ta France, op. cit.*, et notamment ceux de Sly, du groupe Sléo, cité p. 104, ou de Soon E MC, cité p. 107.
74 Andy BENNETT, « Consolidating the music scenes perspective », *Poetics*, n° 32, Elsevier, 2004, p. 226.
75 Entretien réalisé en octobre 2003.
76 ABD AL MALIK, *Qu'Allah bénisse la France*, Albin Michel, Paris, 2007 (2004), p. 68.
77 Discussion informelle avec Hassany et Aly Ibrahima, membres de la Sound Musical School B. Vice, mars 2003.

Notes du chapitre 3

1 L'analyse s'appuie sur l'examen systématique des archives télévisuelles de l'INA, incluant l'intégralité des programmes de TF1, Antenne 2 et FR3. Au visionnage des quelque 150 émissions qui évoquent, de 1987 à 1991, l'existence du rap en France et en français, j'ai ajouté un certain nombre d'articles de presse traitant du même sujet, notamment tous ceux publiés par le quotidien *Le Monde* sur la période étudiée. M6 diffuse à partir de 1990 une émission consacrée au rap, *Rapline*, dont il sera question dans la seconde partie de ce chapitre.

2 Ariel WIZMAN, dans *Permission de minuit*, TF1, 26 novembre 1987.

3 Émission présentée par Jan-Lou Janeir, FR3, 29 septembre 1987.

4 *Ibid.*

5 Alain VULBEAU, « Les tags, spectres de la jeunesse. Histoire d'une nouvelle pratique urbaine », *Annales de la recherche urbaine*, n° 54, PUCA, 1992.

6 « La RATP et les tricheurs », *Le Monde*, 4 mars 1987.

7 Herbert BLUMER, « Social problems as collective behavior », *Social Problems*, vol. 18, n° 3, University of California Press, 1971, p. 301.

8 Cité dans Alain VULBEAU, « Les tags, spectres de la jeunesse », *loc. cit.*

9 On pourra se référer à l'ouvrage de Karim BOUKERCHA, *Descente interdite*, *op. cit.*, qui propose une histoire d'ensemble du tag et du graffiti à Paris des années 1980 aux années 2000 et reproduit non seulement plusieurs coupures de presse de l'époque, mais aussi de nombreuses photos de graffitis.

10 *Le Monde* du 24 octobre 1987. Outre cet article et celui du 4 mars 1987 déjà cité, *Le Monde* publie le 19 avril de cette même année un article intitulé « La propreté du métro parisien ne s'améliorera que lentement ». L'article déplore « des rames salies par des graffitis et des détritus ». Toujours dans *Le Monde*, voir aussi « Parfum métro », 10 octobre 1987 ; « Un métro qui sente bon », 20 octobre 1987 et « La poubelle du monde », 14 janvier 1988.

11 Marion GEORGES, « Après une période de baisse en 1985 et 1986 la délinquance dans le métro parisien a enregistré une nette progression en 1987 », *Le Monde*, 4 mai 1988.

12 Alain Vulbeau propose une chronologie sensiblement différente, forgée à partir d'une « analyse de contenu d'articles couvrant la période 1978-1991, réunis par l'auteur ou figurant dans deux dossiers de presse : "Graffiti et pochoirs, 1978-1987", Public-Info, Centre George-Pompidou ; juillet 1987 : "Les tags et la ville", dossier de presse des actes des journées d'études du 4 juin 1990, CFE-PJJ/CNEF, mai 1991 ». Voir Alain VULBEAU, « Les tags, spectres de la jeunesse », *loc. cit.*

13 *Le Monde*, 18 février 1989.

14 Alain LEBAUBE, « La grève des nettoyeurs du métro parisien. Les graffitis créent de l'emploi temporaire », *Le Monde*, 7 mars 1989.

15 *Le Monde*, 4 mai 1989.

16 Voir notamment les articles suivants, tous publiés dans *Le Monde* : « Rénovation urbaine et "cohabitation" », 23 août 1987 ; « Le gouvernement accélère les programmes de réhabilitation du logement social », 9 juin 1988 ; « L'expérience d'une régie de quartier à Meaux », 3 juillet 1988 ; « Trois jeunes gens inculpés à Metz de provocation à la haine raciale », 18 février 1987 ; « Graffitis néonazis à la synagogue de Nantes », 3 juin 1987 ; « Racisme : le "poison" », 23 décembre 1988 ; « Les militants de l'époque… et leurs enfants jugent Mai 68 », 26 mai 1988 ; « Les graffitistes à Drouot », 28 juin 1987 ; « Jean-Michel Basquiat : un nouveau pop art », 17 janvier 1987 ; « Le peintre new-yorkais Jean-Michel Basquiat », 21 août 1988.

17 Karim BOUKERCHA, *Descente interdite*, *op. cit.*, p. 52.

18 « Paris rap-t-il ? », reportage de Paul ALESSANDRINI diffusé dans l'émission *Les 90 rugissants* le 16 novembre 1989 sur TF1 ; « Tag à RATP », reportage d'Agnès

Poirier diffusé dans l'émission *Envoyé spécial* le 19 avril 1990 sur Antenne 2.

19 Pour un aperçu de l'ambivalence des figures de proue du mouvement hip-hop à l'égard de la pratique du tag (notamment les responsables de la Zulu Nation en France), voir Manuel Boucher, *Rap, expression des lascars*, L'Harmattan, Pascal 1998, p. 58 et suiv.

20 Sylvie Chalaye, « Spectacles, théâtre et colonies », *in* Pascal Blanchard et Sandrine Lemaire, *Culture coloniale. La France conquise par son Empire, 1871-1931*, Autrement, Paris, 2003, p. 83. Cette imagerie perdure dans le langage ordinaire (« zoulou » comme synonyme de sauvage) et dans la culture populaire. En 1980, Richard Gotainer chantait par exemple « Je graver ton nom partout / je écrire tous les arbres avec un canif / vous faire de moi un zoulou / Je vouloir aimer vous primitif » (Richard Gotainer, « Primitif », Phonogram, 1980).

21 Lamence Madzou, *J'étais un chef de gang*, La Découverte, Paris, 2008.

22 « Vingt-sept "zoulous" interpellés à Paris », *Le Monde*, 1er août 1990 ; « L'été zoulou. Les bandes de jeunes Noirs sont de plus en plus nombreuses en région parisienne », 11 août 1990 ; « Les bagarres entre "zoulous". L'agresseur présumé d'un jeune Malien arrêté », 12 août 1990 ; « La bagarre entre "Zoulous" à La Défense : un troisième Malien inculpé », 17 août 1990 ; « Deux "zoulous" inculpés d'homicide volontaire », 19 août 1990, etc.

23 Sur ces événements et leur traitement par la presse, voir Sylvie Tissot, *L'État et les quartiers. Genèse d'une catégorie de l'action publique*, Seuil, Paris, 2007, p. 20 et suiv.

24 Henri Boyer et Guy Lochard, *Scènes de télévision en banlieues. 1950-1994*, INA/ L'Harmattan, Paris, 1998, p. 102.

25 William A. Gamson et Andre Modigliani, « Media discourse and public opinion on nuclear power : a constructionist approach », *The American Journal of Sociology*, v. 95, n° 1, University of Chicago Press, 1989, p. 3.

26 Sur le rôle de la télévision et de la presse dans la constitution de l'imaginaire contemporain de la banlieue, voir Christian Bachmann et Luc Basier, *Mise en images d'une banlieue ordinaire*, Syros Alternatives, Paris, 1989 ; Henri Boyer et Guy Lochard, *Scènes de télévision en banlieues*, *op. cit.* Pour une vue des divergences dans la presse nationale d'information (quotidiens et hebdomadaires) de la problématisation de la « question des banlieues », et de leurs transformations des années 1980 aux années 1990, voir Annie Collovald, « Des désordres sociaux à la violence urbaine », *Actes de la recherche en sciences sociales* n° 136-137, Seuil, 2001.

27 Voir par exemple « Le rap français entre en scène. L'enfance d'un art », *Le Monde*, 2 juin 1991.

28 Louis Quéré, *Des miroirs équivoques. Aux origines de la communication moderne*, Aubier, Paris, 1982, p. 30.

29 Patrick Charadeau et Rodolphe Ghiglione, *La Parole confisquée. Un genre télévisuel : le talk-show*, Dunod, Paris, 1997, p. 5.

30 Benedict Anderson, *L'Imaginaire national*, *op. cit.*, p. 18.

31 Éric Macé, « La programmation de la réception. Une sociologie critique des contenus », *Réseaux*, v. 12, n° 63, Lavoisier, 1994.

32 Entretien réalisé en septembre 2004.

33 Agnès Poirier, « Tag à RATP », reportage cité.

34 Benoît de L'Estoile, *Le Goût des autres. De l'Exposition coloniale aux Arts premiers*, Flammarion, Paris, 2007, p. 13.

35 Graham Huggan, *The Post-Colonial Exotic. Marketing the Margins*, Routledge, Londres, 2001, p. 37. Voir aussi Alban Bensa, *La Fin de l'exotisme*, *op. cit.*, p. 13.

36 Antenne 2, JT de 13 heures, 18 juillet 1991.

37 Cette analyse s'appuie notamment sur les émissions *Giga* diffusées sur Antenne 2 les 19 juin 1990, 19 septembre 1990,

28 novembre 1990, 21 février 1991, 13 mars 1991 et 2 avril 1991 ; ainsi que sur les émissions *Une fois par jour* diffusées sur Antenne 2 les 14 novembre 1990, 16 novembre 1990, 23 novembre 1990, 12 décembre 1990 et 14 décembre 1990.

38 Outre les raps pastiches des Inconnus, dont certains rencontrent un succès commercial massif, on peut citer les parodies réalisées par Jacky et Corbier dans le *Club Dorothée* le 12 septembre 1990, le « Rap aux moules » interprété par Bézu dans plusieurs émissions, le « Flic-rap » diffusé sur Antenne 2 dans l'émission *Matin bonheur* le 21 juin 1991, etc.

39 Émissions *Éric et toi et moi* diffusées sur Antenne 2 le 9 janvier 1991, le 6 mars 1991, le 3 et le 17 avril 1991.

40 Notamment dans plusieurs programmes jeunesse (*Club Dorothée*, diffusé sur TF1 le 12 septembre 1990 ; *Dorothée Matin*, diffusé sur TF1 le 9 janvier 1991), ou de façon plus allusives dans des plaisanteries ou des sous-entendus dans des fictions ou des programmes de variétés.

41 Ce faisant, les émissions retrouvaient fréquemment des formules ou des références indiquant la vivacité, dans la définition du genre rap, de la prise esthétique du rythme (afro-)américain associant musique syncopée et danse improvisée. Voir la réception de l'émission *H.I.P. H.O.P.*, présentée dans le chapitre 1, et Olivier ROUEFF, *Les Échelles du plaisir*, *op. cit.*, p. 61.

42 Sur la panique morale des « cités-ghettos » dans la presse quotidienne et les hebdomadaires d'information au début des années 1990, voir Loïc WACQUANT, *Parias urbains. Ghetto-Banlieues-État*, La Découverte, Paris, 2006, p. 148. Sur le rôle de la référence au ghetto américain dans la revue *Esprit* à la même époque, voir Sylvie TISSOT, *L'État et les quartiers*, *op. cit.*, p. 95.

43 Howard BECKER, *Les Mondes de l'art*, *op. cit.*, p. 46.

44 Annie FOURCAULT, « Pour en finir avec la banlieue », *Géocarrefour*, vol. 75, n° 2, 2000, p. 105. Voir également Alain FAURE, « Un faubourg, des banlieues, ou la déclinaison du rejet », *Genèses*, n° 51, 2003.

45 Guy Lochard note plus largement que l'imaginaire de la banlieue fait l'objet d'un intense travail médiatique au cours des années 1989-1991, opérant par « procédés d'analogie entre des phénomènes (immigration-chômage-délinquance) distincts dans leurs fondements mais rapidement associés ». Voir Guy LOCHARD, « Le jeune de banlieue à la télévision. Représenté ou instrumenté ? », *Médiamorphoses*, n° 10, 2004, p. 44.

46 Véronique DE RUDDER, Christian POIRET et François VOURC'H, *L'Inégalité raciste. L'universalité républicaine à l'épreuve*, PUF, Paris, 2000, p. 162.

47 Colette GUILLAUMIN, *L'Idéologie raciste*, Gallimard, Paris, 2002 (1972), p. 120.

48 Anthony PECQUEUX, *Voix du rap*, *op. cit.*, p. 37.

49 Les analyses qui suivent s'appuient notamment sur l'examen de deux *talk-shows*, diffusés en 1990 et 1991, qui ont la particularité d'ouvrir un temps de discussion plus long qu'à l'accoutumée au sujet du rap et en présence de rappeurs : *Mille Bravos*, émission présentée par Christine Bravo, diffusée sur FR3 le 16 novembre 1990, et *Ciel, mon mardi !*, émission présentée par Christophe Dechavanne, diffusée sur TF1 le 5 février 1991. Ces deux émissions sont décrites plus en détail dans Karim HAMMOU, « Programmer l'ambiguïté », *in* Anthony PECQUEUX et Olivier ROUEFF, *Écologie sociale de l'oreille*, Éditions de l'EHESS, Paris, 2009, p. 119-147.

50 *Club Dorothée*, TF1, 12 septembre 1990.

51 *Ciel, mon mardi !*, TF1, 5 février 1991.

52 *Ibid.*

53 *Mille Bravos*, FR3, 16 novembre 1990.

54 Anselm STRAUSS, *La Trame de la négociation*, L'Harmattan, Paris, 1992, p. 95.

55 *Ibid.*

56 *Ciel, mon mardi !*, TF1, 5 février 1991.

57 Ce malentendu est homologue au double jeu que peut entretenir la notion

de différence. Voir Colette GUILLAUMIN, *Sexe, race et pratique du pouvoir*, Côté-femmes, Paris, 1992, p. 84.

Notes du chapitre 4

1 José-Louis BOCQUET et Philippe PIERRE-ADOLPHE, *Rap ta France*, *op. cit.*, p. 70.

2 *Ibid.*, p. 82.

3 Interview publiée sur le site <www.forumhiphop.com> en 2001, consulté le 11 octobre 2002.

4 Cité dans José-Louis BOCQUET et Philippe PIERRE-ADOLPHE, *Rap ta France*, *op. cit.*, p. 83.

5 Cité dans SBG et DESS, *Freestyle*, Florent Massot et François Millet Éditeurs, Paris, 1993, p. 85.

6 Cité dans José-Louis BOCQUET et Philippe PIERRE-ADOLPHE, *Rap ta France*, *op. cit.*, p. 84.

7 Interview publiée sur le site <www.forumhiphop.com> en 2001, consulté le 11 octobre 2002.

8 Cité dans José-Louis BOCQUET et Philippe PIERRE-ADOLPHE, *Rap ta France*, *op. cit.*, p. 83.

9 Michel CROZIER et Erhard FRIEDBERG, *L'Acteur et le Système*, Seuil, Paris, 1977, p. 113.

10 Les informations sur le parcours de Benny B dans les années 1980 et les témoignages de Benny B, Daddy K et Olivier Verhaege portant sur la réalisation du morceau « Vous êtes fous ! » sont extraits d'Alain LAPIOWER, *Total respect. La génération hip-hop en Belgique*, Vie ouvrière, Bruxelles, 1997, p. 27-32.

11 Cité dans Alain LAPIOWER, *Total respect*, *op. cit.*, p. 31.

12 *Ibid.*, p. 29.

13 *Ibid.*, p. 30.

14 *Ibid.*, p. 32.

15 Madj, cité dans David DUFRESNE, *Yo ! Révolution rap*, Ramsay, Paris, 1991, p. 141.

16 Voir notamment « Rappattitude : quelle attitude ? ! », *Down with this*, 5 mai 2012. En ligne : <downwiththis.fr/mag>.

17 Simon FRITH, « The industrialization of music », *in* Andy BENETT *et al.* (dir.), *The Popular Music Studies Reader*, Routledge, Londres, 2006 (1988).

18 Richard A. PETERSON et David G. BERGER, « Entrepreneurship in organizations : Evidence from the popular music industry », *Administrative Science Quarterly*, vol. 16, n° 1, Sage, 1971.

19 Richard A. PETERSON, « La fabrication de l'authenticité », *Actes de la recherche en sciences sociales*, Seuil, n° 93, 1992, p. 4.

20 Cité dans Éric MACÉ, *Imaginaires médiatiques. Une sociologie postcritique des médias*, Éditions Amsterdam, Paris, 2006, p. 98.

21 *Dictionnaire de l'Académie française*, huitième édition, 1932-1935.

22 Cité dans José-Louis BOCQUET et Philippe PIERRE-ADOLPHE, *Rap ta France*, *op. cit.*, p. 115.

23 Lionel D, cité dans *L'Affiche*, n° 36, *loc. cit.*

24 Cité dans José-Louis BOCQUET et Philippe PIERRE-ADOLPHE, *Rap ta France*, *op. cit.*, p. 116.

25 Lionel D cité dans *L'Affiche*, n° 36, juillet-août 1996.

26 Entretien réalisé avec Dee Nasty en janvier 2010.

27 Lionel D, cité dans *L'Affiche*, n° 36, *loc. cit.*

28 JOEYSTARR, *Mauvaise réputation*, *op. cit.*, p. 100.

29 Kool Shen, cité dans SBG et DESS, *Freestyle*, *op. cit.*, p. 67.

30 JoeyStarr, interview accordée au magazine *Best*, n° 276, juillet 1991, p. 49.

31 Franz MICELI, *Les Légendes du rap*, City Éditions, Paris, 2006, p. 178-179.

32 20 000 francs chacun pour JoeyStarr et Kool Shen qui signent avec CBS en 1990, d'après l'autobiographie de JOEYSTARR. *Mauvaise réputation*, *op. cit.*, p. 99. Chaque membre d'IAM obtient une avance similaire lorsque le groupe signe un contrat avec Labelle Noire, en licence chez Virgin. Voir AKHENATON, *La Face B*, *op. cit.*, p. 199.

33 Howard BECKER, *Les Ficelles du métier. Comment conduire sa recherche en sciences sociales*, La Découverte, Paris, 2002, p. 95.

34 Maria SPYROPOULOU LECLANCHE, *Le Refrain dans la chanson française, de Bruant à Renaud*, PUL, Limoges, 1998, p. 53.
35 *Ibid.*, p. 100.
36 Anthony PECQUEUX, *Voix du rap*, *op. cit.*, p. 18.
37 Joël JULY, « Formes nouvelles de la chanson française », *in* Laurence BOUGAULT et Judith WULF (dir.), *Formes et normes en poésie moderne et contemporaine*, Éditions Styl-m, Gaël, 2011.
38 Howard BECKER, *Les Mondes de l'art*, *op. cit.*, p. 41.
39 Skiz H. FERNANDO Jr., *The New Beats*, *op. cit.*, p. 41.
40 Cité dans David DUFRESNE, *Yo ! Révolution rap*, *op. cit.*, p. 140.
41 Jean-Jacques CHEVAL, « Dispositifs radiophoniques pour un public convoité », *Médiamorphoses*, 2004, n° 10, p. 38.
42 *Ibid.*
43 Keith NEGUS « Plugging and programming : pop radio and record promotion in Britain and the United States », *Popular Music*, vol. 12, n° 1, 1993, p. 57-58.
44 Paul D. LOPES, « Innovation and diversity in the popular music industry, 1969 to 1990 », *American Sociological Review*, vol. 57, n° 1, 1992, p. 68.
45 Cité dans José-Louis BOCQUET et Philippe PIERRE-ADOLPHE, *Rap ta France*, *op. cit.*, p. 84.
46 D'après la page Myspace d'hommage réalisée par un ancien membre du groupe. En ligne : <www.myspace.com/rapsonic>, consulté en octobre 2007.
47 Max Guazzini, interviewé par Jean BÉNETIÈRE et Jacques SONCIN, *Au cœur des radios libres*, L'Harmattan, Paris, 1989, p. 175.
48 Entretien réalisé en avril 2006.
49 *Ibid.*
50 Daniel MERMET, *Là-bas si j'y suis*, France Inter, 14 novembre 1990 (émission consacrée à IAM).
51 Daniel MERMET, *Là-bas si j'y suis*, 19 mars 1991.
52 *Ibid.*
53 Entretien réalisé en avril 2006 à Paris.
54 Jean BÉNETIÈRE et Jacques SONCIN, *Au cœur des radios libres*, *op. cit.*, p. 177.
55 José-Louis BOCQUET et Philippe PIERRE-ADOLPHE, *Rap ta France*, *op. cit.*, p. 179.
56 Didier DEROIN, Fred GUILLEDOUX, Stéphane MUNTANER et Gilles ROF, *IAM, le livre*, *op. cit.*, p. 76-77 ; AKHENATON, *La Face B*, *op. cit.*, p. 284.
57 Interview de Kenzy pour l'émission *Get Busy* diffusée sur <www.allmade.com> le 8 avril 2007.
58 Didier DEROIN, Fred GUILLEDOUX, Stéphane MUNTANER et Gilles ROF, *IAM, le livre*, *op. cit.*, p. 77.
59 *Ibid.*
60 *Ibid.*
61 AKHENATON, *La Face B*, *op. cit.*, p. 278-279.
62 Témoignage recueilli par José-Louis BOCQUET et Philippe PIERRE-ADOLPHE en 1996. Extrait non publié.
63 Entretien réalisé en janvier 2010.
64 José-Louis BOCQUET et Philippe PIERRE-ADOLPHE, *Rap ta France*, *op. cit.*, p. 158.
65 Michel de CERTEAU, *L'Invention du quotidien*, tome I : *Arts de faire*, Folio essais, Paris, 1990 (1980), p. XLVI.
66 *Ibid.*

Notes du chapitre 5

1 Vincent DUBOIS, *La Politique culturelle. Genèse d'une catégorie d'intervention publique*, Belin, Paris, 1999.
2 Gérard CHEVALIER, *Sociologie critique de la politique de la ville. Une action publique sous influence*, L'Harmattan, Paris, 2005, p. 120 et suiv.
3 Philippe POIRRIER, « L'histoire des politiques culturelles des villes », *Vingtième siècle*, vol. 53, n° 53.
4 Didier DEROIN, Fred GUILLEDOUX, Stéphane MUNTANER et Gilles ROF, *IAM, le livre*, Édition Soleil Production Plein Sud, Toulon, 1996, p. 24.
5 *Spectacle infos*, n° 44, mars 1996, p. 15. Le Studio des variétés propose des activités de travail sur la voix, le son, le maquettage, la technique de répétition, etc. Voir la présentation du FAIR en 2012, en ligne : <http://www.lefair.org>, consulté en janvier 2012.

6 Dominique DUPREZ, « Stratégies préventives des années 80 : les opérations anti-"été chaud" », *Les Cahiers de l'animation*, n° 48, 1984.

7 *Une saison au Panier II. Spécial Rap*, cipM, Marseille, 1992, p. 3.

8 *Ibid.*, p. 5.

9 Béatrice SBERNA, *Une sociologie du rap à Marseille*, *op. cit.*, p. 93.

10 *VSD*, n° 687, 31 octobre 1990.

11 *Rapline*, M6, date inconnue. En ligne sur <http://www.youtube.com>. Consulté en février 2012.

12 Jean-Claude GILLET, *Animation et animateurs : le sens de l'action*, L'Harmattan, Paris, 1995, p. 94 ; Loïc LAFARGUE DE GRANGENEUVE, *Fonctionnaliser la culture ? Action publique et culture hip-hop*, thèse de sociologie soutenue à l'ENS Cachan, 2004, p. 32 et 96.

13 Vincent DUBOIS, *La Politique culturelle*, *op. cit.*, p. 284.

14 Dossier de la Drac Rhône-Alpes intitulé « Culture et quartiers : 20 ans d'action(s) culturelle(s) pour les villes et les quartiers », 2001.

15 « L'opération Quartiers Lumière », dossier de presse du ministère de la Culture, de la Communication, des Grands Travaux et du Bicentenaire, 1991, DRAC PACA, cote DD188.

16 *Quartiers Lumière*, Antenne 2, 8 juin 1991.

17 *Rencontres*, FR3, 25 mai 1991.

18 Sylvie TISSOT, *L'État et les quartiers. Genèse d'une catégorie de l'action publique*, Seuil, Paris, 2007, p. 118 et suiv.

19 Philippe TEILLET, « Éléments pour une histoire des politiques publiques en faveur des "musiques amplifiées" », *in* Philippe POIRRIER et Vincent DUBOIS (dir.), *Les Collectivités locales et la culture. Les formes de l'institutionnalisation, XIXe-XXe siècle*, La Documentation française, Paris, 2002, p. 369.

20 Sylvia FAURE et Marie-Carmen GARCIA, *Culture hip-hop, jeunes des cités et politiques publiques*, La Dispute, Paris, 2005, p. 29.

21 Philippe URFALINO, *L'Invention de la politique culturelle*, La Documentation française, Paris, 1996, p. 336.

22 Philippe TEILLET, « Éléments pour une histoire des politiques publiques en faveur des "musiques amplifiées" », *loc. cit.*, p. 374.

23 Vincent DUBOIS, *La Politique culturelle*, *op. cit.*, p. 235.

24 Gérard CHEVALIER, « Volontarisme et rationalité d'État. L'exemple de la politique de la ville », *Revue française de sociologie*, vol. 37, n° 2, 1996, p. 211.

25 Pour un cas comparable, celui des colonnes de Buren, voir David CASCARO, « Les "colonnes" de Buren. Une crise politico-artistique », *Vingtième siècle*, n° 59, 1998.

26 Notamment : Henry BONNIER, *Lettre recommandée à Jack Lang et aux fossoyeurs de la culture*, Éditions du Rocher, Monaco, 1992, p. 51 et suiv. ; Marc FUMAROLI, *L'État culturel. Essai sur une religion moderne*, Éd. de Fallois, Paris, 1991, p. 46, 186 et 266.

27 Blanche GRINBAUM-SALGAS (conservateur du musée Bossuet, Meaux), « Hip-Hop dixit ou les "négros" dans la "cité interdite" », *La Revue des conservateurs*, septembre 1991, p. 29-31. Je tiens ici à remercier Vincent Dubois qui a bien voulu me communiquer ses notes sur les documents accumulés dans le cadre de sa recherche autour du projet « Hip-hop dixit » (voir Vincent DUBOIS, *La Politique culturelle*, *op. cit.*).

28 PLANTU, *Le Président hip hop !*, Le Monde Éditions, Paris, 1991.

29 Philippe TEILLET, « Éléments pour une histoire des politiques publiques en faveur des "musiques amplifiées" », *loc. cit.*.

30 Loïc LAFARGUE DE GRANGENEUVE, *Politique du hip-hop. Action publique et cultures urbaines*, Presses universitaires du Mirail, Toulouse, 2008.

31 Sylvie TISSOT, *L'État et les quartiers*, *op. cit.*

32 Isabelle KAUFFMANN, *Génération du hip-hop. Danser au défi des assignations*, thèse

de sociologie soutenue à l'université de Nantes, 2007, p. 350-351.

33 Sylvia FAURE et Marie-Carmen GARCIA, *Culture hip-hop, jeunes des cités et politiques publiques, op. cit.*, p. 52.

34 Karim HAMMOU, « Rapper en amateur. Une mise à l'épreuve atypique autour d'une association des quartiers nord de Marseille », ethnographiques.org, n° 12, 2007.

35 Jean-Marie MIGNON, *Une histoire de l'éducation populaire*, La Découverte, Paris, 2007.

36 Vincent PEYRE et Françoise TETARD, *Des éducateurs dans la rue. Histoire de la prévention spécialisée*, La Découverte, 2006.

37 Cité dans Loïc LAFARGUE DE GRANGENEUVE, *Fonctionnaliser la culture ?, op. cit.*, p. 107.

38 Akhenaton, dans son autobiographie, évoque l'histoire de ce groupe, baptisé le Criminosical posse : « C'était notre job. Rester là, squatter la station Vieux-Port entre Le Freetime, un fast-food, et l'Office du tourisme. Aux heures de pointe, nous formions une bande de soixante-dix gars, occupés à tenir les murs sous les arcades de l'office. [...] Une équipe haute en couleur et souvent montrée du doigt et stigmatisée. Le quotidien *Le Méridional* s'était même fendu un jour d'un article titré : "Pourquoi tous ces jeunes au métro Vieux-Port ?" Dans le texte, le rédacteur demandait à "ce groupe d'une quinzaine de jeunes Africains d'aller s'amuser ailleurs". » AKHENATON, *La Face B, op. cit.*, p. 160-161.

39 Entretien réalisé en décembre 2007.

40 Vincent PEYRE et Françoise TÉTARD, *Des éducateurs dans la rue, op. cit.*, p. 75.

41 Roberta SHAPIRO, « Le hip-hop : héritier de l'éducation populaire ? », *Notes pour une communication au RTF 35* (version provisoire), Congrès de l'AFS, Villetaneuse, 2004.

42 Voir notamment Béatrice SBERNA, *Une sociologie du rap à Marseille, op. cit.*, Loïc LAFARGUE DE GRANGENEUVE, *Politique du hip-hop, op. cit.*, Sylvia FAURE et Marie-Carmen GARCIA, *Culture hip-hop, jeunes des cités et politiques publiques, op. cit.*

43 Cité dans Didier DEROIN, Fred GUILLEDOUX, Stéphane MUNTANER et Gilles ROF, *IAM, le livre, op. cit.*, p. 7.

44 Yves RAIBAUD, *Territoires musicaux en région : l'émergence des musiques amplifiées en Aquitaine*, Maison des sciences de l'homme d'Aquitaine, Bordeaux, 2005, p. 241.

45 Cité dans Paul MOREIRA, *Rock métis en France, op. cit.*, p. 92.

46 Voir chap. 2, notamment le témoignage de Jean-Marc Denizault, ou les témoignages de Solo du groupe Assassin et de Jacques Massadian dans José-Louis BOCQUET et Philippe PIERRE-ADOLPHE, *Rap ta France, op. cit.*, p. 65 et 91.

47 Le sociologue Marwan Mohammed distingue précisément les bandes des autres regroupements affinitaires de jeunes par « l'orientation déviante des conduites collectives ». Marwan MOHAMMED, *La Formation des bandes*, PUF, Paris, 2011, p. 5.

48 Walter MILLER, « Lower class culture as a generating milieu of gang delinquency », *Journal of Social Issues*, n° 14, 1958 ; François DUBET, *La Galère. Jeunes en survie*, Fayard, Paris, 1987, p. 183.

49 Alain VULBEAU, « Les tags, spectres de la jeunesse. Histoire d'une nouvelle pratique urbaine », *Annales de la recherche urbaine*, n° 54, 1992. Voir également le témoignage du graffeur Spray, publié sur Internet à son initiative, sur : <http://www.twilightzonecrew.com> (consulté en janvier 2012).

50 Virginie LINHART, « Des Minguettes à Vaulx-en-Velin : les réponses des pouvoirs publics aux violences urbaines », *Cultures & Conflits*, n° 6, 1992. Lamence MADZOU, *J'étais un chef de gang, op. cit.*, p. 193.

51 Mathieu RIGOUSTE, *L'Ennemi intérieur. La généalogie coloniale et militaire de l'ordre sécuritaire dans la France contemporaine*, La Découverte, Paris, 2009, p. 209.

52 Michel FOUCAULT, *Surveiller et punir*, Gallimard, Paris, 2003 (1975), p. 317.

53 Entretien cité.

54 Philippe MILBURN, « Violence et incivilités : de la rhétorique experte à la réalité ordinaire des illégalismes », *Déviance et société*, vol. 24, n° 4, 2000, p. 342.

55 Voir article 431-3 du code pénal.

56 L'histoire de ces groupes orientés vers l'affrontement de rue est mal connue. Les principales sources qui permettent de retracer leur existence reposent sur des témoignages et des récits publiés sur Internet par d'anciens membres. La précision et la réalité des événements qu'ils relatent sont souvent incertaines. On dispose d'autre part de l'ouvrage des journalistes Patrick LOUIS et Laurent PRINAZ *Skinheads, taggers, zulus & co*, La Table ronde, Paris, 1990. Sur les Black Dragons, une bande apparue dans la seconde moitié des années 1980 et qui prendra directement part aux affrontements entre bandes rivales qui marquent les années 1989 à 1991, des témoignages récents à la fiabilité inégale ont été publiés. Voir notamment les DVD *The Black Dragons Gang* (Cinq Sens Prod, 2007) et *Joe Dalton. La légende urbaine* (Da'llas Cartel, 2009). Voir aussi le DVD *Antifa. Chasseurs de skins* par Marc-Aurèle VECCHIONE (Résistance films, 2008) et la réponse de certains des anciens skinheads concernés, *via* le documentaire diffusé sur Internet *Sur les pavés* (Autonomiste Media, 2009).

57 José-Louis BOCQUET et Philippe PIERRE-ADOLPHE, *Rap ta France*, *op. cit.*, p. 80.

58 *EJM. Qui est-il ?* réalisé par Mehdi BARA, Enfant de l'art, 2012.

59 Lamence MADZOU, *J'étais un chef de gang*, *op. cit.*, p. 35-36.

60 Marwan MOHAMMED, *La Formation des bandes*, *op.cit.*, p. 299.

61 Marie-Hélène BACQUÉ, *in* Lamence MADZOU, *J'étais un chef de gang*, *op. cit.*, p. 194-195. Un processus comparable se déroule dans l'agglomération lyonnaise. Voir Virginie MILLIOT, « Ethnographie d'une "mauvaise vague". Une question de regard », *in* Jean MÉTRAL (dir.), *Les Aléas du lien social. Constructions identitaires et culturelles dans la ville*, Ministère de la Culture et de la Communication/La Documentation française, Paris, 1997.

62 Errol A. HENDERSON, « Black nationalism and Rap Music », *Journal of Black Studies*, vol. 26, n° 3, 1996.

63 Voir notamment EJM, « Nous vivons tous », publié sur la compilation *Assis sur le rythm posés sur la version* du collectif Earthquake Sound System, 1989, et Ministère Ämer, *Pourquoi tant de haine*, 1992.

64 Lamence MADZOU, *J'étais un chef de gang*, *op. cit.*, p. 43.

65 Laurent BONELLI, « Renseignements généraux et violences urbaines », *Actes de la recherche en sciences sociales*, n° 136-137, 2001.

66 Lamence MADZOU, *J'étais un chef de gang*, *op. cit.*, p. 217.

67 Fabien JOBARD, « La racaille en politique. Enquêtes sur les jeunes "connus des services de police" », *Vacarme*, n° 35, 2006, p. 60.

68 Laurent BONELLI, « Renseignements généraux et violences urbaines », *op. cit.*

69 Karim BOUKERCHA, *Descente interdite*, *op. cit.*, p. 164.

70 Frédéric OCQUETEAU, « Les centres commerciaux, cibles d'incivilités et promoteurs de sécurité », *Déviance et société*, vol. 17, n° 3, 1993, p. 237.

71 Entretien cité.

72 *Ibid.*

73 Suzanne MÉCHENIN, *« Rap'attitudes » en Provence*, mémoire d'ethnologie, Université de Provence, 1992, p. 25-26.

74 Robert CASTEL, *Les Métamorphoses de la question sociale*, Gallimard, Paris, 1999, p. 645 et suiv.

75 Pour le cas parisien, voir Anne CLERVAL et Antoine FLEURY, « Politiques urbaines et gentrification, une analyse critique à partir du cas de Paris », *L'Espace politique*, n° 8, 2009.

76 Stéphane BEAUD, *80 % au bac... et après ? Les enfants de la démocratisation scolaire*, La Découverte, Paris, 2003, p. 33.

77 *Ibid.*, p. 15.

78 Dominique Duprez et Michel Kokoreff, *Les Mondes de la drogue*, Odile Jacob, Paris, 2000, p. 98-99.

79 *Ibid.*, p. 72.

80 *Ibid.*, p. 255-256.

81 Cité dans José-Louis Bocquet et Philippe Pierre-Adolphe, *Rap ta France*, *op. cit.*, p. 155.

82 Ian Hacking, *Entre science et réalité*, *op. cit.*, p. 81.

83 Olivier Cachin, *Rap stories*, Denoël, 2008, p. 432.

84 Interview accordée par JR Ewing au webzine musical *L'Abcdrduson* en avril 2008. En ligne sur : <http://www.abcdrduson.com> (consulté en mai 2012).

85 Good J Rex, *Reste à l'écoute*, 1997 ; Good J Rex, *BDJ*, 1997.

86 J'emprunte la distinction entre « positions centrales » et « positions périphériques » à Thomas Sauvadet, « Causes et conséquences de la recherche de "capital guerrier" chez les jeunes de la cité », *Déviance et société*, vol. 29, n° 2, 2005, p. 116.

87 *Ibid.*

88 Données des recensements de la population de 1990 et 1999. « ZUS Le Grand Ensemble d'Orly, Choisy-le-Roi », Fiche profil – Quartiers de la politique de la ville. En ligne : <http://sig.ville.gouv.fr/>.

89 Marwan Mohammed, *La Formation des bandes*, *op. cit.*, p. 246.

90 *Ibid.*, p. 21.

91 *Ibid.*, p. 251 ; Thomas Sauvadet, « Causes et conséquences de la recherche de "capital guerrier" chez les jeunes de la cité », *loc. cit.*, p. 122.

92 « Un été à la cité », Ministère Ämer, 1994 ; « C'est asmeuk », Sté Strausz, 1995 ; « Le ghetto français », Idéal J, 1996 ; « L'ouvrier », Stomy Bugsy, 1996.

Notes du chapitre 6

1 Mario d'Angelo, *Socio-économie de la musique en France*, La Documentation française, Paris, 1997, p. 53.

2 Entretien réalisé en avril 2009.

3 Ève Chiapello, *Artistes versus managers*, Métailié, Paris, 1998, p. 199-200.

4 Interview de Kenzy pour l'émission *Get Busy* diffusée sur <www.allmade.com> le 8 avril 2007.

5 Michel de Certeau, *L'Invention du quotidien*, tome I : *Arts de faire*, *op. cit.*, p. 57 et suiv.

6 Jimmy Jay, cité dans José-Louis Bocquet et Philippe Pierre-Adolphe, *Rap ta France*, *op. cit.*, p. 135.

7 *Ibid.*, p. 161.

8 Archives personnelles, 23 juin 2007. Sollicité par mes soins, Jimmy Jay a bien voulu répondre à quelques questions par courriel.

9 Témoignage de Cut Killer, recueilli par José-Louis Bocquet et Philippe Pierre-Adolphe en 1996. Extrait non publié.

10 Cut Killer, témoignage publié dans le DVD *Cut Killer Show*, Fox Pathé Europa, 2005.

11 *Ibid.*

12 Interview accordée par Cut Killer au site <hiphop4ever> le 11 mai 2008, consulté en mai 2009.

13 Cut Killer, témoignage publié dans le DVD *Cut Killer Show*, Fox Pathé Europa, 2005.

14 *Ibid.*

15 Interview accordée par Cut Killer au site <hiphop4ever> le 11 mai 2008, *loc. cit.*

16 Témoignage recueilli par José-Louis Bocquet et Philippe Pierre-Adolphe en 1996. Extrait non publié.

17 Everett Hughes, *The Sociological Eye : Selected Papers*, Transaction Publishers, New Jersey, 1984 (1936), p. 8 (traduction personnelle).

18 Entretien réalisé en mars 2003.

19 Entretien réalisé en mars 2003.

20 Entretien cité.

21 *Ibid.*

22 Dossier de presse du groupe B. Vice (1999-2000), archives de l'association Sound Musical School B. Vice.

23 Hassany Ibrahima, entretien cité.

24 Dossier de presse du groupe B. Vice (1999-2000), *loc. cit.*

25 *Ibid.*

26 Entretien cité.

27 Courrier de la préfecture des Bouches-du-Rhône daté du 1er août 1995, archives

de l'association Sound Musical School B. Vice.

28 Sami ZEGNANI, « Le rap comme activité scripturale : l'émergence d'un groupe illégitime de lettrés », *Langage & Société*, n° 110, 2004 ; Loïc LAFARGUE DE GRANGENEUVE, *Fonctionnaliser la culture ? Action publique et culture hip-hop*, thèse de sociologie réalisée sous la direction de Patrice Duran, soutenue à l'ENS Cachan, 2004, p. 116 et suiv.

29 Pierre-Michel MENGER, *Le Paradoxe du musicien. Le compositeur, le mélomane et l'État dans la société contemporaine*, Flammarion, Paris, 1983 ,p. 99 et suiv.

30 Béatrice SBERNA, *Une sociologie du rap à Marseille*, *op. cit.*, p. 180.

31 Franz MICELI, *Les Légendes du rap*, City Éditions, Paris, 2006, p. 114-115.

32 Everett HUGHES, *Le Regard sociologique*, *op. cit.*, p. 141.

33 Pierre-Michel MENGER, *Le Paradoxe du musicien*, *op. cit.*, p. 172 et suiv.

34 *Ibid.*, p. 122 et suiv.

35 Pierre FRANÇOIS, *Le Monde de la musique ancienne. Sociologie économique d'une innovation esthétique*, Économica, Paris, 2005, p. 82.

36 Francis GODARD, « Sur quelques voies ouvertes par une sociologie des générations », *Annales de Vaucresson*, n° 30-31, 1991, p. 11.

37 Pierre FOURNIER, « Le travail des générations : confronter des présents décalés », *in* Anne-Marie ARBORIO, Yves COHEN, Pierre FOURNIER, Nicolas HATZFELD, Cédric LOMBA et Séverin MULLER, *Observer le travail. Histoire, ethnographie, approches combinées*, La Découverte, Paris, 2008, p. 119.

38 Pour une exposition systématique de ces données statistiques, voir Karim HAMMOU, « Le jeu incertain des générations », *Temporalités*, n° 14, Revues.org, 2011. En ligne : <http://temporalites.revues.org/1918>.

39 Cité dans Didier DEROIN, Fred GUILLEDOUX, Stéphan MUNTANER et Gilles ROF, *IAM, le livre*, *op. cit.*, p. 14.

40 *Ibid.*, p. 17

41 Anselm STRAUSS, *La Trame de la négociation*, *op. cit.*, p. 78.

42 Serge GUÉRIN, « Le régime des quotas sur les radios FM », *Médias Pouvoirs*, n° 39-40, 1995, p. 156-157.

43 *Ibid.*, p. 156.

44 Propos rapporté dans *L'Humanité* du 5 janvier 1996 (« Les 40 % de chanson française sur les ondes ne font pas l'unanimité »).

45 *Ibid.*

46 Guillaume BARA, « Cocoriquotas ou quotallergie ? », *Télérama*, 1er avril 1998.

47 Propos rapportés dans *L'Humanité* du 5 janvier 1996 et attribués à Fun Radio sans autre précision.

48 Line GRENIER, « Radio broadcasting in Canada : the case of 'transformat' music », *Popular Music*, vol. 9, n° 2, 1990, p. 225.

49 *Ibid.*

50 Sur TF1 le 5 février 1991.

51 Entretien réalisé en avril 2009.

52 Didier DEROIN, Fred GUILLEDOUX, Stéphane MUNTANER et Gilles ROF, *IAM, le livre*, *op. cit.*, p. 70.

53 Cité dans *Rock & Folk*, février 1992, p. 44. La transcription oralisée des propos de NTM est le fait du journaliste de *Rock & Folk*.

54 *Ibid.*

55 Thomas SOTINEL, « Le rap français entre en scène. L'enfance d'un art », *Le Monde*, 2 mai 1991.

56 Thomas SOTINEL, « Rap », *Le Monde*, 14 novembre 1991.

57 *Télérama*, n° 2275, 18 août 1993, p. 11 à 13.

58 *Ibid.*

59 Everett HUGHES, *The Sociological Eye*, *op. cit.*, p. 290.

60 Chanson « Come Again 2 », publiée sur le maxi *Come Again 2*, en 1996.

61 Chanson « L'ultime combat », publié sur l'album de Weedy & Le T.I.N. (membres d'Expression Direkt) *Guet-Apens* en 1996.

62 *Hardcore sur le beat*, « Suprême NTM », 1998.

63 « Impressions directes », Fanzine *Power*, juin 1996. Interview reproduite sur le

blog du groupe Expression Direkt. En ligne sur : <http://express-d.skyrock.com>, consulté en mai 2009.

64 Anselm Strauss, *La Trame de la négociation*, *op. cit.*, p. 77.

65 Interview publiée dans le fanzine *Down With This* en 1995. Reproduit sur le blog du groupe Expression Direkt (<http://express-d.skyrock.com>), consulté en mai 2009.

66 Didier Deroin, Fred Guilledoux, Stéphane Muntaner et Gilles Rof, *IAM, le livre*, *op. cit.*, p. 77.

67 Pour une analyse musicologique de « Je danse le mia », voir Jean-Marie Jacono, « Ce que révèle l'analyse musicale du rap : l'exemple de "Je danse le mia" d'IAM », *Volume !*, vol. 3, n° 2, 2004.

68 *Télérama*, 18 août 1993.

69 Voir José-Louis Bocquet et Philippe Pierre-Adolphe, *Rap ta France*, *op. cit.*, p. 174.

Notes du chapitre 7

1 Didier Demazière et Charles Gadéa, *Sociologie des groupes professionnels*, La Découverte, Paris, 2009, p. 20.

2 Anselm Strauss, *La Trame de la négociation*, *op. cit.*, p. 78.

3 Tamotsu Shibutani, « Reference groups as perspectives », *The American Journal of Sociology*, vol. 60, n° 6, 1955 ; Anselm Strauss, *Continual Permutations of Action*, Transaction Publishers, Londres, 2010 (1993), p. 212.

4 Je me suis principalement appuyé sur les bilans d'activité de l'association de 1993, 1994 et 1995.

5 Entretien réalisé en avril 2011.

6 Rocca, dans une interview accordée à l'*Abcdrduson* et publiée en août 2012, rapporte une version différente de la formation du groupe. En ligne sur : <http://www.abcdrduson.com>, consulté en août 2012.

7 Entretien cité.

8 Cet examen s'appuie sur une analyse de réseaux des *featurings* publiés sur les albums de rap en français, dont on trouvera les détails dans Karim Hammou, « Des raps en français au "rap français" », *Histoire & mesure*, vol. XXIV, n° 1, Éditions de l'EHESS, 2009. En ligne sur : <http://histoiremesure.revues.org>, consulté en janvier 2012.

9 Anthony Pecqueux, *Voix du rap*, *op. cit.*, p. 65 et suiv.

10 Le fruit de cette enquête a été publié dans Morgan Jouvenet, *Rap, techno, électro... Le musicien entre travail artistique et critique sociale*, Éditions de la Maison des sciences de l'homme, Paris, 2006. Je tiens à remercier Morgan Jouvenet qui a bien voulu me communiquer certains des entretiens qu'il a réalisés à cette occasion.

11 Eliot Freidson, *Professional Powers. A Study of the Institutionalization of Formal Knowledge*, The University of Chicago Press, Chicago, 1986, p. 63.

12 *Ibid.*

13 Entretien réalisé en avril 2006.

14 Entretien réalisé en février 2004.

15 *Ibid.*

16 Pierre Bellanger, cité par Delphine Kindennans dans « Skyrock, 10 ans après », *Le Monde*, 15 décembre 1996.

17 Entretien réalisé en février 2004.

18 Rapports 1996-1997, 1997-1998, 2001-2002 et 2003-2004 de l'Observatoire de la radio publiés par la régie publicitaire IP France.

19 Observatoire de la radio de la régie publicitaire IP France, cité dans *CB News* n° 519, 2 avril 1998.

20 Rapport 1997-1998 de l'Observatoire de la radio publié par IP France en 1998, p. 70.

21 JoeyStarr, *Mauvaise réputation*, *op. cit.*, p. 234.

22 Eliot Freidson, *Professional Powers*, *op. cit.*, p. 63.

23 *Ibid.*, p. 166.

24 *Ibid.*, p. 71.

Notes du chapitre 8

1 Françoise Benhamou, *L'Économie du star-system*, Odile Jacob, Paris, 2002, p. 265.

2 Graham Huggan, *The Post-Colonial Exotic*, *op. cit.*, p. 20.

3 Antoine « Wave » GARNIER, *Souffle. Au cœur de la génération hip-hop entre New York et Paris, tome II : Paris 1996-2003*, Éd. Atlas, Paris, 2003, p. 31.

4 Entretien avec JM Dee réalisé en octobre 2003.

5 Antoine « Wave » GARNIER, *Souffle*, *op. cit.*, p. 35-36.

6 Entretien réalisé en avril 2006.

7 Bruno Guillon, interview accordée au site AMB France music et publié le 4 février 2002. En ligne sur <http://www.ambfrance.com>. Consulté en janvier 2012.

8 CB New, « Radio : le rap et le raï de Skyrock heurtent les annonceurs de ses affiliés régionaux », article de Richard SÉNÉJOUX, 17 janvier 2000, CB 598.

9 Entretien réalisé en février 2004.

10 Entretien réalisé en février 2004.

11 Pierre Bellanger, cité par Delphine KINDENNANS dans « Skyrock, 10 ans après », *Le Monde*, 15 décembre 1996.

12 « Skyrock : "première radio de France des moins de 25 ans" », communiqué de ComFM publié le 15 janvier 2001 sur le site <http://www.comfmpro.com>. Consulté en avril 2003.

13 « Marche des femmes contre les ghettos et pour l'égalité », communiqué de ComFM publié le 7 mars 2003 sur le site <http://www.comfmpro.com>. Consulté en avril 2003.

14 « Émission cannabis sur Skyrock », communiqué de ComFM publié le 20 juin 2003 sur le site <http://www.comfmpro.com>. Consulté en avril 2003.

15 « Skyrock se félicite de sa tournée en pirate », 19 juillet 2002, <http://www.comfmpro.com>.

16 « Skyrock en pirate à Valenciennes », communiqué de ComFM publié le 10 juillet 2003 sur le site <http://www.comfmpro.com>. Consulté en avril 2003.

17 « Skyrock persiste et signe et demande au CSA le retrait de sa mise en demeure », communiqué de ComFM publié le 22 mai 2001 sur le site <http://www.comfmpro.com>. Consulté en avril 2003.

18 Rapport 2001-2002 de l'Observatoire de la radio publié par IP France en 2002, p. 30. La nouvelle nomenclature distinguant des genres et des sous-genres correspond à une nouvelle méthodologie qui ne s'appuie plus sur l'institut de sondage Ipsos, mais sur les enquêtes de la société Yacast.

19 Entretien réalisé en septembre 2004.

20 Jean-Marie CHARON, « La presse magazine. Un média à part entière ? », *Réseaux*, n° 105, 2001, p. 75.

21 Entretien avec un journaliste de *Groove* réalisé en octobre 2001.

22 Jean-Marie CHARON, « La presse magazine. Un média à part entière ? », *loc. cit.*, p. 64.

23 Entretien réalisé en mai 2002.

24 Catherine RUDENT, *Le Discours sur la musique dans la presse française. L'exemple des périodiques spécialisés en 1993*, thèse de musicologie dirigée par Danièle Pistone et Anne-Marie Green, soutenue à l'université Paris-IV, 2000, p. 211.

25 Esteban BUCH, *Le Cas Schönberg. Naissance de l'avant-garde musicale*, Gallimard, Paris, 2006, p. 18.

26 Entretien réalisé en septembre 2004.

27 Jean-Marie CHARON, « La presse magazine. Un média à part entière ? », *loc. cit.*, p. 67.

28 Entretien réalisé en octobre 2003.

29 Karim HAMMOU, « Comment le monde social du rap aménage-t-il son territoire ? L'exemple de la polémique autour du groupe Manau », *Sociétés contemporaines* n° 59-60, 2005.

30 Les propos qui suivent ont été recueillis en entretien par Morgan Jouvenet, qui a bien voulu me les communiquer. Cet entretien avec un attaché de presse travaillant dans une major a été réalisé en 1998, soit quelques mois après la signature de l'artiste en question, et avant que son album ne soit publié.

31 Entretien réalisé en mars 2004.

32 Interview de Kenzy pour l'émission *Get Busy* diffusée sur <www.allmade.com> le 8 avril 2007. Consulté en juillet 2007.

33 Entretien réalisé en mars 2004.

34 Historique de Hostile Records publié sur le site Internet du label à l'occasion de ses dix ans en 2006. Consulté en juin 2009.

35 Interview de Benjamin Chulvanij sur le site <www.staytunedtv.fr> en novembre 2008.

36 *Ibid.*

37 Interview accordée au webzine musical l'*Abcdrduson* en janvier 2012. En ligne sur : <http://www.abcdrduson.com>, consulté en janvier 2012.

38 Graham Huggan, *The Post-Colonial Exotic*, *op. cit.*

39 « La mondialisation de la jeunesse par le hip-hop et l'Internet. Questions à Pierre Bellanger, fondateur et président de Skyrock », *Cahiers de médiologie*/ IRCAM, n° 18, Fayard, 2004, p. 187.

40 Entretien réalisé en octobre 2003.

41 Everett Hughes, *The Sociological Eye : Selected Papers*, Transaction Publishers, New Jersey, 1984, p. 6.

42 Everett Hughes, *Le Regard sociologique*, *op. cit.*, p. 140.

43 Marcel Mauss et Paul Fauconnet, « La sociologie : objet et méthode », *in* Marcel Mauss, *Essais de sociologie*, Seuil/Éditions de Minuit, Paris, 1971 (1901), p. 16.

44 Mary Douglas, *Comment pensent les institutions*, La Découverte, Paris, 2004 (1986), p. 157.

45 *Ibid.*, p. 46 et suiv.

46 Paul Hirsch, « Processing fads and fashions : An organization-set analysis of cultural industry systems », *American Journal of Sociology*, v. 77, n° 4, janvier 1972.

47 Mary Douglas, *Comment pensent les institutions*, *op. cit.*, p. 157.

48 Everett Hughes, *The Sociological Eye*, *op. cit.*, p. 290.

49 Howard Becker, *Les Mondes de l'art*, *op. cit.*, p. 220.

50 Mary Douglas, *Comment pensent les institutions*, *op. cit.*, p. 80.

Notes du chapitre 9

1 Murray Forman, *The Hood Comes First : Race, Space and Place in Rap and Hip-Hop*, Wesleyan University Press, Middletown, 2002, p. 83-84.

2 Howard Becker, *Le Travail sociologique. Méthode et substance*, Academic Press Fribourg, Fribourg, 2006, p. 138.

3 Murray Forman, *The Hood Comes First*, *op. cit.*, p. 84.

4 Keith Negus, *Music Genres and Corporate Cultures*, Routledge, Londres, 1999, p. 102 et suiv.

5 Cité par Mary Douglas, *in Comment pensent les institutions*, *op. cit.*, p. 157.

6 Perrine Kervran et Anaïs Kien, *Les Années* Actuel, *op. cit.*

7 Michel de Certeau, *L'Invention du quotidien, tome I : Arts de faire*, *op. cit.*, p. 60.

8 Pierre-Michel Menger, « Marché du travail artistique et socialisation du risque. Le cas des arts du spectacle », *Revue française de sociologie* n° 32, 1991, p. 72.

9 Ève Chiapello, *Artistes versus managers*, Métailié, Paris, 1998.

10 Morgan Jouvenet, *Rap, techno, électro... : Le musicien entre travail artistique et critique sociale*, Éditions de la Maison des sciences de l'Homme, Paris, 2006, p. 122.

11 Howard Becker, *Le Travail sociologique*, *op. cit.*, p. 358.

12 Pierre Bourdieu, « Le marché des biens symboliques », *L'Année sociologique*, n° 22, 1971.

13 Howard Becker, *Le Travail sociologique*, *op. cit.*, p. 143.

14 Everett Hughes, *Le Regard sociologique*, *op. cit.*, p. 165.

15 Entretien avec Ibou, réalisé en novembre 2001.

16 *Ibid.*

17 Entretien avec Ibou, réalisé en février 2002.

18 Pierre-Michel Menger, « Marché du travail artistique et socialisation du risque », *loc. cit.*

19 Tamotsu Shibutani, *Improvised News*, The Bobbs-Merrill Company, New York, 1966, p. 29.

Notes de l'épilogue

1 Éric Landal, « La planète rap étale son linge sale », *Libération*, 28 septembre 1999 ; Stéphanie Binet, « Le rap à la pointe du graveur », *Libération*,

22 janvier 2000 ; *Musique Info Hebdo*, n° 111, 18 février 2000.

2 Jean-Samuel BEUSCART, « L'industrie du disque : bilan et perspectives », *in* Pierre FRANÇOIS, *La Musique, une industrie des pratiques*, La Documentation française, Paris, 2008, p. 66.

3 « Conjoncture et indicateurs du marché de la musique. Marché 2011 », *La Lettre du SNEP et du GIEEPA*, n° 63, février 2011.

4 Données du Registre national du commerce et des sociétés, du greffe du Tribunal de commerce et du Dépôt légal compilées par le site <www.societe.com>. Ces chiffres doivent être considérés comme un minimum. Bien qu'il s'agisse d'une obligation légale, nombre d'entreprises ne publient pas leurs comptes annuels, notamment lorsqu'elles sont nouvellement créées.

5 Jean-Pierre ESQUENAZI, « Du star system au people : l'extension d'une logique économique », *Communication*, vol. 27, n° 1, 2009. En ligne sur : <http://communication.
revues.org>, consulté en avril 2012.

6 *Rapport IP France 2001* ; André NICOLAS, *La Diversité musicale dans le paysage radiophonique*, Observatoire de la musique, Paris, 2003.

7 Richard J. RIPANI, *The New Blue Music : Changes in Rhythm & Blues, 1950-1999*, Univ. Press of Mississippi, 2006, p. 125 et suiv. ; Mark Anthony NEAL, « Sold out on soul : The corporate annexation of black popular music », *Popular Music and Society*, v. 21, n° 3, Routledge, 1997.

8 Source : Ipsos, puis Yacast, par le biais des classements hebdomadaires publiés dans *Musique Info Hebdo* à partir de 1997. Le relevé des titres rap ne repose pas sur la nomenclature Ipsos ou Yacast, mais sur une attribution stylistique faite par moi-même après écoute des titres concernés.

9 Interview de China dans le DVD *R&B Invasion*, 2 Good Productions, 2004.

10 Interview réalisée par JB avec Aspeum et Yacine, publiée sur le webzine l'*Abcdrduson* le 21 juin 2009. En ligne sur : <http://www.abcdrduson.com>. Consulté en janvier 2010.

11 Richard CAVES, *Creative Industries : Contracts between Art and Commerce*, Harvard University Press, Cambridge, 2000.

12 Olivier DONNAT, *Les Pratiques culturelles des Français. Enquête 1997*, La Documentation française, Paris, 1998, p. 160. Le R&B n'était pas mentionné dans le questionnaire qui a servi de base à cette enquête.

13 DÉPARTEMENT DES ÉTUDES, DE LA PROSPECTIVE ET DES STATISTIQUES (DEPS), *Les Pratiques culturelles des Français, Enquêtes 1973, 1981, 1988, 1997, 2008*, Ministère de la Culture et de la Communication. En ligne sur : <http://www.pratiquesculturelles.culture.gouv.fr>. Chiffres extraits des résultats des réponses à la question 47, consultés en mars 2011.

14 *Ibid.* Chiffres extraits des résultats des réponses à la question. Le rock est presque aussi populaire que le rap parmi les hommes de quinze à trente ans, et presque aussi populaire que le R&B et les variétés françaises chez les femmes de quinze à trente ans. Pour plus de détails sur les amateurs de rap en France, voir Stéphanie MOLINÉRO, *Les Publics du rap, op. cit.*

15 Voir José-Louis BOCQUET et Philippe PIERRE-ADOLPHE, *Rap ta France, op. cit.*, p. 219 ; JOEYSTARR, *Mauvaise réputation, op. cit.*, p. 181-182.

16 Anthony PECQUEUX, *La Politique incarnée du rap. Socioanthropologie de la communication et de l'appropriation chansonnières*, thèse de doctorat soutenue à l'EHESS, Paris, 2003, p. 54.

17 « Insécurité sous la plume d'un barbare », *La Rumeur le magazine*, n° 1, avril 2002.

18 *Ibid.* On trouvera un dossier sur l'affaire sur le site de la revue numérique *Acontresens* : <www.acontresens.com>.

19 Jacques MYARD, « Question écrite n° 2618 » publiée au *Journal officiel* le 16 septembre 2002. Toutes les questions des parlementaires ainsi que les réponses apportées sont consultables en

ligne sur : <http://questions.assemblee-nationale.
fr>. Consulté en mai 2010.
20 Nicolas SARKOZY, « Question au gouvernement n° 897 » publiée au *Journal officiel* le 6 novembre 2003.
21 Christian LE BART, *Le Discours politique*, Presses universitaires de France, Paris, 1998, p. 43.
22 Charles EHRMANN, « Question écrite n° 46250 » publiée au *Journal officiel* le 29 juillet 1991.
23 Jack LANG, « Réponse à la question écrite n° 46250 » publiée au *Journal officiel* le 25 novembre 1991.
24 Nadine MORANO, « Question au gouvernement n° 897 » publiée au *Journal officiel* le 6 novembre 2003.
25 *Ibid.*
26 Nicolas SARKOZY, « Réponse à la question au gouvernement n° 897 » publiée au *Journal officiel* le 6 novembre 2003.
27 Bernard TRICOT, David KESSLER et Raphaël HADAS-LEBEL, *Les Institutions politiques françaises*, Presses de Sciences Po et Dalloz, Paris, 1995, p. 389.
28 Howard BECKER, *Outsiders. Études de sociologie de la déviance*, Métailié, Paris, 1985, p. 171.
29 Nicolas SARKOZY, « Question au gouvernement n° 897 », *loc. cit.*
30 Jeff FERRELL, « Cultural criminology », *Annual Review of Sociology*, v. 25, 1999, p. 405.
31 *Ibid.*, p. 406.
32 « Les identitaires contre Sniper : chronologie d'une mobilisation », article publié sur le site du Bloc identitaire le 9 novembre 2003. En ligne sur : <http://www.bloc-identitaire.com>. Consulté en février 2010.
33 Patrick BRAOUEZEC, « Question écrite n° 31019 » publiée au *Journal officiel* le 22 décembre 2003.
34 Dominique DE VILLEPIN, « Réponse à la question écrite n° 31019 » publiée au *Journal officiel* le 4 mai 2004.
35 Philippe DUBOURG, « Question écrite n° 29116 » publiée au *Journal officiel* le 1er décembre 2003.
36 Claude GOASGUEN, « Question écrite n° 58026 » publiée au *Journal officiel* le 15 février 2005.
37 Mathieu RIGOUSTE, *L'Ennemi intérieur, op. cit.*, p. 242.
38 Compte rendu de la première séance du 15 novembre 2005, publiée au *Journal officiel* le 16 novembre 2005, p. 6789.
39 « Plus de 200 élus demandent des poursuites contre sept groupes de rap », dépêche AFP du 12 novembre 2005.
40 Proposition de loi n° 2957 tendant à renforcer le contrôle des provocations à la discrimination, à la haine ou à la violence. En ligne sur : <http://www.assemblee-nationale.fr>. Consulté en mai 2010.
41 *Ibid.*
42 Didier FASSIN, *Les Nouvelles Frontières de la société françaises*, La Découverte, Paris, p. 160-161.
43 Éric FASSIN, « La démocratie sexuelle et le conflit des civilisations », *Multitudes*, v. 3, n° 26, 2006.
44 Éric MACÉ, *La Société et son double. Une journée ordinaire de télévision*, INA/Armand Colin, Paris, 2006 ; Julie SÉDEL, *Les Médias et la banlieue*, Éd. Le Bord de l'eau/INA, Lormont, Paris, 2009.
45 Anthony PECQUEUX, *Voix du rap, op. cit.*, p. 167.
46 Didier FASSIN et Éric FASSIN, *De la question sociale à la question raciale. Représenter la société française*, La Découverte, Paris, 2009, p. 134.

Note de la postface

1 Richard CAVES, *Creative Industries, op. cit.*

Index

A

B

C

D

E

F

G

H

I

J

K

L

M

N

O

P

Q

R

S

T

Table

Composition Facompo, Lisieux
Impression réalisée par
l'Imprimerie Maury S.A.S., à Millau (12).
Dépôt légal du 1er tirage : mai 2014
Suite du 1er tirage (09) : décembre 2021
N° de dossier : K21/70202U

Imprimé en France